1장

—

한국 신학과
다석 류영모

I. 신학이 태동하는 자리

1. 신학의 구성 요건

이 책은 다석 류영모(多夕 柳永模, 1890~1981)의 신학을 포괄적으로 제시하고, 이를 후기-그리스도교 시대를 위한 한국적 영성으로 체계화한 한국 신학으로 구성하려는 데 그 목적이 있다. 책 제목에서 볼 수 있듯이, 다석신학과 후기-그리스도교 신학이라는 두 가지 핵심적 주제는 본 연구의 출발점이 된 두 가지 질문에 대답하기 위한 시도이다. 첫째 질문은 한국 신학(혹은 한국적 신학)은 무엇이며, 그 구체적 내용은 무엇이어야 하는가를 묻는 질문이다. 둘째 질문은 다석 류영모의 신학—이후로 '다석신학'으로 명칭—이 오늘날 상황에서 갖는 필요성과 적합성에 관한 것이다. 이 두 가지 질문을 토대로 이 책은 다석 류영모의 신학을 집중적이고 포괄적으로 제시하고자 한다. 그리고 더 나아가 동시대적 맥락에서 다석신학이 가진 특징과 발전 가능성을 후기-그리스도교 신학이라는 개념으로 분석하고 이에 대한 평가를 시도한다.

가장 먼저 다석신학이 속한 신학적 범주로서 한국 신학의 내용과 당위성에 관한 문제를 살펴볼 수 있다. 한국 신학의 문제는 한국인은 궁극적 실재를 어떻게 만났고, 그 만남의 내용을 어떤 방식으로 표현했는지에 관한 것이다. 여기에는 한국 신학을 연구해야 하는 이유는 무엇인가를 묻는 한국 신학 연구의 당위성에 관한 물음도 포함한다. 한국 신학의 내용과 당위성에 답하기 위해서 가장 먼저 규명해야 하는 것은 신학이 태동하는 자리에 관한 문제이어야 할 것이다.

그렇다면 신학이란 무엇이며, 신학은 어떻게 태어나는 것일까?

우선 신학이란 절대적이면서 초월적인 '하늘'을 아버지로, 상대적이면서 내재적인 '땅'을 어머니로 둔 육화(肉化)된 신앙 증언이다. 시간과 공간의 요소를 함의하고 있는 역사성은 필연적으로 변화를 수반한다. 따라서 궁극적 실재에 대한 인격적 대상인 하나님과의 만남을 그 내용으로 하는 인간의 보편적 현상인 신앙 역시 그 변화를 따라 신앙이 터하고 있는 땅, 곧 각 시대와 지역에 따라서 상대성과 다양성을 가진 신학으로 증언되고 진술된다. 하지만 신학에 있어서 이러한 역사성에 대한 이해가 희미해질 때, 보편성을 띤 종교적 신앙을 어느 특정한 신학으로 환원 혹은 동일시하거나, 더 나아가 이를 절대시하는 일이 발생한다. 그 결과 시간과 장소의 변화와 그에 따른 궁극적 실재에 대한 진술의 다원성은 신학적 진술의 필연적인 결과임에도 불구하고, 특정 지역과 시간의 문화라는 옷을 입은 특정 신학을 고정불변의 절대적 진리 체계로 인식하는 종교적 배타주의 및 근본주의는 자신이 속한 문화의 종교와 교리만을 궁극적인 것으로 강요함으로써 우주적으로 그리고 보편적으로 계시되는 '유일한' 궁극적 실재를 부정함과 동시에 자신의 교리를 우상화한다. 이러한 "서로 맞서 있음"(against-each-otherness)[1]의 이교주의는 종교적 우월주의와 교리적 폭력을 낳는 결과를 가져오기도 한다.

---

1 폴 틸리히/남성민 옮김, 『문화의 신학』(서울: 한국기독학생출판부, 2018), 52. 폴 틸리히(Paul Tillich)는 인간 역사 안에서 벌어지는 시간과 공간의 대립과 투쟁을 설명하면서, 어떤 지역에 자기 존재의 힘의 근원으로 삼고자 하여 특수한 공간에 궁극적인 가치를 두는 이교주의를 공간의 종교로 설명한다. 공간의 힘이 시간의 힘을 지배하는 이교주의는 그 신이 특정 장소에 귀속되기에 다른 지역의 신들과 공존할 수 없고 오히려 대립하기에 투쟁이 불가피하며 배타적이고 제국주의적 성격을 필연적으로 갖게 된다. 이러한 공간의 종교를 극복할 수 있는 것은 바로 시간의 종교다. 시간의 종교는 영과 진리로 공간의 경계를 무너뜨리며, 역사 속에서 최종의 목표를 향해 나아가는 하나님을 선포하는 예언자적 종교를 말한다. 틸리히, 『문화의 신학』, 49-58.

다른 한편으로는 다른 '땅'의 힘에 눌린 채 자신의 '땅'에서 나타난 궁극적 실재를 알아차리지 못하거나 무관심하고, 더 나아가 다른 땅의 신학을 주체성 없이 숭상하는 이른바 자기 신학의 부재 혹은 상실이라는 현상이 나타난다. 이러한 자기 신학 없음의 현상을 신학 구성의 관점에서 분석해 볼 수 있다. 로저 헤이트(Roger Haight, S. J.)는 구성적인 그리스도교 신학을 위한 세 가지 요건으로 "전통에 대한 충실성(fidelity), 가해성(intelligibility) 그리고 기독교적 삶의 권능(empowerment)"[2]을 제시한다. 이 세 가지 구성 신학의 기준을 자기 신학 부재의 이유에 적용하여 설명해 보자면 다음과 같다.

첫째는 자신의 신학적 전통에 대한 충실성의 문제다. 여기서 자신의 신학적 전통이란 자신이 수용한 그리스도교 신학 전통만을 말하는 것이 아니다. 자신의 신학적 전통에는 자기 땅의 역사와 문화 속에서 발견된 궁극적 실재에 대한 진술과 표현이 포함된다. 이와 같은 진술과 표현을 배제하거나 인식하지 못하는 자기 신학의 부재 현상은 역사 안에서 모든 피조물의 구원을 위해 활동하는 하나님, 다시 말해 시공간의 한계를 넘어 모든 장소와 시간 안에서 보편적으로 그러나 자유롭게 자신을 계시하는 하나님에 대한 망각에서 비롯된다. 무소부재(無所不在)하고 영원한 하나님은 특정한 시공간의 신학으로만 포착되지 않는다. 하나님은 '모든' 장소와 시대에 걸쳐서 자연과 인간을 비롯한 모든 피조물을 용납하고 힘을 주고 되살리는 그 역동 속에서 자신의 모습을 드러낸다. 따라서 모든 종교와 문화는 자신만의 신학으로 하나님을 진술할 정당성과 권리 그리고 의무를 지니며, 자기 신학 구성에 있어서

---

2 로저 헤이트/전현식·안규식 옮김, 『신학의 역동성』 (서울: 대한기독교서회, 2019), 344.

충실해야 할 대상의 범위는 그리스도교 신학 전통뿐 아니라 자신의 역사와 문화를 통해 표현된 궁극적 실재에 관한 모든 진술로 확장된다. 하지만 이런 진술들로 구성된 신학은 다시 복음의 빛 아래에서 상호 대화를 통해 비판적으로 재구성되어야 한다.

둘째는 가해성의 문제다. 구성 신학의 가해성은 자신의 신학적 전통에 대한 충실함과 함께 요청되는 것으로, 자신의 신학적 해석을 보편적으로 적절하게 이해 가능한 진술로 만드는 작업을 함의한다. 그러나 자기 신학의 부재 안에는 자신의 문화 안에서 나타난 실존적 문제와 이를 극복하는 신앙을 외면함은 물론 자신의 문화에 속한 신앙에 관한 진술을 체계화하고 번역하여 타 종교 혹은 타 문화권의 동일한 종교와의 대화를 고려하지 않는 신학적 무책임이 자리하고 있다. 이러한 신학적 무책임은 신학의 통전성(wholeness)을 가로막아 궁극적 실재에 관한 더욱 전체적인 설명을 불가능하게 만듦으로써 궁극적 실재와의 만남을 제한시켜, 이러한 만남을 핵심적인 내용으로 삼는 신학이 가진 변혁의 역동적 생명력 역시 제한시킨다. 결국 구성 신학의 가해성을 위해서는 자신의 신학적 전통에 천착함은 물론 다른 문화의 신학들 혹은 종교들과 대화하는 작업이 요청되는데, 왜냐하면 특정 신학은 자신이 처한 구체적인 실존적 문제에 대응하는 부분적인 대답이기 때문이다. 따라서 구성 신학의 가해성을 도출하기 위한 신학적 대화는 종교들 간의 비교를 통해서 차이점과 공통점을 발견하는 데 머물지 않고 더 큰 전체성 곧 통전성을 지향한다. 그리고 통전성을 지향하는 신학적 대화는 부분적인 신학들 상호 간의 대화를 통한 변화의 과정을 거쳐서 그 지향점에 도달한다. 물론, 신학적 대화의 결과가 서로 일치된 합의점에 도달하지 못하는 결과에 이르기도 한다. 이런 경우, 그 대화는 자기 신학의 강화 또는 재구성을 위한 계기로 이어지기도 한다. 하지만 생산적인 신학적 대화는 서로 간의 상호 대화를 통해 각 신학적 요소들이 융합되면서도 그 다양성을 소실하지 않은 새로운 차원의 신학을 구성하게 마련이다. 여기서 그 새로움이란 통전성을 그 본질로 삼는다. 예를 들어 불교와 그리스도교의 대화는 상호 대화와 조명을 통해 재구성되어 불교적인 그리스도교 또는 그리스도교적인 불교를 도출할 수 있어야 한다는 것이다.3 상호 비교와 조명을 통해 각 신학적 요소들이 더욱 통전적인 신학적 진술로 통합되는 과정을 가리켜 신학적 융합이라 표현해 볼 수 있겠다.

셋째는 삶의 권능에 관한 문제다. 구성 신학의 궁극적 결과물은 '살리는' 생명의 신학이다. 신학은 인간 삶을 비롯하여 모든 피조물이 경험하는 전 우주적인 죽음의 징후에 민감해야 한다. 신학은 인간 실존이 처한 온갖 폭력과 억압, 고독과 허무, 무의미와 혼돈, 불의한 사회적 구조와 착취의 저변에 깔린 본질적인 문제를 인식하는 것에 멈추지 않고, 자신이 도달한 신학적 충실성과 가해성의 결과물을 통해서 이를 극복함을 목표로 한다. 이러한 극복함의 핵심은 바로 삶을 일으켜 세우는 생명의 '힘' 곧 권능이고, 이와 같은 권능은 신학이 하나님과의 만남, 다시 말해 하나님의 현존을 이 세상에 매개함으로써 도래한다. 그러나 하나님과의 만남을 매개하는 것은 신학 구성에 있어서 충실성과 가해성이 확보될 때 주어지는 결과다. 결국 통전성을 지향하는 구성 신학이 가져다주는 삶의 권능은 앞서 제기한 두 가지 요소인 충실성과

---

3 불교와 그리스도교의 비교와 대화를 통한 상호조명과 상호구성에 관한 연구는 다음을 참조하라. John B. Cobb Jr./이경호 옮김, 『기독교와 불교의 대화와 대화를 넘어서 —기독교와 불교의 상호 변혁을 지향하여』(서울: 이문출판사, 2010).

가해성을 통한 하나님 만남을 매개하는 것임을 확인할 수 있다.

앞서 제시한 구성 신학의 세 가지 요소인 충실성, 가해성, 삶의 권능은 한국적 구성 신학의 당위성과 방법 그리고 그 지향점인 통전성을 제시한다. 그렇다면 한국 신학의 일반적 상황에 대한 문제를 살펴보자. 앞서 제기한 자기 신학의 부재 혹은 상실의 문제는 한국의 그리스도교 신학의 상황에서 뚜렷하게 나타난다. 우선 비서구권 국가의 토착민들에게 그리스도교가 전해질 때, 그리스도교는 선교사들이 가진 서구 문명과 주로 동일시되었다. 대부분의 서구권 선교사 역시 토착민들의 문화는 비기독교적이며, 따라서 자신들이 가진 문화의 모습과 형태로 바꾸어야 한다고 믿었다. 따라서 서구 선교사들과 토착민 모두에게 있어서 그리스도교는 서구 문명을 의미하는 것이 되었다. 이런 현상은 시간이 흐른 뒤에도 세계 안에서 양적으로 질적으로 괄목할 만한 선교적 성장을 일구어내어 이미 서구를 능가한 아시아, 아프리카, 남미의 그리스도교 상황에서 지금도 여전하다. 한국인에게 있어 하나님은 여전히 서양선교사의 등에 업혀 오신 하나님으로 받아들여지고 있다는 것이다. 그렇다면 한국에서 그리스도교 신앙을 체계화하고 구성하는 그리스도교 신학인 한국 신학의 내용은 무엇이어야 하는지, 그리고 구성적 한국 신학의 핵으로서 '한국적인 것'은 무엇을 말하지를 살펴보아야 한다.

2. 한국 신학의 특징

우선 한국 신학의 특징은 궁극적 실재에 관한 여러 종교와 사상들의 창조적 융합 가운데 초월적으로 내재하는 신과의 합일을 추구하고, 그러한 합일을 통해서 발현되는 자유와 아름다움의 총체적 삶을 특징으로 하는 통전적 신학이라 할 수 있다. 한국 신학의 토대가 되는 한국적인 것을 소금 유동식(素琴 柳東植, 1922~2022)은 다음과 같이 설명한다. 유동식은 한국적인 것을 형성하는 두 가지 요소로서 사회-문화적인 특수성과 오랜 시간 동안 형성된 한국문화가 지닌 사상적 전통성이 있음을 주장하면서, 급변하는 사회적 변화 속에서 형성되는 어떤 일정한 이념이 있다고 보았다. 여러 사회-문화적 변화에도 불구하고 이를 관통하는 일관된 한국사상이라는 흐름이 있다는 것이다. 바로 이 흐름이 외래 종교인 불교와 유교, 도교 그리고 그리스도교와 서로 영향을 주고받으면서, 한국 신학이 존재하게 만든다.[4]

이 흐름 곧 저변에서 한국 신학을 형성시킨 한국사상을 파악하기 위해 유동식은 일차적으로 유, 불, 선이 전해지기 이전 고대 한인들의 종교 의례를 분석함으로써 한국 고대 사상을 들여다본다. 여기서, 유동식은 종교 의례로서 노래와 춤을 통해서 이 세계를 다스리는 신령과의 교제를 통해 풍요롭고 평안한 삶을 누리려 했던 한국 무교의 원형을 제시한다. 한국 무교의 원형은 5세기경부터 한국에 전래된 유교, 불교, 도교를 매개로 하여 새로운 정신문화로 승화되었는데 그것이 바로 6세기에 형성된 풍류도(風流道)다. 한국 고유의 본래적 사상인 풍류도는 "유·불·선 삼교의 본질을 속에 담은 포월적(包越的) 사상이며, 민중에 접해서는 이들을 교화하여 본연의 사람이 되게 하는 도리(道理)"[5]라고 정의 내려진다. 유동식은 이렇게 한국 무교의 원형에서 풍류도로 전개되는 과정 가운데 원초적 이념이 더 높은 차원으로 발전함에 주목하는데,

---

4 유동식, "한국신학의 광맥," 소금 유동식전집간행위원회 편집,『소금 유동식 전집 제4권: 신학사』(서울: 한들출판사, 2009), 21-22 참조.
5 유동식, "한국신학의 광맥," 25.

그 양상은 다음과 같다. 풍요로움과 안녕의 차원에서 도의에 근거한 삶의 가치로 전환된다. 신령과의 교제를 위한 방편으로써 음주가무가 예술, 인생, 자연의 융합에서 이루어지는 풍류도로 발전한다. 무엇보다 신(神) 관념에서 이전까지 신이 "단순한 생산과 수호의 주재자였던 것이 이제는 삼교가 모색하던 인격적 가치를 창조하고 주관하는 초월적 인격신으로 승화"6된다.

이 같은 고대 한국사상의 분석을 통해서 유동식은 한국 신학을 형성한 한국사상의 기초 이념 세 가지를 우리말로 다음과 같이 표현한다. 첫째는 초월성과 절대성의 "먼저 하나"7를 뜻하는 '한'이다. 전통적인 한국의 신 관념은 '한' 개념에 기초하여 "초월적인 인격신인 동시에 내재적인 도요, 그리고 크고 바른 존재인 동시에 유·불·선 삼교가 가르치는 윤리적, 범재신론적(汎在神論的) 하느님"8으로 구성된다. 둘째는 미학적 관점에서 흥과 율동, 조화와 자연스러움을 뜻하는 '멋'이다. 유동식은 멋을 "운치나 흥치에 젖은 유연한 율동이로되, 거기에는 자유로움이 들어 있고, 그 자유를 자아내는 힘이 속에 들어 있는 데서 이루어지는 조화와 아름다움"9으로 정의 내린다. 한국사상에서 멋이라는 요소는 단순히 예술적 측면만 있는 것이 아니라, 신인합일의 황홀경적 측면을 포함한다. 이렇게 절대자와의 합일에서 우러나오는 자유와 멋이 바로 풍류인 것이다. 셋째는 인간론의 관점에서 생명과 살림살이를 포함하는 '삶'이다. 여기서 말하는 삶이란 단순히 생물학적 연명이 아닌

---

6 유동식, "한국신학의 광맥," 26.

7 유동식, "한국신학의 광맥," 26.

8 유동식, "한국신학의 광맥," 27.

9 유동식, "한국신학의 광맥," 28.

문화적 가치 창출을 의미한다. 이 세 가지 한국 사상의 기초 이념을 유동식은 "한 멋진 삶"[10]으로 응축시켜 표현한다. 이와 같은 초월적 내재, 자유와 아름다움 그리고 생명을 그 내용으로 삼는 한국사상의 기초 이념 위에 한국 신학이 구축된다.

　　요약해 본다면, 한국 신학이란 여러 종교와의 융합 속에서 초월적이면서 내재적인 동시에 인격적인 신과의 합일을 이루고, 그러한 합일을 통해서 발현되는 자유와 아름다움의 총체적 삶을 추구하는 통전적 신학이라 말할 수 있다.

---

10 유동식, "한국신학의 광맥," 29.

II. 한국 신학으로서 다석신학의 적합성과 가능성

1. 한국 신학의 과제와 다석신학

지금까지의 내용이 이 책을 이끈 첫째 질문이라 할 한국 신학의 당위성과 내용에 관한 것이었다면, 이제 이 책이 추구할 둘째 질문은 오늘날 우리는 왜 다석 류영모를 소환하는가를 묻는 질문이다. 이 질문은 이 책이 추구하는 후기-그리스도교 신학에 있어서 다석신학의 필요성과 적합성에 관한 내용이다. 다석신학은 오늘날 우리 시대가 직면한 문제에 무엇을 답할 수 있는지, 다석신학이 세계 신학에서 기여할 수 있는 바는 무엇이며 또 어떤 차별성을 갖는 것인지, 더 나아가 다석신학이 속한 한국 신학이 세계 신학 안에서 감당해야 할 특수한 과제들은 무엇일까를 묻는 것이다.

김흡영은 글로벌 신학 구성이라는 신학적 기획의 맥락에서 한국 신학의 정체성에 기여하고 또 한국 신학이 감당해야 할 과제를 다음 네 가지로 제시한다. 첫째, 한국 신학은 종교 문화적으로 유사한 동아시아 지역에서 "동아시아신학의 지킴이"[1]로 그 신학적 사명을 감당해야 한다. 특히 김흡영은 국가별로 종교 간 대화 상대를 결정짓는데, 동아시아 국가별로 볼 때, 각 국가가 지닌 종교 문화의 우세를 감안하여 중국은 도교와의 대화, 일본은 불교와의 대화, 한국은 유교와의 대화를 통해 유교문화를 적극적으로 연구함으로써 각자가 상황에 맞게 동아시아신학을 발전시켜야 한다고 주장한다.[2] 하지만 한국의 경우, 비록

---

1 김흡영, "동아시아신학의 미래와 한국신학의 과제," 「기독교사상」 696 (2016), 48.

유교가 한국 사상사에 큰 영향을 주었다 할지라도, 유동식의 주장처럼 샤머니즘을 시작으로 유, 불, 선, 그리스도교, 동학 등 다양한 종교 전통들이 서로 공존하고 혼합되면서 종교 정체성을 구성해 온 상황을 감안하면 유교처럼 어느 특정 종교의 영향력만을 정체성으로 규정할 수 없음을 유념해야 한다. 둘째, 한국 신학은 토착화와 상황신학이라는 수준을 넘어서 "글로벌 신학의 한 패러다임"[3]으로 자리매김해야 한다. 그 새로운 패러다임이란 로고스 신학과 프락시스 신학의 이원화를 극복하는 패러다임이어야 함은 물론 특히 오늘날에는 자연과학과의 적극적인 대화를 통해 자연과 초자연의 분리라는 장벽을 극복하여 21세기의 첨단과학기술시대에 적합한 신학적 모형을 제공해야 한다. 셋째, 한국 신학은 "글로벌 한국 신학"[4]으로서 서구와 아시아 모두의 신학자들과 적극적으로 대화하여, 이 둘 사이의 가교역할을 감당해야 한다. 이를 위해서는 가장 먼저 서구신학의 뒤를 이어서 우리의 신학을 정초하려는 그런 맥락적인 착오에서 시급히 빠져나와야 한다. 넷째, 한국 신학은 인종과 문화의 다양화 속에서 갈등과 분열로 얼룩진 모든 문화적 인종적 이념적 장벽을 뛰어넘을 "복음적인 환대신학"[5]으로 성숙해져야 한다.

종합해 볼 때, 한국 신학의 과제라는 측면에서 수행되어야 할 가장

---

2 김흡영, "동아시아신학의 미래와 한국신학의 과제," 48 참조. 김흡영은 한국 신학이 유교 문화를 적극적으로 연구해야 함을 주장하는데, 특히 개혁신학과 한국 성리학의 사유체계 간의 유사성, 특히 장 칼뱅의 신학과 퇴계 이황의 유학 사이의 유사성에 주목하고 그 예로 "경천애인(敬天愛人) 사상, 경건과 학문의 방법론(fides quarens intellectum과 居敬窮理), 인간론(신형상론과 천명론), 수양론(성화론과 수신론)"을 제시한다.

3 김흡영, "동아시아신학의 미래와 한국신학의 과제," 48.

4 김흡영, "동아시아신학의 미래와 한국신학의 과제," 48.

5 김흡영, "동아시아신학의 미래와 한국신학의 과제," 49.

일차적인 일은 자신이 터한 '땅'의 종교 문화를 깊이 이해함으로써 자신의 신학적 정체성을 규명하는 작업이다. 필자의 자리에서 이 작업은 한국 신학에 관한 것이어야 하며, 이 책은 다석 류영모의 신학이야말로 풍류도처럼 유, 불, 선 그리고 그리스도교 등 다양한 종교들이 한국적 정신을 바탕으로 창조적으로 융합한 가장 적합한 모델임을 제시할 것이다. 다음으로, 한국 신학은 신학의 컨텍스트에 주목하는 역사의식을 갖춘 가운데 인간 실존이 경험하는 부정적 경험을 극복하도록 궁극적 실재와의 만남을 매개하는 신학적 작업의 결과물이어야 한다. 이 책은 한국 신학으로서 다석신학에 관한 연구를 통해 이러한 결과를 얻을 수 있음을 보여줄 것이다. 마지막으로 한국 신학은 자신이 터한 곳의 언어와 전통 위에 세워진 종교 문화를 자신의 정체성으로 받아들임과 동시에 현대 신학의 맥락에서 통용 가능한 용어와 내용으로 번역하는 작업을 수행해야 하는데, 이는 다양한 신학들과의 비교와 상호조명을 통한 더욱 전체적인 궁극적 실재에 관한 진술을 향하는 통전적 신학 구성을 지향함을 함의한다. 가장 한국적인 그리스도교 사상가이자 신학자라 할 수 있는 다석 류영모의 사상과 신학을 다른 신학들과 비교하고 융합하는 작업을 통해서 이런 통전성에 기여할 수 있을 것이다. 요약하자면, 오늘날 한국 신학의 과제는 한국적이면서 변증적이고 통전적인 신학을 구성함에 있으며, 이런 구성의 결과물은 다석신학이 될 것이다. 그리고 이 세 가지 신학 구성을 포괄하는 신학적 범주를 이 책에서는 후기-그리스도교 신학으로 제시할 것이다.

2. 후기-그리스도교 신학의 구성 — 한국 신학, 변증 신학, 통전 신학

한국 신학의 당위성, 내용 그리고 적절성을 연구 동기로 삼고 한국
신학의 과제를 살펴봄으로써, 이 책의 연구는 후기-그리스도교 신학으
로서 다석신학을 통해 다음과 같은 한국 신학, 변증 신학, 통전 신학을
구성하고자 한다. 첫째, 다석신학은 자신의 신앙이 자리하고 있는 '땅'의
민족정서를 토대로 이 '땅'의 하나님이 만유(萬有)의 하나님이자 예수
그리스도의 하나님이 됨을 발견하는 한국 신학이다. 둘째, 다석신학은
역사의식을 갖춘 신학으로써 역사의 우발성으로 인한 인간 실존의
부정적 경험과 대결하고, 당면한 시대의 문제에 대답하고자 한다. 이와
같은 다석신학은 변증적이고 창조적인 해석의 역동성을 추구하는 변증
신학6이라 말할 수 있다. 셋째, 다석신학은 타 문화권의 그리스도교
신학은 물론 타 종교와 대화하면서 그 발전에 있어 전체로서의 신학구성
에 기여하는 상호조명과 융합의 통전 신학이다.

하지만 여기에 더해 필자는 한국 신학, 변증 신학, 통전 신학을
수렴하는 동시대적 범주를 설명할 새로운 용어를 제안하고자 하는데,
그것은 바로 '후기-그리스도교 신학'(post-Christian theology)이다. 여기
서 '후기'(post-)라는 말이 가리키는 바는 연속성(continuity)과 전회(turn)
이다. 그리스도교 신학의 맥락에서 연속성이란 그리스도교가 전해

---

6 로저 헤이트는 기초신학에 작용하는 네 가지 확신으로 신학의 변증적 본성과 인간 실존이
지닌 세 가지 측면인 역사성, 초월성, 행위 안에서의 자유를 제시한다. 이 중 역사성은 역사의
식을 수반하고, 이로써 신학은 질서가 아닌 무질서, 필연성이 아닌 우발성으로 특징지어지
는 인간의 역사적이고 사회적인 실존 곧 인간의 부정적 경험에 주목하게 된다. 결국 역사성
을 인식한 역사의식을 갖춘 신학은 인간의 부정적 경험에 대답하려는 '변증적'이고 창조적
인 신학으로 발돋움한다. 헤이트, 『신학의 역동성』, 17-23 참조.

준 신학적 유산과 영향을 여전히 인식하고 전유하는 것이고, 전회란 현재 그리스도교 신학이 가진 한계를 극복하고 새로운 그리스도교 신학으로 탈바꿈하려는 의지와 움직임을 뜻한다. 예를 들어, 포스트모더니즘(postmodernism)이 근대성의 유산과 단절되지 않으면서도, 근대성의 한계를 비판하고 새로운 사유와 표현 양식을 제시함으로써 연속성과 전회를 가진 새로운 근대성이 된 것과 같다. 그렇다면 오늘날 후기-그리스도교 신학이 요청되는 상황과 이에 부응할 신학의 과제가 무엇인지를 살펴보면 다음과 같다.

첫째, 후기-그리스도교 신학은 주체적 신학 구성을 통해 세계 그리스도교의 인구 재편성에 따른 탈서구적이고 탈식민주의적인 신학 담론에 대한 요구에 부응해야 한다. 현재 이러한 신학은 한국 신학으로 구체화된다. 주지하다시피, 현재까지 그리스도교 신학의 주된 담론은 서구신학을 중심으로 형성되어 왔다. 하지만 20세기에 들어서면서 세계 그리스도교 인구분포의 중심은 유럽과 북미권 등 서구를 대표하는 지역에서 비서구권인 아프리카, 아시아, 라틴아메리카로 이동하였고, 소위 "트리컨티넨탈리즘"(Tricontinentalism)[7] 그리스도교로 재편성되고

---

7 방연상은 20세기에 일어난 '세계 기독교'의 인구분포의 변화에서 그동안 그리스도교 신학의 헤게모니를 가지고 있던 서구 그리스도교가 주변화되고, 비서구지역의 그리스도교가 중심이 되는 현상에 대해 논의하면서, 대안적인 현대 신학 담론의 중심 개념으로 J. C. 영이 제시한 "트리컨티넨탈리즘"(Tricontinentalism)의 중요성을 강조한다. 트리컨티넨탈리즘이란 "제국주의에 반대하는 세 대륙 민중들의 전 지구적 동맹을 함의하는 용어"이다. 서구 중심의 그리스도교 시대가 서서히 막을 내리면서 새로운 중심으로 부각될 트리컨티넨탈적 그리스도교는 서구신학의 용인과 배제로부터 벗어나서 서구적인 인식론과 지식 체계에 저항하는 새로운 신학 담론을 추구하며, 특히 두 가지 도전을 보여주는데 그것은 "탈(脫)기독교화된 서양(Post-Christian West)과 탈(脫)서양화된 기독교(Post-Western Christianity)"라는 새로운 상황의 도래이다. 방연상, "현대 신학 담론에 대한 '트리컨티넨탈리즘'의 도전," 「신학사상」 163 (2013) 참조. 트리컨티넨탈리즘에 대한 설명에 관해서는 다음을 참조하라. 로버트

있다. 따라서 변화하는 세계 그리스도교의 지형 변화에 따른, 그리고 이러한 변화 속에서 표출되는 신앙적 내용들을 담아내는 새로운 탈(脫)서구적, 탈식민주의적 신학 담론의 형성이 요구되는 것이다.

둘째, 후기-그리스도교 신학은 역사의식을 통해 오늘날 그리스도교 신학과 영성의 한계를 극복하고 새로운 시대가 직면한 상황에 적합한 영성에 대한 요구에 부응하는 변증 신학이어야 한다. 역사의 우발성은 인간 실존이 처한 곤경을 직면하여 이러한 곤경을 극복하고 뛰어넘는 초월적 만남과 계시를 찾도록 만든다. 이것이 곧 신학이 가진 변증적(dialectic) 성격이다. 이러한 변증적 구상 속에서 역사의식은 시대와 문화의 변화를 담아내는 새로운 변증적 신학 구성을 요구하는 것이다. 예를 들면, 오늘날 트랜스휴머니즘(transhumanism)은 인공지능과 생명 과학기술의 발전을 통해 죽음, 질병, 노화와 같은 인간 조건을 극복하는 새로운 인간 존재의 가능성을 추구하도록 촉구한다. 이와 유사하게, 포스트휴머니즘(posthumanism)은 지금까지 무엇이 '인간/휴먼'인지를 규정하고자 한 휴머니즘의 제한을 탈피하여 새로운 철학적·인간학적 담론을 탐구하도록 요청한다. 또한 코로나19(COVID-19) 감염 확산과 기후변화로 그 증상이 표출된 전 지구적인 생태 위기는 지금까지 인류의 삶의 방식에 있어서 급진적이고 새로운 차원으로의 수행적 변화를 요청함은 물론, 이런 변화를 담아내고 이끌어갈 새로운 신학적 이해와 영성을 요구하고 있다. 이처럼 급변하는 상황들의 요구에 부응하여 오늘날 그리스도교 신학은 지금까지의 신론, 그리스도론, 성령론, 삼위

J. C. 영/김택현 옮김, 『포스트식민주의 또는 트리컨티넨탈리즘』 (고양: 박종철출판사, 2005).

일체론, 인간론과 같은 신학 범주에서 진술들을 재구성해야 하는 처지에 놓여 있다. 하지만 한국 신학이 가져야 할 더 직접적이고 일차적인 관심은 우리 '땅'의 상황에 관한 것이다. 오늘날 한국인이 직면하고 있는 실존적이면서도 사회구조적인, 더 나아가 생태적인 문제들에 관해 한국 신학은 무슨 화두를 던져줄 수 있으며 어떤 대안적 신학 담론을 생산할 수 있는지에 관한 깊은 성찰이 변증 신학으로서 한국 신학에게 요구되고 있다. 특히 오늘날 한국사회의 역기능적 현상을 설명하는 것은 분열이다. 세대, 성별, 경제적 위치, 사회적 지위에 따라 첨예해진 사회적 갈등 및 양극화 상황에서 나타나는 타자와의 대립, 긍정성의 과잉을 토대로 오늘날 극한의 경쟁과 성과를 요구하는 자기 착취적인 "성과사회"(Leistungsgesellschaft)[8]에서 한국인이 겪는 자기 소외와 자기 존재 상실, 사회 구조 곳곳에서 이루어지는 타자에 대한 폭력과 자연 파괴 등 세계와의 유기적 관계 단절, 무엇보다 초월을 상실함은 물론 그 초월에 근거하고 있는 내재도 상실하여 신과 분리된 극단적 세속화 등은 분리 내지는 분열이라는 근원적이면서도 동시대적인 문제의식으로 이어진다. 이처럼 분열은 수직적이고 수평적 차원 모두에 있어 전방위적으로 나타난다. 여기서 한국 신학은 분리와 분열을 극복하는 어떤 '합일'의 신학적 담론을 제시해야 할 책임을 진다. 따라서 변증 신학으로서 한국 신학의 과제는, '서구 중심적 신학'으로 주로 설명되는 인식론적이고 이원론적인 흐름을 지양하는 새로운 합일의 담론을 제시하는 것이 된다. 이처럼 오늘날 후기-그리스도교 신학은 주체적이고 비이원론적이며 영과 육, 초월과 내재, 신과 세계의 분리를

---

8 한병철/김태환 옮김, 『피로사회』 (서울: 문학과 지성사, 2021), 23.

창조적으로 초극하는 통전적인 영성을 지향하는 한국 신학을 그 내용으로 삼는다.

셋째, 후기-그리스도교 신학은 비교와 대화, 상호조명과 융합을 통한 통전 신학을 추구해야 한다. 모든 종교 전통 그리고 신학 전통과의 대화와 비교, 나아가 상호조명과 융합을 통해서 더욱 새롭고 전체적인 차원이라 할 통전성을 추구한다. 통전성은 단순한 종교 혼합이 아니다. 통전성은 "다양성-속의-일치, 곧 하나님을 추구하는 것"9과 같다. 통전성은 자칫 폐쇄성으로 흐를 수 있는 자신의 종교 전통에 대한 충실성을 보완하여 각 종교가 가진 구원의 의미를 풍성하게 함은 물론 세계 변혁을 위한 연대에도 기여한다. 따라서 후기-그리스도교 신학이 추구하는 다양한 종교 전통과의 개방적인 대화와 비교, 그리고 상호조명과 융합은 하나님에 대한 더욱 온전한 이해를 향하며, 통전적 신학 이해가 뒷받침하는 구원에 대한 이해 역시 더욱 통전적인 것이 된다고 말할 수 있다. 예를 들어, 한국 신학은 지금껏 서구 그리스도교 신학이 주목해 오지 않았던 비존재에 관한 사유 곧 동양적 사유의 무(無)와 공(空) 같은 신학적 관념들을 부각함으로써 더욱 통전적인 신학적 사유로 나아갈 수 있는 가능성을 가지고 있다. 특히 다석 안에서 드러나는 무와 공의 개념이 신론에 적용되었을 때, 무와 공은 신과 인간의 자기 부정의 과정으로서 개방성과 무규정성, 생성과 비시원성으로 주어지는 신의 자기 계시로 이해할 수 있음을 확인할 수 있다. 신의 케노시스를

---

9 피터 C. 하지슨/손원영·손호현·김영선 공역, 『기독교 구성 신학』(서울: 은성출판사, 2000), 207. 하지슨은 인간의 유한한 경험의 인식 범주를 뛰어넘는 앎의 범주를 표현할 용어로 무한성(infinitude) 내지 총체성(totality)라는 용어 대신 통전성(wholeness)을 제시한다. 인간은 모든 앎에는 통전성을 추구하는 경향이 있으며, 이러한 통전성이 생겨남은 계시와 같다고 주장한다.

더욱 철저하게 만드는 무와 공에 대한 이해는 서구 그리스도교 신학이 가진 실체론적 사유의 한계에 기여하는 비실체론적 통찰의 내용이다. 또한 통전성은 한국 고유 사상이라 일컬어지는 유, 불, 선의 포함삼교(包含三敎)와, 인간뿐 아니라 자연세계에도 덕을 베풀어 살리는 접화군생(接化群生)의 풍류도에서처럼 다양성 속의 일치와 신-우주-인간의 공생을 주장함 안에서도 잘 드러난다. 이 같은 풍류신학은 한국 신학이 가진 통전성을 보여주는 탁월한 예다. 이처럼 후기-그리스도교 신학은 궁극적 실재인 하나님에 대한 통전적 이해와 함께 인간뿐 아니라 피조세계 전체를 포함하는 통전적인 구원을 지향한다.

3. 한국적, 변증적, 통전적 신학으로서 다석신학

이 책은 위와 같은 한국적, 변증적, 통전적 후기-그리스도교 신학을 추구하며 한국의 그리스도교 사상가이자 신학자라 말할 수 있는 다석 류영모의 신학을 중심으로 후기-그리스도교 신학의 내용들을 구성하고자 한다. 우선, 앞서 설명한 한국적, 변증적, 통전적 후기-그리스도교 신학 구성에 있어서 다석신학이 가진 그 자료로서 적합성과 의의, 그리고 구성의 방향성을 설명하자면 다음과 같다.

첫째, 후기-그리스도교 신학으로서 다석신학은 우리나라의 민족정서를 가장 잘 표현하는 주체적 한국 신학이다. 박재순에 따르면, 다석 류영모는 "동아시아 종교문화인 유불선과 한국의 한사상에 바탕을 두고 서구의 기독교 신앙, 이성철학, 민주정신을 받아들여 창조적 생명철학을 확립"[10]한 한국의 독창적인 사상가로서, 다석을 통해 "기독교 사상은 동양의 사상에 비추어 새롭게 해석되고 동양의 사상은 기독교

사상에 비추어 새롭게 해석되었다."[11] 무엇보다, 다석은 "우리 말과 글을 철학적 언어로 다듬어 내고 우리 말과 글로써 철학을 펼쳤던 첫 번째 사람이었다."[12]

하지만 여기에서 한국 신학이 추구하는 '한국적인 것'의 내용에 관해 짚고 넘어가야 할 것이다. 필자는 한국적인 것을 고정불변하는 실체적인 것으로 이해하기보다 초월적 역동으로 제시하고자 한다. 지금까지 한국 신학은 유동식의 풍류(風流)신학, 윤성범의 효(孝)와 성(誠)의 신학, 김광식의 언행일치(言行一致)의 신학, 서남동과 안병무의 민중신학, 이정용의 역(易)의 신학, 김흡영의 도(道)의 신학 등 한국의 역사와 문화 속에서 나타난 다양한 한국적 사유를 신학화한 궁극적 실재에 관한 소중한 연구 성과들을 가지고 있다. 하지만 한국적인 것을 고정불변하는 어떤 특정한 개념이나 실체로만 이해하는 것은 '오늘날'의 한국적인 것과의 괴리를 발생시킨다. 여기에는 고정불변의 실체적 개념에 갇혀있지 않고, 역사와 오늘날의 문제에 반응하는 역동을 찾아내는 재해석의 작업이 요구된다. 이에 필자는 신학에 있어서 한국적 인 것을 한국의 역사 속에서 한국인을 용납하고, 구원하고, 힘을 주었던 '역동'(dynamic)으로 제시하고자 한다. 특히 다석신학에 있어서 이러한 역동은 고난을 핵으로 삼는 초월적 내재의 형태로 드러난다. 고난은 자기 부정을 요청한다. 그리고 자기 부정은 고난의 주체가 궁극적 실재와 만나는 초월적 내재의 생명을 매개한다. 고난, 자기 부정, 초월적 내재의 생명은 한국적 영성의 역동성이라 할 한국인들의 초월을 설명하

---

10 박재순, 『다석 유영모』 (서울: 홍성사, 2017), 33.

11 박재순, 『다석 유영모』, 399.

12 박재순, 『다석 유영모』, 251.

는 중요한 개념이라 할 수 있다. 따라서 한국 신학이란, 오늘날 한국이 직면한 상황 속에서 과거의 궁극적 실재와의 만남에 관한 내용을 재구성하고 재해석하여 생명의 역동성을 가져오는 작업이라 할 수 있다.

둘째, 후기-그리스도교 신학으로서 다석신학은 역사의 우발성이 수반하는 변화와 과정을 인식하는 역사의식을 가진 변증 신학이어야 한다. 다석은 은둔함 속에서 자신의 내면으로 파고드는 치열한 수신과 수행으로 끊임없이 하나님을 사유하는 구도자의 삶을 살았지만, 이와 동시에 그가 처한 시대의 상황과 문제를 놓치지 않았다. 박재순에 따르면, 다석이 살았던 시대는 일제 식민통치, 1·2차 세계대전, 남북분단 그리고 군사독재정권으로 점철된 "국가주의적 전쟁과 폭력의 시대"[13]로서, 이러한 시대적 상황 속에서 다석은 "기독교신앙, 과학적 진리정신, 민주정신을 바탕으로 국가주의적 폭력을 극복하고 민주 평화의 정신과 사상을 확립"[14]하려 힘썼다. 기독교 신앙과 과학적 진리정신, 민주정신은 오늘날의 시대정신이라 하기에 다소 적합하지 않은 측면이 있지만, 다석이 살았던 시대에는 격동하는 시대의 전환기적 시대정신이었다. 다석은 자기 시대의 시대정신을 파악한 역사의식을 가진 사상가였다. 또한 다석이 확립한 평화사상은 국가주의 폭력에 맞서 민중의 삶 속에서 평화를 실현하려고 했던 "민의 평화사상이고 삶의 평화사상"[15]이라 할 수 있다. 여기서 주목해야 할 점은 다석에게 있어 평화란 정신의 근원인 하늘의 평화에서 시작한다는 데 있다. 하늘의 평화에서 시작하여서 마음의 주체라 할 정신의 평화로 이어지고, 정신의 평화에서 삶의

---

13 박재순, "다석 유영모의 평화사상," 「통일과 평화」 10집 1호 (2018), 122.
14 박재순, "다석 유영모의 평화사상," 122.
15 박재순, "다석 유영모의 평화사상," 126.

주체가 되는 맘의 평화로 이어진다. 그리고 맘의 평화에서 결국 삶의 평화로 진행해 나간다.[16] 다석의 삶이 얼과 숨의 체험적 영성을 지향하는 수행적 성격이 뚜렷하기에 자칫 그의 신학이 현실 도피적인 금욕주의적 개인중심의 영성이라 오해받을 수 있다. 그러나 체험적 진리를 지향하는 다석신학은 더욱 넓은 차원에서 보면 생명과 역사에 관한 사회정치적 담론을 뒷받침한다.

다석신학이 가진 변증적 측면을 부각시키는 또 한 가지 예로, 오늘날 민중신학의 한계를 극복하고 한국 신학으로의 고유성을 찾기 위해 민중신학과 다석 사상을 범재신론[17]으로 연결 지으려는 시도를 들 수 있다. 김희헌은 다석신학을 "수행적 범재신론"[18]으로 규정하고, 다석의 범재신론과 민중신학의 범재신론이 지닌 공통적인 신학적 문제의식이 서구신학의 이원론적 사유체계에 대한 거부라 주장한다. 이로써 범재신론 안에서 연결되는 다석신학과 민중신학은 민중이 경험하는 고통을 하나님의 아픔과 연결시키고, 민중의 가진 희망을 하나님의 구원 내지는 창조와 결부시켜 통찰할 수 있게 한다.[19] 따라서 다석신학은 역사의식을 통해 '한국적'인 상황과 문제에 대답함은 물론 보편적인 인간 실존의 문제에 대답하고자 하는 변증적인 신학으로서 창조적이고

---

16 박재순, "다석 유영모의 평화사상," 126 참조.

17 김희헌은 안병무와 서남동으로 대표되는 민중신학의 사유체계를 범재신론(pan- entheism)으로 이해한다. 이러한 배경에서 세계의 창조는 신의 초월성으로, 인간 존재의 바탕을 신의 내재성으로 이해하여 신의 초월과 내재를 양립시키는 범재신론은 "서구의 전통적 세계관인 '초월적 이신론'(transcendental deism)과는 다른 동양적인 세계관"으로 재정의된다. 김희헌, "유영모와 민중신학 — 한국적 범재신론과 실천적 수행종교," 「신학연구」 67 (2012), 153 참조.

18 김희헌, "유영모와 민중신학," 146.

19 김희헌, "유영모와 민중신학," 146-158 참조.

역동적인 신학으로 발전할 가능성을 보여주는 것이다.

셋째, 후기-그리스도교 신학으로서 다석신학은 세계신학과 대화하면서 그 발전에 기여하는 통전 신학이다. 통전성은 다양성 속의 일치를 이루기 위해서 다양성의 토대가 되는 주체성을 우선 전제로 한다. 다석신학의 주체성이란 '한국적'인 것 곧 토착화된 신학을 말한다. 연규홍은 "신학의 상황화(contextualization of theology)라는 세계신학의 새 흐름"[20] 속에서 "우리 삶의 터에서 새 신학"[21]을 추구한 한국 신학자들이 1960년대 이후 일구어낸 작업인 토착화신학을 고찰하면서 한국 신학의 주체적 형성을 논한다. 한국교회의 토착화신학을 통해 명확히 드러나는 것은 "한국의 전통문화와 그리스도교 신앙이 결코 모순·갈등 속에 있는 것이 아니며, 그리스도교 복음은 한국의 전통문화와 만남으로써 복음이 될 수 있다는 것이다."[22] 다시 말해 한국 신학이기에 주체적이어야 한다는 것이 아니라, 그리스도교 신앙이기에 주체적일 수밖에 없다는 주장이다.

하지만 이러한 토착화신학 역시 그 논쟁사를 통해서 볼 때, 수정하고 보완해야 할 부분이 있음을 확인할 수 있는데, 연규홍은 이런 맥락에서 주체적인 한국 신학의 형성을 위한 논의 과제들을 다음과 같이 제시한다. 첫째는 한국문화에 대한 지나친 긍정적 시각을 주의하고 그 문화 안에 극복되어야 할 요소들을 드러내는 것이다. 둘째는 민족문화적 차원만 주목하는 것이 아니라 해방 후 한민족과 교회가 처한 모순적인 상황을

---

20 연규홍, "한국신학 100년의 성찰과 전망 — 토착화신학 논쟁을 중심으로," 「신학연구」 43 (2002), 128.
21 연규홍, "한국신학 100년의 성찰과 전망," 128.
22 연규홍, "한국신학 100년의 성찰과 전망," 136.

신학적 주제로 다루는 것이다. 마지막으로 해방전통을 지닌 상황화신학과 에큐메니컬 대화의 장을 마련하는 것이다. 따라서 한국교회 안에 있는 반(反)복음적 요소들, 예컨대 무속 기복주의, 가부장적 유교 권위주의, 숙명론적인 불교 타계주의 등을 극복해 내야 한다. 또한 한국 근현대사에 대한 깊은 이해와 통찰을 가지고 이러한 사회정치적 차원이 그리스도교 전통과 어떤 연관성을 가지고 있는지를 연구해야 한다. 그리고 한국 신학의 보편성을 확보하여 에큐메니컬 차원에서 교류를 통해 공동의 신학 작업을 완수하는 것이다.[23]

4. 다석신학의 구성

이 책은 다석 류영모의 신학을 한국의 얼 생명, 곧 '한국적 영성'을 표출하는 한국 신학으로, 역사의식을 갖춘 변증 신학으로 그리고 동양 종교 사상들과 서구 신학들과의 '비교'와 '대화'를 통하여 다양성 속에서 역동성을 가진 일치를 위한 통전 신학으로 규정하고, 다석신학의 내용들을 그리스도교 조직신학의 체계를 따라 신론, 그리스도론, 성령론, 삼위일체론, 인간론의 범주로 구성한다. 그리고 다석신학이 가진 동시대적 의의를 설명하기 위해 후기-그리스도교 신학으로서 다석신학으로 종합하고 정리한다. 특히 이 책이 비교와 대화의 방법으로 통전적 구성을 시도하려는 이유는 다석신학을 구성하고 있는 유교, 불교, 도가 사상 및 한국 전통종교문화 그리고 서양철학 및 서구 그리스도교 신학을 상호 비교하는 연구를 통해서 다석신학과 이들 간의 공통점과 차이점을

---

23 연규홍, "한국신학 100년의 성찰과 전망," 163-165 참조.

살펴봄으로써 상호조명과 상호보완이라는 결과를 얻기 위함이다. 다석
신학도 일종의 구성 신학이다. 그리스도교를 바탕으로 한 다석의 방대하
고 깊은 사유와 치열한 수행의 끝에서 얻은 체험적 진리 안에서 동양과
서양의 종교와 사상이 융합되고 구성되었다. 각 종교와 사상의 이론적
체계는 비교와 대화를 통해 다석신학의 내용들을 더욱 구체적으로
드러낼 것이다.

또한 이 책에서 다석신학은 가능한 포괄적인 틀로 구성될 것이다.
필자는 지금까지 다석 연구들에 있어서 주된 흐름이 보여주는 두 가지
문제가 있다고 생각한다. 그것은 다석 연구의 파편성 그리고 다석
자체에 대한 면밀한 주해와 주석 작업의 부족함이다. 지금까지 다석
연구에 있어서 가장 일차적이고 중요한 자료인 『多夕日誌』조차 완역이
되지 않은 가운데 다석의 제자들에 의해 구성된 다석에 관한 2차 자료들
에 의존해야 하는 상황 속에서 주로 이루어진 다석에 관한 연구 작업들은
다석과 특정 서구 사상가들을 비교하거나, 자신의 신학적 기획에 다석
사상의 특정 부분을 ―그것도 제한적인 다석 자료를 가지고 도출된
다석 연구의 결과들을― 끌어들이는 연구들이 주를 이루었다. 이러한
사실은 다석을 서구 사상가나 신학자들의 대화 상대로 둠으로써 혹은
자신의 연구 기획이나 신학적 주장을 뒷받침하는 자료로서 다석의
신학적 개념들을 사용할 뿐, 다석 전체를 그리고 다석 자체를 파악하지
않고 부분적으로 연구하게 만들었다는 한계를 갖는다. 필자는 부분으
로서 다석이 아니라 전체로서 다석 그리고 다석 자체에 대한 포괄적
연구가 필요하다고 본다. 또 한 가지 지적할 문제는 다석 연구에 있어서
특정 주제들, 예컨대 없이 계신 하나님과 얼 그리스도론에 집중함과
같은 다석 연구의 편파성에 관한 부분이다. 전체적인 다석 연구가

부족하다 보니 주목할 만한 다석의 특정 주제들만 되풀이 연구되는 현상도 보인다. 따라서 필자는 현 연구 상황 속에서 다석신학 전체를 다석 자료들과 함께 면밀히 분석하는 작업과 이를 총체적으로 다루는 작업을 일차적 목표로 수행하려 한다. 또 한 가지 기대하는 바는 비록 어떤 틀에 담기에 어려울 만큼 깊고 넓은 다석의 사유를 어느 정도 제한하는 결과를 피할 수 없지만, 그리스도교 신학의 체계적 구성인 조직신학의 틀을 통해서 다석신학 역시 세계 신학으로 조명되고 소통될 수 있는 계기를 만드는 것이다.

III. 다석신학의 연구 자료와 동향

1. 연구 자료

다석은 자신의 사유와 신학을 체계성을 가진 책이나 논문으로 남기지 않았다. 지금까지 남겨진 다석의 자료들은 다석이 친필로 기록한 일지나 기고문, 구술된 강의를 적은 기록, 일지에 기록된 시조와 한시의 형태로 남겨진 글들이 그의 제자들을 통해서 수집되고, 다시 책으로 엮어져서 남겨진 것들이다. 이러한 다석의 자료들을 분류해 본다면 다음과 같다.

우선 다석 연구에 있어서 가장 중요한 자료는 1955년 4월 26일 '하루 때믄'이라는 글로 시작하여 1975년 1월 1일까지 다석이 직접 기록한 일지 형식으로 기록한 글들을 모은 자료인『多夕日誌』(서울: 홍익재, 1990)이다. 총 4권으로서 1권부터 3권까지가 다석이 기록한 일지이고, 4권은 다석이 기고한 글들, 원고, 강의 요약들을 모아놓은 것이다. 특히『多夕日誌』4권에 실린 다석의 잡지 기고문들은 다석의 초기 사상과 이후 발전과정을 이해할 수 있는 중요한 자료가 된다. 그리고『多夕日誌』에는 일기 형식으로 기록된 시조와 한시, 한글시편, 『노자』와『중용』등 동양 경전을 우리말로 번역한 글도 포함되어 있다.[1] 이러한『多夕日誌』는 다석을 연구함에 있어서 가장 중요한 그리고 유일한 1차 자료이지만, 그 내용을 파악함은 물론 판독 자체가 어려워

---

1 참고로 박규홍에 의하면, 다석일지에는 시조 1,817수, 한글시편 253수, 한시 약 1,300수가 담겨 있으며, 시조 1,817수 가운데 1,792수가 신앙과 관련된 시조라 제시한다. 정양모,『나는 다석을 이렇게 본다』(서울: 두레, 2010), 12 참조.

다석을 연구한 전문 학자들에게도 난해하다고 알려졌다.[2]

둘째로 중요한 자료는 다석의 제자 현재 김흥호(鉉齋 金興浩, 1919~2009)가 『多夕日誌』 1권부터 3권까지를 거의 그대로 옮기고 풀이한 책인 『다석일지 공부』(서울: 솔출판사, 2001)다. 김흥호는 『多夕日誌』를 원문에 가장 가깝게 옮기고, 자기 나름의 풀이와 해석을 덧붙여서 『다석일지 공부』를 집필했다. 비록 저자 김흥호의 해석과 깨달음을 다석의 고유한 생각과 혼동할 가능성이 있지만, 총 7권으로 구성된 이 자료가 가진 중요성은 다석의 고유한 사유와 표현을 해석한 『多夕日誌』에 대한 가장 전체적이고 면밀한 주석을 시도한 자료라는 데 있다.

셋째로 중요한 자료는 다석의 강의기록들이다. 다석은 종로 YMCA에서 35년 동안(1928~1963) 성경, 동양고전, 자신이 쓴 일지들을 강의했는데, 그중 1956년 10월 17일부터 1957년 9월 13일까지 속기록으로 남겨진 강의록을 다석학회에서 엮어서 『다석 강의』(서울: 현암사, 2006)로 출판했다. 박재순은 이 자료가 속기사의 기록에 의존한 것이어서 다석의 사상을 정확하게 담아내지 못하며 내용적으로도 논리적이지 않고

---

2 박재순에 의하면, 다석은 1955년 4월 26일부터 1975년 1월 초까지 자신의 사유와 삶을 짧은 일기 형식으로 기록해서 남겼는데, 다석의 제자 김흥호가 1982년 9월 그 일지를 상, 중, 하 세 권으로 나누어 복사해서 다른 제자들에게 배포했다. 이 복사본에 다석이 잡지에 기고 했던 기고문과 친필 원고 그리고 다석의 강의 내용 요약이 실려있었고, 1990년 홍익재 출판 사에서 이들을 모아 총 4권의 『多夕日誌』로 나누어서 영인본으로 보급했다. 박재순, 『다석 유영모의 철학과 사상』(파주: 한울, 2013), 15. 『多夕日誌』는 비록 일기로 된 짧은 글들이지만 다석은 자신의 사유를 함축적으로 표현하고 대부분 시로 남긴 결과, 『多夕日誌』에는 한시 (漢詩) 1,300수와 시조(時調) 1,700수가 실려있다. 가장 중요한 자료임과 동시에 한문과 옛 한글로 쓰여진 『多夕日誌』는 전문 학자들도 제대로 이해하기 힘들다고 여겨졌다. 이런 이유로 다석을 연구하는 많은 연구자가 『多夕日誌』를 해석할 수 있는 낱말사전의 필요를 언급해 왔고, 최근 다석의 제자인 박영호가 『多夕日誌』와 관련한 다석 낱말 사전을 마무리 한 것으로 알려졌다. 또한 정양모 신부가 『多夕日誌 번역 —한시를 제외한 우리말 시조에 한해』을 끝내고 원고를 출판사에 맡겼다는 소식이 전해졌다.

완벽하지 않다고 평가한다.3 그러나 『다석 강의』는 다석 사상의 중요한 내용들과 개념들이 다수 포함되어 있고, 무엇보다 대중적 강의 형태로 남겨져 있어 다석의 신학과 사상을 이해하는 데 접근성이 좋은 자료이다. 다음 자료는 『다석 마지막 강의 —육성으로 듣는 동서 회통의 종교사상』(서울: 교양인, 2011)이다. 이 자료는 다석이 81세에 1971년 8월 12일부터 전남에 있는 금욕 수도 공동체인 동광원에서 수녀와 수사들을 청중으로 한 강의 내용을 녹음한 테이프를 다시 글로 옮긴 자료로서 다석 말년 사유의 단면을 가장 잘 확인할 수 있는 자료다.4 또한 속기는 아니지만 다석이 1959년 11월 6일부터 1961년 11월 7일까지 YMCA에서 강의한 내용을 주규식이 기록한 노트를 박영호가 강의록 45편으로 엮은 『다석 씨알 강의』(서울: 교양인, 2015)가 있다. 이 자료가 가진 특징은 다석이 강의하던 기간인 1960년에 일어난 4 · 19 혁명에 대한 다석의 정치적인 사유를 엿볼 수 있는 자료라는 점이다.

넷째는 어록 형태로 남겨진 자료들이다. 가장 최근에 나온 다석의 어록은 박영호가 펴낸 『제나에서 얼나로 —多夕 柳永模 어록』(서울: 올리브나무, 2019)이다. 지금까지 출판된 어록 형태의 다석 자료는 속기록으로 남겨진 다석의 강의 내용을 토대로 해서 박영호가 엮은 자료들을

---

3 박재순, 『다석 유영모의 철학과 사상』, 16.

4 박영호가 편집한 이 자료, 『다석 마지막 강의』는 이후 심중식에 의해 2022년 7월에 『므름 브름 프름』(씨알재단, 2022)이라는 책으로 다시 출간된다. 심중식은 이전 자료인 『다석 마지막 강의』가 부분적으로 누락된 내용들이 있고, 무엇보다 녹취록에서는 한 번도 등장하지 않는 용어인 '얼나'라는 용어가 많이 나오기 때문에 녹취록을 그대로 담는 데 중점을 두었다고 밝힌다. 조현, "기독교 최고 영성가 다석의 마지막 강연 '가진 게 없다는 건 거짓,'" 한겨레신문 홈페이지, 2022년 8월 26일 최종 접속. https://www. hani.co.kr/arti/well/ news/1053163.html.

말한다. 박재순에 의하면, 처음 나온 박영호의 다석 어록은 1993년에 출간된 『씨올의 메아리 다석어록: 죽음에 생명을 절망에 희망을』(서울: 홍익재, 1993)이었고, 이 책이 증보되어 다시 『多夕 柳永模 어록: 다석이 남긴 참과 지혜의 말씀』(서울: 두레, 2002)으로 나왔다.5 박영호가 엮은 다석 어록 자료는 각 주제별로 다석의 글들을 한데 엮어 놓았다는 점에서 특정 주제에 관한 다석의 사상을 파악하기 쉽지만, 결정적으로 이 어록 자료를 편집한 박영호의 개입이 선명하게 드러난다. 특히 2002년에 나온 어록 자료인 『多夕 柳永模 어록』과 2019년에 나온 어록 자료인 『제나에서 얼나로』는 구성에 있어서 큰 차이는 없으나 신 명칭에 있어서 결정적인 차이가 있다. 2002년의 어록 자료는 신 명칭을 '하느님'으로 표기하고, 2019년 어록 자료는 '한얼님'으로 표기된다. 이는 다석이 어떤 신 명칭을 사용했는지를 파악함에 있어 모호함을 주고, 더 나아가 박영호가 편집한 어록 자체에만 기초해서 다석의 신론을 연구할 경우 혼란을 가져올 여지가 있다.

종합해 본다면, 다석 연구에 있어서 연구 자료를 대할 때, 몇 가지 염두에 두어야 할 부분이 있다. 우선, 다석의 1차 자료에만 의존할 수는 없다는 점이다. 『多夕日誌』는 판독부터 어려워 이 일지 전체에 나타난 다석 사상을 파악하기 위해서는 불가피하게 2차 자료들에 대한 의존이 클 수밖에 없음을 인정해야 한다. 여기서 유의해야 할 점은 1차 자료인 『多夕日誌』와 2차 자료들을 병행해서 연구하는 과정 가운데 다석의 것과 해석자의 것을 면밀히 구분해야 한다는 점이다. 그 예로, 가장 대표적인 것이 '얼나', '몸나', '제나'라는 표현이다. 이 용어들은

---

5 박재순, 『다석 유영모의 철학과 사상』, 17.

다석의 1차 자료에는 나타나지 않는다. 다만, 『다석 마지막 강의』에서 나오기는 하는데, 대체로 박영호의 자료에서 이 용어들이 주로 등장한다. 다석은 '얼나'라는 표현을 사용하지 않고 '얼' 혹은 '참나'라는 용어만을 일지에서 직접적으로 사용할 뿐이다. 이에 대해 필자는 육체를 벗어나서 얼로 솟난다는 박영호 특유의 육체에 대한 부정적 입장이 '얼나'라는 변형된 용어로 반영된 것이라 판단한다.

또한 김흥호의 자료에도 비슷한 사례가 있다. 『다석일지 공부』는 김흥호가 『多夕日誌』를 옮기고 자신이 깨달은 내용을 기록한 글이지만, 종종 다석이 명확하게 밝히지 않은 개념들을 김흥호 자신이 삼위일체론과 같은 그리스도교 신학의 틀로 다석의 글을 옮겨 해석해 놓는 경우가 종종 있다. 따라서 비록 2차 자료들을 통해서 다석 자체에 근접할 수 있고 새로운 해석의 지평이 열리기도 하나, '다석의' 자료와 '다석에 대한' 자료 사이에 놓인 해석학적인 간극을 깊이 인식하고 이 둘을 혼동하지 않아야 한다.

2. 연구 동향

이 책의 연구사적 위치를 설정하기 위해 지금까지 이루어진 다석 류영모에 관한 연구를 구분해 본다면 전기적 연구, 사상적 연구, 신학적 연구로 나눌 수 있다. 첫째, 전기적 연구다. 다석 연구에 있어서 사상적 계보를 논할 때, 가장 먼저 언급되는 세 사람이 있다. 이들은 모두 다석으로부터 직접 수학한 제자들로 김흥호(1919~2020), 박영호(1934~) 그리고 함석헌(1901~1989)이다. 한국 근현대사에 있어서 널리 알려진 함석헌보다 김흥호와 박영호를 필자가 먼저 언급하는 이유는, 함석헌의 경우 다석의 사상을 수용하여 독자적으로 씨알 사상을 형성한 인물이지만, 다석 사상 자체에 천착하여 연구했다기보다 다석의 사상을 수용하여 함석헌 자신만의 역사철학적 사유로 재구성하였기 때문이다. 함석헌은 다석 '산맥'의 한 줄기라기보다 다석 옆에 우뚝 선 봉우리와 같다.

함석헌 외에 다석 연구에 있어서 다석에 관한 자료들을 가지고 전기적 연구를 수행하고 널리 알리는 데 가장 크게 공헌한 사람은 김흥호와 박영호다. 김흥호는 다석 연구에 있어서 가장 중요한 1차 자료임에도 불구하고 그 내용을 이해함은 물론 판독조차 어려운 『多夕日誌』의 1권부터 3권까지를 옮기고 풀이하였다. 주지하다시피, 『多夕日誌』는 다석이 1955년 4월 26일부터 1975년 1월 초까지 일기형식으로 기록한 자료로서 다석 사유의 가장 내밀한 영역까지 연구할 수 있는 가장 객관적이고 중요한 자료다. 1차 자료로서 『多夕日誌』가 갖는 전기적 요소들은 다석의 삶은 물론 그 사유체계와 구체적 용어까지 파악할 수 있기에 사료로서의 중요한 가치를 지닌다. 김흥호가 『多夕日誌』를 풀이한 원고는 솔출판사를 통해 『김흥호 전집』 중 일부인 『다석일지 공부』 총 7권으로 출판되었는데, 이 자료는 『多夕日誌』를 이해하기 위한 가장 필수적인 자료라 말할 수 있다. 또한 김흥호는 다석이 YMCA에서 강의한 내용 일부와 다석이 『청춘』, 『동명』, 『성서조선』에 기고한 글들을 추려 풀이하여 『제소리 —다석 류영모 강의록』이라는 책으로 엮었다. 그러나 다석에 대한 김흥호의 해석은 다석이 가졌던 사유와 표현을 가급적 있는 그대로 설명하면서도, 동시에 감리교 목사로서 자신의 그리스도교 신앙 정체성을 강하게 부각시킨다. 다석 연구자들이 다석을 연구함에 있어서 김흥호의 자료에 대한 의존도가 높을 수밖에 없는 상황에서 다석이 직접 기록한 『多夕日誌』와 김흥호의 『다석일지 공부』를 병행해서 연구해야 함은 물론 이 과정에서 김흥호 특유의 그리스도교 신앙적 요소들을 염두에 두지 않으면 안 된다. 하지만 김흥호의 다석 연구가 가진 가치는 다석의 수행과 사상을 동양 종교 전통뿐 아니라 그리스도교 중심적 관점으로 재해석하고 이 둘을 융합하였다는 것이다. 김흥호는 다석과 그리스도교를 이어주는 탁월한 가교 역할을 해준다.

다음으로, 다석에게 '마침 보람' 졸업증서를 받은 박영호는 현존하고 있는 다석의 제자로서 다석과 그의 사상을 대중화하는 데 큰 공헌을 한 인물이다. 무엇보다 『다석 전기 ─류영모와 그의 시대』를 저술함으로써 다석의 생애는 물론 그의 사상과 함께 다석 사상을 형성한 다양한 요소들을 파악할 수 있는 최초의 전기 자료를 남겼다. 이 전기 자료는 평생 다석을 가까이서 연구하고 대중적으로 알리는 데 공헌한 박영호의 저술이라 더욱 그 가치를 더하며, 다석의 생애는 물론 다석에게 영향을 준 인물들과 사상적 영향들, 그와 관련된 시대적 맥락을 총망라하고 있다는 점에서 다석 연구자들이 가장 먼저 접해야 할 필수적 자료다. 그 외에 박영호는 『多夕 柳永模 어록』, 『다석 류영모 명상록』, 『다석 마지막 강의』, 『다석 중용 강의』, 『다석 씨알 강의』, 『노자와 다석』, 『다석 류영모의 얼의 노래』 등 다석이 강의한 기록과 일지 그리고 다석이 번역한 동양고전 등을 옮기고 풀이하여 많은 자료를 남겼다. 고령인 박영호는 현재 '다석사상연구회'를 이끌고 있으며, 다석 용어 사전 편찬에 주력하고 있다. 다석 연구에 있어 박영호의 기여는 다석의 생애에 관한 광범위한 고증적 연구와 대중화에 있다고 말할 수 있다.

마지막으로 다석에 관한 전기적 연구의 가장 최근의 예는 이상국의 『저녁의 참사람 ─다석 류영모 평전』이다. 다석 류영모에 관한 전기로서는 두 번째이다. 비록 박영호와 공저로 이루어진 전기적 연구이지만, 이 연구에서 광범위한 고증적 접근은 물론 다석 자료들에 대한 깊이 있는 해설을 시도한 이상국은 다석을 "'K-영성靈性을 돋운 세계적 사상가"6 내지 "한국의 언어로 우주와 세계를 고차원으로 사고한 K-영성의 독보적인 모델"7로 평가한다.

둘째, 사상적 연구다. 우선 다석의 사상적 연구에서 가장 먼저 언급될 사람은 박재순이다. 박재순은 『다석 유영모의 철학과 사상』과 『다석 유영모』를 통해서 다석의 사상을 가장 체계적으로 그리고 종합적으로 분석한다. 특히 다석이 도산 안창호와 남강 이승훈의 "민중교육운동과 삼일운동의 정신"8을 계승하여 함석헌과 함께 씨올사상을 정립했으며, 다석 사상과 철학은 "철저히 민주적이고 민중적인 생명철학"9이라 주장한다. 다석 연구에 있어서 박재순의 공헌은 생명철학적 관점에서 다석 사상을 일관적으로 구성해 냈다는 데 있으며, 특정한 신학적 기획으로 다석 사상을 제한하지 않고 다석 사상의 전체적인 구도, 예를 들면 다석 사상의 변화에 따른 시기적 구분, 한글철학, 생각론 등을 종합적이고 체계적으로 균형감 있게 상세히 제시했다는 데 있다. 박재순은 가장 최근에 생명철학과 한국 근현대사의 관점에서 류영모와 함석헌의 사상적 배경이자 원류라 할 도산 안창호 사상을 연구한 『도산철학과 씨올철학』을 통해 비록 다석에 대한 집중적 연구는 아니지만 안창호,

---

6 빈섬 이상국 지음/박영호 공저 및 감수, 『저녁의 참사람―다석 류영모 평전』(서울: 메디치미디어, 2021), 5.

7 이상국, 『저녁의 참사람』, 14.

8 박재순, 『다석 유영모』, 16.

9 박재순, 『다석 유영모』, 16.

이승훈, 다석 류영모, 함석헌으로 이어지는 사상적 계보를 설명함으로써 다석 사상에 내재한 도산 사상의 핵심이라 할 수 있는 "나-철학"10의 영향을 설명한다.

다음, 다석의 사상적 연구에 있어서 이기상의 연구가 있다. 독일에서 마르틴 하이데거를 전공한 철학자인 이기상은 자연의 파괴와 인간성 말살 같은 오늘날 서구적 이성의 한계상황 속에서 지금껏 서구 이성이 존재하지 않는다는 이유로 도외시한 다양한 형태의 '무'에 대한 경험 그리고 그 '무'와의 새로운 관계 맺음만이 인류에게 구원의 희망을 열어준다고 말했던 하이데거의 주장에 착안하여 이러한 '무'에 대한 사유의 대표적 사상가로 다석을 소환한다. 이기상은 그의 저서인 『다석과 함께 여는 우리말 철학』, 『이 땅에서 우리말로 철학하기』를 통해서 '성스러움'의 차원, 곧 신을 떠나버린 오늘날의 인간이 추구해야 할 영성의 새로운 길을 다석을 통해 모색하고자 한다. 특히 이기상은 다석 안에서 제시된 우리 말 사유를 통해서 "구획된 성역(templum), 다시 말해 존재의 집"11인 언어를 다시 탈환하여 주체성과 생명 그리고 성스러움의 차원을 복구하고자 한다.

그 외 다석 사상의 연구에 있어서 주목할 만한 연구를 꼽자면, 『다석일지』에 나타난 훈민정음체를 연구한 김우영의 "『多夕日誌』의 훈민정음체에 대한 언어 철학적 연구"(강원대학교 박사학위논문, 2021)이 있다. 이 논문에서 김우영은 『多夕日誌』 안에서 훈민정음체는 훈민정음 28자 하나하나가 지닌 삼재사상과 상형의 원리와 다석의 언어철학이

---

10 박재순, 『도산철학과 씨올철학』(서울: 동연, 2021), 563.
11 마르틴 하이데거/신상희 옮김, 『숲길』(파주: 나남, 2010), 454.

융합되어 "온생명적 가치"12를 보여준다고 주장한다. 다음, 이차희는 "〈[부르신 지 38年 만에] 믿음에 들어간 이의 노래〉의 화용적 읽기 —신학–종교학적 차원에서 다석 류영모에 관한 기존 연구의 지평을 넘는 실험적 텍스트 해석"(「한국학」 39 [2016])을 통해서 기존의 다석 연구가 가진 종교적, 신학적 연구 흐름에서 벗어나 다석의 자료에 대한 텍스트 분석 연구를 시도한다. 그리고 윤덕영은 "多夕 柳永模와 Søren Kierkegaard의 기독교 사상 비교 연구 —실존적 자아에 기초하여"(한국학중앙연구원 철학박사학위논문, 2009)를 통해서 실존적 자아 개념에 기초하여 다석과 키에르케고어의 기독교 사상을 비교 연구한다.

다석의 사상적 연구는 신학 분야에 집중된 다석 연구 상황에서 간학문적 연구 시도의 필요성과 가능성을 알려준다. 국문학, 역사학, 철학, 도상학, 언어학 등 다석과 대화할 수 있는 학문 분과는 다양하다. 무엇보다 필자는 신앙적 고백에 입각하여 해석 작업이 이루어지는 신학적 연구보다 비교적 '도그마'의 영향을 덜 받는 위와 같은 학문분과에서 이루어지는 '객관적 다석 연구'가 오늘날 더욱 요구된다고 본다. 앞서 제기한 '객관적 다석 연구'란 다석 자체의, 그리고 다석에 대한 종합적이고 포괄적인 연구를 뜻한다. 이와 같은 객관적 다석 연구에 정초해야 이후 다석 연구가 더욱 심도 있게 그리고 광범위하게 이루어질 것이다. 이 책 역시 이러한 문제의식을 갖고 있으며, 이를 위해 다석의 신학적 연구에 있어서 객관적 다석 연구 곧 다석신학 자체의, 그리고 다석신학에 대한 포괄적 연구를 지향한다.

---

12 김우영, "『多夕日誌』의 훈민정음체에 대한 언어 철학적 연구" (강원대학교 박사학위논문, 2021), 132.

셋째, 신학적 연구이다. 우선, 단행본 위주로 살펴본다면 가장 먼저 이정배의 연구를 들 수 있다. 다석에 관한 신학적 연구에서 이정배는 토착화 논쟁의 맥락에서 주로 다석을 연구하였다. 이정배는 『다석 유영모의 동양사상과 신학』, 『없이 계신 하느님, 덜 없는 인간』, 『빈탕한 데 맞혀 놀이』, 『유영모의 귀일신학』을 저술하였다. 다석 연구에 있어서 이정배의 일관된 주장은 다석의 불이적(不二的) 사유와 '하나'로부터 나옴 그리고 그 '하나'로 돌아감을 말하는 귀일(歸一) 사상이다. '없이 계신 하느님', '태극이무극', '진공묘유', '빈탕', '공', '무' 등 동양 전통 사상의 개념들을 담아 표현된 다석의 진술들은 서구의 존재론적 형이상학에서는 이야기할 수 없는 "A=Non A라는 동양적 방식으로 하느님을 이해한 것"[13]이라 주장하였고, 이러한 불이적 사유는 한국 고유 사상인 삼재론에 기초해 있다고 보았다. 또한 이정배는 다석의 수행적이고 동양적인 그리스도교는 하나님과 하나 되는 귀일의 삶이 그 본질이라 보았다. 다석에 관한 신학적 연구에 있어서 이정배의 공헌은 자신의 폭넓은 서구 그리스도교 신학에 대한 이해를 기반으로 탈서구적인 토착화신학으로서의 다석신학을 다양한 주제로 엮어서 한국 신학계에 소개하고 부각했다는 데 있다.

다음, 김흡영은 『가온찍기』에서 "글로벌 한국 신학"이라는 신학적 기획하에 "도의 신학"[14]의 한 유형으로 다석신학을 신학방법론, 신론,

---

13 이정배, 『없이 계신 하느님, 덜 없는 인간』 (서울: 모시는 사람들, 2009), 19.
14 김흡영은 2천 년 기독교신학의 근본메타포인 로고스(logos)의 한계를 극복할 3천 년대의 신학의 근본 메타포로서 도의 신학을 주장한다. "도의 신학theotao은 로고스신학theo-logos과 그 근대적 보완인 프락시스신학theopraxis과 견주어 명명"한 것으로, 도란 "존재(體, logos)의 근원인 동시에 우주 변화(用, praxis)의 길"로서 로고스와 프락시스 모두를 끌어안는 "상보적 어울림"을 그 특징으로 한다. 따라서 "도의 신학은 관념중심적인 로고

그리스도론, 몸신학 등 조직신학적 체계로 구성한다. 김흡영에게 있어
다석은 세계 신학 속에서 '제소리'를 내는 한국 신학의 정체성을 가장
명확히 보여준 대표적 예이며, 몸과 숨의 수련을 통하여 궁극으로
향하는 지행합일의 도의 신학으로 간주된다. 결국 김흡영이 주장하는
다석신학의 가장 중요한 주제란 "몸이 말씀을 바르게 숨쉼(숨신학)을
통하여 탈바꿈(몸신학)하는 변화(바탈틔히)를 일으켜서 본래의 자기로
돌아가는 것, 그 길을 찾아내 그길로 가는 것(도의 신학)"[15]이라 말할
수 있다.

김진은 칸트를 전공한 서양철학자로서 『다석 류영모의 종교사상』을
통해 종교철학적이고 비교철학적인 관점에서 다석의 생애부터 시작하
여, 그의 신론, 우주론, 인간론, 그리스도론은 물론 다석의 천부경 풀이
등을 다루지만, 김진의 다석 연구의 방점은 다석과 라이문도 파니카와의
비교 분석에 찍힌다.

마지막으로 정양모는 『나는 다석을 이렇게 본다』에서 다석의 자료들
을 풀이함으로써 신론, 그리스도론, 인간론을 설명한다. 정양모는 다석
의 신론을 귀일신관과 신 중심 종교다원주의로 규정한다.

단행본 외에 학위 논문으로서 이 책이 위치한 신학적 연구의 범주에
서 다석이 연구된 사례는, 가장 최근부터 살펴보면 다석의 존재와
비존재를 포함하는 무로서의 신론과 귀일신론을 헤겔과 비교함으로써
'포괄적 신정론'을 제시한 논문으로 이창훈의 "포괄적 신정론: 헤겔과

스신학이나 운동중심적인 프락시스신학의 대립을 지양하고 '행하는 지혜(良智)'로서
통전적"인 신학이라 할 수 있다. 김흡영, 『가온찍기: 다석 유영모의 글로벌 한국 신학 서
설』(서울: 동연, 2016), 272-275 참조.
15 김흡영, 『가온찍기』, 397.

다석 유영모를 중심으로"(연세대학교 연합신학대학원 석사학위논문, 2021)
가 있으며, 다석과 에크하르트를 신론 중심으로 비교한 김수영의 "다석
류영모와 마이스터 에크하르트의 대화 ― 존재(存在)로서의 신론(神論)과
무(無)로서의 신론을 중심으로"(연세대학교 대학원 석사학위논문, 2020) 등이
있다. 현재 필자의 연구를 포함하여 다석 류영모에 대한 신학적 연구는
연세대학교 신과대학 손호현 교수의 지도 아래 꾸준히 진행되고 있다.

　이 책은 다석 류영모의 신학을 포괄적으로 연구함으로써 이를 후기-
그리스도교 신학으로 분석하고 평가함을 목적으로 한다. 앞서 살펴본
것처럼 여러 학자를 통해서 다석에 대한 연구가 가장 활발하고 꾸준히
진행되어 온 분야는 신학적 그리고 종교철학적 연구다. 하지만 다석에
관한 신학적 연구는 포괄적이기보다 주로 신론과 그리스도론의 범주에
서 다석의 독특한 신학적 개념들―없이 계신 님, 얼 그리스도론, 참나,
무, 공, 허 등―과 특정한 해석에만 집중되어 온 지엽적인 연구라는
특징을 지니며, 다석 자료의 분석과 해석에 집중한 다석 자체에 관한
연구의 측면보다 다석의 특정한 신학적 개념과 다른 서구 사상가들의
신학적 개념의 비교 연구가 주로 이루어졌다. 그러나 향후 다석 연구의
가능성을 확보할 기초연구에 해당하는 다석 자체에 대한, 그리고 다석의
전반적인 신학적 사유에 대한 포괄적 연구는 여전히 미진하며, 이는
결국 다석에 관한 더욱 심도 있는 연구에 있어 한계를 가져온다. 따라서
위와 같은 다석에 관한 신학적 연구 상황에서 이 책은 다석신학에
대한 포괄적이고 집중적인 연구를 시도함으로써 이후 진행될 다석신학
연구에 공헌하고자 하며, 더 나아가 오늘날의 문제의식을 가지고 후기-
그리스도교 시대를 위한 한국적 영성이라는 주제로 다석신학의 동시대
적 적합성과 가능성을 제시하고자 한다.

IV. 다석신학의 연구 방법

이 책은 다석의 신앙적 사유와 체험적 진리를 신학적 자료로 삼아 한국적이고 변증적이며 통전적인 후기-그리스도교 신학으로 구성하는 데 그 목적이 있다. 이를 위해서 다음 네 가지 연구 방법 내지는 이론적 기초를 적용하려 한다. 그것은 이 책의 주요한 목적인 다석신학 자체에 대한 포괄적 분석을 수행하기 위해 다석의 자료에 천착하는 문헌 연구 방법론, 다석신학의 구체적 내용과 독특성을 드러내고 다석신학의 통전성을 도출하기 위한 비교 융합 방법론, 토착화신학으로서 다석신학 이 가진 그리스도교 복음의 내용을 드러내기 위한 지혜 신학 방법론, 그리고 다석신학을 통해 무한한 개방성과 풍부함의 불가능의 가능성으로서 궁극적 실재를 구성하기 위한 통전적 구성 방법론이다. 각 방법론을 상술하자면 아래와 같다.

1. 문헌 연구 방법론

첫째, 다석의 중요한 1차 문헌 자료에 무게를 두는 문헌 연구 방법론이다. 가장 한국적인 신앙과 사유를 보여주는 다석은 자신의 사유를 논문과 같은 체계적인 학문적 자료로 남기지 않고, 그 대신 한시, 한글 시조, 일기, 강의록, 기하학적 표현 등 자유로운 글쓰기로 자신만의 고유한 생각과 말을 남겼다. 따라서 다석신학 구성을 위해서는 다석의 중요한 1차 문헌 자료들을 조직신학적 주제에 맞추어 다석에 관한 2차 문헌들과 함께 면밀히 해석해 나가면서 다석이 표현하려 했던 '본래적'(original) 의미를 가능한 만큼 현재의 해석학적 지평에서 다시 구체화하고 체계화하는 작업이 요구된다. 이를 위해 다석의 1차 문헌 자료를 해석하고, 다시 이를 가지고 다석신학으로 구성함에 있어서 문헌연구 방법론을 적용한다. 더 나아가 필자는 다석을 체계화하고 다석의 사유를 좀 더 구체화하여 제시하는 것을 본 연구의 가장 중요한 출발점이라 보기에, 다석 본래의 사유와 연구자와의 해석학적 지평 융합에서 드러나는 확장된 이해를 위해 다석의 신학적 진술의 주해에 치중하고자 한다.

2. 비교 융합 방법론

둘째, 다석신학과 동양 종교 사상 또는 서구 그리스도교 신학을 비교하여 융합시키기 위한 '비교 융합 방법론'이다. 여기서 말하는 융합이란 서로 이질적인 둘을 복합적인 하나로 치환하는 작업을 말하는 것이 아니다. 그렇다고 서로의 유사성을 확인하는 차원에서 멈춤도 아니다. 융합이 추구하는 것은 상호조명을 통한 해석학적 확장이다. 예를 들어, 홍창성은 불교의 현대적 이해를 위해 불교의 현대철학적 이해를 시도하면서 비교방법과 융합방법을 제시한다. 그리고 비교방법이 가진 "닮음의 패러독스"[1]의 문제로 인해 융합방법을 적용해야 한다고 주장한다. 결국 "서로 다른 두 개 이상의 이론이 가진 장점을 모아 각각의 이론이 가진 문제점을 보완하고 또 서로 더 큰 설명력을 가지는 이론으로 발전시켜 나가는 일은 단순 비교가 아니라 진정한

---

[1] 홍창성, 『연기와 공 그리고 무상과 무아 ─현대철학의 관점으로 붓다의 가르침을 이해하다』 (서울: 운주사, 2020), 20.

융합을 통해서만 가능하다"[2]고 주장한다. 따라서 이에 착안하여 본 연구는 비교 방법론이 지향하는 바가 되는 같음(A=B)과 다름(A≠B) 사이에 놓인 변증법적인 긴장 안에서 상호조명을 통해 서로에 대한 더욱 깊고 확장된 이해로 들어가는 해석학적 과정과, 이러한 비교의 목적이 되는 융합을 추구하는 비교 융합 방법론을 적용한다.

비교 융합 방법론을 다석신학에 적용한 예를 보자면, 우선 다석의 수행과 사유 안에서 나타난 무('없음')와 공('빔')과 같은 불교적 개념과 불교 고유의 가르침은 서로 공명하는 부분이 있음을 알 수 있다. 앞서 제시한 다석의 '빈탕' 곧 공(空) 개념은 불교의 연기론에 의존하지 않으면 설명될 수 없는 개념이다. 둘 사이의 비교를 통해서 융합되어 다석의 사상이 불교의 가르침─본 연구에서는 주로 선불교의 교토학파가 가진 관점을 적용한다─을 통해서 더욱 선명해지고, 반대로 원래 불교의 가르침 역시 그리스도교 신앙을 가진 다석의 맥락에서 새로운 해석의 확장을 기대할 수 있다. 또 한 가지 예로, '하나'(一)[3]와 귀일(歸一)의 개념을 담고 있는 다석의 신론에서는 하나(一)의 신론, 신플라톤주의적 범재신론 그리고 부정신학(theologia negativa)의 특징들이 자주 나타난다. 이러한 서구신학적 체계가 다석신학에 정확하게 들어맞는 것은 아니다. 그러나 오히려 이 둘 사이의 내용적 차이가 서로의 신학적 주제를 더욱 분명하게 조명할 수 있는 기회를 준다. 비교 융합을 통해서

---

2 홍창성, 『연기와 공 그리고 무상과 무아』 21.
3 다석은 하나님을 절대이자 전체라는 의미로 '하나'(一)라 부른다. "하느님은 절대요 전체인 하나(一)이다. 무극이태극(無極而太極)이라 오직 하느님뿐이다. ── 그러니까 절대요 전체요 하나인 진리(하느님)를 깨치는 것이 가장 급선무(急先務)이다." 박영호 엮음, 『多夕 柳永模 어록』(서울: 두레, 2002), 64-65.

이 책이 기대하는 결과란 바로 이런 것이다. 물론, 필자는 다석신학을 구체화함에 목적을 두기에 주로 다석신학을 조명하기로 한다. 그런데 이 책에서 비교 융합 방법론이 각각의 종교 사상 체계를 더욱 명확히 하고 그 이해의 확장을 가져다주는 것은 사실이지만, 여기에 멈추지 않고 더욱 궁극적인 결과를 기대할 수 있다. 그것은 이후에 제시할 통전적 방법론을 통해서 각각 종교 사상에 해당하는 진리의 편린(片鱗)들이 절대이자 전체이고 '하나'이며 궁극적 실재인 하나님 안에서 통일되고, 그 편린들에서도 하나님이 발견되며, 동시에 그것들을 초월해 있다는 것을 통전적 구성을 통해 설명할 것이다.

3. 지혜 신학 방법론

셋째, 토착화신학의 한 모델로서 다석신학을 '지혜 신학'으로 간주하는 지혜 신학 방법론이다. 로버트 슈라이터(Robert J. Schreiter)는 신학을 토착화하는 데 활용될 모델로 지혜 신학을 제시하는데, 지혜 신학은 텍스트가 가진 의미와 체험에 주안점을 두며, 신앙을 통해서 세계의 모든 보이는 혹은 보이지 않는 영역들을 하나의 의미 있는 체계로 통합시키는 데 특별히 관심을 둔다. 특히 지혜 신학은 신앙에 있어 인간의 주관을 강조한다. 지혜 신학은 "인간의 주관을 하느님과 우주를 관조하는 데 쓰이는 프리즘"[4]으로 사용하며, 이러한 방식으로 신성에 대한 앎에 다다른다. 말하자면, "인간에 대한 지식을 하느님에 대한 지식으로 통하는 길"[5]로 이해하는 것이다. 또한 지혜 신학의 범위는

---

4 로버트 슈라이터/황애경 옮김, 『신학의 토착화』 (서울: 가톨릭출판사, 1991), 177.

우주적이라 볼 수 있는데, 이로써 문화 안에 현존하는 그리스도에 대한 이해로 나아간다. 동시에 슈라이터는 토착신학을 전개함에 있어서 문화에 그리스도를 전하는 것보다, 그 문화 안에서 이미 활동하고 있는 그리스도를 발견하는 것이 이에 못지않게 중요함을 강조한다. "즉, 하느님 나라를 건설하는 데 있어서, 선교사들이 도착하기 전에 부활한 그리스도의 구속 활동이 이미 진행되고 있다는 것이다."[6] 따라서 토착신학은 자신의 전통문화에 귀를 기울여야 하고, 그 가운데 현존하는 그리스도의 징표를 발견할 줄 알아야 하는데, 이를 위해서 "그리스도를 성서의 지혜 전통에 의해서 이해하는 방법"[7]이 요구된다. 다시 말해 지혜 신학 방법론이란 "그리스도를 하느님의 지혜로 보는 것, 이것은 하느님의 표상으로서 그다지 새로운 것이 아닌데, 이미 그 문화 내에서 구원 활동을 수행하고 있는 하느님의 현존을 이해하는 방법"[8]이다.

이처럼 다석신학을 지혜 신학 모델로 간주하는 것은 동양 종교의 사유와 표현으로 궁극적 실재를 표현한 다석의 신앙적 진술들 안에서 내재되어 있는 그리스도교 신학 내용들을 파악할 수 있음은 물론, 반대로 그리스도교 신학의 내용을 동양적 사유로 파악할 수 있는 근거를 제공해 준다. 하지만 동서고금의 종교와 사상의 모든 내용이 그리스도의 지혜로 간주될 수는 없다. 그리스도의 지혜는 그리스도 중심성을 함의한다. 다시 말해 유동식의 주장대로 그리스도 중심성의 관점에서 보면 각 종교는 "성속을 꿰뚫는 그리스도의 복음의 진리를 각기 그 종교형태

---

5 슈라이터, 『신학의 토착화』, 178.

6 슈라이터, 『신학의 토착화』, 72.

7 슈라이터, 『신학의 토착화』, 73.

8 슈라이터, 『신학의 토착화』, 73.

와 기능 속에서 어떻게 보존하고 반사시키고 있는가에 그 종교의 존재가 치가 있다."9 그리고 그 복음의 진리란 "인간회복의 진리이며, 인간해방을 의미하는 구원의 진리"10를 말한다.

4. 통전적 구성 방법론

마지막으로 다석신학과 그 안에 내재한 다양한 종교 사상들 간에 '대화'(dialogue)를 통해 개방적이고 계시적인 궁극적 실재에 관한 신학적 진술을 추구하는 '통전적'(holistic) 구성 방법론이다. 다석은 "끊임없는 교차 읽기를 통해서 자신의 종교 사상을 통합적으로 정립해 나갔다는 점"11에서 통전적 신학의 대표적 예라 말할 수 있다. 여기서 대화와 통전성이라는 개념은 피터 C. 하지슨(Peter C. Hodgson)의 구성 신학에서 제시된 것으로, 우선 대화라는 관점에서 하지슨은 현대의 종교다원주의 상황 속에서 대화적 담론을 통해 "해방적 실천과 생태적 통전성을 지향"12할 수 있음을 주장한다. 하지슨은 위르겐 하버마스의 비판사회 이론을 예로 들어, 오늘날 상충하는 이데올로기들로 인해 불가능해진 이성의 궁극적 실현인 합리성은 '의사소통적 행위'를 통해서 논리가 아닌 대화, 개념이 아닌 의사소통을 추구하는 '미완의' 프로젝트로 남겨진다. 다시 말해 대화적 의사소통이야말로 해방적 추구인 합리성의

---

9 유동식, 『한국 종교와 기독교』 (서울: 대한기독교서회, 2001), 160.

10 유동식, 『한국 종교와 기독교』, 160.

11 백소영, "근대 전환기 식민 경험과 다석 류영모의 '탈'(脫)의 정체성," 「한국기독교신학 논총」 86 (2013), 190.

12 하지슨, 『기독교 구성 신학』, 168.

특징을 잘 설명해 줌은 물론 통전성을 지향하는 방법이라는 것이다.[13]

　무엇보다, 대화를 통한 해방적 추구는 수렴적 진리로 이어진다. 하지슨은 종교 간의 대화를 통해 주어지는 수렴적 진리에 대해서도 이야기한다. 하지슨은 1986년에 시작된 종교다원주의 논쟁에서 나타나는 배타주의와 포괄주의 그리고 다원주의의 주장들을 검토한 뒤, 종교 간의 대화에 관한 논의를 펼친다. 하지슨에 따르면, "종교 간의 대화의 목적은 우상숭배를 폭로하고 또 수렴적 진리(convergent truths)를 찾으려는 것"[14]이다. 종교 간의 대화를 통해 폭로되는 것은 "어떤 종교 속에 현존하는 우상숭배와 허위성 그리고 파괴적인 실천들"[15]이다. 다른 한편으로, 대화를 통한 종교 간의 만남은 각 종교가 자신 안에 내재한 자기초월과 진리를 실현할 수 있도록 그 가능성을 열어준다. 하지슨은 이러한 종교 간 대화의 과정에서 중요한 것은 각 "종교의 공통된 본질이 아니라 진리들과 실천들의 다양성"[16]에 있음을, 그리고 이 다양성이 모순이 아니라 '차이'임을 강조한다. 여기서 알 수 있는 사실은 각 종교가 가진 다양한 진리의 내용들과 실천들의 차이들을 가져오는 "실재의 총체성"[17]이 존재한다는 점이다. 이 총체성은 "수렴적 진리와 실천"[18]으로 드러나는데, "이러한 수렴적 연합은 이미 사전에 존재하는 것이 아니라, 대화의 과정—만남 · 논쟁 · 갈등— 속에서 출현하는 것이다."[19]

---

13 하지슨, 『기독교 구성 신학』, 169 참조.
14 하지슨, 『기독교 구성 신학』, 180.
15 하지슨, 『기독교 구성 신학』, 180.
16 하지슨, 『기독교 구성 신학』, 181.
17 하지슨, 『기독교 구성 신학』, 181.
18 하지슨, 『기독교 구성 신학』, 181.
19 하지슨, 『기독교 구성 신학』, 182.

하지슨은 종교 간의 대화의 목적은 "환원할 수 없는 차이와 완강한 다원성의 사실 한 복판에서 의사소통, 지평의 확장 그리고 새로운 형태의 통전성을 지향하는 것"[20]임을 주장한다. 이때, 통전성이란 "다양성으로부터 구성되는 일치로서, 그것은 지속적으로 새롭고 변화무쌍한 형식들을 형성"[21]하는데, 이 같은 "다양성-속에서의-일치의 역동성"[22]을 가리켜 통전성이라 한다. 하지슨에 따르면, 통전성은 개방성과 역동성 그리고 관계성을 그 특징으로 하며, 이러한 통전성의 가장 좋은 예는 바로 그리스도교의 삼위일체 교리이다. 하지슨은 삼위일체를 통해서 하나님의 자유와 사랑과 일치(통전성)를 규명하고, 동시에 이들의 상호작용에 주목한다. 하나님의 자유, 사랑, 일치, 이 세 가지는 각각의 추구함 속에서 현존하지만, 어느 하나도 다른 두 가지 없이는 성립할 수 없다는 것이다.[23] 따라서 삼위일체 하나님에 관한 통전성을 갖춘 진술은 이러하다. "하나님은 자유 가운데 사랑하는 유일하신 분이다"(God is the One who loves in freedom)[24]

이러한 통전성은 역사 속에서 결코 달성될 수 없는 그런 무한한 풍부함으로 드러난다. 예컨대, 예술에서 아름다움은 고갈되지 않은 채로 달성될 수 없는 통전성을 보여주며, 사랑과 자유 역시 지속적으로 완성에 도달하지만, 늘 불완전한 것으로 남는다. 따라서 통전성은 "폐쇄

---

20 하지슨, 『기독교 구성 신학』, 187.
21 하지슨, 『기독교 구성 신학』, 187.
22 하지슨, 『기독교 구성 신학』, 187.
23 하지슨, 『기독교 구성 신학』, 187 참조. 여기서 하지슨은 삼위일체론의 교리를 철저하게 수정하고 구성해야 한다고 주장하는데, 그 예로, 삼위일체론을 "하나님·세계·영의 단계들로 혹은 정체성·차이성·중재로 혹은 하나됨(통전성)·사랑·자유로 구성"한다.
24 하지슨, 『기독교 구성 신학』, 190.

의 행위가 아니라 무한한 풍부성에로 자신을 개방하고 미래를 결정되지 않는 채 남겨두는 행위"[25]로 이해된다. 여기서 무한한 풍부성이라 할 통전성은 자기 부정을 통한 개방성을 조건으로 한다. 이를 다석신학의 방법론에 적용하자면, 통전적 구성은 불가능의 가능성을 전제로 하여 자기 부정의 개방성을 통해 궁극적 실재의 '전체'를 끊임없이 구성하기 위한 시도이다. 이후 상술하겠지만, 다석의 없이 계신 하나님이야말로 부정의 부정인 절대부정을 통해 불가능의 가능성으로서의 개방적 실체인 절대무(絶對無)를 추구하는 통전적 신학의 가장 대표적 예라 말할 수 있다. 다석에게서 절대무는 인간의 실체 추구의 불가능성이야말로 하나님의 개방적 풍부성이며, 이 무가 바로 실체 그 자체 곧 절대유가 되는 역설적 진공묘유(眞空妙有)를 이야기한다. 다석 신론에서 더욱 구체적으로 드러나지만, 다석신학은 궁극적인 것으로서의 실체를 부정함을 통해서 역설적으로 실체를 추구하는 '비실체론적' 신학이며, 이 비실체론적 신학이 제시하는 신론이 곧 없이 계신 하나님이다. 이러한 방식으로 비실체론적 다석신학은 한편으로는 역설적 신비로 실체를 관념이나 물질 양극단으로 환원시키는 실체주의를 벗어나면서도, 다른 한편으로 끊임없이 개방적이고 풍부한 실체 그 자체를 포기하지 않는다. 이로써 다석신학은 초월과 내재, 신과 세계, 정신과 육체라는 이분법적 극단에 빠지지 않고 이 모두를 통전적으로 이해하고 진술한다.

---

25 하지슨, 『기독교 구성 신학』, 497.

2장

―

세계와 합일하는
하나(一)의 신

I. 다석 신론의 형성 배경

다석은 신앙하는 인간이었다. 그 신앙의 대상을 무엇이라 불렀든 다석의 온 삶은 그가 신앙한 궁극적 실재라 할 신(神)을 향했다. 다석은 신앙하는 인간이었지만 신앙이 교리화되는 것은 저항했다. 다석이 "톨스토이나 나는 비정통입니다"[1] 라고 말했을 때, 그가 생각했던 비정통에는 톨스토이가 가졌던 교리화에 대한 거부감을 포함하고 있었을 것이다. 그 교리화란 인간 자유를 억압하는 폭력적 종교 권력, 보편적 이성에 호소하지 않은 채 신앙의 신비를 종교적 미신으로 환원시키는 지적 태만, 신앙적 진리에 주체를 변형시키는 책임을 방기한 도덕적 위선으로 신앙적 실존의 얼 생명을 화석화하는 모든 종교적 시도를 의미했다. 또한 다석은 그의 사상을 학문적인 책이나 논문으로 남겨두지 않았다. 다석은 자신의 신앙과 사유를 시와 그림, 숫자 등으로 자유롭게 표현했다.

하지만 위와 같은 이유로 다석의 신에 대한 이해를 신론으로 구성할 정당성이 사라지는 것은 아니다. 다석이 거부한 것은 교리화이지 교리 자체는 아니다. 신앙적 체험과 진리를 표현한 그의 자유로운 진술의 밑바탕에는 그의 사유를 풀어낼 개념들과 원리들로 구성된 일관성을 갖춘 체계가 놓여 있다. 따라서 다석의 신에 관한 이해는 정합성과 일관성을 추구하는 다석 신론으로 구성될 수 있다.

다석은 자신만의 독특한 신명(神名)들을 통해서 그의 신론을 설명했다. 다양한 신명 중 일반적으로 알려진 몇 가지 예를 들면, 한웋님,

---

1 박영호, 『다석전기 ―류영모와 그의 시대』 (서울: 교양인, 2012), 133.

없이 계신 님, 아바디, 로고스, 니르바다, 도(道), 빔, 태극, 태극이무극, 없있 등이 있다.[2] 다양한 명칭들로 표현된 다석 신론의 형성 배경을 살펴보면 필자의 관점에서 크게 세 가지로 구분될 수 있다. 그것은 한국 전통 사상인 흔사상, '없음'과 관련한 무(無), 공(空), 허(虛), 태극이 무극(太極而無極)과 같은 동양 종교 사상 그리고 독일의 신비주의 신학자 마이스터 에크하르트(Meister Eckhart, 1260~1327)다.

첫째, 비시원적 창조성(Non-orientable creativity)으로서의 흔사상(혹은 한사상)이다. 한은 일반적으로 하나라는 유일성의 의미와 크다는 절대성의 의미를 함의하는 용어로 알려져 있다.[3] 위와 같은 한사상이 가진 일반적 의미로 볼 때, 신의 유일성과 절대성을 나타내는 다석의 신 명칭은 흔웋님(혹은 한웋님)이다. 하지만 한사상이 가진 또 다른 중요한 함의는 비시원적 창조성이다. 김상일은 하나가 많음이 되고 많음이 하나에 의해서 증가한다는 화이트헤드의 주장과, "'낱'이 '온'이 되고 '온'이 '낱'이 되는 것을 〈한〉"[4]이라 일컫는다는 내용이 공명함에 주목하여 화이트헤드가 말한 창조성 곧 "만물이 생성·발전하는 원천이 되는 궁극적 범주"[5]에 한이 속한다고 규정한다. 여기서 일(一)이 다(多)가 되고 다(多)가 일(一)이 되는 창조성으로서의 한사상이 가진 중요한 함의는 비시원성(non-orientability)이다. 비시원성이란 "시·공간의 어느

---

2 김진, 『다석 류영모의 종교사상』 (울산: 울산대학교출판부, 2012), 35 참조.

3 정양모, 『나는 다석을 이렇게 본다』, 23 참조.

4 김상일, 『오래된 미래의 흔철학』(대전: 상생출판, 2014), 51. 김상일은 흔이 많음과 하나라는 양면적 의미를 갖는다고 주장한다. 흔은 낱개의 하나가 낱으로 쌓이고 모여서 전체로서 존재하는 온이 됨을 뜻하는 말로, 이때, 낱과 온은 최치원이 말한 "현묘의 도"로서 융합한 흔의 다른 표현이라 말할 수 있다. 김상일, 『오래된 미래의 흔철학』, 49-50 참조.

5 김상일, 『오래된 미래의 흔철학』, 51.

원점에서 생각을 출발시키는 것을 반대하는 말[6]이다. 필자는 비시원적 창조성으로서의 한사상이 가진 중요한 신학적 함의란 바로 주체와 객체의 이분법적 구분을 허물고 신과 세계 내지는 초월과 내재가 온전히 하나가 되는 신인합일의 이상이라 이해한다.

이와 같은 한사상은 본 장에서 다석의 한아, 한늘, 한얼, 한님이라는 다석의 고유한 신 명칭에 의해 제시된 '한'의 신론에서 구체적으로 설명될 것이다. 이를 간략히 보자면, 단일성, 온전성, 절대성으로서 무극(無極)인 한아, 시간과 공간 안에서 일어나는 모든 존재사건을 포괄하는 절대존재의 현재적 경험이라 할 얼 생명의 한늘, 비존재의 위협을 극복하는 절대생명이자 절대정신으로서 한얼 그리고 '무지(無知)의 앎'으로 경험되는 궁극적 실재로서 한님이다.

둘째, '없음'과 관련한 무(無), 공(空), 허(虛) 그리고 태극이무극(太極而無極)과 같은 동양 종교 사상이다. '없음'은 다석 사상의 전체를 관통하는 중요한 개념 중 하나다. 다석의 신론에서 '없음'은 다양하게 표현되는데, 다석의 '없음'에 대한 사유를 형성하는 배경에는 무(無), 공(空), 허(虛) 그리고 태극이무극(太極而無極)과 같은 동양 종교 사상의 영향이 자리하고 있다. 다석은 신을 절대공(絶大空), 빈탕 등과 같은 명칭으로 '없음'으로서의 신을 표현하고자 했다.

이와 같은 '없음'의 동양의 종교적 표현인 무, 공, 허 그리고 태극이무극 개념이 압축되어 가장 뚜렷하게 드러난 다석의 신론은 없이 계신 하나님 신론이다. 이상국은 다석의 없이 계신 하나님이라는 표현은 노자의 『도덕경』(道德經)에 나오는 "'무유입무간'(無有入無間)에서 따온

6 김상일, 『오래된 미래의 흔철학』, 52.

말로, '있음이 없으면 없음 사이로 들어간다'란 의미"7를 가리키며, 이는 "상대세계와 절대세계의 접속을 표현"8한다고 설명한다. 이 설명으로 미루어 보아, 다석의 없이 계신 하나님 신론에서 중요한 배경이 되는 사유가 『도덕경』에서 나왔음을 알 수 있으며, 그것이 가리키는 바는 신과의 접속 곧 합일임을 알 수 있다. 실제로 다석은 『도덕경』을 우리말로 번역하여 일지에 옮겨 적기도 하였다.9 '없음'에 관련한 다석의 자료들을 표면적으로 해석하면 '없음'은 '있음'보다 큰 것 그리고 모든 존재의 근원 정도로 해석된다. 이러한 '큼'은 존재와 비존재를 포괄하면서 초극하는 무와 공과 허에 다름 아니다. 다석은 이를 태극(太極)으로 보았고, 이를 태극이무극으로 표현했다.

그러나 이 책에서는 '없음'에 대한 해석에 있어서 '없음'은 '더 큰 있음'이 아닌 해체적 관점에서 태극이무극 곧 "한없이 큰 것"으로서

---

7 이상국, 『저녁의 참사람』, 14. 해당하는 원문은 『도덕경』 43장으로서 다음과 같다. 天下之至柔(천하지지유) 馳騁天下之至堅(치빙천하지지견) 無有入無間(무유입무간) 吾是以知無爲之有益(오시이지무위지유익) 不言之敎(불언지교) 無爲之益(무위지익) 天下希及之(천하희급지). 이 원문을 왕필의 『노자주』로 해석하자면 다음과 같다. "세상에서 지극히 부드러운 것이 지극히 딱딱한 것을 파고 들어가고, 기(氣)는 들어가지 않는 곳이 없으며, 물(水)은 경계를 넘어가지 않는 것이 없다. 아무것도 없음이 틈이 없는 사이로 들어간다. 나는 이 때문에 '아무것도 시행함이 없음'[無爲]이 유익하다는 것을 안다. 비어 있고 유약한 것은 통하지 않는 곳이 없고, '아무것도 없는 것'[無有]은 다할 수 없고, 지극히 부드러운 것은 겪을 수 없다. 이것을 가지고 미루어 보기 때문에 아무것도 시행함이 없음이 유익하다는 것을 안다. 말하지 않으면서 교화시키고, 아무것도 시행함이 없으면서 유익하게 하는 경지, 세상에 이러한 경지에 이른 자는 거의 없다." 노자(老子)/김학목 옮김, 『노자 도덕경과 왕필의 주注』(서울: 홍익출판사, 2014), 197-198.

8 이상국, 『저녁의 참사람』, 14.

9 다석은 노자의 『도덕경』을 시당 여준과 단재 신채호의 권유로 읽게 되었다. 다석은 1960년 종로 YMCA 연경반 강의에서 이렇게 말했다. "나는 스무 살쯤에 불경과 《노자(老子)》를 읽었어요. 그러나 '없(無)'과 '빔(空)'을 즐길 줄은 몰랐어요." 류영모 번역, 박영호 풀이, 『노자와 다석 ─다석 사상으로 다시 읽는 도덕경』(서울: 교양인, 2013), 13 참조.

개방성과 무규정성으로 이해하고, '없음'은 다소 과정철학적인 관점에서 생성과 비시원성으로서, 다석에게 '없음'이란 신이 내재적인 신이 되어 세계와 합일함을 강조에 있다고 보았다.

셋째, 독일의 신비주의 신학자 마이스터 에크하르트의 영향이다. 다석은 1956년 12월에 다석은 에크하르트에 관하여, "신비학설의 대의"(神秘學說의 大意)라는 1편의 산문과 〈인천교제〉(人天交際[郊祭]), 〈Eckhart의 신비설(神秘說) 1260-1329〉 등 2편의 한시를 남겼다. 에크하르트가 다석의 신론에 미친 영향은 부정신학적이고 신비주의적인 신론의 특징에서 뚜렷이 드러난다. 이 장에서는 에크하르트와 다석의 사상이 공명하는 부분을 큰 틀에서 지성적 신비주의로 이해하고, 신론과 관련된 신학적 언어관 곧 신비주의적 언어관과 무로서의 신론에서 다석의 신론 형성에 있어서 에크하르트의 영향을 규명할 것이다.

II. 다석 신론의 쟁점: 신과 인간의 관계성 그리고 수행

일반적으로 신론은 신은 누구인가에 관한 문제 곧 신에 대한 인간의 이해 그리고 신을 이해하는 방식과 관련된 인식론의 문제들을 다룬다. 이런 맥락에서, 다석의 다양한 신론들, 이를테면 이 책에서 다룬 한웋님 신론, 없이 계신 하나님 신론, 무·공·허의 신론, '하나'(一)의 신론, 신비주의적 신론, 어머니 신론이 보여주는 뚜렷한 주제는 신과 인간의 관계성 곧 신인합일에 관한 문제이다. 다석 신론 역시 서구의 신론처럼 신에 관한 존재론적 진술들로 구성되어 있다. 그러나 이러한 신론의 진술들이 향하는 지점은 신과 인간의 하나가 됨 곧 신인합일이며, 이 '하나 됨'의 체험적 진리가 다석 신론의 기초를 이룬다. 따라서 다석 신론이 가진 쟁점은 신과 인간의 관계성과 그 관계성 안에서 일어나는 역동이며, 이를 설명하는 개념이 곧 수행(performance)[1]이라 말할 수 있다.

다석의 제자 김흥호는 다석의 "기독교 이해는 한마디로 기독교의 동양적 이해"[2]이며, 동양의 특징은 "하나님의 뜻을 실천하는 삶"이라 주장한다. 다석에게 있어서 하나님의 뜻을 실천하는 것은 수행적 실천을 의미한다. 그러나 다석에게 있어 수행은 종교적이고 도덕적인 행위로 환원되지 않는다. 이 책에서는 수행을 신적 진리에 대한 주체의 변형이

---

1 종교적 수행을 가리키는 용어는 주로 종교적 고행이나 금욕주의를 뜻하는 asceticism을 사용한다. 그러나 이 책의 수행-미학적 인간론 부분에서 구체적으로 설명하겠지만, 다석의 수행은 탐, 진, 치의 '아름다움'에 대항하는 얼의 아름다움이라 할 '없음'과 비움 곧 무와 공을 예술적으로 드러낸다는 뜻에서 예술적 수행의 용어인 performance를 사용한다.

2 김흥호, "유영모, 기독교의 동양적 이해," 김흥호·이정배 편,『다석 유영모의 동양사상과 신학 —동양적 기독교 이해』(서울: 솔출판사, 2002), 12.

라 주장한다. 수행은 자신의 주체에 신적 진리를 변형시키는 것이 아니라, 신적 진리에 자신의 주체를 변형시킨다. 이것이 함의하는 바는 다석의 신에 대한 인식이 다석의 수행과 밀접한 관련이 있다는 것이다. 가장 뚜렷한 예인 일좌식(一坐食) 일언인(一言仁)[3]처럼 무욕(無慾)을 지향하는 다석의 금욕적 수행은 하나님을 무(無)와 공(空)의 빈탕으로 인식했던 다석의 체험적 진리와 상응한다. 자신의 욕망을 하나의 점 (·)으로 만드는 가온찍기(ㄹ) 수행은 영원이 찰나 속에, 무한이 유한 안에 내재하는 하나님의 초월적 내재와도 유사하다.

따라서 신적 진리에 주체를 변형시키는 다석의 수행은 신과 인간 사이에서 어떤 매개(medium)처럼 작용한다. 만약 수행이 없다면 인간의 편에서는 신적 진리를 수용하여 신과 합일할 수 없으며, 신의 편에서는 이 세계에서 자신의 뜻과 의지를 현실화할 수 없다. 다석의 수행은 비움의 충만 곧 빈탕인 없이 계신 거룩한 하나님과 "덜"[4]이 없는 인간, 존재와 비존재를 '하나'로 합일시키는 매개이다. 다석의 신론은 이 같은 수행을 통한 신인합일의 체험에서 나온 신과 인간의 관계에 관한 진술이라 할 수 있다. 이 장에서는 다석의 신론들을 통해서 신과 인간, 신과 세계의 관계 안에서 일어나는 합일의 역동에 관한 내용을 살펴본다.

---

3 일좌식 일언인 수행에서 일(一)은 끊는다는 뜻으로 일식(一食)으로 욕심의 근원이라 할 식욕을, 일언(一言)으로 죄의 근원이라 할 성욕을, 그리고 일인(一仁)으로 명예욕을 끊는 것을 말한다. 이러한 다석의 수행은 구체적으로 언제나 무릎을 굽히고 앉는 일좌, 하루에 한 끼만 먹는 일식, 남녀의 성적 관계 일체를 끊는 일언으로 제시된다. 김흥호, "유영모, 기독교의 동양적 이해," 13.

4 류영모, 『多夕日誌』 2, 727. "덜"은 1969년 11월 18일 다석이 일지에 남긴 기록에 나온 용어로 허공과 무욕, 감소, 마음, 빈탕한대를 가리킨다. 따라서 "덜"이 없다는 것은 덜 곧 "감소, 허공, 무욕, 마음, 빈탕한대가 없이 먼지처럼" 복잡하고 더러운 인간의 실존적 상태를 뜻한다. 김흥호, 『다석일지 공부』 6, 119 참조.

III. 고난을 통한 초월적 내재로서의 한읗님

1. 일반적 의미

다석이 사용한 여러 신 명칭에서 가장 뚜렷하고 빈번하게 드러나면서 다석만의 고유한 표현을 담은 신 명칭은 바로 "한읗님"[1]이다. 한읗님은 '한'이라는 한국 고유의 한 개념과 '읗'이라는 다석 고유의 용어가 조합되어 만들어진 신 명칭으로 그 핵심에는 신의 초월성과 내재성 그리고 인간의 자기 비움적 고난의 수신(修身)이 자리한다. 필자는 한읗님 이라는 신 명칭을 통해서 드러나는 다석 신론의 가장 중요한 특징을 자기 비움을 통한 신의 초월적 내재로 주장하고자 한다.

우선, 한읗님이라는 용어는 '큼'을 상징하는 '한'이라는 한국 고유의 개념과 인간의 신앙적 행위를 가리키는 '읗'이라는 용어가 만나 이루어진 다석의 고유한 신 명칭이다. 박영호에 따르면, 다석은 단군 때부터 우리 민족이 일러온 신 명칭인 "하느님, 하누님, 하나님의 원형인 'ᄒᆞᆫᄋ 님'"[2]을 써오다 만년에 'ᄒᆞᆫ읗님'을 사용했다. 박영호는 다석의 한읗님 신 명칭에 대한 가장 일반적인 의미를 제시하는데, 우선, '한'은 크다는 뜻으로 "계시는 것은 하느님 한 분밖에 안 계시고 전체가 하느님이시다"[3]를 의미한다. 다음으로, '읗'은 "제나(自我)로는 상대세계에 떨어졌기 때문에 얼나로 솟나 저 우(하느님, 절대세계)로 오르자"[4]는 뜻을 담고

---

1 류영모, 『多夕日誌』 1, 235.
2 박영호, 『多夕 柳永模 어록』, 8.
3 박영호, 『多夕 柳永模 어록』, 8.
4 박영호, 『多夕 柳永模 어록』, 8.

있다. 마지막으로 '님'은 "우리 머리에 받들고 일 임(님)이라는 뜻"[5]으로 "하느님은 살아서나 죽어서나 우리 머리 위에 받들 님"이라는 의미를 지닌다.[6] 김진은 한웋님에 대한 박영호의 설명을 다음과 같이 간략히 정리한다. "하느님은 크신 분이시다(흔). 하느님은 홀로 위에 계시는 분이시다(옹). 하느님은 우리 인간들이 머리 위에 받들고 그리워하는 분이시다(님)."[7]

이와 같은 한웋님이라는 신 명칭의 일반적 의미를 종합해 본다면, 다석의 한웋님은 전체로서의 신의 절대성 그리고 수신과 수행을 통하여 인간 안에서 '우로 오름'으로 경험되는 신인합일의 초월적 내재성, 이 두 가지 신론을 토대로 구축된 수신적(修身的)[8] 혹은 수행적(修行的) 신론을 가리킨다.

2. 부자유친의 효신학 — 신의 초월성에 기초한 수신적 신론

다석의 한웋님 신론은 신의 초월성과 내재성을 통합하는 수신적

---

5 박영호, 『多夕 柳永模 어록』, 8.

6 박영호, 『多夕 柳永模 어록』, 9.

7 김진, 『다석 류영모의 종교사상』, 37.

8 수신(修身)이라는 용어의 최초 용례는 『역』, 『예기』, 『서경』 등에서 나타나고, 수신 사상의 체계적이고 조직적인 관념적 형태로의 형성은 춘추전국시대를 거치면서 이루어진 졌다. 수신에 관한 한국적 이해는 주희(朱熹, 1130~1200)가 해석한 『대학』의 내용에 주로 의존하는데, 사물에 대한 이치와 객관적 지식을 중시하고, "격물치지를 통한 내면적 덕성의 완성을 강조"한 주희는 『대학』을 사대부의 수양과 교육을 위한 윤리적 강령으로 보았고, 따라서 수신을 개인의 내면적인 덕성 함양에 관한 것으로 파악했다. 김석환, "선진시대(先秦時代) '수신(修身)' 관념의 형성사(形成史) 연구," 「한국교육사학」 39 (2017), 2-3 참조. 이러한 맥락에서 이 책은 다석이 가진 유교적 배경에 기초하여 그의 내면적이고 도덕적인 덕성 함양의 신앙적 접목을 설명하기 위한 경우, '수신'이라는 용어를 사용한다.

신론으로 해석된다. 한웋님 신론에서 신의 초월성과 내재성은 초월적 내재로 결합함으로써 상호 보완을 가져옴과 동시에 초월성과 내재성 둘 중 어느 한쪽으로 치우쳤을 때 나타나는 부정적 결과들을 해소하는 결과를 가져옴을 확인할 수 있다.

우선, 다석의 한웋님은 신의 초월성을 통하여 초월을 상실하고 내재성에 갇힌 도덕과 윤리의 한계를 극복할 수 있는 수신적 신론을 함의한다. 한 예로, 다석이 가진 하나님에 관한 초월적 신앙은 유교적 덕목과 결합했을 때, 유교는 가족중심주의 또는 혈연중심주의의 윤리적 폐쇄성을 극복하고 그 윤리적 범위를 우주적 가족공동체로 확장하는 결과를 낳는다. 좀 더 구체적으로, 다석의 한웋님 명칭에 나타난 신의 초월성과 유교적 수신을 통한 신앙 요청 그리고 이 둘이 만나 가져오는 결과를 살펴보도록 하겠다.

다석의 한웋님은 머리의 은유와 주로 연결되며, 이는 신의 초월성을 가리킴을 알 수 있다. 정양모는 다석이 1956년 9월 10일부터 신명(神名)을 '한웋님'으로 표현했음을 밝힌다.9 하지만 실제로 『다석일지』를 보면 정양모가 추정한 시기보다 더욱 이른 시기인 1955년 5월 9일, 다석은 자신의 일지에 한웋님이라는 명칭을 'ㅎㅏㄴㅜㅎㄴㅣㅁ'이라는 변형된 표현으로 처음 사용한다.10 김흥호의 풀이를 참고하자면, 한웋님은 '머리'의 은유와 연관되어 표현된다. 이날의 일지에서 다석은 이렇게 기록했다. "한웋님만(惟皇上帝)이 계시어 모든 산 이의 머리 되심을 느낌."11 이 외에도 『다석일지』를 보면 한웋님이라는 신 명칭은 머리와

9 정양모, 『나는 다석을 이렇게 본다』, 23 참조.
10 류영모, 『多夕日誌』 1, 19 참조.
11 김흥호, 『다석일지 공부』 1 (서울: 솔출판사, 2001), 43.

관련이 있다. 살펴보면, "한웋님 네머리웋요 네속알은 빛의빛"[12]이라 기록하는데, 그 뜻은 "머리 위에 하나님을 모시고 마음속에는 빛의 빛, 진리의 깨달음이 빛나야 한다"[13]는 것을 뜻한다. 또 "기(그이) 그리는 김 받홀 사룸 우리 한웋 둔줄음, 우리 밑에 선김 우리 웋에 니긴 님금 계셔"[14]라고 기록했는데, 이를 풀이하면, "하나님을 그리워하는 – 받할사 람은 – 우리의 머리 되시는 하나님은 하늘 위에 계신 줄을 안다 – 우리는 – 머리 밑에 선 김 – 머리 위에는 언제나 추대해야 될 임금이 계시다"[15]는 뜻으로 풀이된다. 이 두 가지 예로 보았을 때, 다석이 의미했던 한웋님은 인간의 가장 높은 위치라 할 머리 위 곧 하늘에 계시며, 위로 우러러 모시고 숭상해야 할 초월적 존재를 가리킨다. 그리고 인간은 이러한 초월적 한웋님을 수신과 수행을 통해서 신앙한다.

또한 정양모에 의하면, 다석의 한웋님에서 "한은 하나라는 뜻과 크다는 뜻"[16]으로, 웋은 하늘과 절대 초월을 의미하는 '우'에 'ㅎ' 받침을 붙인 것으로 "하나님이며 절대 초월자인 신이 자신의 신성ㆍ성령을 억조창생에게 내려 주신다는 뜻"[17]을 의미한다. 여기에 덧붙여서, 정양 모는 다석의 '한웋님에서 '웋'자를 불교의 비로자나불의 지권인(智拳 印)[18]과 연결하는데, 이는 중생계를 가리키는 아래 주먹이 집게손가락을

---

12 류영모, 『多夕日誌』1, 426.

13 김흥호, 『다석일지 공부』1, 550.

14 류영모, 『多夕日誌』1, 845.

15 김흥호, 『다석일지 공부』4 (서울: 솔출판사, 2001), 143.

16 정양모, 『나는 다석을 이렇게 본다』, 23.

17 정양모, 『나는 다석을 이렇게 본다』, 23.

18 지권인은 불ㆍ보살의 서원을 나타내기 위한 손의 모양 혹은 손과 손가락으로 만드는 인 (印)을 뜻하는 수인(手印) 중 하나로서 부처와 중생, 깨달음과 미혹이 둘이 아니고 하나 임을 뜻한다. 장충식, "수인(手印)," 한국민족문화대백과사전 홈페이지, 2022년 7월 8일

세우고, 불계를 뜻하는 위 주먹이 아래 주먹의 집게손가락 첫 마디를 감싸는 형상으로 한웋님의 '웋'자를 묘사된다. 이 비로자나불의 지권인이 뜻하는 바는 "부처님과 중생은 한 통속이라는 것이요, 부처님이 중생을 각별히 보살피신다는 것"[19]이다. 하지만 한웋님의 '웋'자와 비로자나불의 지권인을 연결하는 정양모의 설명처럼 실제로 다석이 비로자나불의 지권인을 염두에 두고 '웋'자를 사용한 것인지는 불분명하다. 그러나 좀 더 확장된 관점에서 이를 받아들이자면, 정양모가 제시한 다석의 한웋님 신 명칭에 관한 설명을 통해서 볼 때, 다석의 한웋님은 신의 절대 초월적 특징은 물론 중생과 합일하는 내재적 특징을 함께 담아낸다고 말할 수 있겠다.

수신적 측면에서, '한웋님'이라는 신 명칭이 갖는 또 다른 의미는 효(孝)다. 한웋님은 우리가 정성스레 높이 들어올려야 할 '웋' 곧 위에 있는 효의 궁극적 대상이자, 인간과 우주의 지향점으로서의 초월적 하나님임을 밝힌다. 다석은 이를 다음과 같이 진술한다.

천자(天子)도 어른이 있고 선생이 있고, 그 위에 아버지가 있으며, 그 위에 또 위가 있습니다. 모든 임금의 임금이 계신 것입니다. 그를 '님'이라고 합니다. 언제든지 머리에 일 수 있는 '님', '한웋님', '한울에 있는 님'입니다. 효라는 것도 실상은 하느님에게 하라는 것입니다. 하느님을 바로 아는 사람은 최선의 효를 할 수 있습니다.[20]

최종 접속. http://encykorea.aks.ac.kr/Contents/Item/E0031647.
19 정양모, 『나는 다석을 이렇게 본다』, 23.
20 다석 류영모 강의, 다석학회 엮음, 『다석 강의』 (서울: 교양인, 2017), 925.

한웋님에서 '웋'자가 가진 의미는 하나님을 높이 들어 올리는 효(孝)의 의미를 통해 '효신학'으로 구성된다. 다석은 "'우'는 위아래를 상대적으로 말한 것이고, 상대(相對)에서 '위'를 높이 들어 올린다는 뜻이어서 'ㅎ' 받침"[21]을 사용한 것임을 밝힌다. 또한 김흡영에 의하면, 다석은 독일의 종교개혁 신학과 비교하여 자신의 신학을 "孝神學"(효신학)[22] 곧 "효의 신학"[23]으로 밝힌다. 여기서 효는 유교의 기본적 덕목이지만 다석 안에서 효의 궁극적 목표는 참 아버지인 하나님을 신앙함이다. 무엇보다 다석의 부자유친(父子有親)에 대한 해석은 다석의 유교 이해가 신론과 연결되어 그의 수신적 신론으로 이어지는 뚜렷한 예를 보여준다.

한편, 박재순에 따르면 다석은 앞서 제시한 효신학의 구체적인 내용이 무엇인지를 언급하지 않았지만, 부자유친 개념을 통해서 효신학의 내용을 추정할 수 있다고 말한다. 다석의 효신학의 중심적 내용이란, 혈연적 부모 이전에 신앙적 부모인 하나님을 향하는 효의 신앙적 우선성이다. 다석은 부자유친 개념을 가지고 하나님을 배제한 그 당시 유교적 효(孝)를 잘못된 것으로 비판함으로써, 그리고 더 나아가 혈육의 어버이에 대한 효에서 하나님 아버지에 대한 효로 확장함으로써 유교적 효의 경계를 신앙의 영역으로 개방시킨다. 요컨대 다석은 효의 우선순위에 있어서 어버이에 대한 효 이전에 하나님 아버지에 대한 효가 앞서야 함을 주장한 것이다. 이러한 주장의 배경에는 다석 자신이 살던 시대의

---

21 류영모, 『다석 강의』, 925.

22 류영모, 『多夕日誌』 1, 303.

23 김흡영, 『가온찍기』, 143. 김흡영은 "효의 신학"이라 언급했지만, 더 정확히 말하자면, 다석은 1956년 12월 17일 일지에서 "宗敎改革獨路得 示孝神學一行"(종교개혁독로득 시효신학일행)으로 표현하면서 종교개혁 신학과 비교하여 자신의 신학을 '孝神學'(효신학)으로 내세운다. 류영모, 『多夕日誌』 1, 303 참조.

유교가 가졌던 한계가 자리하고 있다. 그것은 우주의 근원이자 무극(無極)이며 참 부모인 하나님을 잊고 조상숭배만 힘쓴 나머지 효의 경계를 혈연으로만 제한시켰다는 것이다. 이러한 한계를 극복하기 위한 다석의 부자유친은 유교의 효를 말하는 부자유친과 차이를 보여주는데, 그 차이란 다석은 효의 근거를 온 삶을 통해 하나님을 아버지로 모시고 친밀한 인격적 관계를 가졌으며 그 아버지의 뜻을 이루고자 전적으로 헌신하며 살았던 나사렛 예수의 삶과 가르침에 두었다는 사실이다. 예수가 하나님 아버지와 친밀했을 뿐 아니라 하나님 안에서 온 인류가 형제자매로 한 가족임을 가르쳤던 것처럼 다석 역시 효의 범위를 초월적 하나님 아버지로 확장했다. 이로써 자칫 가족중심주의 내지는 혈연중심주의의 폐쇄적인 인습으로 변질될 수 있는 유교적 윤리와 도덕의 경계를 인류 공동체로 크게 확장시켰던 것이다.[24]

다른 한편, 다석은 부자유친(父子有親)을 하나님을 탐구하는 궁신(窮神)이라 설명함으로써 효신학의 구체적 내용을 제시한다. 즉, 인간이 참 부모인 하나님과 맺는 근원적 관계는 자식이 부모를 찾고 자신의 존재 근거를 부모에게 두는 것처럼 하나님을 탐구하며 찾을 수밖에 없는 인간의 본질과 연관되어 있다는 것이다. 다석은 이 부자유친을 그리스도교의 삼위일체론으로 설명한다. 하나님의 씨를 가진 자녀인 상대적 인간은 그 아버지가 되는 절대적 하나님과 같으면서도 다르다. 그 존재론적 간극 사이에 '그리움'이라는 역동이 있다. 아들인 인간은 아버지 하나님을 그리워하고, 아버지 하나님은 인간을 찾고 기다린다. 그리고 그 관계를 온전하게 하고 돕는 역할을 하는 것이 바로 성령이다.[25]

---

24 박재순, 『다석 유영모』(서울: 홍성사, 2017), 331-332 참조.

"이처럼 부자유친은 상대적 존재인 인간이 절대적 존재인 하나님과 사귀고 만나는 관계를 나타내고, 삼위일체는 상대적 존재인 인간과 절대적 존재인 하나님이 관계하고 만나는 구조를 보여준다."[26]

마지막으로 다석의 한웋님은 인간이 본질적으로 지향하는 사랑의 대상으로서의 하나님을 의미한다. 이기상에 따르면, 다석은 한웋님이라는 표현을 통해 인간이 머리 위에 받들고 추구해야 하는 그런 "지향점으로서의 하느님"[27]을 내세운다. 다석은 인간이 사랑의 대상을 찾는 본성을 가지고 있으며, 그 사랑의 대상은 인간 정신의 내적 수준이 상향됨에 따라서 함께 상향된다. 다석은 이렇게 말한다. "마음 그릇이 커감에 따라 자꾸 높은 님으로 바뀐다. 그 기량이 아주 크면 사랑의 대상을 영원 절대인 하느님에 둔다."[28] 요컨대 인간은 그 정신의 수준이 매우 높을 때, 그 사랑의 대상을 영원한 절대의 하나님에 두게 되며, 하나님을 찾아 올라가는 수준과 사람의 얼의 크기는 서로 비례한다는 것이다. 다석은 모든 사람이 하나님을 그리워하며, '하나'인 하나님을 향해 나가는 존재로 이해했다. 따라서 다석의 한웋님은 인간 본성이 추구하는 지향점 곧 사랑의 대상을 의미한다.

그렇다면 인간은 하나님을 향해 어떻게 돌아가는가? 다석에게 있어서 사랑의 대상이자 인간이 추구하는 지향점이 되는 한웋님에게 돌아가는 것은 "'하나'님과 통하는 나의 바탈, 뿌리로 돌아가는 것이다."[29]

---

25 박재순,『다석 유영모』, 332 참조.

26 박재순,『다석 유영모』, 332.

27 이기상, "성스러움과 영성. 우리 시대 하나님과의 소통 방법," 「현상학과 현대철학」 43 (2009), 125.

28 이기상, "성스러움과 영성. 우리 시대 하나님과의 소통 방법," 125. 박영호,『진리의 사람 다석 류영모·상』(서울: 두레, 2001), 33 재인용.

'하나'를 만나는 길은 자기 안으로 파고 들어가는 치성과 정성이다. 다석은 이 '하나'를 원일물(元一物) 곧 원래 하나로 있는 절대 진리 자체로 보았으며, 원래 사람이 지닌 것으로 이해했다. 무엇보다 이 '하나'는 인간 속에 있으며, 이 '하나'를 밝히기 위해 인간은 자기 안으로 파고 들어가는 일에 스스로 힘써야 한다.[30]

종합해 본다면, 다석의 한웋님 신 명칭을 통해서 나타난 신의 초월성을 통한 수신적 신론은 신의 초월성이 하나님과 인간 사이를 무한한 질적 차이로 한없이 분리시키지 않는다. 오히려 부자유친의 효신학이 보여준 것처럼, 하나님과 인간 사이의 존재론적 간극은 혈연적 관계성보다 더 근원적인 신앙적 관계성, 아버지 하나님을 향한 자식된 인간의 그리움, 그 그리움을 통해 아버지 하나님을 탐구하며 찾는 궁신, 무엇보다 한 아버지 되신 하나님과의 친밀한 관계 안에서 주어지는 신뢰와 헌신에 기초한 수신을 통해 해소됨을 확인해 볼 수 있다. 무엇보다 이처럼 신의 초월성에 기초한 다석의 수신적 신론은 인간의 도덕과 규범이 인간 존재의 근원을 설명할 초월적 개념을 상실할 때 직면하게 될 인종적, 혈연적, 문화적 폐쇄성이 무엇인지 보여준다. 그러나 이러한 폐쇄성을 가진 인간의 도덕과 규범을 다시 신의 초월성에 기초시킬 때, 그 도덕과 규범은 인류의 보편적 가치라는 위상을 회복하고 그 폐쇄성을 극복할 수 있다는 사실 역시 보여준다. 결국 신의 초월성에 기초한 다석의 수신적 신론은 초월이 내재와 분리되지 않을 때 초월을 통해 내재가 그 본연을 완성하는 것처럼, "은총은 자연을 파기하는 것이

---

29 이기상, "성스러움과 영성," 125.
30 이기상, "성스러움과 영성," 126.

아니고 오히려 완성"[31]시킨다는 아퀴나스의 오랜 명제와도 공명한다.

3. 머리골에 나려 계신 하나님 ─ 신의 내재성에 기초한 수행적 신론

한웋님이라는 신 명칭은 신의 초월성뿐 아니라 신의 내재성을 통해서도 그 수행적 신론의 특징을 설명한다. 다석은 일지에 "ᄆ리웋 한웋님이기 제짐 제져 되기 됨"[32]이라 적었다. 풀이하자면, "머리 위에 하나님을 이는 것도 노력해야지 쉽게 되는 것이 아니고 제 짐을 제가 지는 것도 노력해서 되지 쉽게 되는 것은 없다"[33]는 뜻이다. 이 같은 내용을 다석의 수행적 신앙의 맥락에서 이해해 본다면, 다석이 말한 한웋님은 인간이 우러러 섬겨야 할 초월적 존재이기에, 이를 위한 섬김의 방식으로 자기의 짐을 지는 수행적 노력을 요구한다는 사실이다. 말하자면, 다석의 한웋님은 수행적 신론을 함의하고 있는 것이다.

여기서 한 가지 더 주목해야 할 점은 이러한 수행적 신론은 신의 내재성을 통해서 뒷받침된다는 사실이다. 그 한 가지 예가 한웋님이 현전(現前)하는 장소(locus)로서 머리가 가지는 의미이다. 다석은 일지에 "디구ᄆ리 우리으ᄇ 계계신듯 늣기오니"[34]라 적었다. 풀이하자면, "나의 두뇌 골 속에 우리 아버지가 자리 잡고 와 계신 것을 느낀다"[35]라는 뜻이다. 이 진술은 다석이 1956년 5월 10일, 자신의 일지에 『삼일신고』

---

31 T. 아퀴나스/정의채 옮김, 『신학대전』 1 (서울: 바오로딸, 2008), 109.

32 류영모, 『多夕日誌』 2, 13.

33 김흥호, 『다석일지 공부』 4, 227.

34 류영모, 『多夕日誌』 3, 594.

35 김흥호, 『다석일지 공부』 7, 450.

(三一檀誥)의 일부를 다음과 같이 번역한 내용에 근거한다. "바탈로브터 씨를 차지라 너의 머리골에 나려 계시나니라."[36] 원문은 子性求子 降在爾㐌(자성구자 항재이뇌)로『삼일신고』에 있는 구절로서 전체구절은 "聲氣願禱 絶親見 子性求子 降在爾㐌"[37](성기원도 절친견 자성구자 항재이뇌)이다. 전체구절을 해석해 본다면 이러하다. "'자성구자 강재이뇌', 네 본성을 찾아 신과 하나 되는 일심 자리에서 '성기원도', 소리와 기운으로 기도하면 '절친견', 일신을 '반드시 친견하리라'."[38] 이로 미루어 본다면, 본성을 찾아서 신과 하나가 되는 그 자리를『삼일신고』에서는 '뇌'(머리)라고 표현했다. 따라서 다석이 표현한 머리골이 가리키는 바는 인간이 신과 합일을 이루는 장소라 이해할 수 있다. 다석은 인간의 머리골 안에 내재하는 하나님, 곧 신의 내재성을 한웋님이란 용어를 통해서 제시하고 있는 것이다. 하지만 그 내재성은 단순하게 인간 신체에 물질적인 차원으로 머문다는 뜻만이 아니라, 자기 비움의 자력수행을 통해 인간 안에서, 구체적으로는 '생각'을 통해서 하나님을 만날 수 있는 그런 초월적 경험으로서의 내재성을 이야기하고 있다. 그렇다면 자력수행과 다석의 '생각'을 통해서 신의 내재성이 어떻게 설명되는지를 살펴볼 필요가 있다.

우선, 하나님과 인간이 만나는 합일의 장소에 이르는 길은 자기 비움의 자력수행이다. 박진규는『삼일신고』의 이 구절, '이미 너의 뇌에 내려와 계신다'는 降在爾㐌(항재이뇌 혹은 강재이뇌)에 관한 의미를 두 가지 측면에서 해석한다. 하나는 신이 '이미' 인간의 뇌 속에 내려와

---

36 류영모,『多夕日誌』1, 183.

37 종경종사 간행위원회,『三一哲學 (譯解倧經) 合編』(서울: 대종교총본사, 1986), 17.

38 황경선, "삼일신고(三一神誥)와 수운의 동학,"「동학학보」42 (2017), 309.

있다는 뜻이다. 이것이 가진 의미를 살펴보면, 『삼일신고』의 신은 인간 안에 가능태로 이미 존재하는 신으로서, 인간은 신이 될 수 있는 가능성을 갖는다. 이를 함축적으로 표현한 말이 바로 '강재이뇌'(降在爾腦)이다. 다른 하나는 자력수행을 통한 신과의 합일 가능성인데, 여기서 자력수행의 본질은 자기 비움의 고난이다. 이는 단군신화에서 웅녀가 동굴에서 수행을 통하여 사람이 되는 과정에서 볼 수 있듯이, 신성과의 합일은 자기 비움의 고난을 요구하는 자력수행을 통해서 가능하다는 선도(禪道) 전통의 맥과 상통한다. 이 같은 신성과의 합일은 『삼일신고』에서 말하는 성통공완(性通功完)이 지향하는 궁극적 경지이다. 성통공완은 『삼일신고』의 수행적 원리로서 감정을 다스리는 지감(止感), 호흡 조절을 통해 기운을 평안하게 하는 조식(調息), 육체의 자극에 초연하도록 하는 금촉(禁觸)을 통해서 다른 만물과 달리 인간에게만 완전하게 부여된 三眞(삼진)인 성(性), 명(命), 정(精)의 회복으로 이미 내재하고 있는 신과의 합일을 이루는 것을 말한다.[39] 요약하자면, "성통공완에 이른다는 것은 신과의 합일을 의미하고 그 합일이란 인간에게 본래 품부된 삼진을 지감·조식·금촉으로 되돌려 회복하는 것이며 삼일신고 문구를 빌어 다시 표현하자면 뇌 속에 이미 내려와 계셨던 신을 친견하는 것이다."[40]

---

39 박진규, "삼일신고의 수행론: 중국 도교와 비교하여," 「인문학연구」 42 (2011), 504-506 참조. 성통공완을 좀 더 살펴보자면, 우선 성통을 가리켜 "신으로부터 내 안에 이미 주어진, 그러나 가려 있고 막혀 있던 신성한 기틀(성, 명, 정)을 밝게 드러내고 틔워서 신과 일체가 되는 것"으로 정의한다. 그리고 성통과 함께 공완이 따라야 하는데, 공완이란 공을 완수한다는 뜻으로 "완수해야 할 공功, 공업功業이란 신으로부터, 천명으로 이루어진 것으로 인간이 마땅히 해야 할 과업"을 뜻한다. 따라서 성통과 공완은 서로 분리되거나 순차적인 성격의 관계가 아니라 서로 완성을 위한 전제가 되는 그러한 일체로 관계를 맺는다. 황경선, "삼일신고(三一神誥)와 수운의 동학," 298, 309-310 참조.

『삼일신고』의 수행론을 통해서 인간 안에 신성의 가능성으로 내재하는 신에 대한 개념과, 신과의 합일은 지감, 조식, 금촉과 같은 수행을 통해서 이미 인간이 지니고 있는 신적 본성의 회복을 통해서 완성된다는 내용을 확인해 볼 수 있다. 따라서 『삼일신고』를 읽고 일지에 옮겨 적었던 다석 역시 이와 같은 내재성에 기초한 수행적 신관을 가지고 있었으며, 그 내재하는 신은 '머리웋' 한웋님으로 표현되어 앞서 말한 신성의 가능성으로 인간 안에 내재하는 신 그리고 자력수행을 통한 신적 합일의 가능성을 함의함을 추측해 볼 수 있다.

그런데, 다석에게 있어서 인간이 한웋님을 만나는 자력수행의 중요한 방법론은 앞서 제기한 것처럼 바로 '생각'이었다. 김진은 1971년 12월 9일 다석이 그의 일지에 남긴 '한웋'이라는 메모에 대한 김흥호의 풀이를 통해서 이를 설명한다. 우선, 1971년 12월 9일의 다석일지의 내용은 그림1과 같다.[41]

김진의 설명에 의하면, 하늘 위에 계시는 한웋님은 대(大)로 표현할 수 있는 무한한 공간성과 고(古)로 표현할 수 있는 영원한 시간성이 결합한 중(中)의 사차원적 세계에 존재한다. 그런데 이 사차원 세계의 주인은 바로 나 자신, 즉 나의 마음이다. 또한 시간과 공간을 가늠하는 인간의 개념은 모두 인간의 마음 안에서 일어나는 생각에 지나지 않으며,

---

40 박진규, "삼일신고의 수행론," 506.
41 류영모, 『多夕日誌』 3, 182. 이 일지의 진술을 김흥호는 아래와 같이 옮겼다. 김흥호, 『다석일지 공부』 6, 553 참조.
   한웋
   大大大中古吾心 대대대중고오심
   곈 으 리 님
   小小小心故悟人 소소소심고오인
   기 김 님 쎼

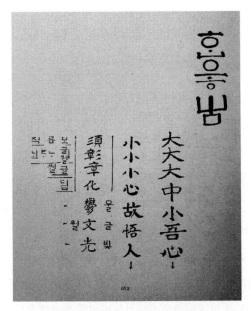

<그림1: 1971년 12월 9일 다석일지>

그런 생각들의 근원은 바로 하나님이다. 무한하고 영원한 하나님을 생각하는 인간은 하나님의 존재를 알게 될 때, 자신이 미미한 존재임을 깨닫게 된다. 따라서 미미한 나는 작고 작고 또 작은 것(小小小)이다. 그러나 그렇게 보잘것없을 정도로 작은 나의 한가운데는 마음이 존재한다. 그 마음이 존재하기 때문에(故), 생각하고 연구하며 깨닫는 것(悟)이다.[42]

다석은 우리 머리 위에 계신 무한한 전체이신 한웋님과 인간의 마음이 서로 소통함으로써 인간 안에 하나님이 내재하심을 말하고 있는 것이다. 따라서 생각이야말로 하나님을 향해 가는 길이고, 하나님을 만나는 장소가 된다. 생각에서 만나는 하나님이 곧 다석이 말한 '머리골에 나려 계신' 하나님이다. 하나님은 생각을 통해 인간 안에 내재하신다. 다석은 데카르트의 코기토 명제(Cogito ergo sum)[43]를 언급

---

42 김진, 『다석 류영모의 종교사상』, 39-41 참조.

43 Cogito, ergo sum으로 잘 알려진 "나는 생각한다, 그러므로 나는 존재한다"라는 명제는 데카르트의 철학 제일원리로서 『방법서설』에서 데카르트는 이렇게 말한다. "나는 생각

하며, 하나님이 계신 장소로서 생각을 부각시키면서 그의 신론을 '염재신재'(念在神在)로 표현했다.

사람이 생각하는 것은 신(神)이 있어서 생각하는 것입니다. 신과 연락하는 것, 곧 신이 건네주는 것이 생각이라고 할 수 있습니다. ⋯ 이 사람의 신관이 염재신재(念在神在)입니다. 생각이 있는 곳에 곧 신이 있습니다. 생각할 줄 아니까 내가 있다고 합니다. 데카르트가 한 말인데, '므른', '브른', '프른' 생각을 하는 원점이 '나'라는 것을 '므른', '브름', '프름'해서 풀어 갑니다. 이것을 철학이라고 할 때 하느님이 나한테 임하시는지 내가 하느님에게 가는지, 마귀가 내 속에 들어오는지 내가 마귀한테 가는지 분간할 수 없습니다. 그래서 필시 '염재신재', 생각하는 곳에 신이 계십니다. 신 아닌 것을 생각할 때 신과 연결이 끊어지면 마귀가 들어와 못된 생각이 일어나게 됩니다. 그러면 생각이 신인지 마귀인지 모릅니다. 이 사람이 생각나는 대로 말씀드린 이것을 모순이라고 말씀하실지 무신론이라고 말씀하실지 모르겠습니다.[44]

박재순에 의하면, 다석은 데카르트의 명제를 받아들여 '나'와 '생각'을 중요하게 받아들인다. 데카르트가 생각하는 '나'의 존재의 확실성을 주장했다면, 다석은 '나'를 간접적인 것으로 보고, 반면에 참으로 존재하

한다, 그러므로 나는 존재한다는 이 진리는 너무나 확고하고 너무나 확실해서, 회의주의자들의 가장 과도한 모든 억측들도 흔들 수 없다는 것을 알아차리면서, 나는 그것을 주저 없이 내가 찾고 있던 철학의 제일원리로 받아들일 수 있다고 판단했다." 르네 데카르트/이현복 옮김, 『방법서설』 (서울: 문예출판사, 2019), 179.
44 류영모, 『다석 강의』, 99.

는 것은 '생각'이라고 보았다. 다석은 데카르트식의 근대적 주체의 확실성이 아닌 '생각'의 존재론적 확실성을 이야기했던 것이다. 다시 말해 생각에 관한 데카르트와 다석이 가진 관점의 차이를 확인해 보자면, 데카르트는 방법적 회의를 통해서 자연세계의 존재에 대한 확실성으로 나아갔고, 반면 다석은 자연세계의 존재의 불확실성을 인식하고 오히려 나, 생각 그리고 말씀에 대한 확실성에 다다랐다. 다석은 다른 외부적 세계가 아닌 바로 '나'의 속을 생각으로 파고들어 하나님께 나아가고 소통하려 했다.[45] 따라서 생각하는 곳에 신이 있다고 한 다석의 진술에서 드러나는 신의 내재성을 이해할 때, 이를 생각하는 주체인 인간 안의 부동의 장소적 의미로 이해하기보다 자기 비움의 수신과 수행을 통해서 생각이 '나'이고 '나'가 하나님이라는 존재론적 일치와 그에 따른 깨달음으로 이어지는 수행적 역동으로 이해해야 한다. 그렇다면, 인식에서 발생하는 주체와 객체, 주관과 객관의 존재론적 차이는 어떻게 극복되는지에 대한 질문이 남겨진다.

다석은 유교적 수신 개념인 '정성'(精誠)과 하나님 섬김을 연결하여 하나님에 대한 존재론적 질문을 발생시키는 주관과 객관의 차이를 극복하려 했다. 우선 다석은 증자(曾子)를 인용하여 생각의 대상이 생각하는 주체 안에서 현존할 수 있음을 이야기한다. 다석에게 생각은 주체 안에 객체가 현존함을 가능하게 함으로써 주체와 객체가 하나가 되도록 만드는 매개다.

증자는 무슨 귀신이 따로 있는 것이 아니라 지극히 섬기는 맘으로 돌아가

---

45 박재순, 『다석 유영모』, 192-197 참조.

신 분을 추념(追念)하면 그분이 추념하는 사람의 맘속에 살아 있는 것이라고 했습니다.[46]

그리고, 다석은 "바로 여기 있는 것을 생각한다"[47]는 뜻의 '염재자재'(念在玆在)라는 말을 사용하여, '염재신재'(念在神在) 곧 생각하는 곳에 신이 계시다는 주장을 펼친다. 생각을 통해서 주체 안에 객체가 현존함으로 주체와 객체가 하나가 될 수 있다면, 신을 생각함으로써 신을 생각하는 주체 안에 신이 현존한다. 이렇게 신 그리고 신을 생각하는 주체는 주체와 객체의 경계를 넘어서서 서로 합일할 수 있다. 결국 생각은 정성(誠)을 통해서 신의 존재론적 현존을 가능하게 한다. 무엇보다 신에 대한 생각은 신이 존재한다는 반증이다. 인간이 신을 생각해서 신이 현존하지만, 역으로 신이 있기에 인간은 신에 대해 생각한다는 것이다. 다석은 이렇게 말한다.

공자도 말하기를 무슨 생각을 할 때는 염재자재(念在玆在), 바로 여기 있는 것을 생각한다 하였습니다. 이것은 무슨 객관이나 주관이라고 하는 것과 의논하는 것이 아닙니다. 물건이 있어서가 아닙니다. 소위 정성(精誠)이라고 말합니다. '정성 성(誠)' 하나입니다. 예수가 있느냐 없느냐, 하느님이 있느냐 없느냐, 이것은 다 정성으로 해결할 수 있습니다. 예배를 예루살렘에서 보든, 들에서 보든, 구석진 곳에서 보든, 자기 참을 가진 사람이 정성을 다하여 자기신령(自己神靈)에게 예배를 드리면 옆에서 뭐

46 류영모, 『다석 강의』, 94.
47 류영모, 『다석 강의』, 98.

라고 해도 들리지 않고 빛이 눈을 자극해도 물건이 보이지 않습니다. 아주 성(誠)으로 가면 불러도 모릅니다. … 사람이 생각하는 것은 신(神)이 있어서 생각하는 것입니다. 신과 연락하는 것, 곧 신이 건네주는 것이 생각이라고 할 수 있습니다.[48]

여기서 다석은 신의 존재와 부재의 간격이 정성(誠)으로 해결된다고 주장한다. 성(誠)이 곧 현존의 원리이자 원동력이라는 것이다. 다석이 성의 개념과 신의 내재적 현존을 연결하는 것은 다음과 같이 설명된다. 우선 성(誠)은 존재의 원리이자 원동력이라 할 수 있다. 『중용』에 의하면, "성誠은 자기 자신을 이루는 것이고 — 물物의 처음부터 끝까지를 유지하는 원동력이다. 성誠하지 않으면 물物이 없다."[49] 좀 더 구체적으로 논한다면, "성誠은 성性의 작용이 한순간도 쉬지 않고 지속되는 양상을 형용하여 붙인 말이다."[50] 성(性)의 작용이란 낮과 밤, 계절의 순환처럼 끊임없이 반복되고 지속되는 우주의 운행에서 드러나는 성실함이며, 이러한 성실함이 없다면 만물이 존재하지 못한다는 것이다. 이러한 존재의 원리이자 원동력인 성(誠)을 실천함은 자신과 외적 사물을 일치시키는 도리가 된다. 따라서 성(誠) 곧 성실함을 실천하는 사람은 성(性)을 저절로 터득하게 되어 어떤 노력이나 생각함 없이 저절로 그 도리를 실천한다. 이것이 정성스러움(誠)이 앎을 가져온다는 뜻이다.[51]

---

48 류영모, 『다석 강의』, 98-99. 강조는 필자의 것.

49 誠者는 自成也이오 而道는 自道也니라 誠者는 物之終始니 不誠이면 無物이라. 이기동 역해, 『대학·중용강설』 (서울: 성균관대학교 출판부, 2020), 224 참조.

50 이기동, 『대학·중용강설』, 225.

51 이기동, 『대학·중용강설』, 225-226 참조.

그런데 이 앎은 주체와 객체가 분리되는 대상화에서 오는 앎이 아닌 주체와 객체가 하나가 되는 존재론적 일치에서 오는 앎이다. 따라서 다석은 신에 대한 정성스러움을 실천함, 곧 수행과 수신에서 오는 성(誠)의 원동력이 우주 작용의 원리에 대한 앎은 물론 신적 앎을 가져오고 그 앎의 생각이야말로 신과의 존재론적 일치를 가져온다고 이해한 것이다.

다석이 제시한 신의 초월적 내재는 성(誠)을 통하여 생각으로, 생각에서 현존으로 이어지는 계시론적 구조를 보여준다. 성(誠)의 신학자 해천 윤성범(海天 尹聖範, 1916~1980)은 한국 신학에서 오로지 성(誠) 개념만이 서구 그리스도교의 계시 개념과 동등한 성격의 것이라 주장하기도 하였다.52 윤성범은 성(誠)을 말(言)이 이루어짐(成) 곧 성육신의 로고스로 이해했고, 더 나아가 하나님이 곧 성(誠)이라 보았다.53

다석의 신론은 수신을 그 방법으로, 그리고 '나'를 그 원점으로 삼는 신과의 합일에서 주어지는 경험적 진리를 그 토대로 삼는다는 점에서 서구의 신 존재론적 증명과 차이를 보인다. 설령, 다석의 신론 안에서 신의 내재성을 논한다고 하더라도 그 내재성의 특징은 고정적이고 불변하는 물리적인 장소 개념보다 수행과 수신을 통하여 인간의 정신 안에서 경험되는 존재론적이고 보편적인 현존을 설명하는 계시 개념이 더욱 적합한 설명이 된다고 말할 수 있다. 존재론적 생각을 통한 주체와 객체의 합일은 초월적 신의 내재성에 기초한 수신적 신론을 설명해 준다. 따라서 다석의 한웋님은 무한한 전체인 신의 초월성과 인간의

---

52 윤남옥 엮음, 『誠의 신학자 윤성범의 삶과 신학』(서울: 한들출판사, 2017), 171-172 참조.
53 윤남옥, 『誠의 신학자 윤성범의 삶과 신학』, 248-249 참조.

머리 위 곧 마음속에 생각을 통해 자리한 내재성을 동시에 가리키고, 이 두 가지 개념이 뒷받침하는 것은 바로 정성(誠) 즉 인간의 수신과 수행이라 말할 수 있다.

신의 초월적 내재에 기초한 다석의 수행적 신론에서 수신 혹은 수행이 가진 가장 중요한 신학적 함의를 찾자면 그것은 곧 '자기 부정'이다. 다석의 자기 부정 수행은 신앙적 수행의 원리일 뿐 아니라 한국 신학과 한국적 영성의 고유한 특징임을 알 수 있다. 유동식은 한국적 영성과 종교문화에 관한 연구에서 고대인들의 궁극적인 관심이자 내적 의미를 보여주는 한국 고대 신화의 구조와 영성을 분석하여 세 가지 공통적 구조를 발견한다. 그 공통적 구조를 보자면, "첫째는 하느님의 아들이 산에 강림한다는 것이요, 둘째는 땅의 여신이 자기 부정을 매개로 승화된다는 것이요, 셋째는 강림한 천신과 승화된 지모신이 결합하여 시조를 낳고 그가 나라를 창건한다는 것이다."[54]

이 세 가지 한국 고대 신화의 공통 구조는 한국 고유 사상인 천신·지모신·인간과 공동체라는 천(天)·지(地)·인(人)의 삼재론적 구조 안에서 자기 부정의 고난이 가진 함의를 보여준다. 그것은 마치 웅녀가 동굴에서 금기를 지키고 여인이 되어 환웅과 결혼하여 단군을 낳아 고조선을 세우듯, 빛없는 방에 감금된 유화가 해모수가 보낸 햇빛을 받고 알을 낳아 주몽이 탄생하여 고구려 건국으로 이어지듯, 닭의 부리를 가진 알영이 북천 냇물에서 목욕함으로써 여인이 되어 신인(神人)으로서 왕위에 오른 혁거세와 결혼해 신라 건국의 기틀이 되었듯 자기 부정의 고난과 수행은 초월적 생명의 조건임을 보여준다. 이렇게

---

54 유동식, 『풍류도와 한국의 종교사상』(서울: 연세대학교 출판부, 2007), 37.

지모신(地母神)과 천신(天神)의 결합을 통한 온전하고 이상적인 인간과 공동체의 탄생은 '지모신'의 자기 부정의 수행이 없이 불가능하다는 사실이다. 고대 신화가 겨레얼이라 말할 수 있는 한국인의 심성을 형성한 원류를 자기 부정의 고난으로 설명할 수 있다면, 다석의 신론에서 자기 부정적 수행을 통한 신의 초월적 내재는 한국 신학과 한국적 영성의 정체성을 더욱 선명하게 보여주는 예라 볼 수 있다.

IV. 없이 계신 님: 자기 부정적 해체를 통한 신의 비실체론적 자기 계시[1]

1. 없이 계신 하나님의 실체론적 이해와 비실체론적 이해

다석 신론에서 가장 일반적으로 알려진 신론이면서 다석 연구자들이 주로 관심을 가지고 다루어 왔던 신론은 "없이 계신 님"[2]으로 언표되는 없이 계신 하나님 신론이다. 다석의 없이 계신 하나님이라는 독특한 진술은 그것이 가진 역설적이고 부정신학(theologia negativa)[3]적 특징으로 인해 마이스터 에크하르트(Meister Eckhart, 1260~1327)로 대표되는 서구 부정신학과 신비주의 전통과의 대화에서 중요한 대화상대로 부각된다.[4] 다석은 그의 신학적 진술의 특성상 없이 계신 하나님에

---

1 이 부분의 내용은 필자가 게재한 논문인 "다석 유영모의 없이 계신 하나님 연구 —개방성과 무규정성, 생성과 비시원성의 비실체론적 자기 계시로서의 신론," 「신학사상」 197 (2022/여름, 한국신학연구소), 145-175를 수정 및 보완한 것이다.

2 류영모, 『多夕日誌』 1, 26.

3 그리스도교 신학에서 하나님에 대해 무엇을 말할 수 있는가의 문제를 다룰 때, 긍정의 (kataphatic, cataphatic) 방법과 부정의(apophatic) 방법으로 접근해 왔다. 부정신학은 부정의 방법에 기초한 신학을 말하는데, 부정의 방법이란 인간의 언어로는 하나님에 관해 이야기할 수 없으며, 하나님은 그러한 인간 언어를 근본적으로 초월해 있다는 사실을 강조하는 신학 방법으로서 종종 via negativa(부정의 길)로 불리기도 한다. 알리스터 맥그래스/박종현 옮김, 『신학이란 무엇인가』 (서울: 복있는사람, 2021), 380 참조.

4 최근 다석의 신론을 마이스터 에크하르트와 연결하여 구체적으로 연구한 자료로는 김수영, "다석 류영모와 마이스터 에크하르트의 대화: 존재(存在)로서의 신론(神論)과 무(無)로서의 신론을 중심으로" (연세대학교 석사학위논문, 2020)가 있다. 이 논문에서 김수영은 다석과 에크하르트의 신론이 "귀일신관, 지성적 신비주의, 부정신학적 언어사용, 무로서의 신에 대한 집중적 사유" 등 네 가지 측면에서 공통점을 가진다고 주장하면서, 다석의 없이 계신 하나님 개념은 존재하는 신과 무로서의 신을 하나로 포괄하면서도 무의 근원성을 강조하는 전체로서의 신이라 평가한다. 김수영, "다석 류영모와 마이스터 에크하르트의 대화: 존재(存在)로서의 신론(神論)과 무(無)로서의 신론을 중심으로" (연세대학교 석사학위논문,

대해서 함축적이고 경험적인 표현을 사용했기 때문에 다양한 해석의 여지를 열어둔다. 지금까지 없이 계신 하나님 신론에 대한 일반적인 이해는 주로 신의 초월성을 강조하여 존재를 실체와 비실체로 나누어 신과 세계의 관계를 규정하는 실체론적 이해에 초점을 맞추어 왔다. 이러한 실체론적 이해에 관한 내용은 아래와 같은 다석의 진술을 통해서 살펴볼 수 있다.

> 하느님이 없다면 어떠한가. 하느님은 없이 계시는 분이다. 몬(물질)으로
> 는 없고 얼(성령)과 빔(허공)으로 계시기 때문에 없이 계신다.[5]

위 진술을 피상적으로 이해할 때, 없이 계신 하나님은 존재자의 배후로서 보이지 않지만 존재하는 초월적 존재로만 이해된다. 이런 관점에서 볼 때, 없이 계신 하나님은 단순히 물질이 아닌 "얼(성령)과 빔(허공)"의 초월적 하나님이다. 하지만 이와 같은 이해는 다석이 단순히 신을 보이는 존재 너머의 보이지 않는 어떤 초월적 존재로만 이해했는가 하는 질문을 남긴다. 만약 이런 설명을 없이 계신 하나님 신론에 적용한다면, 무엇이 '없음'이고 무엇이 '있음'인지 그리고 이 둘의 관계는 무엇인지를 규명하지 않은 채 남겨둔다. 따라서 다석의 없이 계신 하나님에 대한 이해는 '없음'과 '있음'의 구체적 내용과 이 둘 사이의 관계에 대한 더욱 깊은 고찰을 요구한다.

다석 연구자들 사이에 없이 계신 하나님에 대한 다양한 해석이

2020) 참조.

5 박영호, 『多夕 柳永模 어록』, 56.

개진되었다. 예를 들면, 절대 공간과 절대 시간의 거룩한 성스러움의 '있음'6(이기상), 『천부경』의 삼재사상을 근거로 인간 밑둥에 내재하는 삼재론적 신(이정배),7 인간의 인식과 상상을 넘어서기에 유(有)가 아닌 무(無)로서 존재하는 신(윤정현),8 '있음'을 포괄하는 더 큰 실재로서의 '없음'으로서의 신(김흡영)9 등이 그러하다. 이 주장들은 다방면으로 없이 계신 하나님에 관한 설명을 제공한다. 그러나 필자의 관점에서 볼 때, 이런 주장들은 일반적으로 '없음'을 절대성과 전체성 등의 개념으로 환원시켜 '있음'과 '없음'을 존재론적 위계에 의해 구분하고, '없음'을 '더 큰 있음'으로 이해하는 실체론적 이해의 특징을 갖는다. 더 나아가 신론에 있어서 절대성 내지는 전체성과 같은 개념에 기초한 실체론적 이해가 가져오는 문제는 '있음'과 '없음'을 위계적으로 나누듯 신과 세계를 존재와 비존재, 본질적인 것과 비본질적인 것의 이원론적 구분으로 상정함으로써 신과 세계의 관계를 분리할 수 있다는 것이다.

하지만 주체와 객체의 역동적 합일에 기초한 동양의 불이적(不二的) 관점은 다석의 없이 계신 하나님 신론에 대한 비실체론적 이해를 가능하게 한다. 이는 다음 두 가지 관점으로 설명된다. 첫째, 해체적 관점이다. 다석은 '없음'을 신의 절대성, 초월성, 전체성 등의 실체론적인 '더 큰 있음'이 아니라 태극이무극(太極而無極), 곧 "한없이 큰 것"10이 곧 '없음'

---

6 이기상, 『다석과 함께 여는 우리말 철학』, 212 참조.

7 이정배, 『유영모의 귀일신학』 (서울: 신앙과지성사, 2020), 20 참조.

8 윤정현, "없이 계시는 하느님, 다석 유영모의 절대자 이해," 「기독교사상」 52 (2008), 73 참조.

9 김흡영, 『가온찍기』, 82 참조.

10 김흥호, 『다석일지 공부』 3, 787. 다석은 1960년 11월 11일 일지에 "커극겆 없극겆"이라는 말로 태극이 곧 무극임을 표현하였고, 김흥호는 태극에 해당하는 "커극겆"을 "한없이 큰

이라 주장한다. 여기서 실체론적 개념의 '더 큰 있음'으로서의 '없음'과 불이적(不二的) 관점의 "한없이 큰 것"으로서의 '없음' 사이에 놓인 존재론적 차이는 후자의 '없음'이 무와 공에 이르는 해체에 의한 무차별적 동일성을 그 특징으로 함에 있다. 존재론적 경계의 해체를 통해서 '없음'은 '더 큰 있음'이라는 실체론적 이해가 아닌 "한없이 큰 것"이라는 비실체론적 이해로 나아가 존재와 비존재, 신과 세계 등 존재론적 양극성 사이에서의 무차별적 동일성을 가능하게 만든다. 요컨대 존재론적 경계의 해체를 통해 주어지는 "한없이 큰 것"이 곧 곧 태극(太極)이며, 이 태극이 무극(無極) 곧 '없음'이라는 것이다. 이 무차별적 동일성에 기초한 '없음'을 설명하는 개념은 바로 개방성과 무규정성이다. 이렇게 비실체론적 관점에서 볼 때, 없이 계신 하나님은 자기-해체적인 신에 다름 아니다.

둘째, 과정철학적[11] 관점 혹은 유기체 철학적 관점이다. 앨프리드

것"이라 옮겨 적었다.

11 다석이 과정철학으로부터 영향을 받았다는 직접적인 증거는 없다. 그러나 이정배가 주장한 것처럼 다석의 없이 계신 하나님 개념은 인간의 수행과 인간 밑둥에서 만나는 신에 대한 체험적 진리에 기초한다. 이런 사실은 없이 계신 하나님 개념이 신과 인간의 긴밀한, 더 나아가 신인합일(神人合一)의 관계에서 설명되어야 한다는 점을 함의한다. 따라서 필자는 신과 우주, 초월과 내재, 전체와 부분, 몸과 마음, 일(一)과 다(多) 등의 양극성 사이의 연속을 주장할 수 있는 적합한 존재 원리인 화이트헤드(Alfred North Whitehead, 1861~1947)의 과정철학에서 이를 설명할 논리적 근거를 찾고자 한다. 예를 들어, 신고전 유신론으로도 불리는 과정신학은 고전적 유신론의 세계로부터 영향받지 않는 신, 세계와 분리된 신이 아닌 "내연적인 관계에서 세계와 역동적으로 연관을 맺고 있는 신에 대하여 종교적이고 철학적인 하나의 정합적인 개념적 이해를 제공"한다. 정승태,『찰스 하츠혼의 철학적 신학』(대전: 침례신학대학교 출판부, 2013), 182 참조. 또한 과정철학적 관점에서 보면 신은 세계와 함께 변하고 커간다. 이를 하트숀은 "양태적 시간 이론"(temporal theory of modality)이라 칭했고, 수운 최제우는 "신이 세계와 더불어 변하며 자라 창조되어 가는 것"이라 하여 조화정(造化定)이라 불렀다. 김상일,『화이트헤드와 동양철학』(서울: 서광사, 1993), 78 참조. 따라서 필자는 신과 세계의 '동일성'의 관점에서 신과 인간이

노스 화이트헤드(Alfred North Whitehead, 1861~1947)에 의하면, 신은 "현실적 계기"(actual accasion)이자 "현실적 존재"(actual entity)이며, 이 현실적 존재들은 복합적이고 상호 의존적인 "경험의 방울들"(drops of experience)이다.12 현실적 존재는 현실 세계를 구성하는데 이를 "과정"(process)이라 하며 이 과정은 현실적 존재의 "생성"(becoming)이다.13 말하자면, 생성이 현실적 존재를 구성하고, 이것이 곧 "과정의 원리"(principle of process)가 된다는 것이다.14 따라서, 생성이라는 현실적 존재의 가능성은 현실적 계기를 늘 새롭게 하기에 제한되거나 규정될 수 없으며, 이러한 가능태의 의미가 곧 무규정성이라 말할 수 있다. 이런 맥락에서 없이 계신 하나님에서 '없음'은 과정사상의 관점에서 볼 때, 신인합일(神人合一)의 절대적 신비를 설명하는 비실체론적인 개념이라 할 생성과 비시원성으로 이해할 수 있다. 과정철학적인 생성과 비시원성 개념은 동학의 시천주(侍天主)와 조화정(造化定)처럼 신과 인간이 서로 영향을 주고받음으로 인해 상호간에 주어지는 변화와 창조 그리고 자라남이라는 개념으로 신인합일의 체험적 진리를 뒷받침하는 용어이며, 이를 통해 인간 밑동에서 만나는 없이 계신 하나님에 관한 진술을 이해할 수 있는 것이다.

함께 변화하고 자라고 창조됨이라는 체험적 진리에 관한 진술—예를 들어, 다석 자료 안에서 얼로 솟구침과 같은 체험적 진술들—이 없이 계신 하나님에 관한 내용이라 보고, 이를 과정철학적 접근을 통해서 설명하고자 한다.

12 Alfred North Whitehead, *Process and Reality: An Essay in Cosmology* (New York: The Free Press, 1985), 18.

13 Whitehead, *Process and Reality*, 22.

14 Whitehead, *Process and Reality*, 23.

2. 더 큰 있음이 아닌 한없이 큰 것으로서의 '없음'

없이 계신 하나님에 대한 해체적이고 과정철학적인 비실체론적 이해의 근거는 '없음'에 대한 해석에 기초한다. '없음'을 '있음'과 위계적으로 구분하여 '더 큰 있음'으로 보고 그 우위를 제시하는 것은 실체론적 접근이다. 이와 달리, '없음'을 '한없이 큰 것'으로서 보고 그 개방성과 비시원성을 통해 신과 세계의 불이적이고 합일적인 관계를 주장하는 것은 비실체론적 접근이다. 다석의 없이 계신 하나님 신론에서 '없음'은 비실체론적 접근을 통해서 개방성과 무규정성, 생성과 비시원성을 제시한다. 우선, 다석의 없이 계신 하나님 신론의 진술과 이에 대한 일반적인 해석을 살펴보기로 한다. 다석은 1959년 6월 18일 그의 일지에 이렇게 기록한다.

없이 계신 아ㅂ(잏)

있이 없을 없앨수는 도모지들 없을거니
부스러진 것으로서 왼통을랑 없앨수 없.
이저게 없흔ㅇ람은 아니랄수 없어라.15

김흥호는 다석의 이 글을 이렇게 풀이한다.

없이 계신 아버지가 진짜 존재다. '있'이 '없'을 없이할 수는 없다. 없을

---

15 류영모, 『多夕日誌』 1, 607.

없이해 보아야 영원히 없이지, '없'이 없어졌다고 해서 '있'이 될 수는 없다. 부스러진 것들이 전체를 없이할 수도 없다. 아무리 없이해도 전체는 전체고, 허공은 허공이지 허공이 없어질 수는 없다. 이것저것이 모두 '없'이라는 허공 속에 포용되어 있는 것은 아니라고 할 수 없다.[16]

김흥호에 따르면, 다석은 궁극적 실재를 '없이 계신 아부'라 불렀다. 달리 표현하자면, '없' 곧 무(無)로서 존재하는 아버지 하나님이라 말할 수 있다. 앞서 보았듯이, 다석은 '없'을 모든 존재자를 포용하는 전체이자, 처음도 끝도 없는 혹은 처음이면서 끝도 되는 존재에 대한 설명으로 이해했다. 여기에 더해, 다석을 연구한 학자들이 제시하는 없이 계신 하나님에 대한 통찰을 살펴볼 수 있는데, 여기서는 대표적으로 윤정현과 김흡영의 주장만을 제한적으로 살펴볼 것이다. 대략 이들의 주장이 가진 공통점을 보자면 윤정현은 인간 인식으로 파악할 수 없는 절대성으로 없이 계신 하나님을 설명하고, 비슷하게 김흡영 역시 없이 계신 하나님을 설명하는 무(無)와 공(空)의 개념이 유(有)보다 '더 큰 실재'로서 신의 절대성과 초월성을 주장한다. 두 가지 설명 모두 없이 계신 하나님의 '없음'에 관해 '있음'을 뛰어넘는 '더 큰 있음'으로 이해함으로써 다석의 없이 계신 하나님 이해를 실체론적 사유로 환원시키는 결과를 가져온다. 따라서 필자는 이처럼 '없음'을 제시하지만 이를 절대, 초월, 전체 등과 같은 개념을 설명하여 신과 세계의 양극성을 강화함으로써 결국 이 둘을 분리시키는 '없음'에 관한 실체론적 이해를 가리켜서 '더 큰 있음'이라 규정하고자 한다.

---

16 김흥호, 『다석일지 공부』 3, 385.

또한 필자는 없이 계신 하나님의 '없음'이란 신과 세계 사이의 간극을 넓히는 '더 큰 있음'이 아니라 "한없이 큰 것"이 곧 없음(太極而無極)이라 주장하고자 한다. 예를 들어, '없음'은 선불교적 공(空)처럼 해체를 통해 주체와 객체의 구별마저 사라지는 개방성과 무규정성의 무분별의 경지로 이해할 수 있다. 이 무분별의 경지는 '있음'과 '없음'이 존재론적으로 분리되지 않고 '하나'가 된다. 따라서 개방성과 무규정성의 없이 계신 하나님은 신과 세계, 신과 인간의 합일적 관계는 양자가 서로 영향을 주고받는 유기체적 관계로도 설명할 수 있으며, 이는 비실체론적인 과정철학의 관점에서 없이 계신 하나님의 '없음'을 생성과 비시원성으로 설명함으로써 가능해진다. 결론적으로 이 두 가지 개념 모두 다석의 신론을 신과 세계의 관계를 이원론적인 '둘'이 아닌 불이적인 '하나'로 설명하는 신론으로 규정하도록 안내할 것이다.

우선 윤정현에 따르면, 다석의 없이 계신 하나님은 염재신재(念在神在)의 하나님 곧 '생각'을 통해서 인간 인식을 초극(超克)하여 현존하는 하나님을 의미한다고 주장한다.

이러한 생각 속에서 얻은 다석의 하느님 개념은 한마디로 말하면, 없이 계시는 하느님이다. 우리의 상상이나 인식을 넘어서 계시는 하느님은 무(無)로서 나타나는 반면에, 우리의 인식과 사고 아래에서는 유(有)로서 존재한다. 그러므로 상대세계에서는 하느님은 존재로 나타나는 반면에, 절대세계나 절대의 관점에서 그리고 초현상 세계에서는 무(無)로 나타난다.[17]

17 윤정현, "없이 계시는 하느님," 73.

윤정현은 다석의 없이 계시는 하나님이 인간 인식 안에서는 '있음'으로는 파악될 수 있지만, 하나님은 인간 인식을 초월하기 때문에 실제로는 '없음'으로는 존재한다고 보았다. 그리고 이러한 다석의 신론은 무(無)와 공(空)으로 궁극적 존재의 의미를 설명하고, 비운 마음인 무아(無我)의 상태에서 깨달을 수 있는 완전한 지혜와 하나님을 니르바나로 보는 『반야심경』의 내용과 일맥상통한다고 주장한다. 요컨대 다석의 없이 계시는 하나님은 『반야심경』에 기초한 무로서의 하나님 이해로 정리된다.18 무와 공의 개념과 함께 윤정현의 없이 계신 하나님 개념은 인간 인식을 넘어서는 신의 초월성을 강조한다. 인간 인식에 있어서 신은 '있음'으로 규정되지만, 신은 그 인식을 끊임없이 초월한다. 따라서 신은 인간 인식에서 벗어나 여전히 '없음'으로 '있는' 없이 계신 하나님이 된다.

하지만 필자는 윤정현의 인간 인식을 초월하는 없이 계신 하나님 이해를 '더 큰 있음'으로서의 신론이라 이해한다. 윤정현은 하나님이 인간 인식 그 이상의 존재이기에 없이 계신다고 이해하는 것이다. 하지만 이러한 신 이해는 실체론적 이해와 다를 바 없으며, '있음'과 '없음'의 구도에서 '없음'은 곧 '더 큰 있음'으로 환원된다. 또한 불교, 특히 선불교에서 말하는 '없음' 곧 공(空)은 있음보다 더 큰 '있음'을 가리키지 않는다. 윤정현의 주장처럼, 불교에 대한 이해가 깊었던 다석이 "없이 계신"이라는 용어로 신론을 표현했을 때는 진공묘유(眞空妙有)나 불일불이(不一不二)와 같은 불교의 공(空)사상에 근거해서 이를 설명했을 가능성이 크다. 선불교에서 공이란 "만물이 조건에 의해 생성·

---

18 윤정현, "없이 계시는 하느님," 73 참조.

지속·소멸하기 때문에 자성^{自性}을 결여하고 있다는, 즉 만물이 공^空하다는 가르침"[19]이다. 자성이 없음은 내적이고 영원불변한 본성이 없음을 의미하며, 이러한 공을 어떤 커다란 실체로 이해하는 것은 불가하다. 따라서 윤정현의 없이 계신 하나님 이해는 '더 큰 있음'의 구도에 속해있으며, 이는 선불교의 공개념과는 결을 달리한다.

다른 한편, 김흡영은 다석의 없이 계신 하나님이 과정신학도 그리고 부정신학도 극복하지 못한 서구의 '있음'의 대전제를 극복한다는 주장과 함께 '없음'을 설명한다. 다석은 '없음'에 대한 통찰을 통해 하나님을 '없이 계신 님'으로 표현한다. 다석에게 하나님은 '절대공'^(絶大空)으로서, 하나님이 계신 곳은 빈탕한데(허공)이며, 빈탕 그 자체가 하나님이라는 것이다. 김흡영은 다석의 '없이 계신 님'으로서의 하나님이 범신론과 신인동형론적이고 인간중심주의적인 인식론은 물론, 심지어 범재신론과 부정신학적 접근까지 이 모두를 거부한다고 보았다. 다석은 '있음'보다 '없음'이 더 큼을 보았고, 이 '없음'이야말로 참이고 '있음'은 거짓이자 허상이라 생각했기 때문이라는 것이다.[20] 이러한 내용을 김흡영은 이렇게 설명한다.

> 다석은 있음에 의해 더 큰 실재인 없음이 가려지는 것에 대해 격렬하게 저항했다. 없음이 오히려 참이고 있음은 꿈같은 거짓이라고 주장했다. … 없음은 있음을 부정하는 것이 아니라, 더욱 폭넓게 있음을 이해하고자 하는 것이다.[21]

---

19 홍창성, 『연기와 공 그리고 무상과 무아』, 95.
20 김흡영, 『가온찍기』, 82-83 참조.
21 김흡영, 『가온찍기』, 82-83. 강조는 필자의 것.

김흡영은 다석이 허상인 현상세계인 '있음'보다 "더 큰 실재"라 할 '없음'의 신학을 전개하고 있는 것으로 보았다. 이런 맥락에서 김흡영은 다석의 '없음'은 '있음'을 부정하는 것이 아니고, '있음' 그 자체에 대한 더욱 폭넓은 이해라고 주장한다.[22] 따라서 '없이 계신 님'이라는 신 명칭은 '있음'(有)과 '없음'(無)을 초월한 맨 처음의 일체로서의 있음보다 "더 큰 실재"로서의 하나님을 설명한다는 것이다.

또한 김흡영은 없이 계신 하나님을 설명하는 또 다른 용어로 '무극이 태극'을 제시한다. 이 용어는 상대 세계의 다양성과 절대 세계의 통일성 의 관계에서 절대적 '하나'인 통일성은 상대적 '셋'인 다양성을 포함하는 데, 이는 절대공(絕對空)과 절대무(絕對無)가 곧 절대유(絕對有)가 됨을 뜻한다. 이것이 '무극이태극'(無極而太極)이 의미하는 바이며, 절대유라 는 의미에서 하나님은 없이 계신 님이라 말할 수 있다. 결국 절대 '없음'이 곧 절대 '있음'이며, 오직 하나만 '있는' 것이다. 김흡영은 이렇게 다석의 '없이 계신 님'의 신론을 통해서 '있음'에만 주목하는 서구 신학의 한계를 극복하려 한다. 김흡영은 다석의 '없이 계신 님'이 가진 절대 '없음'이 곧 절대 '있음'이라는 역설적 진술이야말로 오늘날 한계점에 다다른 그리스도교 신학의 새로운 돌파구가 될 것이라고 주장하고 있다.[23]

더 나아가 다석의 '없이 계신 님'으로서의 신론은 '참-나'의 인간론으 로 이어진다. 김흡영은 "절대 없음의 절대 있음, 참없음의 참있음, 무극이태극이 합일하는 그 하-나는 참사람, 참-나"[24]라고 말한다. 즉,

---

22 김흡영, 『가온찍기』, 81-83 참조.
23 김흡영, 『가온찍기』, 83-84 참조.
24 김흡영, 『가온찍기』, 87

하나님의 '없음'이 인간 안에도 있는 것이다. 따라서 인간인 '나'는 절대인 하나의 '긋'으로서 역시 절대자라 말할 수 있다. 하지만 여기서 인간의 참나를 가리켜 절대자라 칭함은 우주의 절대자인 하나님과 완전히 동일시한다는 의미는 아니다. 여기서 말하는 참-나는 하나님과 연결된 '나'이고, 이러한 참나가 가진 절대성이란 하나님과 연결된 관계 속에서 조명되는 절대성이다.25

이러한 김흡영의 없이 계신 하나님 해석은 '있음'을 포괄하고 초월하는 '없음'을 설명하지만, 어떻게 '없음'이 '있음'이 되는지를 설명하지 않은 채로 절대무가 절대유가 된다는 환원적 논리에 빠지고 만다. 따라서 '있음'에 대한 '없음'의 존재론적 우위만 있을 뿐 이 둘의 변증법적 긴장을 해소하여 합일에 이르는 주장을 찾아볼 수 없다

결국 윤정현과 김흡영의 관점을 종합해 본다면, 다석의 없이 계신 하나님 신론은 '있음'(有)과 '없음'(無)의 역설적 구조를 가진 개념으로서 서구 신학이 가진 '있음'으로서의 신론이 가진 한계를 신의 초월성과 절대성을 가리키는 동양적 관념인 '없음'을 통해 극복하는 논리로 이해된다. 하지만 이 '없음'에 관하여, 인간 인식을 초월하여 현존하는 '없음'의 신 관념을 주장하는 윤정현과, '없음'은 '있음'보다 "더 큰 실재"이며, 모든 상대적 다양성을 포괄하는 전체로서의 신 관념을 주장하는 김흡영이 제시하는 해석은 '없음' 그 자체가 무엇인지에 대한 구체적인 설명이 부재한 채, 여전히 '있음'과의 존재론적 위계를 통해서 '없음'을 설명하는 실체론의 한계를 갖는다. 이러한 설명은 "한없이 큰 것"으로서 태극이 곧 무극이라는 없이 계신 하나님 신론의 핵심적 개념과 차이가 있다.

---

25 김흡영, 『가온찍기』, 86-87 참조.

다시 말해 위의 해석들은 '없음'에 대한 구체적인 규명함이 없기에 그리고 단지 '없음'이 '있음'보다 더 크다는 다석의 진술에만 의존하고 있기에 결국 '없음'은 '있음'과의 비교에서 드러나는 상대적인 우월성에 근거한 실체론적인 "더 큰 실재"[26] 혹은 '더 큰 있음'으로 결국에는 '없음'을 신의 초월성, 절대성, 전체성에 다름 아닌 것으로 이해하도록 만든다.

하지만 필자는 해체적이고 과정철학적 관점에서의 '없이 계신' 하나님 개념은 '없음'의 핵심을 '더 큰 있음'이 아닌 "한없이 큰 것"으로 규정하고, 그 구체적 내용을 해체적 관점의 개방성과 무규정성으로, 과정철학적 관점의 생성과 비시원성으로 이해하여, 이로써 '없음'의 신은 곧 세계와 유기적 관계를 맺는 내재적인 신이 되어 세계와 합일함을 주장하고자 한다.

3. 개방성과 무규정성으로서의 없이 계신 하나님

가장 먼저, 다석의 없이 계신 하나님 신론을 이해하는 데 있어서 '없음'에 대한 인식 전환이 선행되어야 한다. 다석의 '없음'을 실체론적 구도가 아닌 비실체론적인 무(無)와 공(空) 개념으로 이해한다면, '없음'은 '더 큰 있음'이 아니라 신의 절대성, 초월성, 전체성, 인격성, 심지어 주체성까지 철저히 비워내는 혹은 해체하는 무와 공으로 이해되며, 이러한 무와 공의 철저함은 개방성과 무규정성으로 나타난다.

무와 공을 실체론적인 '더 큰 있음'으로 이해함으로써 신의 초월성을

---

26 김흡영, 『가온찍기』, 82.

강조하는 논리는 여전히 초월과 내재, 본질과 비본질, '있음'과 '없음', 일(一)과 다(多)를 선명하게 분리한다는 점에서 서구의 오랜 사유 전통인 이원론적인 실체론적 사유에 가깝다. 하지만 한국적 사상의 핵심인 비시원적인 불이적(不二的) 사유에는 무와 공의 비실체론적인 해석 곧 개방성과 무규정성이 더 적합하다. 이뿐만 아니라, 신의 절대성, 초월성, 전체성과 같은 개념을 없이 계신 하나님의 '없음'으로 규정할 때, 이에 뒤따르는 문제는 다석의 없이 계신 하나님이 가진 '없음'과 '있음'의 역설적 신비가 절대, 초월, 전체라는 '더 큰 있음'으로 환원된다는 점에서 여전히 서구의 실체론적 신론 구조에 갇히게 된다는 것이다. 그 결과, 없이 계신 하나님 신론은 단순히 이 세계의 초월로서 인간 인식 속에 개념상으로 절대적이라 할 신에 대한 신앙적 진술에 머무르고 만다. 왜냐하면, 신의 절대성, 초월성, 전체성 개념은 인간이 '더 큰 있음'의 신을 말해오는 방식이었기 때문이다. 따라서 다석의 없이 계신 하나님을 '있음'보다 '더 큰 있음'으로 설명하는 구도는 다석이 원래 표현하고자 했던 없이 계신 하나님 개념의 독특성이 무엇인지를 파악하지 못하게 되는 문제점을 남겨둔다.

하지만 동양적 관점에서, 특히 선불교의 무와 공의 관점으로 다시 없이 계신 하나님의 '없음'을 이해해 본다면, 신은 창조, 능력, 존재자, 실체 등 '더 큰 있음'의 존재론적 진술로 설명되지 않는 "자기 속이 비어 있어 있는 것"[27]이자 "아무 것도 재현하지 않는 것"[28] 곧 해체로 설명된다. 이러한 해체적 비어있음이 적용되는 범위에는 주체성은

---

27 한병철/한충수 옮김, 『선불교의 철학』(서울: 이학사, 2021), 13 참조.
28 한병철, 『선불교의 철학』, 13.

물론 의지와 인격성까지 포함된다. 따라서 없이 계신 하나님의 신론에서는 주체와 객체의 구분이 사라지기까지 신앙의 대상이 되는 신조차도 자기 비움으로 스스로 해체하여 '없음'이 된다. 하지만 이 '없음'으로 인해 그 존재론적 경계가 사라지는 결과, 우리에게 신은 끊임없이 스스로를 해체하는 개방성과 이로 인해 사태를 포획할 수 없는 무규정성으로 드러난다. 필자의 관점에서 이 개방성과 무규정성이 바로 태극(太極)이자 "한없이 큰 것"이며 무극(無極)이자 '없음'이라 말할 수 있다. 다석은 이를 『태극도설』을 통해 태극이무극(太極而無極)이라 설명했다.

또한 이와 같은 해체의 "한없이 큰 것"으로서 '없음'이 가진 개방성과 무규정성은 인식적인 주체와 객체의 구분을 허물어 버리기에 신과 세계 사이에 주체와 객체의 구분 역시 사라져 초월적 내재 및 신인합일로 표현할 수 있는 신적인 앎의 '있음'으로 서로에게 주어진다. 이로써 신은 외부에 초월적이고 절대적인 것으로 상정되는 분리된 존재가 아닌 경계가 없기에 세계와 '하나'가 된 내재적이고 통전적인 신 곧 허공과 물질이 하나인 공색일여(空色一如)와 참 '없음'이 묘하게 '있음'이 되는 진공묘유(眞空妙有)의 없이 계신 하나님이 되는 것이다.

따라서 없이 계신 하나님의 '없음'이 가진 가장 중요한 신학적 함의는 신의 해체 그리고 그로 인한 초월적 내재성—여기서 내재성이란 초월의 해체를 통해 초월과 내재가 분리되지 않은 '하나'의 세계를 말한다—을 통한 신과 세계의 합일이다. 그리고 이러한 신인합일은 신에 대한 존재론적 인식의 표현이라 할 '있음'으로 설명된다. 역설적이게도 인간이 신의 '있음'을 고백할 수 있는 이유는 바로 이 '없음' 때문이다. 마치 구약의 선지자 엘리야가 산을 쪼개고 바위를 부수는 크고 강한 바람과 지진, 그리고 불 속에 "주님께서 계시지 않았다"[29]는 것을 경험한 것처럼,

신은 존재의 언어인 형이상학적 전능함과 전지함은 물론 신인동형론(神人同性同形論, Anthropomorphism)의 사랑과 자비로도 그 '있음'을 말할 수 없다. 이러한 언어는 종종 인간 욕망을 담은 우상숭배의 언어 내지 신을 인간의 자의적 수준으로 끌어내리려는 '신성모독'의 시도로 변질되곤 한다.

하지만 신은 이러한 바람, 지진, 불이 지나간 후에 찾아온 "부드럽고 조용한 소리,"[30] 곧 초월을 가리키는 존재의 언어가 흩어져서 들리지 않는 순간 흐르는 그 침묵의 소리인 비존재의 언어로 그 '있음'을 말할 수 있다. 비존재의 언어는 신이 침묵으로 말하는 언어이며, 고난과 상실 가운데 놓인, 슬픔과 비루함에 처한 세계가 토해내는 탄식을 담는 소리이다. 이는 인간과 세계의 실존이 처한 죄악과 고통의 현실성을 덮어둔 채, 신이 세계의 아픔에 공감한다는, 신이 세계의 고통에 동참한다는 낭만적인 주장을 섣불리 펼치려는 것이 아니다. 오히려, 비존재를 포월(包越)하는, 다시 말해 비존재를 품고 이를 생명으로 승화시키는 얼 생명의 근원이 무엇인지를 가리키고자 함이다. 세계의 현실성을 외면한 신학은 진정한 세계를 보지 못한다. 비존재의 언어를 상실한 신학은 없는 것처럼 여겨지는 들의 백합화에서 솔로몬의 모든 영광보다 더 아름다운 영광을 볼 수 없고, 허무하게 사라지는 들풀에서 창조주의 은총을 볼 수 없다. 그러나 '없음'의 언어 곧 비존재의 소리를 듣게 될 때, 이 세계의 현실성을 '있는 그대로' 볼 수 있게 되고, 그때에야 비로소 비존재를 포월하는 없이 계신 하나님의 얼 생명을 발견할 수

---

29 열왕기상 19장 12절(새번역).
30 열왕기상 19장 12절(새번역).

있을 것이다.

다석은 이 얼 생명의 발현 조건을 "궁신"(窮神)이라 설명한다. 다석은 신의 '없음'을 통해서 경험되는 '신앙적 무신론'을 "모름"이라 표현한다. 그리고 이 모름의 자리에서 인간은 얼 생명을 향해 나아간다. 다석은 이렇게 모름에서 시작되는 얼 생명의 추구함을 궁신이라 이야기한다. 우선 아래 다석의 진술은 무신론 내지 사신론31에 가까운 '없음'의 신론과 궁신의 내용을 보여준다.

> 하느님의 이름은 없습니다. … 이름이 없는 것이 신입니다. 신이라는 것이 어디 있다면 신이 아닙니다. 언제부터 있었다고 하면 신이 아닙니다. 언제부터 어디서 어떻게 생겨서 무슨 이름으로 불리는 것은 신이 아닙니다. 어디로 들어가야 신이 있습니까? 그래서 우리는 한량없이 그 자리로 가는 것입니다. 궁신(窮神)하며 그냥 나아가는 것입니다. 상대 세계에서 '하나' 라면 신을 말하는 것입니다. 절대의 '하나'는 신입니다. 그래서 유신론이 라고 떠드는 그 소리가 무엇인지 이 사람은 모르겠습니다. 무엇이 있는지 없는지를 과연 알고 있는지 모르겠습니다.32

---

31 실제로 다석은 1974년 8월 9일 일지에 '신 죽음'의 사신신학자인 알타이저(Thomas Jonathan Jackson Altizer, 1927~2018)에 대한 기록을 남기는데, "올타이저 — 스물아홉한 아홉스믈아홉"이라는 표현으로 알타이저를 평가한다. 류영모, 『多夕日誌』3, 776 참조. 김흥호는 이를 "한아홉, 하나님을 알고자 하는 신학자요, 스믈아홉이니 생각하는 사신 론(死神論)자다. — 신이 죽었다는 뜻은 타자他者로서의 신이 죽었다는 말이다"라고 풀 이한다. 김흥호, 『다석일지 공부』7, 627 참조. 필자는 다석이 알타이저의 사신신학에 대 한 자신의 입장을 구체적으로 밝히지 않았지만, 김흥호의 언급처럼 타자로서의 신이 죽 음으로서 신과 세계가 내재적으로 일치 혹은 합일한다는 의미에서의 사신론 내지 무신 론에 대해서 다석이 부분적으로 동의했을 것이라 조심스럽게 추측해 본다.

32 류영모, 『다석 강의』, 332.

위 진술로 미루어 볼 때, 인간이 규정한 절대, 초월, 전체, 전능과 같은 개념들조차 신을 대상화하는 '이름'으로 이해할 수 있다면, 다석은 이러한 '이름'으로 신을 부를 수 없다고 보았다. 다석에게 있어서 신은 "이름이 없는 것"이다. '없음'의 신이란 주체성과 인격성을 표상하는 이름이 '없는' 것이며, '이름 없음의 해체'로 주어지는 끊임없는 개방성 내지 무규정성으로 자신을 계시한다. 따라서 다석은 인간에게 남겨진 것은 신의 '있음'도 아니고 '없음'도 아닌 '모름'과 이러한 모름의 자리에서 신을 향해 파고드는 궁신 외에 없다고 보았음을 가정할 수 있다.

이처럼 다석의 없이 계신 하나님은 신의 절대성, 초월성, 전체성 그리고 신의 주체성과 인격성조차 해체하여 신과 세계의 역설적 일치를 추구한다. 따라서 세계와 분리된 신을 함의하는 초월적 혹은 고전적 유신론조차 거부한다. 하지만 없이 계신 하나님은 자신의 '없음'으로 개방성과 무규정성으로 드러나고, 이 드러남은 철저하게 초월적이면서 동시에 내재적으로 경험되는 신 곧 통전적으로 세계와 합일된 '있음'으로 자신을 드러낸다. 결국 없이 계신 하나님의 개방성과 무규정성은 끊임없는 해체로 자신을 비워 세계와 합일하고자 하는 하나님의 자기계시이다.

4. 생성과 비시원성의 없이 계신 하나님

다석의 없이 계신 하나님을 설명하는 또 다른 방식은 과정철학적 개념의 생성(生成, becoming)과 비시원적(非始原的, non-orientable) 측면에서 접근하는 것이다. 여기서 생성이란 어떤 시원적 의미에서 시간의 우선성을 가지고 일어나는 창조적 실재를 말하는 것이 아니다. 생성은 동양의 도(道)의 관점에서 볼 때, "세계와 우주 속에서 자기 전개"(self-developing)[33]와 같다. 또한 생성은 화이트헤드가 정의 내린 것처럼 신의 "원초적 본성primordial nature과 결과적 본성consequent nature"[34]이라는 양극적 본성으로 "신은 모든 다른 창조적 행위와의 생성의 일치unison of becoming 가운데 있는 개념적 작용의 전제된 현실태이다"[35]라 말할 수 있다. 이 "생성의 일치"를 통해서 "신은 자신의 현실 세계를 모든 새로운 창조와 공유하고 있다."[36] 따라서 생성은 세계 안에서 자신을 전개하는 신의 물리적 본성을 설명하고, 더 나아가서 세계에 영향을 주는 것뿐 아니라 세계로부터 영향받는 신을 설명하는 개념이 된다.

다음으로 없이 계신 하나님의 비시원성은 시원성이 가진 실체성과 이원성을 극복하는 논리로서 '하나'와 '많음'을 통전적으로 묶어서 설명하는 한국 고유 사상인 '흔'철학을 그 근거로 두어 설명할 수 있다. 흔철학이 가진 비시원성을 주장하는 김상일은 비시원성을 "통전(統全)의 일치"(Total Interpenetration)[37]라고 표현한다. 이와 같은 비시원성이 가리키는 바는 신과 세계의 초월이면서 내재이고, 내재이면서 초월인 비이원론적인 통전적 관계이다. 무엇보다 통전적 관점으로 설명되는 하나님의 비시원성은 천(天), 지(地), 인(人)의 삼재론(三才論)과 공명한다.

---

33 김상일,『화이트헤드와 동양철학』, 90.

34 앨프리드 노스 화이트헤드/오영환 옮김,『과정과 실재 —유기체적 세계관의 구상』(서울: 민음사, 2021), 653.

35 화이트헤드,『과정과 실재』, 652.

36 화이트헤드,『과정과 실재』, 653.

37 김상일,『오래된 미래의 흔철학』, 69. 김상일은 흔개념이 '일'(一)이 '다'(多)에 나타나는 과정 속에서 현존하면서 그와 동시에 '다'를 초월함을 드러내는 개념이라 주장한다. 과정신학적이고 범재신론적인 흔개념의 한 예로 불교에서 한 분 부처님이 어떻게 수많은 중생 가운데 동시에 있을 수 있는지를 설명하는 '한부다'라는 용어가 있다. 흔개념은 한국 전통문화 속에서 발전되어 온 통전의 개념으로서 시원적 사유가 가진 이원론과 실체론의 한계를 극복하는 개념이라 할 수 있다.

이정배는 다석의 없이 계신 하나님을 삼재론적으로 이해해야 함을 주장한다. 이정배에 따르면, '없이 있다'는 표현은 그 상호 모순성으로 인해 서양적 논리로는 파악하기 불가능한 진술이다. 그러나 불교와 유교 같은 동양적 전통에서는 일반적으로 궁극적 실재를 진공묘유(眞空妙有)나 태극이무극(太極而無極)과 같은 대극적 일치의 방식으로 표현해 왔다. 하지만 이정배의 주장에서 주목해야 할 부분은, 다석이 궁극적 실재를 '없이 있는'이라 표현했을 때, 그것은 단순하게 불교나 유교의 사유에서 빌려온 것이 아니라, 고대 한국의 경전인 『천부경』에 나타난 삼재(三才) 사상에서 그 근거를 찾았다는 사실이다. 다석이 표현한 바와 같이 없으나 있는 세계를 가리켜서 『천부경』(天符經)에서는 '하늘'이라고 칭했고, 이 하늘은 인간 속에 내주한다. 이를 설명하는 한국 고유의 사상체계가 바로 삼재론(三才論)인 것이다. 따라서 이정배는 다석의 '없이 계신 님'의 신론은 물론 다석의 기독교 역시 삼재론의 '없이 있음'에 터하여 전개된다고 보았다.[38]

실제로 다석의 종교적 사유와 한국 민족 종교인 대종교의 『천부경』은 깊은 연관성을 가지고 있다. 박영호에 따르면, 다양한 종교의 경전을 섭렵한 다석은 대종교의 3대 교주였던 단애 윤세복(壇崖 尹世復, 1881~1960)과도 교분을 쌓았다. 이후 다석은 1963년 12월에 『천부경』을 우리말로 옮겼고, 『천부경』의 난제로 알려진 '운삼사성환오칠일묘연'(運三四成環五七一妙衍)[39]을 풀어내기도 한다.[40] 이러한 사실은 다석의

---

38 이정배, 『유영모의 귀일신학』, 20-21 참조.

39 박영호가 기록한 『다석전기』에서도 천부경의 이 구절을 다석이 어떤 내용과 의미로 해석했는지는 정확히 밝히지 않고 다만 간략하게 언급한다. 하지만 이 구절에 대한 역학적(易學的) 함의를 살펴볼 때, 운삼사(運三四)는 "천지인의 조화를 통해서 천도인 시간이

신학 사상에 대종교가 미친 영향을 확인해 볼 수 있는 대목이다.

삼재론적 접근을 통해서 설명되는 없이 계신 하나님의 특징은 비시원성과 비이원성이다. 허호익의 설명에 따르면, 동양에서 천지인 삼재론 혹은 삼태극론은 『주역』「계사전상」(繫辭傳上)에서 "삼재의 도리인, 천도, 지도, 인도를 '삼극三極의 도'"로 처음 언급되면서 등장한다.[41] 한국에서의 삼재론과 삼태극론은 삼족오와 단군신화 등을 통해서 상징과 신화의 형태로 어어 내려오다가 최초로 '왕기 묘지명'(王基 墓誌銘)에 기록된다.[42] 허호익은 삼재론의 요체를 동양과 서양의 존재론적 그리고 생성론적 관점의 차이라는 맥락에서 이태극론과의 비교를 통해 설명한다. 대체로 서양의 논리가 이원론이라면 이를 극복할 동양의 논리는 비시원적이고 비이원론적인 이태극론인데, 이태극론은 비록 공간적 측면에서 보면 음과 양이라는 이원론을 함의하지만 시간적 측면에서 정(靜)과 동(動)의 생성론적 의미를 갖는다. 따라서 음과 양의 이태극론은 변하는 실체와 변하지 않는 실체를 구분하는 이원론적인 서양의 이데아론과 비교할 때, 보다 비시원적이고 비이원론적인 특징을 갖는다. 그러나 이러한 이태극론은 궁극적으로는 음과 양의 대립적 구조로

___

공간에서 우주만물의 생성원리로 운행됨"을 뜻하고, 성환오칠(成環五七)은 "천지인이 순환하는 변화 원리를 통해 천지인 합덕의 이상사회를 이룬다는 것"을 의미한다. 김재홍, "『천부경』의 운삼사(運三四) 성환오칠(成環五七)에 관한 소고," 「한국사상과 문화」 100 (2019), 493-494 참조.

40 박영호, 『다석전기』, 510-512 참조.

41 허호익, 『한국 문화와 천지인 조화론』(서울: 동연, 2020), 95 참조. 해당 원문은 이러하다. 『周易』 繫辭傳上 2장: 變化者는 進退之象也요 剛柔者는 晝夜之象也요 六爻之動은 三極之道也라. "(괘효의) 변(變)하는 것과 화(化)하는 것은 나아가고 물러남의 상징이고, 강효(剛爻)와 유(柔爻)는 낮(陽)과 밤(陰)의 상징이니 육효가 변동하는 것은 천·지·인 삼극(三極)의 도리이다." 정병석 역주, 『주역』 하권 (서울: 을유문화사, 2018), 518.

42 허호익, 『한국 문화와 천지인 조화론』, 105 참조.

나뉘어 여전히 이원론에서 벗어나지 못한다는 점에서, 그리고 태극에서 분화되어 마지막에 64괘에 이르는 위계적 구조를 갖기에 시원성을 완전히 벗어나지 못한다는 점에서 서양의 이원론적 논리를 완전히 극복하지 못한다. 이러한 이태극론의 한계를 극복하는 논리가 바로 삼태극론이다. 삼태극론의 요체는 음양을 두 가지 대립되는 관계로만 존재한다고 이해하는 것이 아니라, 음양이 중재의 역할 역시 하고 있음을 인정한다는 사실에 있다. 예를 들어, 삼재론 곧 삼태극론을 잘 나타내는 한국 전통의 태극도는 역동적이고 순환적인 회전 대칭을 그 특징으로 하는데 음과 양은 서로 꼬리를 물고 이어져 있는 모습이기에 본체론적으로 비이원적이고, 음양이 회전하면서 순환하는 모습이기에 생성론적으로는 비시원적이다. 이와 같은 삼재론은 이원적이고 시원적인 이원론 내지는 음양론이 가져오는 대립과 위계라는 존재론적 한계를 극복함으로써, 비시원론적이고 비이원론적이며 비본체론적인 특징을 통해 통전적 조화의 세계관을 제시한다.[43]

위와 같은 비시원론적 비이원론적 비본체론적 삼재론적 세계관은 모두 『천부경』을 통해 비시원적 생성의 개념으로 종합된다. 3장 81자로 구성된 『천부경』[44]은 "1에서 10까지의 숫자가 지닌 원리를 통해 천天 · 지地 · 인人의 삼극三極이 태어나[生] 자라고[長] 늙으며[老] 병들고[病] 죽는[死] 것을 끝없이 반복하는 경위를 설명"[45]한다. 또한 『천부경』은 "하나는

---

43 허호익, 『한국 문화와 천지인 조화론』, 174-180 참조.

44 『천부경』의 전문은 이러하다. "일시무시─始無始 일석삼극무진본─析三極無盡本 천일일지 일이인일삼天─一地─二人─三 일적십거무궤화삼─積十鉅無匱化三 천이삼지이삼인이삼天二 三地二三人二三 대삼합육생칠파구운大三合六生七八九運 삼사성환오칠일三四成環五七一 묘연만 왕만래용변부동본妙衍萬往來用變不動本 본심본태양앙명本心本太陽昻明 인중천지일人中天地 一 일종무종일─終無終─." 한문화편집부, 『천지인』(서울: 한문화멀티미디어, 2016), 19.

없음에서 시작되며, 시작된 하나는 셋으로 쪼개어져도 그 근본은 다함이 없다"[46]는 구절로 시작하여, "하나는 끝나지만 끝이 없는 하나이다"[47]라는 진술로 결론을 짓는데, 여기서 확인할 수 있는 것이 바로 생성론적인 비시원성이다. 모든 만물이 일(一)에서 시작하여 일로 끝나며, 일은 처음이자 마지막이며, 처음도 없고 끝도 없다는 것이다. 일자에서 시작되는 다자로의 확산과 수렴의 과정은 일자로 끝이 난다. 또한 『천부경』은 "일一이 다多로 확산되는 역동적 과정과 생성의 원리"[48]를 보여준다. 여기서 주목할 것은 '일자'(一者)를 실체가 아닌 생성으로 이해해야 한다는 것이다. '일'(一)은 그 근본이 다함이 없는데, 그 이유는 일은 실체가 아닌 생성으로서 일자에 있든 다자에 있든 그 양과 질이 동일하기 때문이다. 따라서 '일'을 어떤 고정불변의 것으로 이해해서는 안 되는 것이다.[49]

이제 설명되어야 할 부분은 다석의 '없이 계신 하나님'의 신론이 『천부경』의 삼재론과 어떤 관계를 맺는가 하는 것이다. 이정배는 동학과 기독교신학을 접목하는 시도 가운데 삼재론 혹은 삼극론을 다석 사상의 근간으로, 『천부경』이 지닌 세계관을 다석 사상 세계관의 배경이자 기초라 주장한다. 이정배에 따르면 다석은 "『천부경』의 삼신일체三神一體 신관"[50]을 중요시했는데, 특히 하나(一)에 많은 관심을 기울였다. "이 하나(一)는 시작도 없고 끝도 없는 일자一者로서 우주만물을 생성시키는

45 허호익, 『한국 문화와 천지인 조화론』, 266-267.
46 허호익, 『한국 문화와 천지인 조화론』, 267.
47 허호익, 『한국 문화와 천지인 조화론』, 267.
48 허호익, 『한국 문화와 천지인 조화론』, 268.
49 허호익, 『한국 문화와 천지인 조화론』, 268 참조.
50 이정배, 『없이 계신 하나님, 덜 없는 인간』 (서울: 모시는사람들, 2009), 137.

영원한 신비이자 만물이 돌아가야 할 궁극처"[51]라 말할 수 있다. 또한 이 하나(一)는 바로 보이지 않는 세계를 뜻하며, 만물 속에 있으면서도 만물을 초월하는 그리고 만물이 귀일(歸一)해야 할 대상이자 목표를 뜻한다. 다석이 표현한 없이 계신 하나님에 관한 언명은 귀일의 대상인 궁극적 하나(一)를 가리키는 것이었다. 또한 다석에게 『천부경』의 "일즉 삼 삼즉일'의 삼수분화의 세계관"[52]은 하늘, 땅, 사람의 천지인 삼극과 이 하나(一)의 관계 곧 전체와 개체의 관계, 절대와 상대의 관계를 설명해 주는 것으로서 개체가 없이는 전체인 하나(一)를 볼 수 없음을, 그리고 상대가 없이는 절대를 만날 수 없음을 설명한다. "다석에게 없이 계신 하느님은 이러한 절대와 상대, 전체와 개체를 아우르는 개념"[53]이 된다. 그런데 이 '하나'를 동양적 사유에서는 '무'(無) 외에는 표현할 길이 없어 "모든 것을 있게 하는 근원이자 전체로서의 '하나'(一) 는 그래서 '없이 있는 분'으로 언명된다."[54]

이처럼 다석은 『천부경』의 삼재론적 사유를 통해서 생성적이고 비시원적이면서 무(無)로밖에 설명할 수 없는 궁극적 하나(一)에 대한 이해를 없이 계신 하나님으로 표현하고자 했다. 이는 신과 세계의 합일적 관계가 신과 세계를 단순한 동일성의 관계로 두는 것이 아니라 생성과 비시원성을 신과 세계 사이에 두어 합일을 설명하는 것으로 이해할 수 있다. 이것이 곧 무극이태극이 가리키는 바이다.

무엇보다 없이 계신 하나님을 생성과 비시원성의 신으로 해석할

---

51 이정배, 『없이 계신 하나님』, 137.
52 이정배, 『없이 계신 하나님』, 137.
53 이정배, 『없이 계신 하나님』, 137.
54 이정배, 『없이 계신 하나님』, 141.

수 있는 또 다른 근거는 '무극이태극'(無極而太極)에 대한 다석의 직접적인 설명이다. 우선 다석은 '큰 하나'(太一) 곧 태극을 통해서 없이 계신 하나님을 생성으로 설명한다. 이는 '일'(一)이 곧 '이'(二)와 '삼'(三)의 우주 만물의 생성적 근원임과 동시에 이들에게 참여하는 하나님이라 말하는 다석의 태극(太極)이면서 무극(無極)으로서의 신론을 통해 살펴볼 수 있다. 다음은 1958년 11월 17일 다석이 남긴 일지의 일부이다.

一尊二卑三生賤

數一二三破片末　知一知二欲多痴
太一參貳先天體　出二出三惟一睿[55]

위 다석의 시를 김흥호는 아래와 같이 풀이한다.

하늘은 높고 땅은 낮고 만물은 천박賤薄하다. 수의 一二三은 큰 하나가 깨진 파편 조각들이다. 큰 하나 속에 음양이 참여해 있는 것이 대우주다. 땅 위에 하나 둘을 세 봐야 끝없이 많고 우리의 정신이 혼미해질 정도다. 땅을 떠나고 사람을 떠나서 하나님께 돌아가는 것만이 우주관 세계관을 얻는, 우주의 실상을 볼 수 있는 지혜요, 깊은 눈동자다.[56]

위 시를 보면, 다석은 만물을 생성시키는 '큰 하나'(太一)에 관하여

---

55 류영모, 『多夕日誌』 1, 508.
56 김흥호, 『다석일지 공부』 3, 78.

이야기하고 있다. 이 하나(一)에서 파편처럼 둘(二)이 나오고 셋(三)이 생성된다(數一二三破片末). 또한 이 '큰 하나'(太一)는 둘(貳)에 참여(參)하여 대우주가 구성된다(太一參貳先天體). 여기서 '큰 하나'를 태극으로 해석한다면, 태극의 하나님은 만물을 생성하고 여기에 참여하는 우주 생성의 궁극적 실재이자 우주의 궁극적인 원리로서의 하나님으로 이해할 수 있다. 곧, 태극은 생성으로서 하나님의 존재 양식을 가리키며, 없이 계신 하나님을 태극으로 설명할 수 있는 근거는 다석이 제시하는 '무극이태극' 개념이다.

다음으로 다석은 없이 계신 하나님을 비시원성으로 설명한다. 다석은 없이 계신 하나님을 '없이 계신 아부' 또는 '없흔ᄋᆞ'로 명칭했으며, 다석의 제자 김흥호는 이 두 가지 명칭을 '무극이태극'(無極而太極)과 긴밀하게 연관시킨다.57 따라서 다석의 없이 계신 하나님에 대한 해석은 '무극이태극' 개념과 연관시켜 이해해야 함을 확인할 수 있다. 이런 맥락에서 우주의 변화와 생성의 근본은 결국 무극 곧 태극이며, 이것이 바로 없이 계신 하나님이 가리키는 바라 말할 수 있는 것이다. 『태극도설』(太極圖說)에서 주돈이가 밝혔듯이, 큰 하나인 태극은 본래 무극이다(太極本無極也). 무극 곧 태극에서 음양, 오행, 만물로 이어지는 우주의 발생 과정이 바로 『태극도설』이 제시하는 내용이다. 무극이 태극이듯, 음과 양, 어둠과 빛, 정(靜)과 동(動)의 관계는 시원적(始原的) 관점에서 어떤 원인과 결과, 선과 후의 인과적 그리고 시간적 우위를 정할 수 없는 비시원적 관계이다. 이 비시원성은 전체와 부분, 일(一)과 다(多)의 관계에 있어 시원성에서 오는 위계와 차별이 소거된 연속성의 관계임을

---

57 김흥호, 『다석일지 공부』 3, 382-389 참조.

의미한다. 이로써 전체는 부분을 포함하면서도 부분은 전체를 온전히 소유한다. 전체 안에서 부분은 전체성으로 소실되지 않고, 전체 역시 부분 안에서 현전한다.

생성과 비시원성의 무극이태극, 곧 없이 계신 하나님이 함의하는 바는 모든 사물들을 포용하여 일체를 이루는 큰 하나 곧 '없흔ㅇ'의 신론이다. 전체와 부분 곧 일(一)과 다(多)는 '큰 하나'의 비시원성 안으로 포용되어 존재론적 위계가 사라진다. 그러나 부분은 전체 안에서 사라지지 않고, 전체 역시 부분을 통해 온전해진다. 이것은 전체와 부분 사이의 연속성을 주장함으로써 전통적 형이상학의 한계, 곧 신이나 일자, 형상과 이데아 등과 같이 어떤 것의 원인이 되고 시간적으로 앞섬으로써 존재의 범주에서 우위를 차지하여 그보다 하위에 있는 존재 범주의 것들을 규정하고 한정을 짓는 실체론적 한계를 극복하고자 한 화이트헤드의 존재 원리와 상응한다.[58] 또한 실체론적 사유만으로는 우주 변화의 가장 기본적인 특징인 생성 곧 "차이들의—계속적인—발생(differentiation)"[59]에서 오는 존재와 비존재, 존재와 무의 양립이라는 존재론적 난제를 해결하지 못한다. 다음은 이와 상응하는 내용을 담고 있는 것으로 1956년 6월 18일 다석이 남긴 '없이 계신 아버(잎)'이라는 시다.

없이 계신 아버(잎)

있이 없을 없앨수는 도모지들 없을거니.

---

58 김상일, 『화이트헤드와 동양철학』, 31 참조.
59 이정우, 『세계철학사 1 —지중해세계의 철학』(서울: 길, 2019), 104.

부스러진 것으로서 왼통을랑 없앨수 없.

이저게 없흔ᄋ람은 아니랄수 없어라.[60]

이를 김흥호는 다음과 같이 풀이하였다.

없이 계신 아버지가 진짜 존재다. '있'이 '없'을 없이할 수는 없다. 없을
없이해 보아야 영원히 없이지, '없'이 없어졌다고 해서 '있'이 될 수는 없
다. 부스러진 것들이 전체를 없이할 수도 없다. 아무리 없이해도 전체는
전체고, 허공은 허공이지 허공이 없어질 수는 없다. 이것저것이 모두 '없'
이라는 허공 속에 포용되어 있는 것은 아니라고 할 수가 없다.[61]

결국 생성과 비시원성의 무극이태극의 신론, 곧 없이 계신 하나님
신론은 단순히 보이는 피조 세계보다 우위에 선 보이지 않는 실체론적
하나님을 말하고자 함이 아니다. 태극이자 우주 생성의 궁극적 실재로서
의 하나님은 태극이 무극이 되고, 무극이 태극이 되는 우주적 도(道)의
비시원성 곧, 음과 양, 있음과 없음, 빛과 어둠, 움직임과 멈춤, 생명과
죽음 등 모든 상반된 것들이 '없흔ᄋ' 안에서 포괄되어 합일하여 있는
참 '있음'의 신비를 보여준다. 이는 요한복음에서 나타난 예수의 기도와
같다. 전체는 부분을 포괄하고, 부분은 전체를 담는다. 이러한 하나
됨의 동일성의 인격적 표현은 사랑이다.

내가 그들 안에 있고, 아버지께서 내 안에 계신 것은, 그들이 완전히 하나

---

60 류영모, 『多夕日誌』 1, 607.
61 김흥호, 『다석일지 공부』 3, 385.

가 되게 하려는 것입니다. 그것은 또, 아버지께서 나를 보내셨다는 것과, 아버지께서 나를 사랑하신 것과 같이 그들도 사랑하셨다는 것을, 세상이 알게 하려는 것입니다.[62]

다석은 위 요한복음에서 나타난 신과 세계의 사랑으로 하나 됨의 동일성을 아버지와 아들의 하나 됨의 동일성으로 다음과 같이 설명한다.

절대자 하느님을 아버지로 인정해야 할 우리들이다. 아버지가 아들을 잊을래야 잊을 수가 없다. 아들인 우리는 아버지를 부른다. 조급한 것이 하나 없다. 아버지와 아들은 나눌래야 나눌 수가 없고 쪼갤래야 쪼갤 수가 없다. 차별이 있는 것 같으나 떨어지지 않는다.[63]

따라서 다석의 '없이 계신'의 의미는 물질과 비물질, 존재와 비존재 모두를 담아내는 무차별적 포월이자 동일성의 신을 표현하는 말로 이해된다. 다석은 이렇게 말한다.

하느님은 없이 계시므로 언제나 시원하다. 하느님은 물질을 지녔으나 물질이 아니다. 하느님은 모든 물질을 이룬 얼이요 모든 물질을 담은 빔이다. 모든 물질을 거둘 빔이다.

위 진술에 따르면, 없이 계신 하나님은 물질이지만 물질이 아니다.

---

62 요한복음 17장 23절(새번역).
63 박영호, 『多夕 柳永模 어록』, 52.

물질이 아니면서 물질을 이루고 담아낸다. 이러한 '-이다'와 '-이 아니다'의 역설적 진술이 함의하는 바는 동일한 대상에 대한 상대적 진술 곧 존재와 비존재 모두를 포괄하는 '둘'이 아닌 '하나'의 신에 관한 내용이다. 신과 세계는 이 둘 모두를 포괄하는 오직 '하나'에 다름 아니며, '하나'는 해체의 개방성과 무규정성, 과정철학적인 생성과 비시원성이라는 존재론적 무차별을 통해서 결국 없이 계신 하나님으로 드러난다. 이러한 다석의 없이 계신 하나님 신론은 존재론적 무차별을 통해서 인간 안에 하나님 곧 얼이 그리스도이자 동시에 우리의 정체성이 된다는 다석의 주장과도 상통한다. 따라서 필자는 다석이 "짐승인 우리"[64]이지만, 동시에 "우리들이 바로 신(神)인 것이다"[65]라고 말할 수 있었던 근거는 바로 이러한 존재론적 무차별성 곧 불일불이적(不一不二的) 동일성[66] 때문이라고 주장하는 바이다.

종합하자면, 앞서 살펴보았듯이 없이 계신 하나님의 '없음'에 대한 이전까지 해석은 궁극적 실재가 '있음'을 포괄하는 '더 큰 있음'이라는 전체성의 논리로 환원될 가능성이 있다. 하지만 다석은 '없음'을 '더 큰 있음'이 아닌 "한없이 큰 것" 곧 태극이며, 태극이 곧 무극이라 주장했

---

64 박영호, 『多夕 柳永模 어록』, 57.

65 박영호, 『多夕 柳永模 어록』, 39.

66 홍창성은 대승불교의 공의 관점에서 "존재하는 대상이나 사건은 수적으로 하나이더라도 보는 관점에 따라 달리 기술되고 또 서로 다른 질적 속성도 가질 수 있다"라고 주장한다. 현상세계는 자성을 결여하고 있어서 공하고, 공하기에 현상세계는 공의 세계가 되기에 현상세계와 공의 세계는 수적으로는 구분되지 않으나 질적으로는 동일하지 않다는 것이다. 따라서 모든 것은 자성을 결여한다는 연기론에 근거해서 수적으로 볼 때 둘이 아니지만(不二), 질적으로는 동일하지 않다(不一)는 대승불교의 공의 관점을 통해 필자는 다석이 제시한 신과 세계의 관계를 '불일불이적(不一不二的) 동일성'으로 규정하고자 한다. 홍창성, 『연기와 공 그리고 무상과 무아』, 122-123 참조.

다. 그리고 '더 큰 있음'과 "한없이 큰 것"의 차이는 '한없음' 곧 경계 없음을 가능하게 하는 해체에 있다. 따라서 "한없이 큰 것" 곧 '없음'은 무와 공의 해체를 통한 개방성과 무규정성, 비실체론적이고 과정철학적인 생성과 비시원성으로 제시된다. 이 네 가지 개념들은 신과 세계의 하나 됨이라는 동일성을 함의한다.

다석에게 있어 '하나'와의 합일은 일생의 신학적 주제이자 동기였다. 동양적 사유인 '없음'(無)과 '비움'(空)에 천착한 치열했던 자기 비움적 수행과 사유는 신과의 합일을 추구하고자 한 한국적 '신학함'이었고 이는 없이 계신 하나님이라는 그의 독특한 신 이해로 제시된다. 신과 세계와의 합일이라는 관점에서 설명되는 다석의 없이 계신 하나님 신론은, 오늘날 인식론적으로 초월과 내재가 분리됨에서 기인한 존재론적 근거 상실의 상황 속에서 신은 세계와 어떤 관계에 있으며 이 관계에서 드러나는 신적 계시가 무엇인지를 보여준다. 없이 계신 하나님은 자기 부정적 해체를 통해 세계와 합일한다. 하나님의 '없음'은 인간 인식에 포획될 수 없을 만큼 "한없이 큰 것"으로서 개방적이고 무규정적이다. 이러한 개방성과 무규정성은 자기 자신을 끊임없이 해체함을 통해서 세계에 주어진 자기 비움적 계시다. 이 계시는 한국인의 심성에서 신과 세계의 합일에서 드러나고 무와 공으로 표현되어 왔던 '있음'의 계시다. 또한 없이 계신 하나님은 세계의 창조적 과정으로 자기를 실현하는 생성과 비시원성의 하나님이다. 생성과 비시원성은 신과 세계의 합일적 관계를 설명하는 신적 계시다.

이처럼 개방성과 무규정성, 생성과 비시원성의 없이 계신 하나님은 물질과 비물질, 존재와 비존재 모두를 포월(包越)한다. 없이 계신 하나님은 초월적으로 세계와 대립하거나 분리되지 않고, 반대로 범신론적으로 균일하게 동일시되지도 않는다. 없이 계신 하나님은 세계와 함께 생성되고 그 시원성을 주장하지 않을 정도로 동일시되지만, 동시에 자기 해체를 통해서 세계와 합일하는 '한없이 큰 것'으로서 태극이무극인 개방적이고 무규정적인 신이다. 따라서 초월과 내재의 분리로 그 존재론적 근거 상실의 허무함 가운데 처한 오늘날 인간과 세계는 이러한 없이 계신 하나님을 그 존재론적 토대로 삼을 수 있을 것이다.

V. 절대공(絶大空)과 빈탕

1. 빔의 역설적 충만

신에 대한 다석의 진술 중 독특한 용어가 있는데 그것은 "절대공"(絶大空)과 빈탕1이다. 우선, 다석은 비교 불가능한 커다람이고, 절대이며, 우주의 근원에 되는 하나님을 가리켜 "절대공"으로 표현했다. 허공(虛空)이 참이고 하나님이며 모든 것이 허공으로 인해 존재한다. 무(無)와 공(空) 그리고 허(虛)의 동양적 사유로 신을 이해한 다석은 이 허공 곧 "절대공"을 추구했다.

> 그 맘이 첨모절대공(瞻慕絶大空)입니다. 절대공(絶大空)이란 비교할 데 없는 큰 공(空)입니다. 아주 빈 것을 사모합니다. 죽으면 어떻게 됩니까? 아무것도 없습니다. 아무것도 없는 허공이어야 참이 될 수 있습니다. 무서운 것은 허공입니다. 이것이 참입니다. 이것이 하느님입니다. 허공은 참이고 하느님입니다. 허공 없이 실존이고 진실이 어디 있습니까? 우주가 허공 없이 어떻게 존재합니까? 허공 없이 존재하는 것은 아무것도 없습니다.2

그러나 다석에게 있어 '없음' 곧 절대공은 하나님의 충만함을 역설적으로 표현한다. 다시 말해 절대공이 가리키는 무와 공은 모든 것을

---

1 다석은 공(空)을 순우리말로 "빈탕"이라 표현한다. 류영모,『多夕日誌』1, 344.
2 류영모,『다석 강의』, 465.

포괄하고 초월하는 절대적인 충만함과 커다람에 다름 아니다. 따라서 공(空)은 단순한 없음의 공이 아니라 모든 것을 담아내는 커다람의 공 곧 태공(太空)이다. 다석은 이렇게 말한다. "빔(空)은 아무것도 없다는 것과는 다르다. 태공(太空)이다. 일체가 태공에 담겨 있다. 모든 게 허공에 담겨 있다."3 다석은 이러한 태공 곧 허공(虛空)의 하나님에 대한 표현으로 "없이 계심"이라는 언표를 사용한다. 1963년 11월 6일 다석이 남긴 일지를 김흥호는 이렇게 옮겨 풀이한다.

잘잘있 없않 찰찰찰 올찲

있밖이 없않이자 뜻밖에도 없이녁임받
섣부른 있에맘부치다들말않댄 없잔칠
네뜻않 없않그대로 **없이계심 모신곧**
万万有空中 充滿滿在義

만유萬有의 외곽外廓이 허공인데 사람들은 의외로 허공을 무시한다. 섣불리 유有에 집착하다가 말 안 되게 멸망하는 사람도 없지 않다. 네 뜻의 않이 없의 않이나 같다. 마음속이나 허공 속이나 같다. 우리의 마음은 없이 계신 아버지를 모신 곳이다. 허공에는 만유가 가득 차고 마음속에는 하나님이 충만하고 성신이 충만하고…. 4

---

3 박영호, 『多夕 柳永模 어록』, 218.
4 김흥호, 『다석일지 공부』 4, 467-468. 강조는 필자의 것.

위 내용에서 보면, 다석은 '있음'을 중시하지만, '있음'을 초월하는 더 큰 외곽, 곧 '없음'인 허공을 경시하는 세태를 비판한다. 그리고 '없음'은 우리의 마음속과 같은데, 우리 마음인 허공은 하나님을 모시는 곳이며, 이 하나님을 가리켜서 '없이 계심'으로 표현한다. 그런데 이 '없음'인 허공에 '있음'이 가득 차 있다. 이로 미루어 볼 때, 다석에게 있어, 공(空)이란 또 다른 의미에서 모든 '있음'의 근원이자 '있음'을 포괄하는 충만이면서 이를 초월하는 하나님이라 말할 수 있다. 따라서 '없음'은 '있음'의 근원이면서 동시에 이를 포괄하고 초월하기에, 없이 계심의 하나님은 헤아릴 수 없는 충만함이자 모든 것의 근원인 하나님에 대한 역설적인 표현이라 말할 수 있다.

그렇다면 어떻게 빔(無, 空)이 충만이 되는 것일까? 어떻게 허공이 우주와 존재의 근원이라 말할 수 있을까? 초월적 빔이 곧 내재적 존재의 충만이라는 역설적 진술에 기초한 이러한 질문들은 형이상학과 자연철학 사이에 놓인 간극에 상응하는 신의 초월성과 내재성 사이의 간극을 이어줄 설명 체계를 요구한다. 필자의 관점에서 그 설명 체계는 동북아시아의 기학(氣學)이다. 이정우에 의하면, 기학이란 인간의 양지(良知)에 기초한 양명학의 주관주의와 도덕형이상학적 리(理)의 선험성에 기초한 주자학의 선험주의를 반대하면서, "'기'(氣)에 대한 보다 객관적인 탐구에 기반하는 내재성의 철학을 전개"[5]한다. 내재성의 철학으로서 기학에서의 '기'는 불교적 형태의 무(無)=공(空)은 물론 도가적 형태의 무=허(虛) 나아가 성리학적 형태의 무=리의 성격까지도 극복한 '유'(有)이다.[6] 따라서, 기는 내재성의 원리에 기초하여 우주의 궁극적 원리와

---

5 이정우, 『세계철학사 3 ─근대성의 카르토그라피』 (서울: 길, 2021), 25.

개별 사물들의 원리 사이의 간극을 해소하는 개념으로서 다석의 없이 계신 하나님의 '없음'을 기로 이해할 수 있는 근거를 마련해 준다. 요컨대 다석에게 있어 하나님의 없이 계심은 바로 기다.

한 예로 '무시무종'(無始無終)을 예로 들 수 있다. 다석은 1956년 10월 20일에 그의 일지에 '終始'(종시)라는 제목의 한시를 적었는데, 그 중 "無始無終元始初"[7](무시무종원시초)라는 구절을 통해 그가 생각한 신을 설명한다. 다석에게 무시무종의 신은 "비롯 없고 마침도 없는 맨 처음 으뜸님"[8]이 된다. 그런데 여기서 등장하는 용어인 무시무종은 조선 중기 기일원론자로서 기철학을 전개한 화담 서경덕(花潭 徐敬德)의 『太虛說』(태허설)에 그 전거가 있다. 서경덕은 기(氣)를 가리켜 무시무종(無始無終)[9]이라 말한다. 말하자면, 기는 시작도 없고 마침도 없다는 뜻이다. 서경덕은 우주의 근원을 "태허일기太虛一氣"[10]로 이해했다. 사물의 형성과 변화는 바로 이 태허인 기의 모이고 흩어져서 드러남에 의해 이루어진다. 맑고 고요함으로 비어있는 태허 곧 기가 우주 만물의

---

6 이정우, 『세계철학사 3』, 25-26.

7 류영모, 『多夕日誌』 1, 259.

8 박영호 옮기고 풀이, 『多夕 柳永模 명상록』(서울: 두레, 2000), 91.

9 서경덕은 『태허설』에서 다음과 같이 노자를 비판하며 기를 '무시무종'(無始無終)이라 규정한다. "노자는 '유는 무에서 생긴다'라고 말했는데, 이것은 허(虛)가 곧 기임을 알지 못하는 것이다. 노자는 또한 '허가 기를 낳을 수 있다'라고 말했지만, 이것도 잘못이다. 만약 '허가 기를 낳는다'라고 한다면, 아직 기가 생기기 전에는 기가 없는 것이게 되고, 허는 죽은 게 된다. 이미 기가 없다고 하게 되면 무엇에 의해 기가 생긴단 말인가? 기는 시작도 없고 생겨남도 없다(無始無終). 시작이 없는 것이라면 어디서 끝날 것인가? 생겨남도 없는 것이라면 어디서 없어질 것인가?" 오구라 기조/이신철 옮김, 『조선사상사: 단군신화로부터 21세기 거리의 철학까지』(서울: 길, 2022), 129. 강조는 필자의 것.

10 남지만, 고려대 민족문화연구원 한국사상연구소 편, 『자료와 해설, 한국의 철학사상』(서울: 예문서원, 2010), 441.

기원이자 그 자체다. 그러나 이 태허는 단순한 공허가 아니라 "처음과 끝이 없는 무궁한 기로써 꽉 차 있는 것"[11]이다. 무엇보다 서경덕은 이 태허가 현상세계라 할 후천(後天)의 형성 이전에 그 근거가 되기에 선천(先天)이라 칭하는데, 선천은 그 안에 세계의 다양한 가능성과 계기들을 품고 있다고 주장했다.[12] 이처럼 다석은 자체로는 하나이나 여럿이 될 가능성과 계기들을 품은 무시무종의 태허일기를 절대공으로 그리고 하나님의 없이 계심으로 이해했던 것이다. 따라서 '없음'이 곧 '있음'이며, 없이 계신 하나님의 절대공이 이 세계의 헤아릴 수 없는 충만함이 된다.

다석 신론에 있어 절대공이 가진 신학적 함의는 신과 인간, 정신과 물질, 초월과 내재가 기(氣)로 설명되는 통전적 관계성이다. 그리고 그 기의 본성은 태허 곧 절대공이다. 이 통전적 관계성 안에서 신과 세계는 분리되어 있지 않다. 하나님의 절대공이 이 세계의 충만이다. 그러나 세계와 신이 동일시되지 않는데, 왜냐하면 세계는 기의 작용으로 일어난 생성과 변화의 산물이기 때문이다. 처음도 없고 끝도 없는 무시무종의 존재는 바로 기로서의 하나님이다. 하지만 절대공의 하나님은 이 세계에 내재하는 신이기도 하다. 따라서 절대공의 기로서의 신론은 세계와 만물의 생성과 변화 그리고 소멸 안에서 신의 모습을

---

11 남지만, 『한국의 철학사상』, 442.

12 남지만, 『한국의 철학사상』, 442. 해당하는 원문과 풀이는 다음과 같다. "태허의 맑고 형체가 없음을 선천이라 한다. 그 크기는 바깥이 없고 그 앞으로는 비롯됨이 없으며 그 유래는 밝힐 수 없다. 그 맑고 비어 고요함은 기의 본원이다. 한계가 없이 꽉 차 있으니, 비워 놓은 것이 없어 터럭 하나도 끼여들 틈이 없다. 太虛湛然無形. 號之曰先天. 其大無外. 其先無始. 其來不可究. 其湛然虛靜. 氣之原也. 彌漫無外之遠. 逼塞充實. 無有空關. 無一毫可容間也"(『花潭集』,「原理氣」). 남지만, 『한국의 철학사상』, 442.

발견할 뿐 아니라, 세계 안에서 인간이 따라야 할 규범적 원리를 깨닫고
이를 실천하도록 안내한다.

2. 주체의 변형으로서 수행

절대공의 기(氣)로서의 신론은 신과 물질성을 분리하지 않는다.
곧 신과 인간의 주체가 하나이기에 절대공과 빈탕(또는 빈탕)은 궁극적
실재의 자기 계시로서 인간 편에서도 동일하게 비움의 수행을 요구하는
것이다. 하지만 진리가 주체에 맞게 변형되어 수용되는 것이 아니라
주체가 진리에 맞게 변형되어 수용되어야 한다. 이와 같이, 진리의
수용을 위해 주체를 변형하는 과정을 가리켜서 수행이라 말할 수 있다.13
즉, 빈탕이라는 신적 진리를 수용하기 위해서는 주체는 빈탕으로 변형되
어야 하는 것이다. 다석은 '여섯가지 아는구질' 곧 인간의 감각을 초월하
는 거룩한 빈탕의 하나님을 표현한다. 김흥호는 이 내용을 담은 1962년
12월 24일 다석의 일지를 다음과 같이 옮겨서 풀이한다.

---

13 박수인에 따르면, 푸코(Michel Foucault, 1926~1984)는 1982년 강의록인 『주체의 해석
학』에 포함된 『알키비아데스』 해석을 통해 영성을 "진실에 접근하기 위해 주체가 자기
자신에게 필요한 변형을 가하는 탐구·실천·경험 전반"이라 정의 내린다. 푸코가 정의한
영성의 세 가지 주요한 특징은 다음과 같다. "첫째, 진실이 주체에게 주어지는 것은 단순
한 인식 행위를 통해서가 아니라, 진실의 능력을 획득하게끔 하는 주체의 개심이나 변형
을 통해서라는 전제이다. 둘째, 주체의 이러한 개심이나 변형의 주요 형식으로 두 가지
가 발견된다. 상승 운동을 대표하는 erōs(사랑)와 자신에게 가하는 장기간의 노력과 작
업을 통한 점진적인 변환을 대표하는 askēsis(수련)이다. 셋째, 진실에 도달하는 것은 영
적인 절차들의 결과이지만, 동시에 진실은 주체에게 지고의 복락을 부여함으로써 주체
의 존재를 완결시킨다." 박수인, "플라톤적 철학적 주체성에 대한 푸코 식 고찰: 플라톤
적 자기 배려와 '플라톤주의의 역설'," 「한국정치학회보」 54 (2020), 9-10 참조.

… 낳도않고죽도않는 오직하나 참그만은

여섯가지 아는구질로는 몰라봐 그만둠

그만참 그만두기로 한웋신가

한늘잘몬들려사준 ― 빈탕한대 ― 기아닌가

오직하나드나듬도없는 그만기시오니

아달은 계신계 제계 도라갈뿐 그만믿

… 생도 없고 사도 없는 오직 하나 참 그만은 하나님뿐이니 6관과 감각으
로는 알 수 없는 분이다. 이 세상은 그만두고 하나님만 모셔 두고 하나님
그만이 참이고 하나님 그분만 두기로 한웋 계신 임인가. 하늘 만유를 둘러
싸고 있는 허공 빈탕한대가 사랑 아닌가. 오직 하나 드나듦도 없는 일음일
양^{一陰一陽}이게 하는 그만이 무극이태극^{無極而太極}의 주님이시니 아들은 아
버지 계신 그곳에, 제 집 고향에 돌아갈 뿐 하나님 그분만 믿는다. 뿌리가
그만이다.[14]

위의 일지를 보면 하나님은 하늘을 비롯한 모든 것을 둘러싸고
있는 허공 곧 '빈탕한대'의 하나님이다. 하지만 그 빈탕한대의 하나님은
인간의 지각과 감각으로는 파악할 수 없어 무와 공으로 설명할 수밖에
없는 하나님이다. 그래서 하나님은 거룩하다. 다석은 이렇게 말한다.
"빈(空)다는 게 무엇인가 하면 지극히 거룩한 것이다. 지극히 거룩하다면
빈 것일 것이다."[15] 이처럼 빈탕한대의 허공은 인간의 지각으로는 파악

---

14 김흥호, 『다석일지 공부』 4, 355.
15 박영호, 『多夕 柳永模 어록』, 218.

할 수 없는 거룩한 하나님에 대한 진술이다.

없이 계신 하나님의 절대성, 충만성, 근원성, 더 나아가 거룩성까지 담아내는 무, 공, 허의 다석 신론은 형이상학적 진술로 그치지 않고 인간의 신앙적 수행으로 연결되는데 그것이 곧 신인합일(神人合一)이다. 다석은 무, 공, 허가 마음과 같다고 말하면서, 동시에 이 합일을 위해 마음을 비워 빈탕에 이르는 수행을 요청한다.

> 사람의 맘같이 싱거운 것이 없다. 맘은 없다. 아무것도 없는 것 같은 사람의 마음이 참으로 무서운 것이다. 마음은 허공과 같은 것이다.[16]

> 마음과 허공은 하나라고 본다. 저 허공이 내 마음이요 내 마음이 저 허공이다. … 마음하고 빈탕(허공)이 하나라고 아는 게 참이다. 빈탕 허공에 가야한다. … 제나(自我)가 한 번 죽어야 마음이 텅 빈다. 한 번 죽은 마음이 빈탕(太空)의 마음이다. 빈 마음에 하느님 나라, 니르바나님 나라를 그득 채우면 더 부족이 없다.[17]

김진에 의하면, 이러한 신인합일의 근거는 바로 '얼'이다. 인간이 그리스도와 하나님과 하나가 되는 것은 얼을 통해서인데, 제나가 죽는 수행을 통해 빈탕한데 이르러 하나님의 얼이 들어서면 거기가 하나님의 나라가 된다. 이런 의미에서, '빔'이야말로 존재와 우주 그리고 진리의 중심이자 핵이다. 다석은 비어 있는 마음속이 얼로 가득 찬 것을 가리켜

---

16 박영호, 『多夕 柳永模 어록』, 219.
17 박영호, 『多夕 柳永模 어록』, 221.

서 '참속'이라 부른다. 결국 없이 계시는 하나님이란 빈탕을 통해 얼로 가득 찬 자신의 마음이다.[18] 하지만, 빈탕을 통해 하나님의 얼이 충만해짐을 마치 진공 상태에 외부로부터 하나님의 얼이라는 다른 이질적인 무엇이 들어오는 것으로 이해해서는 안 된다. 제나의 죽음으로 주어지는 빈탕 자체가 얼의 충만이고, 비움이 곧 채움이다. 얼 생명의 충만함은 무와 공의 수행적 비움과 함께 동시적으로 이루어진다. 여기서 비움의 신적 진리와 주체의 변형으로서 수행으로 이루어지는 신의 자기 현실화를 이어주는 매개가 바로 앞서 설명한 기(氣)다. 기학(氣學)에 근거한 수련 또는 수행은 태허 곧 기의 운행에 주체를 일치시키길 추구한다. 이를 위해서는 기의 운행이 자연과 사물의 운행으로 드러남을 알고 인간의 도덕적 본성과 규범을 이에 일치시킴이 선행된다. 이로써 천지인의 합일 곧 하늘과 땅과 사람의 하나 됨이 이루어지는 것이다.

다석은 이 비움이라는 신적 진리에 대한 주체의 변형을 통해 하나 됨을 이룸으로써 얼 생명의 충만함을 보았다. 무와 공의 해체를 통한 신과 세계의 동일성의 계시는 신으로부터 인간으로 진행되는 한 방향이 아닌 인간에게서도 신적 진리를 수용하는 주체의 변형을 요구한다. 없이 계신 하나님의 빈탕의 진리를 수용하기 위해 주체가 빈탕으로 변형되어야 하는 것이다. 없이 계신 하나님은 신과 인간의 합일을 통한 신의 자기 계시와 이에 대한 인간 주체의 변형 곧 수행을 함의하는 신론이라 하겠다.

---

18 김진, 『다석 류영모의 종교사상』, 66-67 참조.

VI. 하나(一): 신과 세계의 합일과 양방향성의 역동

1. 무극이태극의 신

다석 류영모의 신론은 '하나(一)의 신론'으로 설명될 수 있다. 필자는 '하나(一)의 신론'이 지닌 중요한 특징은 신과 세계의 관계에서 작동하는 합일의 양방향성 역동과 그 관계 안에서 신의 내재성과 초월성을 양립시킴으로 신과 세계의 합일 관계를 보여줌에 있다고 본다. 다석의 신론에서는 이와 같은 신과 세계의 합일 관계 곧 초월과 내재의 합일 관계가 양자에 어떤 영향을 가져다주는지를 살펴볼 수 있다. 이를 보여주는 다석의 신론은 '하나(一)의 신론'이다.

다석은 신에 이름을 붙일 수 있다고 생각하지 않았다. 하지만 굳이 표현한다면 다석에게 신 곧 절대자는 "하나"이다. 다석은 이렇게 말한다.

> 하느님은 이름이 없습니다. 모세가 백성에게 신에 대해 말할 때 어떤 신이라고 말해야 하느냐고 하느님에게 물었습니다. 여기서는 '엘리'니 '야훼'니 하는 말은 없었습니다. '나'는 나다, 이것이 모세의 물음에 대한 답이었습니다. 이름이 없는 것이 신입니다. … 신이라는 것이 어디 있다면 신이 아닙니다. 언제부터 있었다고 하면 신이 아닙니다. 언제부터 어디서 어떻게 생겨서 무슨 이름으로 불리는 것은 신이 아닙니다. … 상대 세계에서 '하나'라면 신을 말하는 것입니다. 절대의 '하나'는 신입니다.[1]

---

1 류영모, 『다석 강의』, 332.

다석은 신에 이름을 붙이는 것이 불가능하다고 보았다. 신을 언명하는 것 자체가 신을 상대 세계의 수많은 존재자 중 하나로 규정해 버린다고 보았던 것이다. 따라서 신은 이름이 없다. 왜냐하면 이름은 그것의 기원이나 전통을 가리키기 때문이다. 다석에게 신은 특정한 기원이나 전통을 가지고 이를 담아내는 이름으로 규정될 수 있는 존재가 아니었다. 만약 어떤 전통과 기원으로 설명되는 존재를 신이라 부른다면, 그 신은 수많은 신들 중 하나가 될 뿐 아니라, 무한한 절대적 존재인 신을 유한한 존재자로 환원시키는 결과를 가져온다. 하지만 다석에게 신은 절대적이고 무한하기에 규정할 수 없다. 신은 다양한 전통과 기원으로 불완전하고 상대적인 것으로 설명되는 '둘, 셋, 넷'의 존재자가 아니라, '있음'과 '없음' 모두를 포함하고 초월하기에 상대세계에서는 오직 하나(一)로 불릴 그런 절대이자 전체로서의 하나라 보았다. 그리고 그 하나(一)는 바로 "무극이태극"이다. 다석은 이렇게 말한다.

> 하느님은 절대요 전체인 하나(一)이다. 무극이태극(無極而太極)이라 오직 하느님뿐이다. … 절대요 전체요 하나인 진리(하느님)를 깨치는 것이 가장 급선무(急先務)이다.[2]

절대이며 전체인 하나로서의 신은 다석의 신론에 있어서 상대 세계와 절대 세계 사이의 관계성을 말해준다. 여기서 상대와 절대의 관계성이란 앞서 설명한 것처럼 '하나'가 다른 모든 세계를 포함하고 초월하는 관계이다. 다석은 이 '하나'를 무극이태극이라는 용어로 표현한다. 다석

---

2 박영호, 『多夕 柳永模 어록』, 64-65.

은 1960년 11월 7일, 1966년 2월 11일에 『태극도설』(太極圖說)을 순우리말로 번역하였는데, 1960년에는 『태극도설』을 "커극겆 그림말"[3]로, 1966년에는 "ㅎㅎㄹㅁㄹ중 그림몰숨"[4]이라 명칭했다. 다석은 『태극도설』의 첫 구절에 해당하는 무극이태극(無極而太極)을 1960년에는 "없극겆이오 커극겆이다"[5]라고 번역했으며, 1966년에는 "없ㄹㅁㄹ중서 ㅎㅎㄹㅁㄹ중"[6]이라 번역했다. 그렇다면, 『태극도설』의 무극이태극 개념이 본래 함의하던 바는 무엇이었는지 살펴보도록 하겠다.

『태극도설』은 송학을 일으킨 장본인이자, 주희에 의해 성리학의 개창자로 추앙받는 주돈이(周惇頤, 1017~1073)가 저술했다. 주돈이는 『태극도설』을 통해서 "우주창생론(cosmogony)과 윤리학"[7]을 다루었는데, 해당하는 내용의 원문은 다음과 같다.

무극이면서 태극이다. 태극이 움직여 양을 낳고 움직임이 극에 이르면 고요해지고 고요해지면 음을 낳으며, 고요함이 극에 이르면 다시 움직인다. 한 번 동하고 한 번 정함이 서로 뿌리가 되어 음양으로 갈리니 양의가 서게 된다. 양이 변하고 음이 합하여 수화목금토(水火木金土)의 오행이 생성되며, 다섯 가지의 기운이 골고루 펼쳐져 춘하추동 사계절이 운행된다. 오행은 하나의 음양이고 음양은 하나의 태극이니, 태극은 본래 무극이다.[8]

---

3 류영모, 『多夕日誌』 1, 768.

4 류영모, 『多夕日誌』 2, 390.

5 류영모, 『多夕日誌』 1, 768.

6 류영모, 『多夕日誌』 2, 390.

7 김병환, 『김병환 교수의 신유학 강의』 (서울: 휴먼북스, 2018), 165.

8 김병환, 『김병환 교수의 신유학 강의』, 166. 해석의 원문은 다음과 같다. 『太極圖說』: 無極而太

위 해석의 원문을 보면, 주돈이는 "무극·태극에서 음양으로, 음양에서 오행으로, 오행에서 만물로 이어지는 우주창생론"[9]을 설명한다. 이와 같은 『태극도설』의 우주창생론은 『주역』 「계사전」의 사상을 구체화한 것으로, 현상계에서 일어나는 변화의 근원은 무극 곧 태극이며, 모든 존재의 생성은 질료적 요소인 음·양·오행의 조화와 변화를 통해서 이루어진다. 여기서, '무극'은 도가 혹은 도교의 경전에서뿐 아니라 승조의 『조론』(肇論)에서도 언급되었던 용어다. 무극의 처음 용례는 『노자』와 『장자』에서 나타나는데, 그 의미는 도 자체를 가리킨다기보다 도가 가진 속성 중 하나를 묘사하는 것으로, "궁극적 실체나 우주의 근원 혹은 모든 것의 기원이라는 의미와는 좀 거리가 있는 무한으로의 회귀를 의미한다."[10] 이와 같은 무극의 개념은 당대를 거쳐 송대 초에 이르면 명사 형태의 궁극적 도와 비슷한 실체적 개념으로 사용되어 신유학자들에게 영향을 주어 성리학적인 무극 개념이 완성된다.[11]

이후, 주희(朱熹 혹은 朱子, 1130~1200)는 주돈이의 『태극도설』을 기초로 하여 자신의 형이상학을 개진하는데, 풍우란에 의하면, 주자는 그 이전의 도학자들을 집대성하여 "형이상의 도(道)와 형이하의 기(器)의 구분"[12]을 이야기한다. 이러한 체계 안에서 주자는 무극이태극에 대한

極 太極動而生陽 動極而靜 靜而生陰 靜極復動 一動一靜 互爲其根 分陰分陽 兩儀立焉 陽變陰合 而生水火木金土 五氣順布 四時行焉 五行一陰陽也 陰陽一太極也 太極本無極也.

9 김병환, 『김병환 교수의 신유학 강의』, 166.
10 김병환, 『김병환 교수의 신유학 강의』, 170.
11 김병환, 『김병환 교수의 신유학 강의』, 173 참조.
12 풍우란/박성규 옮김, 『중국철학사』 하 (서울: 까치글방, 2019), 533.

해석으로 태극은 시간과 공간을 초월하여 형체가 없기에 "무극이면서 태극이다"[13]로 이해했다. 곧, "무극이면서 태극이다고 함은 형체가 없고 리만 있다는 말일 따름"[14]이라고 해석한 것이다.[15] 따라서 리(理)의 전체가 태극이 되는 것이다.

하지만 주자는 무극이태극을 해석할 때, 무극과 태극을 개별적으로 두 개의 본원으로 이해하지 않았음을 밝힌다. "무극과 태극은 동일한 궁극 근원의 양면"[16]으로, "태극이 감각 경험의 대상이 아니라는 것을 형용하기 위해 언급"[17]되었다는 것이다. 결국 태극은 만물의 근원이면서, 무극에 다름 아니다. 무극과 태극 어느 것이 선재하는 것이 아니다. 태극은 만물의 근원이자 존재의 원리이며, 무성무취(無聲無臭)한 초경험적인 것으로서 현상계를 초월하여 있는 형이상적인 본원이기에 무극이 된다. 만물은 그 근원인 무극이면서 태극으로부터 시작하여 음양오행을 거쳐 생겨나는 것이다.[18]

그렇다면, 이제 다석이 그의 신론 구성에 있어 무극이태극을 어떻게 해석하고 적용했는지를 살펴보겠다. 이정배의 설명에 의하면, 다석은 유교적 효의 의미가 없이 계신 하나님과의 관계를 망각한 채, 눈에 보이는 조상과 임금에 대한 충성과 헌신으로 축소되고 변질됨을 비판했다. 그 과정에서 다석은 무극이태극이라는 성리학의 개념에 주목하게 된다. 무극이태극 개념의 배경을 보자면, 주렴계는 『중용』의 핵심개념

---

13 풍우란, 『중국철학사』 하, 533.
14 풍우란, 『중국철학사』 하, 533.
15 풍우란, 『중국철학사』 하, 531-533 참조.
16 김병환, 『김병환 교수의 신유학 강의』, 205.
17 김병환, 『김병환 교수의 신유학 강의』, 205.
18 김병환, 『김병환 교수의 신유학 강의』, 206 참조.

이라 할 수 있는 성(誠)을 『역경』에서 우주 발생의 근원으로 제시하는 태극과 일치시킴으로써 태극을 유교적인 실체로 이해했고, 이 태극이 가진 초월적이고 절대적인 성격을 '없음'의 무극이라 언표함으로써 태극이 가진 규정 불가능함을 가리켜서 무극이태극이라 일컬었다. 여기서 다석은 우주 발생의 근원이자 보이지 않는 절대적인 무극에 주목하면서 퇴색된 유교적 종교성을 구할 수 있는 길을 『태극도설』의 '무극이태극'에서 발견한 것이었고, "불교가 빔, 허공으로서의 참된 하나를 보았듯이 오로지 무극으로서 태극을 역설함으로써, 효가 없이 계신 하느님의 본성과 하나가 되는데 그 본질이 있는 것"[19]임을 재천명한 것이었다. 다석은 무극이태극이라는 개념을 통해 보이지 않는 궁극적 실재와 초월에 대해 눈을 돌리게 함으로써 내재성의 한계에 도달한 도덕과 윤리의 인간론적 근거를 다시 재정위시킨 것이다.

이제 무극이태극에 대한 다석의 해석을 보면 두 가지 입장이 나타난다. 하나는 무극과 태극을 동일시하는 입장이다. 다석은 혼돈과 허무를 무극으로 보았고, 이 무극이 곧 태극이라 주장한다. 다석은 무극이태극을 통해 무(無) 곧 '없음'으로 간주될 수 있는 이 혼돈과 허무가 사실상 존재와 둘이 아닌 '하나'라 이해한 것이다. 이 '하나'가 곧 신이다. 다음 두 가지 진술이 이를 뒷받침한다.

혼돈(우주)은 언제나 하나인 태극인데, 태극이 음·양이므로 둘이다 하고 나온 데서부터 유교가 아주 병에 걸려버렸습니다. 이것을 말로 하면 태극의 머리와 몸뚱이를 잘라버린 것이 됩니다. 머리를 잘라버리고서 어떻게

---

19 이정배, 『없이 계신 하느님, 덜 없는 인간』, 67 참조.

태극이 살 수 있습니까?[20]

허무는 무극(無極), 고유는 태극(太極)입니다. 태극 · 무극이 하나니까 하나는 신입니다. 태극을 생각하면 허무의 무극을 생각하지 않을 수 없습니다. 그래서 하나입니다.[21]

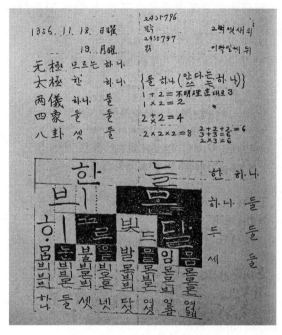

〈그림 2: 1956년 11월 18일 다석일지〉

다른 하나는 순차적으로 무극(无極)에서 태극(太極)이 나오고 태극에서 양의(兩儀)와 사상(四像) 그리고 팔괘(八卦)가 나오는 순서이다. 〈그림 2〉는 이 내용을 보여주는 1956년 11월 18일 다석의 일지[22]이다.

___

20 류영모, 『다석강의』, 122.
21 류영모, 『다석강의』, 122.

무극에서 태극으로 순차적으로 나아가는 순서를 보여주는 이 일지를 보면 글로는 무극·태극·양의·사상·팔괘가 순차적으로 나오지만 그림에서는 무극이 보이지 않고, 태극을 비롯한 나머지 것들만 나타남을 볼 수 있다. 다석은 인간이 인식하고 표상할 수 있는 궁극적 근원의 한 측면을 태극으로, 인간의 감각이나 인식으로 파악할 수 없고 표상할 수 없는 신비 그 자체인 다른 한 측면을 무극으로 보았음을 알 수 있다. 또한 다석은 비록 무극을 태극보다 선행하는 것으로 표현하였지만, 그 명칭에 있어서 무극은 "모르는 하나"이고 태극은 "한 하나"로 표기한다. 결국 무극과 태극은 동일한 '하나'로서 존재론적으로 동일하지만 그 양태에 있어서만 다름을 알 수 있다. 다석에게 무극과 태극은 양태에서만 다르고 존재론적으로는 동일한 '하나'이다. 따라서 무극이 태극의 신은 인간의 신적 인식을 허용하면서도 알 수 없음으로 끊임없이 미끄러져 나간다.

'하나'와 무극이태극에 관련된 지금까지의 내용을 종합해 본다면 다석은 신론에 있어서 이 두 개념을 통해 인간의 지각과 인식을 뛰어넘는다는 의미에서 절대적이면서 초월적인 무규정성이라 할 수 있으며, 또한 근원이자 전체라 할 하나님을 제시하고자 했다. 이로써 다석은 초월을 배제한 내재적 윤리의 한계에 다다른 유교의 변질에 대응하고자 했던 것이다. 하지만 이러한 신론이 초월과 내재를 선명하게 구분하는 이원론적 세계관 또는 이신론으로 이어지는 것은 아니다. 오히려, 다석이 제시한 무극이태극의 신론은 인간 인식이 포착할 수 없는 신비인 없이 계신 하나님이 우주 발생의 근원이자 존재의 근거이며, 무엇보다

---

22 류영모,『다석일지』1, 284.

그 전체이자 초월적인 '하나'가 이 세계와 분리되지 않는다는 점을 보여준다. 무극이태극은 '하나'이며 전체로서 신이다. 분리되어 있는 것처럼 보이는 모든 것이 사실상 이 '하나'에 기초하고 있으며, 이 '하나' 안에서 연결되어 있다. 그것이 곧 무극이고 태극이다.

> 태극이 하나인데 태극이 음양(陰陽)인 양의(兩儀)를 낳았다고 하여 하나 (절대)가 둘로 나눠졌다고 하면 이것을 무조건 인정해서는 안 된다. … 허공의 혼돈(우주)은 언제나 하나(절대)인 태극인데 음양이 둘이다 하고 나온 데서부터 유교가 아주 병에 걸려 버렸다. 이것을 말하자면 이것은 태극의 머리와 몸을 잘라버린 것이 된다. 이래서야 어떻게 태극이 살 수 있는가?[23]

이처럼 존재와 비존재, 초월과 내재, 신과 세계가 '하나'다. 이를 굳이 표현하자면 신의 초월성과 내재성을 양립시키는 초월적 내재(혹은 내재적 초월)라 말할 수 있겠다. 그런데 이 '하나'는 양의, 사상, 팔괘로 이 세계의 다양성의 차이를 낳는다. 이 세계의 차이를 가져오는 생성과 과정의 현상인 다의성(혹은 다자) 자체를 초월적인 것으로 볼 수 있다. 하지만 다석이 태극을 통해서 강조하는 바는 우연적 차이들이라 할 다의성이 아니라 이 차이들 사이에서 필연적 관계를 구성하는 일의성(혹 은 일자)이다. 이 세계는 다양성 안에서도 동일성을 발견할 수 있는 보편적 일의성에 기초하고 있다고 말할 수 있다. 다석에게 그 일의성의 기초가 바로 태극 곧 '하나'다. 다석의 진술처럼 '하나'가 차이의 둘로

---

23 박영호, 『多夕 柳永模 어록』, 714-715.

나누어진 것이 아니라 차이의 '둘'이 '하나'에 귀속된다.

이와 같은 다의성과 일의성, 다자와 일자 사이에는 한쪽이 다른 한쪽으로 환원되어 버릴 수 있는 논리적 긴장 관계가 있다. 다의성을 부정한다면 신은 이 세계에서 다자를 통해 자신을 구체화 내지 현실화함을 설명할 수 없다. 반대로 일의성을 부정한다면 다자들 간의 차이와 과정, 그리고 생성만 있을 뿐 이들 사이를 유의미한 관계로 맺어주고, 존재를 근거 지어주는 개념을 상실하고 만다. 헤겔(Georg Wilhelm Friedrich Hegel, 1770~1831)의 경우, 이러한 다자와 일자, 다의성과 일의성 사이의 긴장을 보편자 곧 "만물을 절대적으로 포괄하고 아우르는 이러한 보편자가 곧 만물의 근원이요, 존재 근거"[24]임을 주장함으로써 해결한다. 그러나 이 보편자는 단순히 추상적인 보편자가 아니라 구체적이고 풍부하고 충만한 자기 전개로 그 보편성을 극복함으로써 자신의 추상적 보편을 구체적 보편으로 드러내는 보편자다.[25] 따라서 헤겔에게 신이란 "모든 특수자를 자신 안에 포괄하고 있는 전체이자 보편자다."[26]

다석의 '하나'를 이러한 구체적 보편자 개념으로 이해한다면 이 세계 안에서 개별자들이 재현할 도덕과 윤리 그리고 종교적 수행은 구체적 보편자인 신의 자기 현실화로 이해되며, 도덕, 윤리, 수행의 범주는 혈연과 문화적 동질성이라는 한계를 극복하고 보편성을 지향한다. 도덕을 신의 현실화로 이해하는 것은 개별자들의 윤리적 행위가 결과적 효율성만으로 평가되지 않는다는 것을 함의한다. 오히려 도덕은 신의 현실화로서 신성을 재현해 냄을 통하여 숭고하고 미학적이며

---

24 피터 C. 하지슨/정진우 옮김, 『헤겔의 종교철학』(남양주: 누멘, 2017), 154.
25 하지슨, 『헤겔의 종교철학』, 154 참조.
26 하지슨, 『헤겔의 종교철학』, 154.

초월적인 의미를 지니게 된다. 이는 도덕적이고 윤리적인 행위가 반드시 이 세계의 행복과 직결되는 것은 아니기에 도덕 그 자체는 절대자를 상정하는 종교에 근거해야 하며, 이로써 도덕적 결정과 행위는 종교 곧 신앙을 요청함을 가리킨다.[27]

이런 맥락에서 다석은 무극이태극 곧 '하나'에 근거해서 효와 같은 유교의 수신적이고 윤리적인 개념은 초월성을 배제하고는 온전히 성립할 수 없고, 유교가 지향하는 참된 인간성 완성을 가져올 수 없음을 지적한 것으로 이해할 수 있다. 왜냐하면 무극이태극으로 존재하는 '하나'를 섬김으로만 온전한 인간됨이 가능해지기 때문이다. 무엇보다 이 세계에 존재하는 헤아릴 수 없는 존재자들의 근원을 설명해 주는 '하나'의 신론은 그 존재자들이 '하나' 안에서 서로 연결되어 있어 모두가 동일한 존재론적 근원을 가지고 있음을 함의한다. 인간과 인간뿐 아니라 인간과 자연까지 유기적 관계망 안에 얽혀있으며, 도덕의 범위도 보편적으로 확대된다.

2. 귀일과 유출

다석의 '하나' 신론을 구성하는 또 다른 중요한 개념은 귀일(歸一)이

---

27 임마누엘 칸트(Immanuel Kant, 1724~1804)는 도덕법칙들을 엄격히 준수함이 최고선을 가져오는 원인으로 이해된다 해도 그 도덕적 선택과 준수가 반드시 이 세계에서의 행복과 직결되지 않는다는 사실을 지적하면서, 최고선을 초래하는 도덕법칙의 준수와 행복이 일치되도록 하기 위해서는 "하나의 전능한 도덕적 존재자가 세계지배자"로 상정되어야 하며, "도덕은 불가불 종교에 이른다"라고 주장한다. 임마누엘 칸트/백종현 옮김, 『이성의 한계 안에서의 종교』(파주: 아카넷, 2020), 157 참조. 따라서, 인간의 도덕적 행위가 가진 한계에도 불구하고 도덕이 종교에 근거해야 함을 주장할 수 있는 것이다.

다. 무극이태극이 가리키는 바인 존재와 무가 하나라는 것은 모든 것이 '하나'로부터 나와서 다시 '하나'로 돌아감을 뜻한다. 다석은 이를 '귀일'의 개념으로 설명한다. 귀일은 신플라톤주의적 유출 개념과 공명함으로써 신과 세계의 관계에서 피조 세계가 가진 '하나'로의 지향성과 역동성을 설명해 준다. 필자는 다석과 플로티노스와의 비교와 대화를 통해서 귀일과 유출이 가리키는 신학적 함의란 피조물의 피조성이야말로 그 자신이 '하나'에서 나온 '하나'의 일부임을, 그리고 이 피조성 자체가 '하나'로 향하는 추동의 본질이자 이유임을 제시하고자 한다. 이로써 다석이 가진 '하나'와 일치하고자 하는 열망은 곧 그가 가진 피조성에 근거하고 있으며 이것이 바로 귀일의 추동임을 알 수 있을 것이다.

다석은 "모든 것이 절대인 '하나'에서 나와서, 마침내 '하나'를 찾아 하나로 돌아가야 한다는 긴박한 요구가 우리에게 있다"[28]고 보았다. 이것이 귀일(歸一) 사상의 요체이다. 무엇보다 다석은 '하나'란 바로 신의 전체성과 거룩성을 의미하며, 이 거룩성으로 인해 인간은 하나님을 그리워한다고 보았다. 다시 말해 하나님의 절대적 거룩함이 인간 안에서 그리움을 발생시키고, 이 그리움은 인간이 하나님을 향하는 귀일의 원동력이 된다.

> '하나'입니다. 본래 하나(전체)입니다. 본래 '하나', 이것이 '성명자성'입니다. 하느님의 존재는 스스로 거룩합니다. '하나'라야 거룩하고, 거룩해야 그리운 것입니다.[29]

---

28 류영모, 『다석 강의』, 763.

위 진술은 전체이자 거룩인 '하나'와 그 거룩함으로 인해 발생하는 그리움을 말하고 있다. 그리고 '하나'를 그리워함은 '하나'로 다시 되돌아감을 뜻한다. 마치 틸리히의 주장처럼 본질과 실존이 혼합되어 있는 인간이 그의 본질적인 속성으로 인해 자신의 존재 근거인 하나님과의 연합을 추구하며 하나님의 존재를 질문함 속에서 그 존재 근거로 돌아가는 것처럼 말이다.[30] 여기서 틸리히는 하나님의 존재를 질문함이 존재 근거로 돌아감이라 보았지만, 다석에게 존재 근거로 돌아감은 자기 마음의 탐욕과 집착으로 이 세계와 관계를 맺음으로 형성되는 상대 세계를 끊어냄이 존재 근거로 돌아감이자 신앙이다. 다석은 이 끊어냄(絶)으로 드러나는 존재 근거가 곧 절대(絶對)이자 무(無)라 보았다. 결국 "상대가 없으면 절대이고, 절대는 '무(無)'"[31]인데, 이 '하나' 곧 절대인 무를 구함이 신앙이고 믿는다는 뜻이 된다. 무엇보다 신앙하는 인간은 '하나'를 그리워한다. 신-경험의 차원에서 신앙하는 인간이 "맨 처음으로 느끼는 하느님은 온통이요 전체요, 완전인 하나(절대)"[32]이다. 전체에서 나온 부분에 불과하고, 완전함에 비하면 불완전할 수밖에 없는 인간은 전체이자 완전인 하나님을 아버지로서 그리워하는 것이다. 다석은 "맨 첨이고 참되시는 아버지 하느님을 그리워함은 어쩔 수 없는 사람의 본성(本性)"[33]이라 보았다. 하나님을 그리워하는 인간의 본성은 하나님과 인간이 맺는 차이와 동일성의 관계 곧 둘이면서 동시에

---

29 류영모, 『다석 강의』, 401.

30 A. J. 맥킬웨이/황재범·김재현 옮김, 『폴 틸리히《조직신학》요약과 분석』(서울: 한들출판사, 2020), 270 참조.

31 류영모, 『다석 강의』, 765.

32 박영호, 『多夕 柳永模 어록』, 59.

33 박영호, 『多夕 柳永模 어록』, 59.

하나인 관계를 설명해 준다. 이렇게 "하느님 아버지와 아들은 둘이면서 하나"[34]라는 하나님과 인간의 신앙적 관계성을 다석은 부자불이(父子不二)와 부자유친(父子有親)으로 표현한다.

'하나'로 명시된 다석의 신-명칭과 그 내용은 다석의 다른 신학적 진술들과 마찬가지로 그의 수행적 진리[35]에서 도출된 것으로 볼 수 있다. 다석의 수행적 진리의 진술들은 매우 함축적이고 시적이며 때로는 역설적으로 표현된다. 이러한 다석의 신앙적인 진술을 이해하기 위해서는 그와 유사하면서도 체계적인 신학적 진술과의 비교 분석을 가능하게 해줄 신학적 범주가 필요하다. 왜냐하면 비교 분석을 통해서 다석의 수행적 진리가 좀 더 명확한 진술로 설명될 수 있기 때문이다. 우선, 다석의 '하나' 신-명칭과 관련된 내용들이 갖는 두 가지 사실을 살펴보는 것이 필요하다. 첫째로, 모든 것의 기원이자 상대적인 모든 것을 포함하면서도 그것들을 초월하는 절대이자 전체인 '하나'로서의 신이다. 둘째로, 이 세계는 그것의 기원인 '하나'와 인격적인 연합, 다석의 표현으로 말하자면 부자유친의 귀일(歸一)을 한다는 것이다. 이러한 다석의 귀일 개념이 가진 특징은 범재신론(panentheism), 특히 신플라톤주의의 범재신론과 유사하다.

존 쿠퍼는 범재신론이란 "말 그대로 모든 것이 신 안에 있다는 주의(all-in-God-ism)"[36]로서, 카를 크라우제(Karl Krause, 1781~1832)가 고

---

34 박영호, 『多夕 柳永模 어록』, 59.

35 필자는 다석의 수행이 주체가 능동적으로 진리에 대해 스스로를 변형시키는 과정이라 이해하며, 이와 같은 수행의 과정에서 주어지는 신인합일의 경험을 수행적 진리라 명칭한다. 따라서 다석의 자료들 역시 이러한 수행적 진리의 관점에서 해석되어야 한다고 주장하고자 한다.

36 존 쿠퍼/김재영 옮김, 『철학자들의 신과 성서의 하나님— 신과 세계의 관계, 그 치열한

전적인 유신론과 범신론으로부터 자신의 신학을 구분하기 위해 만든 조어이나, 범재신론이라는 용어의 대중화는 20세기 중반에 찰스 하트숀에 의해 이루어졌다고 설명한다.37 범재신론이 주장하는 핵심은 세계를 초월하면서도 세계 안에 있는 하나님이다. 존 쿠퍼는 범재신론을 이렇게 정의한다.

> 하나님의 존재는 우주 전체를 포함하며 관통한다. 그래서 모든 부분은 하나님 안에 존재하지만 그의 존재가 우주보다 더 크며 우주에 의해서 망라되지 않는다. 다시 말해서, 하나님과 세계는 존재론적으로 구별되고 하나님이 세계를 초월하지만, 세계는 존재론적으로 하나님 안에 있다는 것이다.38

또한 존 D. 카푸토는 범재신론을 다음과 같이 정의한다.

> 범재신론은 모든 것을 완전한(flat-out) 신으로 다루는 단순한 범신론(pantheism)이 아니다. 이것은 모든 것이 하나님 안에 있고 하나님이 모든 것 안에 있는 개념, 각각의 모든 것들은 어떤 방식으로든지 신의 원리를 표현하며 예증하는 개념 그리고 하나님은 자신의 역할에서 분리된 존재라든가 세계와 떨어져 있는 초월적 실재를 가지지 않는다는 개념이다.39

논쟁사』(서울: 새물결플러스, 2016), 44.

37 쿠퍼,『철학자들의 신과 성서의 하나님』, 44-45 참조.

38 쿠퍼,『철학자들의 신과 성서의 하나님』, 45.

39 존 D. 카푸토/김완종·박규철 옮김,『포스트모던 시대의 철학과 신학』(서울: 기독교문서

하지만 다석의 신론을 범재신론의 특징으로 설명할 수 있는지에 대한 질문이 제기될 수 있다. 이 문제에 관해 김찬홍은 다석이 가진 신 이해가 신의 내재성과 초월성을 강조하고 있다는 점에서 다석의 신론을 범신론(pantheism)보다는 범재신론으로 보는 입장이 늘어가고 있음을 지적한다.40 김찬홍에 따르면 신을 절대적 실재로 보는 고전적 유신론은 하나님의 불변함과 완전함은 고수하지만 필연적으로 이 세계와 신의 관계를 부정하게 되는, 다시 말해 이 세계의 고통과 무관하게 존재하는 신에 대한 이해로 귀결된다. 따라서 이러한 고전적 유신론의 한계를 극복할 대안으로 범재신론이 제시된다. 특별히, 김찬홍은 하트손의 범재신론을 근거로 하여, 신이 이 세계와 관계를 맺으려면 신은 필연성과 우연성, 무제한성과 제한성, 독립성과 의존성, 영원성과 유한성이라는 양극성을 모두 가지고 있어야 한다고 주장한다. 이와 같은 범재신론의 입장에서 볼 때, 하트손은 신의 양극적 본성을 통해서 신의 초월성을 담보함과 동시에 신과 세계의 상호의존성을 강조함으로써 신의 내재성에 더욱 무게를 두는 것으로 이해된다. 이런 관점에서 볼 때, 비록 다석의 신론은 신의 초월성과 내재성을 양립시킨다는 점에서 하트손의 범재신론과 유사한 부분이 있지만, 신적 내재성을 넘어서 신적 초월성을 강조한다는 점에서 세계와의 상호작용을 통해 신의 내재성을 강조한 하트손의 입장과는 다르며, 따라서 범재신론으로 규정할 수 없다는 결론을 내린다.41

선교회, 2016), 95.

40 김찬홍, "범재신론으로서의 유영모의 하나님 이해," 「한국조직신학논총」 44 (2016), 148-149 참조.

41 김찬홍, "범재신론으로서의 유영모의 하나님 이해," 157-171 참조.

그렇지만 필자의 입장에서 볼 때, 다석의 신론을 범재신론으로 볼 수 없다는 김찬홍의 주장은 두 가지 측면에서 문제가 제기된다. 우선, 범재신론의 핵심이라 할 수 있는 신의 초월성과 내재성의 양립과 그 강조점이다. 다석의 신론은 하나님의 절대성, 초월성, 전체성을 분명하게 강조하지만, 다석은 신의 자기 현실화로서 수행을 강조함으로 신의 초월성과 내재성의 간극을 극복함은 물론, 무엇보다 다석의 '얼' 혹은 참나의 개념은 신의 내재성을 초월성과 동일한 수준으로 양립시킬 수 있는 초월적 내재에 관한 근거를 제시한다. 다시 말해 얼과 참나의 개념으로 인해 다석의 신론은 신의 절대적 초월성만큼 신의 내재성을 강조하고, 신과 세계의 긴밀한 관계성을 이야기하며, 더 나아가 인간을 포함한 세계와 신의 합일까지 주장한다. 다석은 스스로를 참나 곧 길과 진리와 생명의 '하나'라 고백한다.

> 길이 되고 진리가 되고 생명이 되는 나가 참나인 하나의 님(主)이다. …
> 그 참나인 님은 하나이고 하나가 님이다. 주일(主一)이다. 님(主)되는 나
> 는 참나(眞我)요 얼나(靈我)인 하느님이다.[42]

둘째로, 신의 초월성과 내재성 사이의 영향을 주고받음의 방향성에 관한 문제이다. 데이비드 그리핀의 주장처럼 범재신론은 신과 세계의 관계는 세계의 인과적 패턴이 존재함에 있어 일부분이 되는 긴밀하면서도 자연적인 관계임은 물론 단순히 그 관계를 하나님만으로 혹은 세계만으로 이해하지 않고 "하나님-과-세계"(God-and-the-world)[43]의 관계로

---

42 박영호, 『多夕 柳永模 어록』, 40.

이해한다. 다시 말해 범재신론의 중요한 핵심은 인간에 의해서도 하나님이 영향받을 수 있다는 신과 세계의 관계성이다.[44]

다석의 신론에서 하나님은 인간에 의해 영향을 받는데 이를 설명하는 과정이 '가온찍기(군)'다. 다석은 '하나'로의 회귀 곧 귀일을 강조하면서 무와 공의 개념을 빌려 하나님의 초월성을 부각시킨다. 하지만 다석의 이러한 강조가 내재성에서 초월성으로만 향하는 일방향성을 뜻함은 아니다. 주지하다시피, 다석의 '가온찍기(군)'는 인간 안에서 초월과 내재 양방향성의 만남을 보여준다. 왜냐하면 이찬수의 주장처럼 "초월성과 내재성을 동시에 균형감 있게 인정하는 단순한 방법은 '나'의 자리에 '신'을 두는 것"[45]이기 때문이다. 이로써 '가온찍기(군)'를 통해 범재신론의 핵심이라 할 신의 초월성과 내재성이 동시에 긍정된다. 특히 다석의 '가온찍기(군)'는 인간이 자신을 점으로 만드는 점심의 수행을 통해 초월로 오르는 상승의 초월적 방향성을 보여주지만, 동시에 절대이자 전체인 하나님이 인간 안에, 영원이 찰나 속에, 한 긋을 향해 내리는 하향의 내재적 방향성을 역시 보여준다. 이처럼 하나님이 인간과

---

43 David Ray Griffin, *Panentheism and Scientific Naturalism: Rethinking Evil, Morality, Religious Experience, Religious Pluralism, and the Academic Study of Religion* (Claremont, CA: Process Century Press, 2014), 2.

44 그리핀은 하나님과 세계 즉 인간을 포함한 모든 피조 세계와의 관계에서 범재신론을 논하지만, 필자는 하나님의 영향 받음이라는 논의에 있어서 그 대상을 인간으로 한정한다. 그 이유는 오직 인격적(人格的) 존재만이 인격을 변화시킬 수 있기 때문이다. 인간과 세계는 유기적으로 연결되어 있으나, 인간은 하나님의 모상으로서 인격성을 부여받았기에 그 영향을 주고받음은 인간과 하나님 사이의 관계 안에서 이루어진다. 그러나 이러한 관점이 신과 인간 사이의 관계성만 제시하고 신과 세계의 관계를 배제하는 것은 아니다. 동양적 관점에서는 주체와 객체의 구도가 사라지기 때문에 신과 인간 그리고 세계는 유기적으로 연결된다. 다만, 주체의 인격적 변화라는 측면에서 신과 세계의 관계가 한정적으로 논의되는 것이다.

45 이찬수, 『유일신론의 종말, 이제는 범재신론이다』 (서울: 동연, 2018), 13.

관계하고 서로 영향을 주고받는, 하나님과 인간이 초월적 내재의 만남이라는 한 점(·)을 향해 가고 또 가고(ㄱ) 오고 또 오는(ㄴ) 양방향성의 주고받음을 보여주는 뚜렷한 예가 바로 '가온찍기(ㄹ)'인 것이다.46 다석은 신적 합일에 있어 수행을 통한 인간의 역할을 인정함으로써 인간의 우연성 안에서 신의 필연성이, 인간의 제한성 안에서 신의 무제한성이, 인간의 의존성 안에서 신의 자율성이, 인간의 유한성 안에서 신의 영원성이 한 점으로 합일하여 영향을 주고받는 관계성을 제시한다. 따라서 필자는 다석의 신론이 신의 초월성과 내재성을 양립시키며 신이 세계와 한 '점'으로 중첩될 정도로 일치하는 관계 맺음을 보여준다는 점에 있어서, 그리고 신의 양극성과 더불어 세계에 의해 영향받을 수 있는 하나님을 주장한다는 점에서 이를 일반적인 의미에서의 범재신론으로 볼 수 있음을 주장한다.

더 나아가 가온찍기(ㄹ)는 몸을 통해서 신의 양극성 중 하나인 "물리적 본성"47이 구체화됨을 보여준다. 이러한 내용을 다석은 1960년 6월 14일 일지48에 기록한다.

---

46 정역(正易) 연구의 대가 학산 이정호(鶴山 李正浩, 1913~2004)의 훈민정음의 역학적(易學的) 창조원리를 통해서 다석의 ㄹ(가온찍기)를 풀이해 본다면, 'ㄱ'은 하늘에서 생명의 씨앗이 땅으로 내려오는 수직적 사랑으로서의 의미가 있다면, 'ㄴ'은 하늘에서 내려주는 무엇인가를 순하게 받드는 것을 뜻한다. '·'(아래 아)는 "理致로는 太極이요, 實體로는 하늘을 意味하는 것"이다. 이정호, 『訓民正音의 構造原理: 그 易學的 研究』(성남: 아세아문화사, 2017), 39-67 참조. 따라서 필자는 이러한 훈민정음의 역학적 원리에 따라 다석이 말한 가온찍기(ㄹ)란 생명으로 내려오는 하나님의 성육신적 은총(ㄱ)과 이를 인간이 순하게 받아 오르는 수행(ㄴ)이 만나 하늘의 뜻이 인간 안에서 열리는 초월적 내재의 만남(·)을 뜻하며, 이는 양방향성의 '주고받음'이라는 초월적 내재를 가리킨다고 주장하고자 한다.

47 화이트헤드, 『과정과 실재』, 652.

48 류영모, 『多夕日誌』1, 716.

다음은 김홍호가 이를 풀이한 내용이다. 살펴보면, 얼의 뜻은 "몸을 벗고 나오는 것"이다. 따라서 가온찍기의 수행을 통해 이를 완수할 때, 신의 물리적 본성이 구체화된다.

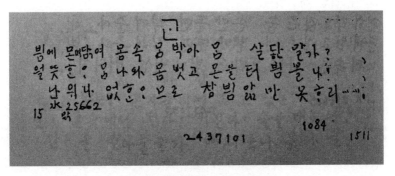

〈그림 3: 1960년 6월 14일 다석일지〉

허공에 물질을 채우고 몸 속에 마음을 처박아 놓으면 마음이 살 수 있겠는가. 얼의 뜻은 하나, 마음이 몸을 벗고 나오는 것이고 물질을 흩트려 허공을 보자는 것이 하나님의 뜻이다. 내가 최고라고 해도 무아無我가 되어 진공을 아는 것만 못할 것이다. 가온은 진공묘유眞空妙有다. 진공을 알아야 묘유가 된다.[49]

이제 다석 신론을 범재신론적 특징으로 좀 더 구체적으로 논의할 수 있는데, 이를 위한 대화 상대자는 바로 플로티노스(Plotinus, 204~270)다. 신플라톤주의[50]는 "고전적 범재신론의 진정한 원천"[51]으로, 플로티

---

49 김홍호, 『다석일지 공부』 3, 652.
50 신플라톤주의는 플로티노스에서 절정을 이르고 플로티노스와 그의 제자들을 가리키는 말로, "종교화된 플라톤주의의 흐름"을 말한다. 플로티노스에게서 표현된 신플라톤주의의 가장 일반적인 특징은 "'신비한'(말로 표현할 수 없는) 근원으로서의 일자(一者), 이

노스는 이러한 신플라톤주의의 대표적 사상가이다. 여기서 신플라톤주의적(Neoplatonic) 범재신론의 플로티노스를 통해 '하나'(一)의 신론을 설명할 수 있게 하는 개념은 바로 플로티노스의 '하나' 혹은 '일자'(the One)와 귀일 개념이다.

플로티노스에게 있어서 '하나'는 단순한 숫자가 아니라 "단일성과 다수성의 차별화가 진행되는 원천"[52]이다. 또한 플로티노스에게 있어 '하나'는 "다수성의 부정(a denial of multiplicity)"[53]이라는 맥락에서 통약 불가능한[54] 절대성을 뜻한다. 여기서 플로티노스가 주장하는 절대적이고 초월적인 '하나'는 나누어질 수 없는 그 무엇으로서, 실재하는 모든 것들은 낮은 차원의 단일성에서 더욱 높은 단일성을 향해 나아가고 그 절정에는 통약 불가능한, 다시 말해 나눌 수 있는 것이 전혀 없는 동양 전통의 무(無)와 같은 절대적인 단일성이 있다는 결론을 내릴 수 있다. 더 나아가 이와 같은 플로티노스의 '하나' 혹은 '일자'는 유출과 귀일을 설명해 준다. 플로티노스는 다음과 같이 '하나'와 유출에 관하여 설명한다.

어떤 것에 의해서 생겨난 모든 것들은, 만약 그것을 만든 그 무엇이 있다

근원과의 '합일', 타락할 수도 상승할 수도 있는 '영혼'의 가능성, '구원'의 갈구"이다. 이 정우, 『세계철학사 1』, 591 참조.

51 쿠퍼, 『철학자들의 신과 성서의 하나님』, 65 참조.

52 윌리엄 랄프 잉에/조규홍, 『플로티노스의 신비철학』 (서울: 누멘, 2011), 516.

53 Plotinus, *Ennead*, vol. V, trans. A. H. Armstrong, ed. Jeffrey Henderson (Cambridge, MA: Harvard University Press, 1984), 175.

54 잉에는 '하나'가 차별화되지 않으면서도 단독적으로 존재하며 통약 불가능하여 그 자체 안에 나눌 수 있는 것이 전혀 남지 않다는 측면에서 무(無)와 같기에 인도철학의 공(空) 사상과 연결된다고 주장한다. 잉에, 『플로티노스의 신비철학』, 518 참조.

면 그것을 만든 것 안에 있든지 아니면 다른 어떤 것 안에 있게 된다. 그 이유는, 유출되고 존재하기 위해서는 다른 어떤 것이 필요하고, 어디서나 그 어떤 것을 필요로 하기 때문이다. 바로 이것이 그 어떤 것 안에 있게 되는 이유이다. 그러므로 가장 나중의 그리고 가장 낮은 차원의 것들은 이들보다 앞선 것들 중 가장 낮은 것들 안에 있게 되고, 또 이들은 다시 자신보다 더욱 앞선 것들 안에 있게 된다. 그렇게 해서, 그 원리가 되는 최초의 것(the First)까지 올라간다. 그러나 이 원리는 그 이전에 아무것도 없기 때문에, 어떤 것 안에 있지 않고, 오히려 다른 모든 것을 포괄하며, 다른 것들에 의해 흩어짐 없이 그리고 소유됨 없이 이들을 소유한다.[55]

쿠퍼에 의하면, 플로티노스는 통약 불가능성에 근거한 '하나'의 절대성과 근원성을 주장하면서, 그 '하나'로부터 다른 모든 것이 유출되어 자신과 다른 것 자신보다 덜 완전한 것을 낳는다고 보았다. 이렇게 각각의 유출이 또 다른 수준의 존재, 그리고 덜 완전한 모방을 발생시키면서 결국은 가장 꼭대기에는 '하나'로부터 시작해서 바닥으로는 물질적 우주의 미형성된 질료가 놓이는, 곧 일종의 순차적인 그리고 위계적인 질서가 구축된다. 이 질서 안에서 '하나'로부터의 유출과 '하나'로의 귀일이 일어나는 것이다. 이러한 위계질서의 시작은 바로 '하나' 혹은 '일자'인데 '하나'는 첫째 유출에서 지성(Intellect) 곧 정신(Mind)을 발생시키며, 이 지성(정신)에서 영혼(세계-영혼 혹은 만유-영혼)이 태어난다. 정리하자면, '하나' 혹은 일자·지성·영혼의 플로티노스의 존재론적 질서는 이 질서에서 최고 실재라 할 수 있는 완전하고 무한한 '하나'와 불완전하

---

55 Plotinus, *Ennead*, V, 181-183.

고 제약적인 물질적인 것의 관계를 설명해 준다. 이 위계질서에서 만물은 끝없이 '하나'에 회귀하려고 노력하면서, 또 힘을 부여받아 결국 우주는 세계-영혼에 의하여 합리적 질서를 갖추게 된다. 그러한 질서 가운데 세계-영혼은 지성을, 지성은 일자를 추구하고 이 모든 것들이 이성적이기에 인간 영혼 역시 물질적인 것으로부터 신이라 할 '하나'를 향해 이끌린다. 여기서 모든 만물 사이에 작동하고 끌어당기는 추동력은 에로스 곧 사랑이다.[56]

플로티노스의 일자, 유출, 회귀의 도식과 다석의 하나(一)의 신론이 서로 공명하는 뚜렷한 지점은 일자로의 회귀인 귀일(歸一)사상이다. 플로티노스와 다석 모두 '귀일'을 이야기하고 있다. 플로티노스는 거대한 존재의 사슬 안에서 만물이 일자로부터 유출하여 다시 일자로 돌아간다고 보았다. 이 사슬에서 만물은 일자 안에 포함되어 있어서 일자 안에서 존재하지만 일자는 만물을 무한히 초월한다. 다석은 온통이고 전체이며 완전하고 절대인 하나님인 '하나'를 이야기한다. 그리고 인간은 이 '하나'로부터 나와서 다시 '하나'로 돌아간다. 그래서 다석 역시 "우리는 하나(一, 절대, 전체, 하느님)로 시작해서 마침내 하나(一)로 돌아간다는 생각을 어쩔 수 없이 하게 된다"[57]고 말한다.

플로티노스와 다석의 귀일사상에서 주목해야 할 부분은 귀일의 추동력(推動力)이 되는 이성의 특징을 이해함에 있어서의 차이점이다. 우선 플로티노스는 신과 하나가 되고자 하는 열망을 사랑 곧 '에로스'라 했는데, 이 에로스는 "만물을 하나로 지탱해 주는 끌어당기는 힘(the

---

56 쿠퍼, 『철학자들의 신과 성서의 하나님』, 67 참조.
57 박영호, 『多夕 柳永模 어록』, 60.

attractive power)"58이다. 플로티노스는 영혼이 신을 향한 열망의 형태로 나타나는 사랑 곧 에로스를 지녔고, 그것은 영혼의 고유한 것이라 말한다. 신과는 다르지만 그 기원이 신에 있기에 영혼은 신을 열망하고, 이러한 '천상적인 열망'을 실현해 나간다. 플로티노스는 이를 아래와 같이 설명한다.

> 하지만 저편의 삶(life in that realm)은 지성(Intellect)을 능동적으로 실현하는 것이며, 이 능동적 실현은 선(the Good)과의 고요한 만남 안에서 신적인 것들(gods)을 발생시키는데, 말하자면 아름다움을 낳고, 의로움을 낳고, 미덕을 낳는 것이다. 이러한 것들은 영혼이 신으로 충만해질 때, 잉태되는 것이고, 신이야말로 영혼의 시작과 끝이라 할 수 있는데, 시작이라 함은 영혼이 거기서부터 나왔기 때문이고, 끝이라 함은 영혼의 선이 거기에 있기 때문이다. … 영혼의 고유한 사랑은 그 선이 거기에 있다는 것을 분명히 밝혀주고 있으며, 이것이 왜 에로스(Ἔρως, 열망)가 그림과 신화 속의 프시케들(Psyches)과 연관되는지를 설명하는 이유다. 영혼은 신과는 다르지만 신으로부터 나왔기 때문에 필연적으로 신을 열망하고, 천상적인 열망을 실현한다.59

다석 역시 하나님을 추구하는 인간의 본성과 지향성을 '생각' 즉 지성으로 보고 이를 다시 하나님을 그리워하는 '성욕'으로 표현한다.

---

58 쿠퍼, 『철학자들의 신과 성서의 하나님』, 69.
59 Plotinus, *Ennead*, VI, 335-337.

사람이 정말 모른다고 하는 하느님의 영원성과 이어져 하느님을 사랑하는 생각이 나와야 합니다. 하늘이 무엇인지 모르는 일을 종단(終斷)하여야 합니다. 하느님과 연애를 하여야 하지 않겠습니까? 이 사랑의 정신이 나와야 참불꽃이 살아나오는 것입니다. 정신입니다. "나는 생각한다. 고로 나는 존재한다." 나를 생각한다는 것은 사랑한다는 말입니다.[60]

그러나 사람이 머리를 하늘로 두고 산다는 이 사실을 알기 때문에 또 사람의 마음이 하나(절대)를 그린다는 이 사실을 알기 때문에 나는 하느님을 믿는다. 내 몸에 선천적인 본능인 육욕(肉慾)이 있는 것이 이성(異性)이 있다는 증거이듯이 내 맘에 하나(절대)를 그리는 성욕(性慾)이 있는 것은 하나님이 계시기 때문이다. 우리들이 바라고 그리는 전체의 거룩한 님을 나는 하느님이라고 한다.[61]

플로티노스의 진술은 하나님과 인간 사이의 관계와 그 관계 안에서 주어지는 추동(推動)이 무엇인지 설명해 주고, 다석이 말하는 하나님과 인간 사이의 관계 속에서 작동하는 추동의 본질을 해석하는 데 도움을 준다. 특히 포함하면서 초월하는 고전적 범재신론의 '하나' 곧 일자(一者) 개념은 하나님과 인간이 존재론적으로 동일하면서도 다르다는 사실을 알려주는데, 여기서 주어진 존재론적 동일성과 차이성 사이의 변증법적 긴장이 바로 귀일의 추동인 플로티노스의 '에로스' 그리고 다석이 말한 '그리움'의 본질이 되는 것이다.[62] 존재론적으로 동일하기에 그 원천을

---

60 류영모, 『다석 강의』, 229.
61 박영호, 『多夕 柳永模 어록』, 38. 이 진술에서 제시된 "육욕"과 "성욕"은 신을 향한 형이상학적 욕망을 뜻한다.

그리워하고, 존재론적으로 차이가 있기에 그 원천으로 이끌려 들어간다. 이러한 변증법적 구조는 일자 자체가 만물을 만들어 내고 다시 자신에게 되돌리어 서로 합일하는 원인을 설명한다. 인간은 하나님에 의해서, 하나님을 그리워하며, 하나님을 향해 끌려간다. 이러한 전체의 개체로의 유출과 개체의 전체로의 귀일은 다석에게 있어서 유일한 구원으로 이해된다. 다석은 이러한 내용을 1957년 9월 5일 일지에 한시로 기록한다. 박영호는 이 한시를 다음과 같이 풀이한다.

> 임자는 '없음' 쓰임은 '있음' 따로 정해진 할 일   體無用有各定業
> 있어진 제나는 없어져 이에 속나를 높여   自有而無乃德崇
> 있음은 나눠져 온전을 잃고서 만물로 나왔고   有分失全萬勿生
> 다른 게 없어 하나(전체)를 붙잡아 하느님 속으로 無他得一大我中[63]

위 시의 셋째와 넷째 행을 유출과 귀일의 관점에서 살펴보자면, '하나'에서 분유된 존재자인 개체(有分)는 온전함을 잃고 만물의 탄생이 된다(萬物生). 피조 세계는 '하나'를 붙잡음, 곧 '득일'(得一)하여 분유된

---

62 필자는 앞서 다석의 없이 계신 하나님 신론을 설명하면서 신과 세계의 무차별적 동일성을 설명한 바 있다. 그러한 설명이 하나(一)의 신론에서는 존재론적 차이를 제시하기에 다석 신론 안에 모순이 드러나는 것으로 나타난다. 그러나 필자는 이런 무차별적 동일성과 존재론적 차이가 함의하는 것은 하나 됨이란 실체적 동일함이 아니라 신과 세계의 합일을 이루는 역동임을 주장하는 바이다.

63 박영호, 『多夕 柳永模 명상록』, 381. 해당하는 일지의 원문은 아래와 같다. 류영모, 『多夕 日誌』 1, 434.

　　一

　　體無用有各定業 有分失全萬勿生
　　自有而無乃德崇 無他得一大我中

'나'의 근원인 '큰 나'(大我) 안으로(中) 귀일한다. 다석은 이 시를 통해서 만물의 탄생으로서 '하나'로부터 나누어지는 분유, 곧 유출과 다시 '하나'로 향하는 귀일을 이야기한다. 여기서 '하나'와 영혼의 존재론적인 동일성과 차이성을 분유 개념을 통해서 확인할 수 있으며, 이 두 가지 개념 사이에 놓인 변증법적 긴장이 귀일의 원동력임을 살펴볼 수 있다.

3. 가온찍기(군)와 수축

귀일과 유출이 일자에게서 나오고 돌아가는 만물의 운동을 설명한다면, 신이 만물에 내재하고 존재론적으로 일치하는 과정과 만물이 신과 합일하는 운동 역시 설명할 수 있다. 이와 같은 내용을 설명할 때, 다석과 대화할 또 한 명의 주목할 만한 신학자는 니콜라우스 쿠자누스 (Nicolaus Cusanus, 1401~1464)이다. 다석의 가온찍기(군)와 니콜라우스의 수축은 이러한 신의 내재적 운동과 신과 세계의 합일을 설명한다.

우선, 수축에 관해 살펴볼 때, 에크하르트를 존경하고 에리우게나와 신플라톤주의로부터 강한 영향을 받은 니콜라우스의 저서인 『박학한 무지』(De docta ignorantia)에서 이에 대한 설명을 찾아볼 수 있다.

> 우리는 우리가 알지 못한다는 사실을 깨닫도록 열망해야 할 것이다. 그렇게 만일 우리가 이(열망)를 충분히 채우는 데까지 나아간다면, 박학한 무지에 도달하게 될 것이다. … 그래서 누구나 자신이 무지함을 더 많이 알게 되면 될수록, 그만큼 더 박학해질 것이다.[64]

---

64 니콜라우스 쿠자누스 지음/조규홍 옮김, 『박학한 무지』(서울: 지식을만드는지식, 2013),

니콜라우스는 이 '무지'의 가르침을 거론하기 위해 최대치(*maximitas*)의 본성을 먼저 거론한다. 니콜라우스에 의하면, 최대치의 본성인 "가장 큰 것"(maximum)[65]은 그보다 더 큰 것은 있을 수 없음이기에 충만함이며, 그 충만함은 단일성에 부합하고, 단일성은 존재성(entitas)을 함의한다. 니콜라우스는 최대치의 본성을 단일성과 연결하여 '하나' 개념에 도달하고, 더 나아가 최대성을 다수성과도 일치시킨다. 그리고 그러한 존재는 바로 신이라 정의한다.

> 절대적으로 가장 큰 것은 곧 모든 것을 포괄하는 하나다. 그것은 가장 크기 때문에 그 안에 모든 것이 존재한다. 그리고 자신에게 대립하는 것이 아무것도 없기 때문에, 동시에 가장 작은 것도 그것과 일치한다. … 그것은 또한 절대적이기 때문에, 그것에서 비롯하는 그 어떤 사물들에게 결코 떨어져 있지 않는 한, 그것은 모든 가능한 있음으로서 실제로 존재한다. 이 가장 큰 것은 모든 민족들이 의심의 여지 없이 신앙으로 받아들이는 신(神)으로도 대변할 수 있겠는데…[66]

이 같은 니콜라우스의 사유에서 주목해야 할 부분은 최대이자 절대인 신을 정의 내릴 때 최대치와 최소성을, 단일성과 다수성을 일치시키는 논리적 귀결이다. 이러한 논리로 볼 때 최대치와 최소성, 단일성과 다수성을 일치시키는 과정을 일종의 수축으로 이해할 수 있다. 니콜라우스는 최대이지만 최소이고, 단일하지만 다수일 수 있는 신은 "마치

13.
65 니콜라우스, 『박학한 무지』, 14.
66 니콜라우스, 『박학한 무지』, 14-15.

제한적으로 무한한 것(contracte infinitus)"67으로 대립하는 것을 끊임없이 능가하면서 존재한다고 말한다. 따라서 신은 세계 안에 존재하고, 세계 역시 신 안에 존재한다는 점에서 신과 세계는 존재론적으로 동일시된다. 이와 같은 신으로부터 세계로의 존재론적 일치의 과정을 설명하는 니콜라우스의 개념이 제한적으로 무한함, 바로 수축이다. 제한적 무한함이라 할 수축은 신과 세계의 관계를 설명함과 동시에 신인합일에 관한 이해 곧 "우리의 모든 정신적인 이해를 능가하여, 그러니까 박학한 무지 안에서 인간을 자신과 일치시킨 그 위격(예수 그리스도)을 이해하는 데까지"68 안내한다.

다양성과 유한함의 최대 통일체인 우주를 수축된 최대로 보고, 동시에 이 우주를 무한하게 그리고 절대적으로 초월하는 하나님에 관해 설명하는 니콜라우스의 신플라톤주의적 범재신론은 다석의 신론과 공명하여 하나님과 만유의 역동적 양방향의 동일화 과정, 곧 신인합일을 설명해 준다. 김흡영에 의하면, 다석은 '하나'라는 단어를 두 가지로 구분하는데, 절대이자 전체로서의 하나인 '흔ᄋ'와 부스러기처럼 수많은 개체 중에서 작은 일부로서의 나를 가리키는 '하나'가 그것이다. '흔ᄋ'는 대아(大我)로서 없이 계신 아버지를, '나'는 있으나 없는 것 같은 소아(小我)로서 인간을 말한다.69

이 내용에 해당하는 다석의 글을 보면 위 〈그림 4〉와 같다. 이 글은 다석이 1959년 5월 22일에 기록한 일지70이다.

---

67 니콜라우스, 『박학한 무지』, 196.
68 니콜라우스, 『박학한 무지』, 347.
69 김흡영, 『가온찍기』, 93-94 참조.

위 일지의 제목을 보면 다석은 '흔ㅇ'를 본친(本親)으로, '하나'는
다아(多我)로 표현한다. 이 내용을 김흥호는 이렇게 다시 옮겨 표현한다.
"한아는 절대 전체 하나, 하나는 부르러진 작은 많은 나 나."[71] 이 표현에
서 니콜라우스가 말한 절대 최대 존재인 일자가 '흔ㅇ'와 비교되고,
여기에서 하나는 절대의 최대 수축으로 발생한 다원적(多元的) 만물로서
'다아'와 비교될 수 있음을 확인할 수 있다. 다음, 첫째와 둘째 행에서
"예서 이제 생각흐길 그겨계와 몰에가을"과 아래 한문을 김흥호의 해석
에 비추어 본다면 이러하다. "여기 땅에 서서 이제 갈 길을 생각하니
하나님의 높은 보좌에서부터 왔지만 갈 곳을 모르고 있는 것이 사실이
다."[72] 이는 흔ㅇ에서 다아로의 유출을 말한다. 다시 셋째 행부터 여섯째
행까지를 보면 다석은 이렇게 말한다. "하나님을 모시고 사는 것만이
참사랑이다. 여기 떨어진 부스러기 나가 어떻게 큰 나를 알 수 있겠는가.
잘못 길을 들은 것을 알았으니 우리 다시 위로 올라가야 하겠다."[73]

---

70 류영모, 『다석일지』 3, 598.

71 김흥호, 『다석일지 공부』 3, 360.

72 김흥호, 『다석일지 공부』 3, 360.

73 김흥호, 『다석일지 공부』 3, 360.

여기서는 다아에서 흔ᄋ로의 귀일을 이야기하고 있다.

그런데 흔ᄋ에서 다아로, 다아에서 흔ᄋ로의 양방향성 동일화 과정에서 신론에 적용할 수 있는 개념은 바로 앞서 언급했던 '수축'이다. 니콜라우스에게서 수축은 하나님의 자기 제한이었다. 이 수축으로 단일성이 다원성으로 바뀌는데, 다석의 구조에서는 흔ᄋ에서 다아가 되는 것이다. 이러한 수축의 동일화는 하나님의 자기 비움의 케노시스적 창조와 만유에 내재하는 하나님을 설명할 수 있다. 반대로, 다아에서 흔ᄋ로의 동일화 과정 곧 귀일도 일어나는데 이 과정 역시 동일하게 수축을 통해서 진행된다. 여기서 일어나는 수축은 바로 인간 편에서 자기 비움의 수행이다.

김흡영은 다석에게서 발견되는 다아에서 흔ᄋ로의 변화에는 자아를 부정하는 무아(無我)의 과정 곧 "철저하게 작은 나인 자기를 버리는 수행"[74]이 있어야 함을 이야기한다. 김흡영은 이렇게 "'흔ᄋ'에서 시작한 '하나'가 '없나'(無我)를 거쳐 '흔ᄋ'로 돌아가는 것이 다석의 신론이자 인간론"[75]이라 주장한다. 이러한 맥락에서 다석 신론의 특징은 '하나'와 '나'가 이 '하나'에서 만나는 관계론적 신론이라는 데 있다. 다석의 신론은 이 '하나'인 인간을 제외하고는 성립할 수 없는 신론과 인간론의 긴밀한 관계성을 그 핵심으로 한다.[76]

다석의 신론은 인간을 떠난 형이상학적이고 추상적인 담론이 아니고, 동 일어를 사용하는 '나'와 '하나'의 긴밀한 관계성 속에서 구체적으로 규명

---

74 김흡영, 『가온찍기』, 94.
75 김흡영, 『가온찍기』, 94.
76 김흡영, 『가온찍기』, 94 참조.

하는 관계론적 신론이다. 다석신학에서 신론은 인간론을 떠나서 언급될
수 없으며, 인간론 또한 신론과 분리되어 주제화할 수 없다.[77]

결국 최대와 최소의 동일화를 설명하는 신플라톤주의의 수축 개념은
다석 안에서 절대이자 전체인 하나님과 인간의 '만남'으로 다시 설명됨을
볼 수 있다. 이러한 영원과의 만남을 설명하는 개념은 다석에게 있어서
'가온찍기(ㄹ)'로 설명된다.

> 가온찍기(ㄹ)란 영원히 가고가고 영원히 오고 오는 그 한복판을 탁 찍는
> 것이다. 가온찍기(ㄹ)야말로 진리를 깨닫는 순간이다. 찰나 속에 영원을
> 만나는 순간이다.[78]

그리고 다석은 그 영원과 찰나가 만나는 가온찍기(ㄹ)의 장소(locus)
인 '점'(·)을 가리켜 '얼'이라고 정의한다.

> 그러나 선생도 깊이 생각하고 학생도 깊이 생각해서 서로 아무 말도 없지
> 만 서로 마음속 깊이 통한 곳에서 얼(靈)이란 한 긋의 나 곧 얼나(靈我)에
> 서 만난다. 이 가온찍기(ㄹ)의 한 긋만이 진실한 점(點)이다. 이 점(얼)에
> 서 착한(善) 선(線)이 나오고 아름다운(美) 면(面)이 나오고 거룩한(聖)
> 체(體)가 생긴다.[79]

---

77 김흡영, 『가온찍기』, 94.
78 박영호, 『多夕 柳永模 어록』, 224.
79 박영호, 『多夕 柳永模 어록』, 83.

문맥상 여기서 말하는 선생은 하나님을 말하고 학생은 '나'를 의미한다. 그런데 이 둘이 합일하는 장소는 바로 '얼' 혹은 박영호의 용어로는 '얼나'[80]이다. 얼은 절대인 하나님과 유한한 인간인 '나'가 중첩되는 하나의 점이다. 이 가온찍기의 점인 인간의 얼은 하나님의 내재와 초월이 경험되는 장소라 할 수 있다. 다석은 가온찍기(ㄷ)를 하나님을 찾는 인간의 수행으로 설명한다. 다석의 가온찍기 안에서 얼의 만남은 자신을 점으로까지 수축시키는 자기 부인 내지 자기 제한을 요구한다. 신플라톤주의의 수축 개념은 절대이자 전체인 하나님으로부터 세계로의 케노시스적 축소를 설명하여 신의 내재와 초월을 설명하지만, 다석 안에서의 수축은 절대자와의 만남의 경험이라 할 가온찍기(ㄷ)의 자기 비움 곧 자기 부인의 수행적 개념으로 인간이 자신을 점으로 수축시켜 하나님에게로 회귀하여 동일화를 이루는 과정을 설명한다.

---

80 '얼나'라는 용어는 다석의 제자 박영호가 다석의 자료들을 엮은 글들, 예컨대 가장 뚜렷하게는 『다석 마지막 강의』, 『多夕 柳永模 어록』처럼 박영호가 편집 과정에 개입하거나 다석의 자료를 풀이한 글들 안에서만 발견될 뿐, 다석의 1차 자료인 『다석일지』와 2차 자료로서 다석의 일지를 그대로 옮기고 풀이한 김흥호의 『다석일지 공부』에서는 발견되지 않는다. 다석이 '참나'라는 용어를 사용했음은 명확하지만(1963년 4월 13일 『다석일지』), 다석이 실제로 '얼나'라는 용어를 사용했는지는 불분명하다. 이 문제에 대해 두 가지 추측을 할 수 있는데, 첫째는 추측컨대, 박영호가 영과 육을 대립적이고 이원론적으로 보고, 육체를 버리고 얼로 솟난다는 육체 부정의 금욕주의를 다석 사상의 핵심으로 이해한 자신의 입장을 표현하기 위해 다석의 참나 용어를 얼나로 변역하여 사용했을 것이라는 가정이다. 그런데 이러한 이유로 '얼나'를 다석의 고유한 사상적 개념으로 받아들인 연구자들은 육체를 버리고 얼로 솟난다는 박영호의 얼나 개념이 마치 다석의 가장 중요한 개념으로 오해한다. 김흡영 역시 몸을 버리고 얼로 솟난다는 박영호의 '얼나' 개념에 관한 문제를 여러 차례 제기한다. 이와 관련된 더욱 자세한 내용은 다음을 참조하라. 김흡영, 『가온찍기』, 27, 42, 108, 218, 245, 397. 둘째는 『다석 마지막 강의』에서 '얼나'라는 용어가 나온 것으로 보아 이 책의 자료가 되는 1971년 다석의 동광원에서의 강의 때부터 다석이 '얼나'라는 용어를 사용했을 것이라는 가정이다. 하지만 필자는 동광원 강의 이후인 1975년까지도 '얼나'라는 용어가 다석의 일지에 나타나지 않는 것으로 보아 첫째 가정이 더욱 타당한 것으로 본다.

종합해 보면, 다석 '하나' 신론이 유출과 수축, 귀일과 가온찍기가 함의하는 바는 하나님과 그 피조 세계 특히 인간과의 관계성 그리고 그 관계에서 일어나는 일치의 역동성이다. 우선 하나님으로부터 피조 세계로 향하는 방향에서 플로티노스와 쿠자누스가 말하는 하나님의 유출과 수축은 다석에게 있어서 '본친'(本親)에서 '다아'(多我)로 진행되는 과정과 같다. 이러한 유출과 수축은 하나님과 피조 세계가 서로 분리되지 않고 존재론적으로 '하나'를 이룸을 보여줌으로써, 하나님의 초월과 내재를 초월적 내재로 설명한다.

하지만 이러한 설명은 하나님과 피조 세계가 구분되지 않음뿐 아니라 하나님의 창조 능력과 구속의 사랑 역시 구분되지 않음을 보여주는데, 이는 하나님의 창조에서 일어난 하나님의 수축을 하나님의 케노시스(Kenosis) 곧 하나님의 자기 비움으로 이해함으로 가능해진다. 창조에서 일어난 수축은 하나님의 창조 행위의 본질과 하나님의 구속 행위의 본질이 하나님의 자기 비움으로 수렴됨과, 피조 세계의 존재 이유는 바로 하나님의 자기 비움의 사랑 즉 하나님의 케노시스적 사랑인 것을 함의한다. 무엇보다 케노시스적인 유출과 수축은 하나님의 자기 양여(Selbstmitteilung Gottes) 곧 "하느님께서 당신 스스로 인간 존재 구성의 가장 심오한 핵심이 되도록 하셨다는 것"[81]에서 절정을 이룬다. 하나님의 자기 양여는 절대적이고 초월적인 하나님이 하나의 점처럼 자신의 존재를 인간에게 부여함을 의미한다. 다시 말해 하나님의 고유한 모습은 하나님 스스로 인간 존재의 가장 깊은 중심이 되었음에 있다. 이제 하나님의 자기 양여의 의미에 관해 칼 라너는 이렇게 설명한다.

---

81 칼 라너/이봉우 옮김,『그리스도교 신앙 입문』(서울: 분도출판사, 2021), 163.

그런데 이 하느님의 자기 양여란 정확히 무엇을 의미하는 것일까? 이것을 설명하기 위해 본래 초월론적 경험 속에서 자각하는 존재인 인간의 본질에 다시 눈을 돌리고자 한다. 초월론적 경험 속에서 인간은 자기를 유한하고 범주적 차원에서 사는 존재자로서 경험하며, 또한 자기를 절대적 존재에 의해 그와는 서로 다르게 만들어진 존재자로서 그리고 절대적 존재에서 유래하고 절대적 신비에 뿌리를 둔 존재자로서 경험한다. 인간은 항상 하느님으로부터 유래하는 존재자임과 동시에 하느님과 근원적으로 서로 다른 존재자이다.[82]

하나님의 자기 양여로 인해 인간은 자신을 초월적 존재에 근거한 '참나'로, 그러나 동시에 절대자와 무한한 질적 차이를 가진 '제나'로 경험한다. 결국 귀일신학의 핵심은 하나님의 자기 양여로 인한 인간의 초월적 근거와 더불어 인간과 하나님의 질적 차이에서 오는 귀일의 추동, 다석의 용어로는 하나님을 향한 '그리움'으로서 이를 통한 신적 합일에서 오는 변혁이다. 인간의 초월적 근거는 바로 이 하나님의 자기 양여에 근거하고 있다. 하지만 그리움은 역설적으로 하나님을 상실한 인간의 채우지 못한 '빈 공간'을 가리킨다. 다시 말해 하나님을 향한 그리움은 하나님을 상실한 인간의 결핍을 반증하는 것이다. 오늘날 세계의 초월적 근거를 부정하고자 하는 주장들과 그로 인해 주어지는 허무주의적 결과에 대해 다석의 귀일신론이 대결할 수 있는 근거를 여기서 찾을 수 있다. 다음 장 주제인 다석의 그리스도론에서 논하겠지만, 인간이 품부(稟賦)[83]한 하나님의 얼을 그리스도로 이해하는 다석의

---

82 라너, 『그리스도교 신앙 입문』, 167.

얼 개념은 이러한 하나님의 자기 양여에 관한 가장 명확한 예시가 되어 성육신한 그리스도처럼 얼을 가진 인간은 곧 그리스도가 될 수 있다는 초월적 일치의 가능성으로까지 나아간다.

케노시스의 신비는 자기 비움을 거쳐 신적인 영광으로 나아간다. 신적 합일을 향하는 인간의 귀일은 자신을 비워 점으로까지 수축시키는 과정을 통해 전개된다. 다석은 이 비움의 신비를 가온찍기(ㄹ)로 표현했다. 가온찍기는 단순히 신성과의 합일을 위한 종교적 수행 방법이 아니라 신적인 기원과 만남의 여정 그 자체이며, 여기서 이루어지는 귀일은 하나님의 자기 비움의 사랑과 피조 세계의 그리움이 동시에 일으키는 추동이다. 이러한 신적 만남은 몰트만의 주장처럼 만약 케노시스를 통해서 "하나님은 인간이 되었고 십자가에 달린 아들 안에서 인간과 신적으로 만나는 것이 아니라 인간적으로"[84] 만난 것이라면, 인간은 자기 비움의 가온찍기를 통해서 하나님을 신적으로 만난다고 볼 수 있다. 이런 맥락에서 다석은 '죽음'을 추구하는 삶을 살았다. 다석에게 죽음이란 자기보존과 생식이라는 생명원리에 대한 자기 비움의 급진적 반동이다. 다석의 죽음 지향은 이러한 자기 비움의 지향성이며, 가온찍기의 점으로의 수축은 그 점이 사라지는 죽음에 이르러서야 완성되어 신과의 전적인 합일 즉 영원한 삶에 도달하는 것이다. 여기서 그 죽음의 동력은 영원한 '하나' 바로 하나님의 아름다움을 향한, 그리고 자기를 뛰어넘는 대상을 향한 그리움의 사랑인 에로스라 말할 수 있다.

---

83 선천적으로 타고남을 뜻함.

84 위르겐 몰트만/김균진 옮김, 『삼위일체와 하나님의 나라— 삼위일체론적 신론을 위하여』(서울: 대한기독교서회, 2017), 194.

VII. 신비주의적 신론

1. 다석과 에크하르트

다석의 신론을 설명하는 또 하나의 중요한 범주는 신비주의, 특히 부정신학적인 지성적 신비주의다. 다석이 서양의 신학자를 직접 언급한 가장 뚜렷한 예[1]가 있는데 바로 신비주의 신학자 마이스터 에크하르트(Johannes Eckhart, 1260~1328)다. 1956년 12월에 다석은 에크하르트에 대해 '신비학설의 대의'(神秘學說의 大意)라는 1편의 산문과 '인천교제'(人天交際(郊祭)), 'Eckhart의 신비설(神秘說) 1260~1329' 등 2편의 한시를 남겼다.[2] 또한 다석이 YMCA 금요강좌에서 에크하르트에 대한 강의를 했음을 다석의 제자들의 증언을 통해서도 확인할 수 있다.[3]

다석과 에크하르트는 신학적 입장에서 중요한 공통점을 갖는다. 손호현은 에크하르트와 다석의 공통점을 큰 틀에서 지성적 신비주의로 규정하고, 에크하르트에 대한 다석의 이해에 근거하여 다석과 에크하르트의 신학적 사유의 공통점으로 "신학적 언어관, 무로서의 신론, 독생자

---

1 에크하르트 외에 다석이 직접적으로 언급한 서양신학자는 세계교회협의회(WCC)의 소속 신학자였던 한스 뤼디 웨버(Hans-Ruedi Weber, 1923~2020)와 토마스 알타이저(Thomas Jonathan Jackson Altizer, 1927~2018)다. 우선, 한스 웨버는 1973년 11월 17일 '크리스찬아카데미'(당시 강원용 원장)의 초청으로 내한하여 성서공개강좌를 가졌는데, 다석은 같은 해 11월 21일 일지에 다음과 같이 기록에 남겼다. "한스 웨버 博士. 聖書의 意味가 우리 現實과 關連해서 어떤뜻을 갖느냐는 것을 硏究ᄒ고 알아내는 내는 일이 우리 科題!" 류영모, 『多夕日誌』 3, 620 참조. 다음, 다석은 1974년 8월 9일에 '신 죽음'의 사신신학자인 알타이저에 대한 기록을 다음과 같이 남겼다. "올타이저 — 스물아홉한아홉스믈아홉." 류영모, 『多夕日誌』 3, 776 참조.

2 류영모, 『多夕日誌』 1, 299-301 참조.

3 김수영, "다석 류영모와 마이스터 에크하르트의 대화," 4 참조.

론, 그리고 기하학적 수행론"[4]을 제시한다. 여기서는 이 네 가지 공통점 중 신론과 관련된 부분인 신학적 언어관 곧 신비주의적 언어관과 무로서의 신론을 통해서 다석의 신론이 에크하르트 신학의 신비주의(Mystical Theology)적 측면과 공명하는 내용들을 규명해 보고자 한다.

2. 신비주의적 언어관

손호현에 의하면, 다석이 가진 언어관은 신비신학적 언어관 혹은 부정신학적 언어관으로 정의 내릴 수 있다. 에크하르트는 자신이 플라톤으로부터 시작되어 아우구스티누스와 위-디오니시우스로 이어지는 탈언어적 신비신학을 계승한다고 보았다. 에크하르트는 하나님에 관해 사용되는 모든 인간의 언어적 시도가 하나님의 신비를 드러내기보다는 오히려 그것을 훼손시키는 것이며 하나님의 영광을 감소시킨다고 보았다. 따라서 언어적 우상 파괴 이후에야 침묵을 통해서 하나님의 영광스러운 신비로 이끌림을 받는다고 주장한다. 이러한 에크하르트의 신비주의적 언어관과 공명하는 다석의 언어관은 바로 "파자(破字)의 신학적 방법론"[5]이다. 다석은 한글과 한자를 파자하는 언어적 해체를 통해 깊은 뜻을 읽어내고 더 나아가 그 안으로 들어간다.

다석의 파자의 신학 방법론에 기초한 신비주의적 언어관은 절대적 '하나'로서의 신성을 인간이 가져다 붙인 모든 이름은 물론, 인간의 모든 사고와 인식을 초월하는 '어둠'으로 보았던 에크하르트의 신론과

---

4 손호현, "다석의 신론 2: 에크하르트와 다석," 「연세대학교 대학원 세미나 강의록」 (2019), 3.
5 손호현, "다석의 신론 2," 5.

일맥상통한다. "하느님에 대한 참다운 인식은 단순한 대상적 인식으로는 불가능하고 신과 인간이 하나가 되는 신비적 합일의 경지로 들어가야만"[6] 가능한 것이다. 다석 역시 'Eckhart 神秘說 1260~1329'로 제목을 붙인 한시에서 신비주의적 신론을 밝히는데, "萬物太原超絶想 卽以無字外無狀"[7], 풀이하자면 우주 만물의 태원(太原)이신 하나님은 생각을 초월하기에(만물태원초절상) '무'(無)라는 글자 외에는 달리 표현할 방법이 없다(즉이무자외무상)고 진술한다. 또한 다석은 1957년 4월 23일 그의 일지에서 '유신'(唯神)이라는 제목의 한시를 통해 이렇게 표현한다. 류영모의 제자 김흥호는 아래와 같이 옮기고 풀이했다.

唯神

非有非無非生死비유비무비생사   古今自他上且下고금자타상차하
是物是心是思言시물시심시사언   內外善惡仰又偃내외선악앙우언
是是非非自作妄시시비비자작망   是非之端止上智시비지단지상지
不是不非止足信불시불비지족신   知不知上唯一神지불지상유일신

유도 아니고 무도 아니고 생사도 아니다. 유니 무니 생이니 사니 하는 것은 모두 상대요, 유심이니 유물이니 하는 것도 말이 안 되는 말이다. 옛날과 지금, 나와 너, 위와 아래, 안과 밖, 선과 악, 쳐다보고 굽어보고, 이 모든 것이 다 상대적인 것이요, 그 자체에 무슨 의미가 있는 것이 아니다.

---

6 길희성, 『마이스터 엑카르트의 영성 사상』 (서울: 분도출판사, 2019), 80.
7 류영모, 『多夕日誌』 1, 301.

그것은 모두 절대의 용用에 불과하다. 옳은 것을 옳다고 하고 그른 것을 그르다고 하고 끌려다녀야 스스로 망령에 사로잡힌 것이다. 옳다 그르다에 끌려다니지 말고 절대자를 찾아 절대와 하나가 되어야 시비가 의미가 있다. 시비라는 것은 지지단知之端이다. 정말 상지上智가 되어야 시비를 그칠 수 있다. 아무것도 모른다는 것을 아는 것이 상지요, 내지가 부지不知가 될 대, 나의 촛불을 끌 때 별빛처럼 유일신이 나타난다.[8]

여기서 다석은 우리의 '지'(知)가 '부지'(不知)가 될 때, '상지'(上智)가 될 수 있다고 말한다. 내 인식의 촛불이 꺼지는 그 '어둠'의 상지야말로 하나님이 현전하는 자리라는 것이다. 다석은 '무지의 지'를 통해 드러나는 하나님 곧 '상지'의 하나님을 오직 한 분 하나님 곧 '유일신'(唯一神)이라 칭했다. 이 존재가 바로 '하나'(一)다. 유사하게 에크하르트 안에서도 '하나'라는 개념은 신은 오직 한 분이라는 유일신 신론과 신플라톤주의와 결합해 핵심적 위치를 점하게 된다. 길희성에 따르면, "일체의 이름과 형상, 속성과 양태를 초월한 신성의 순수성"[9]을 표현하기 위하여 에크하르트가 가장 선호했던 개념이 바로 '하나'다. 따라서 에크하르트에게 있어 '하나'라는 개념은 "신의 순수성에 대한 숫자적 표현"[10]이면서, 동시에 피조물의 본성인 차별성을 초월한 "신의 무차별성indistinctio"[11]을 가리키는 말이 된다. 에크하르트는 순수하고, 섞이지 않았으며, 선명한 무차별적 '하나'(One)를 말한다. 온전한 하나님은 그가 영이고, 인격이

---

8 김흥호, 『다석일지 공부』 2, 446-447.
9 길희성, 『마이스터 엑카르트의 영성 사상』, 76.
10 길희성, 『마이스터 엑카르트의 영성 사상』, 76.
11 길희성, 『마이스터 엑카르트의 영성 사상』, 76.

고, 상(image)인 것까지 모두 벗겨낼 때야 비로소 '하나'로 드러난다. 에크하르트는 이렇게 주장한다.

그러므로 당신의 영혼은 반드시 영적이지 않아야 하고, 모든 영으로부터 벗어나야 하며, 영이 없는 상태로 남아있어야 한다. 왜냐하면, 만약 당신이 하나님을 사랑하는 이유가 하나님이 영이고, 인격이고, 상(image)이기 때문이라면, 이 모든 것을 다 버려야 하기 때문이다! "그렇다면 나는 하나님을 어떻게 사랑해야 합니까?" … 하나님이 순수하고(pure), 섞이지 않았으며(unmixed), 선명한(bright) 모든 이원성(duality)으로부터 분리된 "하나"(One)이기 때문에 그를 사랑해야 한다. 그리고 그 하나(One) 안에서 우리는 영원히 "무언가"(something)에서 "아무것도 아닌 것"(nothing)으로 영원히 침전해야 한다. 하나님께서 우릴 도우시길. 아멘.12

이렇듯 피조물은 그 차별성으로 인해 이름이 갖지만, 피조물이 아닌 무차별적인 '하나'에게는 이름이 없다. 다석은 인간 인식과 언어가 규정하는 '이름 없는 것'이 곧 신이라 주장한다. 이러한 맥락에서 다음과 같은 다석의 진술은 부정신학적 신비주의 신론을 뒷받침해 준다.

하느님의 이름은 없습니다. … 이름이 없는 것이 신입니다. … 상대 세계에서 '하나'라면 신을 말하는 것입니다. 절대의 '하나'는 신입니다. 그래서

---

12 Edmund Colledge and Bernard Mcginn(trans.), Emilie Griffin(ed.), *Meister Eckarts: Selections from His Essential Writings* (NY: HarperOne, 2005), 101.

유신론이라고 떠드는 그 소리가 무엇인지 이 사람은 모르겠습니다. 무엇이 있는지 없는지를 과연 알고 있는지 모르겠습니다.[13]

3. 무로서의 신과 여공배향

신론에 있어서 다석이 에크하르트와 가장 크게 공명하는 또 다른 부분은 바로 '무'(無)로서의 신론이다. 손호현은 다석이 에크하르트의 "토대(ground), 무(라틴어 nihil, 중세 고[高]독일어 niht) 그리고 신성(Godhead)"을 "태원(太原), 무(無), 신성(神性)"[14]으로 표현한 것을 통해서 에크하르트의 '무'로서의 하나님을 주목했음을 주장한다. 손호현에 따르면, 토대는 "이름 없는 하나님, 곧 하나님 너머의 하나님을 가리키는 것"[15]으로서 "어떠한 개념의 집을 짓기도 이전의 원초적 공허의 들판 곧 이름 없는 시원적 근원"[16]을 의미한다. 즉, 토대는 "모든 탄생의 근원지이며 가장 비밀스러운 장소이다."[17] 이러한 토대는 심지어 삼위일체의 속성들보다 선행하고, 모든 언어를 침묵시킨다. 에크하르트는 이와 같은 신성한 토대를 '무'(Nothing)라고 명칭하기도 한다. 삼위일체보다 선행하기에 에크하르트는 "무가 하나님을 잉태한다고"[18] 보았으며, 따라서 "하나님은 무의 산물이다." 더 나아가 에크하르트는 '토대'와 '무'를 '신성'이라고 보았다. 이러한 '토대', '무', '신성'은 에크하르트의 신비신학의 핵심이라

---

13 류영모, 『다석 강의』, 332.
14 손호현, "다석의 신론 2," 6.
15 손호현, "다석의 신론 2," 6.
16 손호현, "다석의 신론 2," 6.
17 손호현, "다석의 신론 2," 6.
18 손호현, "다석의 신론 2," 7.

할 수 있는 "유출과 되돌아감의 병행적 구조"[19]를 설명해 준다. 이 구조 안에서 "하나님과 신성의 관계는 존재의 됨과 무의 안-됨의 관계"[20]로 드러난다. 이와 같이, 존재와 무를 포함하는 에크하르트의 신론과 공명하는 다석의 표현이 "바깥이 없는 하나님(不外神)"[21]과 없이 계신 하나님이다.

신성한 토대를 말하는 에크하르트의 '무' 개념은 신과 인간의 공통 근거로서 신비적 합일의 관계 내지는 경험의 차원에서 이해해야 한다. 박홍기에 따르면, 에크하르트에게 있어서 무(혹은 무성)는 인간이 신과 더불어 온전하게 그리고 신비하게 합일할 수 있는 피조물의 핵심적 본질이자 동시에 신의 본성이기에, 신이 무이며 피조물 역시 무라 말할 수 있다.[22] 또한 에크하르트가 신을 무로 표현하는 이유는 "신의 '무성'은 인간의 인식능력과 관련되기 때문이다."[23] 다시 말해 무로서의 신은 인간 인식이 가질 수 있는 모든 형상, 이름, 속성으로 '긍정적'으로 정의 내릴 수 있는 신에 대한 모든 진술에서 벗어나 있는 그런 신을 의미한다. 이러한 의미에서 '무'로서의 신은 "인간의 언어로는 피조물을 창조한 초월자의 속성을 파악할 수도, 이해할 수도 그래서 표현할 수도 없다는 의미에서 인간의 인식능력으로는 지각될 수 없는 신"[24]을 말하며 이는 신의 무한성, 초월성, 보편성을 가리킨다.

---

19 손호현, "다석의 신론 2," 7.

20 손호현, "다석의 신론 2," 7.

21 손호현, "다석의 신론 2," 7.

22 박홍기, "에크하르트 설교 71에 나타난 무(無)의 의미," 「신학전망」 180 (2013), 107-108 참조.

23 박홍기, "에크하르트 설교 71에 나타난 무(無)의 의미," 115.

24 박홍기, "에크하르트 설교 71에 나타난 무(無)의 의미," 115.

하지만 동시에 무로서의 신이 가진 절대성은 역설적으로 바로 이 본성으로 인해 인간에게 인식된다. "절대성의 완전한 그림자로서의 피조물의 본질"25인 무성(無性)은 신과 신비적으로 일치를 이루는 가능성이며, 신을 인식할 수 있는 인간 영혼의 인식능력이자 지성적이고 신적인 빛이다. 그리고 이 빛이 신이다.26 따라서 이 무는 신의 절대적 초월성이자 절대적 원인이지만, 동시에 무는 그 원인의 결과물로서 피조물의 "'존재 없음'의 사태"27이자 이 신에 전적으로 그리고 일방적으로 의존할 수밖에 없는 절대적 의존성을 뜻한다. 에크하르트의 신론에서 '무' 개념을 어떤 존재론적 차원에서 개별적으로 이해하는 것이 아니라 신과 인간의 관계적 차원으로 이해할 때, 무에서 신이 태어난다는 에크하르트의 표현에서 "'무'는 "신비적 합일(unio mystica)의 극적인 개념"28으로 드러난다. 다시 말해 "피조물인 인간이 모든 피조물에서 벗어나 자신마저 완전히 놓아버리는(Lassen) 곳, 곧 영혼의 근저(Seelengrund)에서 모든 피조적인 차별성과 구별을 초월하는 부정의 부정으로서의 '하나'인 신을 만난다"29는 것이다.

지성적 신비주의의 측면에서 그리고 부정신학적 관점에서 다석의 무로서의 신론은 에크하르트의 무 개념과 공명한다. 무로서의 하나님을 만나는 경험은 어떤 내용적 측면이 있는지 살펴본다면, 다석은 빈탕의 하나님이자 신성한 토대인 무에 대한 경험을 최고의 기쁨과 행복을

---

25 박홍기, "에크하르트 설교 71에 나타난 무(無)의 의미," 116.
26 박홍기, "에크하르트 설교 71에 나타난 무(無)의 의미," 116-117 참조.
27 박홍기, "에크하르트 설교 71에 나타난 무(無)의 의미," 120.
28 박홍기, "에크하르트 설교 71에 나타난 무(無)의 의미," 127.
29 박홍기, "에크하르트 설교 71에 나타난 무(無)의 의미," 128.

주는 '놀이'로 진술하면서 '하나'와의 만남 곧 신적 합일의 경험적 진술을 도모한다는 데서 그 독특함을 찾아볼 수 있다. 그런 진술이 1957년 2월에 다석이 지은 한시의 제목인 '여공배향'(與空配享), 곧 '빈탕 한데 짝저 누리'이다. 다석은 '여공배향'이라는 한시를 무려 7개로 썼는데, 그 내용을 살펴보자면, 모든 동포를 '무차별'적으로 대우해야 한다는 내용을 시작으로 천공(天空)으로서의 하나님, 하나님의 성품으로서의 공(空)과 허(虛)와 대(大), 숨어계시는 전체로서 하나인 하나님, 작은 인생의 소자(小子)인 인간이 하나님에게 효를 행한다는 내용에 이르기까지 여공배향의 신비적 합일이 가진 내용적 측면을 기록했다. 다석이 에크하르트에 대한 기록을 남긴 시기가 1956년 12월임을 감안할 때, 1957년 2월에 그가 남긴 '여공배향'의 한시는 그 시기 동안 에크하르트의 신학적 사유에 영향을 받아 신학적으로 전유하여 나름의 신인합일 경험을 기록했을 가능성이 큼을 짐작해 볼 수 있다. 다석의 '여공배향' 한시 중 하나를 김홍호는 이렇게 옮기고 풀이했다.

與空配享 二

高遠亦無如太虛 고원역무여태허   利見自性卽燕處 이견자성즉연처
親密莫先於天空 친밀막선어천공   侍中未曾離本宮 시중미증리본궁

하나님과 더불어 같이 살기. 빈탕(空) 한대(與) 짝저(配) 누리(享). 이 세상의 최고의 기쁨과 행복은 하나님과 같이 사는 것이다. … 하나님은 너무 높고 원대하여 마치 큰 허공처럼 없는 것같이 느껴진다. … 아무리 은밀한 곳에도 다 숨어 들고, 나와 가깝기가 나보다 더 가깝다. 그런 존재는 하나

님 아버지 천공보다 더 가까운 것은 없다. 이러한 하나님을 만나는 길은 나만이 가지고 있는 창조성, 나만이 가지고 있는 바탈을 통해서 만나는 것이 가장 이롭고 가장 편하다. 나의 바탈은 언제나 하나님 안에 있고 하나님을 모시고 있지, 일찍이 하나님의 품을 떠난 일이 없다. 무극이태극이다. 내 바탈은 언제나 내 마음속에 있다.[30]

없이 계신 무로서의 하나님과의 신비적 합일의 내용은 '빈탕 한대 짝저 누리' 곧 '놀이'의 기쁨과 행복이었다. 다석은 빈탕의 하나님과의 만남에서 즐거움을 발견한다. 하지만 이 여공배향의 즐거움은 단순히 종교적 유희나 심리적 만족이 아니다. 여공배향의 즐거움은 유동식이 제시한 한국 고유의 영성인 풍류도(風流道)처럼 "신인합일의 종교체험 위에 서 있는 영성"[31]의 예술적 발현이자, "세속을 초월한 종교적 자유와 삶에 뿌리를 내린 생동감과 조화에서 나오는 아름다움"[32]인 '멋'이라 말할 수 있다. 무엇보다 다석의 여공배향의 놀이는 인간과 세계의 존재론적 토대인 비움 곧 무를 전제한다. 놀이의 상대가 무이며, 놀이의 규칙 역시 무다. 이러한 무가 아니고서는 생동감과 조화와 아름다움을 찾을 수 없다. 결국 다석의 '빈탕 한대'의 '놀이'는 무로서의 하나님과의 합일적 만남에서 오는 초월적 자유에 기초한 삶의 역동과 예술적 승화로서 피조 세계의 원래 의도인 비움을 통한 창조와 기쁨과 행복의 아름다움을 가지고 이 세계의 허구적 욕망의 아름다움인 탐, 진, 치와 대결하는 전복적인 예술이라 말할 수 있다.

---

30 김흥호, 『다석일지 공부』 2, 330-331.
31 유동식, 『풍류도와 예술신학』(서울: 한들출판사, 2006), 22.
32 유동식, 『풍류도와 예술신학』, 25.

VIII. 혼의 신론

다석의 신론은 한국 전통 사상인 '혼'(혹은 한)을 통해서 '한아', '한늘', '한얼', '한님'이라는 다석의 신 명칭으로 구성하여 설명할 수 있다. 김상일은 '한'의 사전적 의미를 논하면서, 공간, 시간, 질량의 차원에서 '한'의 양면적 의미를 설명한다. 우선, '한'은 공간적 개념으로는 넓다는 뜻과 함께 가운데라는 뜻이 있으며, 시간적 개념으로는 시간 전체를 뜻하면서도 동시에 시간의 어느 중심점을 가리킬 때가 있다. 또한 질량적 개념에 있어서 '한'은 단수의 하나(一)를 의미하지만, 동시에 많음(多)을 의미한다.1 이와 같은 '한'의 양면적 의미는 앞으로 다룰 다석의 '한'의 신론에서 '한'의 개념을 단순히 절대와 전체의 의미로만 파악하지 않고 '한'이 가진 비시원론적이고 비이원론적인 의미가 향하는 통전적 일치로 이해하도록 안내한다. 요컨대 '한'이란 전체로서 일(一)과 부분으로서의 다(多)가 '하나'임을 말하는 통전적 일치를 핵심으로 삼는 한국의 전통 사상이라 할 수 있다. 이와 같은 개념적 안내를 따라 '한아', '한늘', '한얼', '한님'의 신 명칭을 통해서 '한'의 신론을 구체적으로 살펴보도록 하겠다.

신 명칭은 삶 속에서 이루어진 궁극적 실재와의 만남과 경험의 언어적 응축이자 반영이다. 이기상에 의하면, 인간이 사물이나 사건에 가져다 붙인 모든 이름에는 삶의 경험이 축적되어 있는데, 신에 대한 이름도 마찬가지이다. 인간이 신에게 붙인 이름에는 "없이 계신 절대자에 대한 우리의 관계 맺음의 방식, 경험의 방식, 사유의 방식, 삶의

---

1 김상일, 『오래된 미래의 혼철학』, 37-38 참조.

방식이 반영"[2]되어 있으며, 신 명칭에는 인간이 경험해 왔던 세계가 가장 적나라하게 표현되고 압축되어 있다. 이기상은 한국인이 삶의 맥락에서 발견할 수 있는 궁극적 실재를 다석의 신 명칭을 통해 크게 네 가지로, "하나님, 한늘(하늘)님, 한얼님, 하느님"[3]을 제시한다.

필자는 위의 네 가지 신 명칭들―하나님, 한늘(하늘)님, 한얼님, 하느님―이 다석의 "철학적인 체계가 반영되어 있는 이름들"[4]일 뿐 아니라 한국의 삶의 맥락에서 경험된 궁극적 실재에 대한 표현이라는 것에 착안하여, 이에 대한 이기상의 설명을 부분적으로 사용할 것이다. 그러나 이기상이 제시한 다석의 신 명칭 분석을 비판적으로 재검토하고 수정 보완함으로써 이를 다시 '한아', '한늘', '한얼', '한님'으로 재구성하고자 한다. 이뿐만 아니라, 다석의 신 개념에 나타난 한국인의 궁극적 실재에 대한 경험을 서구 그리스도교 신학, 특히 폴 틸리히(Paul Tillich)의 신학적 관점에서 조명함으로써 이 둘을 통해 통전적인 궁극적 실재에 관한 내용을 제시할 것이다.

1. 한아

첫째, 무극 곧 빈탕한데의 절대적 원천인 창조성으로서 '한아'다. 다석은 단일성, 온전성, 절대성의 무극(無極)인 궁극적 실재를 '한아'(하나님, 하나)로 표현한다. 다석의 '한아' 혹은 이를 변용시킨 '하나님'이라는 신 명칭의 형성 구조를 보면 "절대공이며 단일허공, 무극으로의 '한·'(한아,

---

2 이기상, 『다석과 함께 여는 우리말 철학』(파주: 지식산업사, 2008), 275.
3 이기상, 『다석과 함께 여는 우리말 철학』, 276.
4 이기상, 『다석과 함께 여는 우리말 철학』, 276.

하나, 한 내(大我)님), 모든 것의 시작으로서의 '한아'가 '하나님'으로 된 것"[5]으로 확인해 볼 수 있다. 다석의 '하나님'은 우주가 탄생하기 이전의 절대적인 무와 공의 텅 비어 있는 '빈탕한데'의 상태이자 무한한 가능성의 상태를 상정한다. 이러한 태극 이전의 상태인 무극은 아직 나누어짐과 갈라짐이 없는 절대적인 하나로서 단일성과 온전성 그리고 절대성으로 특징지어지며, "없음 그 자체이며 거룩함 그 자체"[6]라 할 수 있다. 따라서 다석의 '한아'님은 "절대적 원천으로서의 '한·'"[7]이자 "모든 개체로서의 '제나'들을 다 자기 안에 안고 있는 큰 나로서의 '한 나(大我)"[8]이다.

다석은 이와 같은 무극 곧 빈탕한데의 절대적 원천으로서 '한아'(혹은 하나, 하나님)에 대해 1956년 10월 14일 일지에 다음과 같은 진술을 남겼다. 이 진술의 내용을 살펴보면, 다석은 '있음'과 '없음'이 다르지 않음을 밝히며, 하늘로 상징화되는 '업는거'(없음)가 곧 땅으로 상징화되는 '잇는거'(있음)보다 더 큰 실재라는 점을, 그리고 더 큰 실재인 '없음' 곧 무극의 '한아'에서 모든 것이 나오고 돌아간다는 것을 주장한다.

임 믈

잇는게 업는거요 업는게 잇는거니
잇는게 업는거와 다르지 안코 업는게 잇는거와 다르지 안타
땅을 땅땅 잇다 보고 하늘은 하늘하늘 업다고 보려는 「나」여

5 이기상, 『다석과 함께 여는 우리말 철학』, 276.
6 이기상, 『다석과 함께 여는 우리말 철학』, 276.
7 이기상, 『다석과 함께 여는 우리말 철학』, 277.
8 이기상, 『다석과 함께 여는 우리말 철학』, 277.

하늘이 큰거. 땅이 적은거. 라

「한아」 큰데서 「하」 나 나오니

요 적고저근 「나」 하나 도라 ㄷ

큰 한아드르미. 고ᄆ. 음. 읍9

　여기서 절대적 원천이자 전체이며 무극으로서의 '하나님'은 서구 그리스도교의 신론이 실체론(substantialism)10에 근거한 '있음'을 그 본질적 진술의 핵심으로 삼는 것과는 달리, '없음'과 '빔'의 무와 공 등 그동안 서구 철학에서 비실체적인 것으로 간주되었던 것 또한 존재론적 토대로 포함시킨다는 특징을 보인다. 서양의 고전적인 존재론적 토대는 변하지 않음의 실체론적 '있음'이고 이것을 모든 존재의 본질로 이해하지만, 반대로 동양적 사유 안에서 존재론적 토대는 끊임없이 변화하는 무상성(無常性, aniccata)11함 그 자체라 할 '없음'이자 무이다. 일반적으로 한국을 포함한 동양의 존재론적 관점에서 궁극적 실재는 '있음'이 아닌 '없음'으로 이해되는데, 이러한 무극으로서의 신은 인식적이고 존재자적인 '있음'의 세계를 포함하고 넘어서는 그리고 모든 '있음'의 근원이자 배경으로 설명되며, 더 나아가 '없음', '빔', 무와 공이란 생성적이고

---

9 류영모, 『多夕日誌』1, 257.

10 서구의 전통적 철학은 실체론적인(Substantial) 토대를 가지고 있다. 김상일은 실체론적인 것이란 궁극적으로 존재(Being)하는 것이라 설명한다. 실체를 상정함은 실체적인 것과 비실체적인 것을 동시에 상정하여 본질적이고 시원적인(Orientable) 것으로서의 실체와 그렇지 않은 비실체라는 이원론(Dualism)을 성립시킨다. 김상일, 『오래된 미래의 흔철학』, 23 참조.

11 '무상'(無常, anicca)이란 붓다가 존재론을 설명할 때 자주 사용한 용어로서, "영구적인 것—불변하는 것의 존재를 부정하는 말이다. 이 무상을 추상화하여 무상성이라 부른다. 마스타니 후미오/이원섭 옮김, 『불교개론』(서울: 현암사, 2019), 86 참조.

비시원적 창조성을 의미한다.

　이에 필자는 다석의 '한아' 신론이 가진 다음과 같은 특징에 주목한다. 그것은 신에 대한 비실체론적이고 생성론적인 창조성으로서의 신에 대한 사유다. '한아' 신론은 아리스토텔레스적인 비인격적인 신 곧 순수 현실태이자 부동의 원동자로서, 이미 현실화되어 자기 현실화에 대한 욕망도 변화도 없고 오로지 원인만 될 뿐 영향을 받지도 공감을 할 수도 없는 그런 무감각한 신과 다르다. '한아'의 신은 무상한 생성과 변화의 창조성 그 자체다. '한아' 신론은 하나님의 창조성을 무극 곧 텅빔으로 이해하는 독특성을 갖는다. 이러한 신이 세계와 맺는 관계는 일방적 인과관계나 시간적 시원성의 위계에 의한 폭력적 관계가 아니라 세계의 창조적 생성과 자기결정으로 상호적으로 영향을 주고받는 참여적이고 유기적인 관계다. 이러한 관계 안에서 신은 이미 세계에 내재해 있음으로 세계로 하여금 무한한 가능성으로 도전하고 창조적 권능을 불어 넣는다. 이러한 신은 세계의 자기결정을 존중할 뿐 아니라 더 나아가 그 결정을 자기 것으로 삼는다. 이로써 세계 안에 자기 극복의 창조적 능력이 있음을 알게 해주어 세계가 처한 비극과 곤경을 스스로 극복할 수 있도록 하는 신이다. 여기서 신은 세계의 고통과 곤경 속에서 무책임한 방기가 아닌 이미 주어진 내재적 신성의 힘을 깨닫게 함으로써 세계에 참여한다. 다석은 자신 안에서 깨달은 내재적 신성의 생명력을 가리켜서 '얼' 혹은 참나라 불렀으며, 이 얼 생명이 신이자 곧 자기 자신임을 깨달았다.

2. 한늘

둘째, '없음' 안에서 일어나는 시공간의 모든 존재사건을 포괄하는 절대존재이자 현재 경험되는 얼 생명의 궁극적 실재인 '한늘'(하늘)이다. 이기상에 의하면, '한늘'이란 크다는 그리고 전체 온통이라는 의미의 '한'과 절대적이고 무한한 시간을 의미하는 '늘'이 결합한 말이며, '하늘' 은 '한늘'의 변형태이다. 이렇게 절대적인 시공간의 차원이 강조되는 '한늘'님은 "무한 공간과 무한 시간 속에서 생성 소멸 변화되는 그 모든 것을 다 포함한 절대존재로서의 하느님을 말한다."[12] 앞서 설명한 '하나 님'이 '있음'의 절대적 원천으로서 '없음'을 강조했다면, '한늘님'은 절대 공의 '없음'에서 일어나는 모든 존재사건을 포괄하는 절대존재로서의 하나님을 가리킨다.[13]

이러한 내용을 다석은 1957년 9월 6일 강의에서 자신의 일지에 담긴 한시의 일부인 '진신불신항시항'(眞神不神恒是恒)을 설명하면서 다음과 같이 말한다.

> 참신은 없는 것 같습니다. 없는 것 같은 것이 참신입니다. 신통변화는 참신이 하는 것이 아닙니다. 큰 늘, '한 늘'입니다. … 우리 머리 '위'에 있으니까 '한 옿'입니다. 시간은 '늘'이므로 '한늘'입니다. 하늘이라는 말이 이 뜻을 포함합니다. 이것이야말로 중요합니다. 이것이 참신입니다. 한량없는 '한'입니다. 한량없는 시간이 '늘'입니다. 항(恒)입니다. 늘 이 '늘'입니다.[14]

---

12 이기상, 『다석과 함께 여는 우리말 철학』, 279.
13 이기상, 『다석과 함께 여는 우리말 철학』, 280 참조.
14 류영모, 『다석 강의』, 962.

다석의 '한늘'(하늘)은 장소적인 '큰'(한)의 의미와 시간적인 '늘'의 의미를 담고 있다. 이기상의 주장처럼, '한늘'은 절대적인 시공간 안에서 일어나는 모든 존재사건을 포함하는 절대존재로 설명된다. 하지만 다석의 '한늘' 개념은 단순히 궁극적 실재의 시공간적 절대성만으로 규정되지 않고 인간 안에서 경험되기에, 내재적 현재성으로 전환되어야 한다. 이러한 논리적 전환을 위해서 그리스도교 신학의 언어로 공간과 시간의 초월적 연합을 설명하는 편재성(omnipresence)과 영원성(eternity) 개념을 통해 다석의 신론을 시공간의 절대성과 신인합일적 현재성을 통전적으로 담아 진술할 수 있다고 본다.

우선, 그리스도교 신학에서 영원성은 무시간성이나 시간의 끝없음이 아닌 현재 속에서 경험되는 초월적인 그 무엇이며, 편재는 모든 피조 세계에 참여하는 하나님을 만난 경험이라 말할 수 있다. 이러한 영원성과 편재성은 틸리히가 상징적으로 표현한 것처럼, "영원한 현재"(nunc eternum)[15]이어야 한다. 한편, '영원한 현재'라는 맥락에서 다석은 '한늘'의 영원성을 다른 때와 장소가 아닌 지금 여기 자신 안에서 일어나는 얼 생명의 '오름'으로 표현한다. '한늘'님의 얼 생명이 가진 영원성과 편재성 그리고 그것의 '향유'[16]는 다석 안에서 '오늘'로 표현된다. 영원한 현재인 '오늘'로 경험되는 하나님의 아들 독생자와의 만남은 '오'르고

---

15 Paul Tillich, *Systematic Theology*, vol. 1. (Chicago: University of Chicago Press, 1951), 275.

16 '향유하다'(enjoy)는 과정철학의 창시자라 할 수 있는 화이트헤드(Alfred North Whitehead, 1861~1947)가 즐겨 사용한 과정철학적 용어로서, 일반적으로 과정이라는 용어가 외적이고 객관적이 무엇을 가리키지만, 화이트헤드에게는 과정이 내적이고 주관적인 '경험적 계기들'임을 설명해 준다. 향유는 의식적인 것, 즐거운 것만으로 이해되지 않고, 경험하는 주체가 됨을 의미한다. 존 캅·데이빗 그리핀/이경호, 『캅과 그리핀의 과정신학』(서울: 이문출판사, 2012), 25-26 참조.

올라 영원한 현재로 '늘' 향유하는 것으로 표현된다. 이를 다석은 다음과 같이 표현한다. "ᄋᆞ브 ᄂᆞ신 ᄋᆞ돌 우러르어 뵈면 빛월이옵. 우리가 인제 브터는 오오늘늘 늘느리."17

3. 한얼

셋째, 비존재의 위협을 극복하는 절대생명이자 절대정신으로 경험되는 궁극적 실재의 '한얼'(혹은 한울)이다. 이기상은 '한얼'의 의미를 절대생명의 차원에서 설명한다. 이기상에 의하면 다석 안에서 '한얼' 또는 '한얼님'은 '한'과 '얼'을 뜻하는 명칭으로, "한얼은 무한 공간과 무한 시간을 채우고 있는 신령한 힘"18이자 절대생명을 가리키는 이름이다. 다석은 이러한 절대생명의 '한얼'님을 성령으로 풀이하였다. 한얼님이라는 명칭을 통해서 우주적 생명이자 신령한 힘인 '한얼'에 참여하고 있는 "얼로서의 나"인 인간의 본래적 차원과 목적을 되짚어 볼 수 있다. 인간 개개인은 우주적 생명인 '한얼'이 지금 여기에 있는 나에게까지 이어져 내려온 생명줄의 끝 바로 '긋'이다. 인간 개체 안에 있는 얼은 우주적 생명력 전체인 '한얼'의 한 끝이다. 인간이 참나를 찾는 것은 바로 이 '한얼'과 일치하는 것을 뜻한다. "얼나로서의 인간이 한얼과 일치하였을 때 절대공간과 절대시간을 채우고 있는 우주의 신령한 힘과 하나가 되는 것"19이다.

하지만 필자는 다석이 강조했던 우주의 절대적 힘이자 절대생명의

---

17 류영모, 『多夕日誌』2, 727.
18 이기상, 『다석과 함께 여는 우리말 철학』, 282.
19 이기상, 『다석과 함께 여는 우리말 철학』, 282.

'한얼'의 본질은 정신의 절대성에 있다고 본다. 다석은 '한얼'을 이렇게 설명한다. "'한얼'은 큰 정신이라는 뜻으로, 여기서는 성령을 말합니다."[20] 따라서 '한얼'은 모든 생명의 근원인 절대생명으로 경험되는 '큰 정신' 곧 절대정신이라 말할 수 있다. 요컨대 절대생명은 곧 절대정신이다. 다석은 생명의 근거와 존재의 의미를 바로 이 절대정신인 '한얼'에서 찾았기에 '한얼'은 절대생명으로 경험되는 신의 명칭이 된다. '한얼' 안에서는 육체의 숨이 생명과 존재의 기준이 되지 않고, 하나님 '말씀'이 드나드는 기운인 '얼숨'이 곧 그 기준이 된다. 다석은 다음과 같이 말한다. "네 목을 드나드는 기운 같은 '얼숨'이 끊어지면 '이승즘승', 즉 이승의 짐승과 같은 고깃덩어리가 된다는 말입니다."[21] 생명과 존재의 의미를 규정하는 기준이 '얼숨'이라는 사실 그리고 얼이 결국 절대정신으로 귀일(歸一)하는 사실을 깨닫는 한, 죽음으로 총체화되는 비존재의 위협은 귀일하는 얼의 절대성을 깨달음으로 극복된다.

절대정신으로서 '한얼' 개념은 틸리히의 전능성(omnipotence) 개념을 통해 비존재의 불안을 극복하는 절대생명으로 설명할 수 있다. 틸리히의 주장처럼, 전능성은 무엇이든 할 수 있는 마술적 능력이 아니다. 전능성은 "신적 생명 안에서 비존재의 불안이 영원히 정복"[22]됨을 뜻한다. 절대생명의 전능성이 비존재의 불안을 정복하는 것이라면, 마찬가지로, 다석에게 있어 비존재의 불안은 한얼님의 전능한 얼 생명을 깨달음, 곧 자기 생명의 '몸'이 참 생명이 아님을 아는 '참나'의 깨달음을 통해서 극복된다. 다석은 4·19 혁명 때 목숨을 바쳐 민주주의를 지켜내고자

---

20 류영모, 『다석 강의』, 99.

21 류영모, 『다석 강의』, 101.

22 Tillich, *Systematic Theology* 1, 272.

한 사람들의 희생과 용기를 기리며, 불안과 비겁을 이기기 위해서는 몸 생명의 멸망을 깨달음이 선행되어야 하고, 몸 생명의 멸망을 깨달음이 곧 영생이자, 회개이며, 견성(見性)이라 말한다.

몸뚱이가 참나가 아니라는 걸 깨닫는 것입니다. 몸이 죽더라도 얼은 죽지 않는다는 게 회개입니다. 몸이 나라고 하는 것이 멸망이에요. 4·19혁명 때 비겁한 건 회개를 못했기 때문입니다. 이 몸이 멸망함을 알기 때문에 용감한 것입니다. 경관의 총에 맞아 죽은 게 아니에요. 뛰쳐나올 때 벌써 이 몸뚱이는 죽여놓고 나온 거예요. 이게 영생하는 마음이요, 회개요, 견성입니다.[23]

이와 같은 깨달음으로부터 나오는 참나의 발견, 다석에게는 그것이 바로 틸리히가 말했던 죽음과 불안이라는 비존재의 위협을 극복하는 "존재의 용기"[24]이자 얼 생명의 전능성이라 말할 수 있다.

4. 한님

넷째로, '무지(無知)의 앎'으로 경험되는 궁극적 실재의 '한님'이다.

---

23 류영모 강의, 주규식 기록, 박영호 풀이, 『다석 씨알 강의 — 1959~1961년 강의록 45편』(서울: 교양인, 2015), 218.

24 Paul Tillich, *The Courage to Be* (New Haven: Yale University Press, 2014), 146 참조. 여기서 틸리히는 죽음을 부정적인 것의 부정(the negation of that which is negative)이자 긍정적인 것의 긍정(the affirmation of that which is positive)로 주장하면서, 최후의 비존재의 결말 역시 현실적인 것이 아니므로 신비주의자들은 이러한 비존재의 위협을 극복할 용기를 갖는다고 주장한다.

이기상은 생각과 말 속에서 이성의 대상이 되는 궁극적 실재에 대한 표현이 다석 안에서 '하느님'으로 표현되었다고 주장한다. "'하느님'이라는 이름은 이름 될 수 없는 거룩함 그 자체, 텅빔 그 자체가 인간의 경험을 통해 이성의 옷을 입고 인간 앞에 나타난 것"[25]으로 설명된다. 따라서 '하느님'이라는 명칭을 통해서 부각되는 것은 신과 인간의 소통 속에서 경험되는 이성적 차원이다. 이는 '하느님'이 역사 속에서 말씀의 형태로 자신을 계시하는 신으로서 생각과 말 그리고 말씀을 통해서 어느 정도 이성의 대상이 됨을 의미한다.[26]

하지만 다석은 이성의 대상으로서 궁극적 실재를 표현하기 위해 '하느님'[27]이라는 신 명칭을 특정하여 사용하지 않았다.[28] 비록 텅빔 그 자체에 대한 인간의 이성적 경험에 대한 주장은 다석의 신론에 포함되어 있지만, 필자는 인식의 주-객 구도를 넘어섬으로써 '모름'의 신인합일적 앎에 도달함을 통해 드러나는 궁극적 실재에 관한 전지(全知) 개념에 더 주목하여 이를 다석의 신 명칭인 '한님'으로 설명함이 필요하다고 본다. 왜냐하면 다석 신론 안에는 긍정신학적 요소보다 부정신학적 요소가 더 강조되기 때문이다.

예를 들면, 다석은 1975년 6월 3일 일지를 통해서 '한님'이라는 표현으로 '무지(無知)의 앎'으로 드러나는 궁극적 실재에 대한 기록을

---

25 이기상, 『다석과 함께 여는 우리말 철학』, 288.

26 이기상, 『다석과 함께 여는 우리말 철학』, 288-289 참조.

27 박영호는 『多夕 柳永模 어록』을 비롯하여 다수의 다석 자료에 일괄적으로 신 명칭을 '하느님'으로 표기했음을 밝힌다. 박영호 엮음, 『多夕 柳永模 어록』, 9 참조.

28 이기상의 주장처럼 다석이 이성의 대상으로서 신을 표현하기 위해 '하느님'이라는 구체적인 신 명칭을 사용한 근거를 찾아볼 수 없다. 추측건대, 이기상은 편집된 다석의 2차 자료들에서 일반적으로 사용된 신 명칭이 '하느님'이기에 이성의 대상으로서 '하느님'에 관한 내용들을 도출하면서 '하느님'이라는 명칭을 적용한 듯 보인다.

남겼다.

빛　　문제問題는 속알이 문제問題

모든걸 보시는이가 저를 남에게 보이시지는 아니ㅎ시고 모든걸 드르시
는이가 저를 남에게 들리시지는 아니ㅎ히고 모든델 드러 알아ㅎ시는이
가 저를 남에게 알리시지는 아니ㅎ시는이가 계시다면, 모든 삶이 옳에 한
님이리다.[29]

　위의 진술에서 하나님은 모든 것을 보고 듣고 알지만, 인간의 감각과
인식으로는 보이거나 들리거나 알려지지 않는다. 다석은 이와 같은
하나님이 '모든 삶' 곧 모든 사람이 머리 위에 모시고 살 수밖에 없는
'한님'이라고 주장한다. 따라서 다석의 '한님'은 '저를 남에게 알리시지는
아니ㅎ시는이'라 말할 수 있다. 하지만 이러한 '한님'의 알려지지 않음이
역설적으로 '한님'의 알려짐이다. 다석은 다른 것은 몰라도 하나님은
알려지지 않는 분인 것만큼은 단언할 수 있었다.

　하느님의 자리를 우리가 생각으로 높이는데, 하느님은 그렇게 계시는 분
이 아닙니다. 들으실 만한 일이나 알릴 만한 일에 자기 존재를 나타내는
분이 아닙니다. 하느님이 어떤 분인가 하는 것은, 다른 것은 그만두더라
도 이 일만큼은 단언할 수 있습니다.[30]

---

29 류영모,『多夕日誌』1, 394. 강조는 필자의 것.
30 류영모,『다석 강의』, 840.

이런 맥락에서 하나님은 어떻게 세계를 알고, 어떻게 세계에 알려지는지에 관한 질문이 주어진다. 이러한 문제는 그리스도교 신학에서 이야기하는 하나님의 전지(omniscience) 개념을 통해서 설명해 볼 수 있다. 틸리히에 따르면, 하나님의 전지 개념의 핵심은 바로 "신적 전능과 편재의 영적 구조를 표현"[31]함에 있다. 앎은 앎의 주체와 앎의 대상 간의 주체-객체 구조에 기초하고 있는데, 하나님의 전지는 하나님이 이러한 실재의 주객 구조에 참여함과 동시에 이 구조에 제한되지 않고 초월함을 뜻한다. 이렇게 앎의 주-객 구조의 참여와 초월을 통한 하나님의 전지함에 대한 틸리히의 논리적 핵심은 바로 영적 구조이다. 하나님의 전지는 영적으로 현존하는 하나님을 가리킨다.[32] 이렇게 틸리히가 설명한 하나님의 전지 개념은 하나님이 앎의 주-객 구조에 참여하면서도 동시에 초월한다는 점에서 인간의 이성에 알려지지만 동시에 '모름'으로 알려지는 '한님'에 대한 설명과 공명한다.

'모름'으로 알려지는 신은 주-객 구조에 참여할 뿐 아니라 이를 초월함에서 비롯한 신인합일적 경험에 기초한다. 다석에 의하면, 인간은 신을 알려는 궁신(窮神)의 끝에서 신과 일치되어 신이 곧 자신임을 발견한다. 이것이 동양 종교 전통에서 강조하는 신인합일이다. "사람의 마음은 언제나 하느님을 생각하고 그리는 궁신(窮神)하는 자리에 있어야 한다. 하느님을 알려는 것이 궁신이다. 하느님이란 딴 게 아니다.

---

31 Tillich, *Systematic Theology* 1, 278.

32 Tillich, *Systematic Theology* 1, 278 참조. 틸리히는 신적 지식과 그것의 무제한적 특성을 설명할 때, 다음과 같이 하나님의 영적 현존을 말한다. "하나님은 모든 것에 스며드는 방식으로 현존하는 것이 아니라 영적으로 현존한다."(God is not present in an all-permeating manner but that he is present spiritually)

우리들이 바로 신(神)인 것이다."[33] 매우 함축적으로 표현한 위의 진술에서 두 가지 사실을 발견할 수 있는데, 그것은 궁신하는 인간의 노력 그리고 자신 안에서 신을 발견하는 신인합일적 만남의 경험이다. 다석이 구체적으로 설명하지 않은 궁신과 신인합일 사이의 행간을 필자는 '무지의 도약'으로 설명하고자 한다. 하나님을 앓은 인간의 궁신 끝에서 '무지'(無知)로의 도약을 요청한다. 하나님을 앓은 하나님을 알 수 없다는 역설적 '무지' 속에서 드러난다. 다시 말해 인간은 궁신 곧 언어와 사유를 통해 하나님을 탐구하지만, 역설적으로 하나님은 인간의 언어와 사유를 끊임없이 넘어서 스스로를 감춤으로써 현전한다. 인간 언어와 사유는 신을 대상화하여 주-객 구도 안에 포섭함으로써 신을 알려고 시도하지만 신은 자신의 감춤을 통해서 이 구도를 해체하는 것이다. 이러한 감춤은 인간의 편에서는 '무지'로 경험되지만, 이 '무지'는 사실상 대상화될 수 없는 신의 자기계시이며 초월적 만남이다. 이 초월적 만남이 무지의 도약을 통한 신과의 합일인 것이다. 신적인 앓은 이러한 합일의 방식으로 이루어진다. 따라서 신과의 합일에서 나타나는 '무지' 곧 모름이야말로 신적인 앓이라 말할 수 있다. 다석은 인간이 이런 모름을 지켜야 한다는 뜻에서 '모름지기'를 말한다.

> 나는 '모름지기'란 우리말을 좋아한다. '모름지기'란 반드시 또는 꼭이란 뜻이다. 사람은 모름(하느님)을 꼭 지켜야 한다. 우리는 하느님 아버지를 모른다. 하느님 아버지를 다 알겠다는 것은 말이 안 된다. 아들이 아무리 위대해도 아버지와는 차원(次元)이 다르기 때문이다.[34]

---

33 박영호, 『多夕 柳永模 어록』, 39.

다석은 하나님은 '모름'이며, 인간은 이 모름 앞에 서야 한다고 말한다. 이것이 "모름지기"다. 모름지기란 니콜라우스 쿠자누스가 말한 것처럼, 진리가 무지의 어둠 속에서 받아들일 수 없는 방식으로 우리를 조명하는 "박학한 무지"(docta ignorantia)[35]를 터득하는 정도가 신을 아는 정도가 된다는 것을 뜻한다. 이처럼 다석의 '한님'은 하나님의 객체가 될 수 없음, 곧 앎의 주객 구조와 인간의 언어와 사유를 넘어서서 신과 인간이 합일하여 무지로 하나님이 드러나는 신인합일의 경험을 가리킨다고 볼 수 있다.

요약하자면, 다석의 "한아", "한늘", "한얼", "한님"의 표현들을 통해서 드러나는 '한'의 신론의 내용들은 다음과 같다. 절대적 원천인 창조성으로서 무극의 궁극적 실재인 "한아", '없음' 안에서 발생하는 모든 존재사건을 포괄하는 절대존재이면서 동시에 현재적으로 경험되는 얼 생명의 궁극적 실재를 가리키는 "한늘", 비존재의 위협을 극복하는 절대생명이자 절대정신인 "한얼" 그리고 부정신학적인 '무지의 앎'으로 경험되는 신적 앎의 궁극적 실재인 "한님"이다. 이와 같은 다석의 신론에서 '한'의 신론은 초월과 내재, 삶과 죽음, 시간과 공간, 물질과 정신, 무지와 앎이 통전적으로 합일하여 경험되는 한국적 맥락에서의 궁극적 실재인 얼 생명의 발현과 그 특징들을 설명해 준다.

---

34 박영호, 『多夕 柳永模 어록』, 20.
35 니콜라우스, 『박학한 무지』, 152.

IX. 은유 신학으로서 어머니 신론: 없이 계신 엄ᵂ

다석의 신론 중 주목할 만한 신론은 어머니 신론이다. 다석은 "없이 계신 엄ᵂ"1라는 신 명칭을 통해서 어머니 신론이라 부를 수 있는 신론의 특징을 보여준다. 다석의 어머니 신론은 생명의 근원이자 존재의 토대인 '땅'으로서 어머니의 은유를 통해서 신·우주·인간의 유기체적 관계를 상정한다. 또한 다석의 어머니 신론은 서구 그리스도교의 남성 중심적이고 이성 중심적인 신론의 한계를 극복하고 보완하는 동양적 신론의 가능성을 보여준다. 여기서는 샐리 맥페이그(Sallie Mcfague)의 은유 신학(metaphorical theology) 모델을 통해서 다석의 어머니 신론을 조명하고, 어머니 은유의 전거가 되는 『도덕경』의 내용을 살펴봄으로써 이러한 가능성을 설명해 보도록 하겠다.

우선, 신론에 있어서 은유가 가진 힘을 주목할 필요가 있다. 샐리 맥페이그의 지적처럼, 오늘날 "대부분의 사람들에게 문제는 하느님에 대한 확신이 아니라 하느님에 대한 인간의 언어를 확신할 수 없다는 것이다."2 종교 언어는 인간의 일상적인 사유와 맞닿아 있는 은유적 진술이기 때문에 막강한 힘을 가지고 우리의 삶과 사유를 형성하고 구축하며 때로는 파괴하기도 한다. 한 예로, 서구 그리스도교 신학의 신론에 있어서 신의 절대적 타자성을 강조하는 남성 중심적이고 이성 중심적인 은유는 신과 세계의 불연속성과 같은 문제와 여성과 몸, 자연으로 표상되는 타자에 대한 억압을 종종 합리화하기도 했다.

---

1 류영모, 『多夕日誌』 1, 608.
2 샐리 맥페이그/정애성 옮김, 『은유신학 ─종교 언어와 하느님 모델』 (서울: 다산글방, 2001), 16.

이런 맥락에서 그리스도교 신론이 가진 문제와 맥페이그의 대안을 분석할 때, 이찬석은 전통적인 그리스도교 신관은 '아버지' 하나님의 절대적 타자성을 근거로 하나님과 인간, 세계의 불연속성과 차이성을 강조한다는 점을 지적한다. 이와 같은 전통적 그리스도교 신학은 종종 기술적 이성을 통한 자연지배의 이데올로기를 뒷받침하거나 묵인하여 생태학적 위기를 가져왔다는 비판을 받는다. 이러한 문제에 대응하고자 샐리 맥페이그는 몸의 메타포를 통해서 하나님과 세계의 관계성에 있어 하나님을 왕, 군주, 아버지로 이해하여 세계를 그의 왕국으로 설명하려는 시도 곧 "하나님과 세계의 비대칭적이고 이원론적 관계성"[3]을 해체하려 한다. 세계를 하나님의 몸으로 이해하는 맥페이그의 모델에서 하나님은 세계와 분리되지 않고, 또 세계를 즉각적으로 이해할 수 있다. 그는 전통적인 신관에서 사용된 왕, 주인, 통치자와 같은 하나님에 대한 인격적인 은유들이 가져오는 문제들을 지적하고, 상호성과 호혜성, 책임과 사랑의 의미를 담고 있는 인격적 은유들을 통하여 하나님을 적합하게 이해함으로써 이러한 문제들을 해결할 수 있다고 주장한다. 한 예로 이러한 인격적인 은유를 적용한 맥페이그의 '어머니 하나님' 모델은 우주가 하나님의 자궁에서 생성되어 나온 것으로, 더 나아가 "창조를 미적 행위가 아니라 신체적 사건으로 이해"[4]함으로써

---

3 이찬석, "맥페이그의 하나님 모델에 대한 비판적 고찰 ─불이(不二)적 범재신론을 향하여," 「장신논단」 38 (2010), 172. 샐리 맥페이그의 몸 모델은 전통적인 그리스도교 신론의 위계적인 이원론을 극복하는 데 기여하지만, 하나님의 본질과 피조물의 본질 사이의 동일성과 하나님의 내재성을 지나치게 강조하는 일원론적 범재신론으로 규정된다. 즉, 이원론이 가진 문제점을 해결하고자 하나님의 초월성과 타자성을 모두 내어버리는 결과를 가져온다는 것이다. 이찬석은 이러한 문제점을 지적하고, 이를 해결할 방안으로 동양종교의 불이론 (不二論) 곧 "하나님과 세계, 하나님과 인간은 '둘도 아니고 하나도 아니다'로 규정"되는 불이론적 범재신론을 대안으로 제시한다.

고전적 신론의 문제였던 비대칭적 이원론을 해체한다. 요약하자면, 샐리 맥페이그는 남성 중심적이고 이성 중심적인 전통적 그리스도교의 신론 은유를 여성 중심적이고 몸 중심적인 은유를 통해서 극복하기를 시도한다. 이를 위해 샐리 맥페이그는 "하나님의 몸인 세상의 어머니, 연인, 친구로서의 하나님 모델들"5을 제시했다. 이 모델들이 가진 신학적 함의는 세계와 분리되지 않고, 세상과 관계하는 하나님의 사랑이라 할 "하나님의 창조적, 구원적, 지속적 행위"6이다.

> 생명은 하나님에게 낯선 어떤 것이 아니라 … 하나님의 몸(하나님과 동일하지는 않지만)으로서 하나님 자신을 표현한다. 또한 우리는 세상의 연인이라는 하나님 상이 그 몸의 모든 부위를 치유하고 그것과 재결합하고자 열정―연일을 갈망하고 연인과 함께 고난 당함―을 쏟는 구원자 하나님을 재현한다고 생각할 것이다. 연인 하나님은, 마치 연인들이 서로를 그렇게 여기듯, 생명을 귀히 여기고 세상을 매력적이고 값진 것으로 여기신다. 마지막으로 우리는 친구 하나님 상이 지속자 하나님을 재현하며, 그분의 내재적인 현존은 몸의 모든 부위를 치유하기 위해 우리와 함께 일하는 신실한 동료의 모습이라는 것을 고찰할 것이다. 동료 하나님은 우리에게 온 피조물의 실현이라는 상호적 프로젝트의 협력자가 되길 원하신다.7

---

4 이찬석, "맥페이그의 하나님 모델에 대한 비판적 고찰," 179.
5 샐리 맥페이그/정애성 옮김, 『어머니·연인·친구』(서울: 뜰밖, 2006), 164.
6 샐리 맥페이그, 『어머니·연인·친구』, 161.
7 샐리 맥페이그, 『어머니·연인·친구』, 161-162.

은유의 변화를 통한 신론의 재구성, 곧 전통적인 남성 중심적 은유의 한계를 보완하는 여성적이고 몸적인 은유를 제공한다는 맥락에서 다석의 신론 중 눈여겨 볼 수 있는 내용은 바로 어머니 신론이다. 샐리 맥페이그의 주장처럼, 하나님을 어머니로 이해하는 것은 "하나님을 어머니와 동일시하는 것이 아니라, 하나님을 모성과 결합된 어떤 특성들에 비추어 이해하는 것"[8]이다. 다석은 자신의 고유한 표현인 '없이 계신'이라는 수식어를 '엄으'라는 명칭 앞에 붙여 '없이 계신 엄으'로 다음과 같이 진술한다. 아래는 다석이 1959년 6월 25일에 기록한 일지[9]이다.

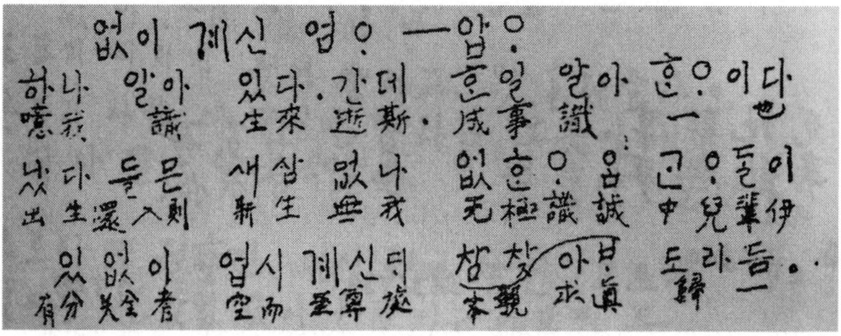

〈그림5: 1959년 6월 25일 다석일지〉

없이 계신 영[靈]으로 존재하는, 기체로서 존재하는, 대아[大我]로서 존재하는 엄마 아빠(압바). 엄마(없마)는 무아다. 엄마는 경이[驚異]다. 아빠는 지아[知我]다. 아빠(압바)는 미래를 뚫어봄이다. 대아다.[10]

---

8 샐리 맥페이그, 『어머니 · 연인 · 친구』, 57.

9 류영모, 『多夕日誌』 1, 608.

10 김홍호, 『다석일지 공부』 3, 388.

이 일지에서 다석이 구체적으로 없이 계신 '엄ᅌᅳ'에 대해 설명한 내용을 발견할 수 없지만, 다석의 신 명칭과 관련한 고유한 표현인 '없이 계신'이라는 수식어가 '엄ᅌᅳ'에 붙여진 것을 보면, '엄ᅌᅳ' 곧 어머니가 가진 유비적 특징이 신론에 적용되었다고 추측해 볼 수 있다. 또한 가지 주목할 중요한 사실은 다석이 이 일지를 기록한 시기가 1959년 6월 25일인데, 다석이 노자의 『도덕경』을 번역한 시기가 1959년 3월 22일부터 1959년 4월 11일이라는 점이다. 이 사실에 기초해 본다면, 다석은 『도덕경』의 특정한 개념이나 내용에 영향을 받아 그의 신론에 적용하였고 그 표현이 바로 '없이 계신 엄ᅌᅳ'라 추측할 수 있다. 그렇다면, 『도덕경』의 내용과 다석의 '없이 계신 엄ᅌᅳ'의 연관성을 살펴보아야 한다.

한스-게오르크 뮐러에 따르면, 『도덕경』에서 도(道)는 성적인 차원을 가지고 있으며, 수많은 시적인 이미지들을 통해서 성적으로 표현된다.[11] 특히 "도(道)는 성적인 이중성에 선행하는 동시에 잠재적으로 그 이중성을 품고 있는 통일체"로서, 어머니로 그려지기도 하고(『도덕경』 20장, 52장, 59장), 또 아버지로 그려지기도(21장) 한다.[12] 하지만 도는 "우주의 남성 파트너와 여성 파트너에 해당하는 하늘과 땅의 이중성에 선행한다. 하늘과 땅은 우주의 남성과 여성이며, 도는 가만히 있으며 텅 비어 있다."[13]

이러한 내용을 토대로 앞의 다석의 일지를 다시 살펴본다면, 『도덕경』의 도를 신론으로 전유한 다석은 '없이 계신 엄ᅌᅳ-압ᅌᅳ'로 어머니와

---

11 한스-게오르크 뮐러/김경희 옮김, 『도덕경의 철학』(서울: 이학사, 2021), 54 참조.
12 뮐러, 『도덕경의 철학』, 67-68 참조.
13 뮐러, 『도덕경의 철학』, 68 참조.

아버지의 은유를 모두 사용함으로써 '하늘'과 '땅', 음과 양, 모두 포괄하는 그의 '무극이태극' 곧 없이 계신 하나님을 도의 측면에서 표현하려 했던 것임을 확인할 수 있다. 이렇게 확장된 해석적 틀을 통해서 앞서 제시한 김흥호의 풀이 내용을 본다면 무아(無我)인 어머니, 대아(大我)인 아버지는 모두 도(道)이자 '무극이태극'의 하나님을 나타내는 표현이다. 하지만 특별히 다석의 신론 안에서 어머니(엄ㅇ)의 은유는 다음과 같은 독특한 의미를 갖는다. 바로 '없이 계신 엄ㅇ'는 땅이라는 것이다. 다음은 1961년 8월 24일 다석이 기록한 일지이다.

잇기

한웋님 계셔 땅으로 우리를 받들게 흔심!
우리가 오히려 땅에 올 받아 하늘을 섬김……
어머니 나를 키우샤 아ㅂ 지뜻 잇기로.[14]

비록 전통적인 가부장적 부모 역할의 모습을 엿볼 수 있기는 하나 여기서 '땅'은 '어머니' 하나님으로서 하늘인 아버지를 섬길 수 있도록 인간을 받들어 키워 한웋님 아버지의 뜻을 이루게 하는 하나님의 또 다른 표현이다. 여기서 주목할 것은 하늘과 땅의 위계적 질서가 아니라 땅으로서 하나님 은유가 가진 신과 세계의 유기체적 관계이다. 비슷한

---

14 류영모, 『多夕日誌』 1, 841. 김흥호는 다석의 이 시를 다음과 같이 풀이한다. "하나님이 하늘에 계셔서 땅으로 우리를 받들게 하시고 우리는 도리어 땅에서 올라온 것을 받아 다시 하늘을 섬기게 하신다. 땅, 어머니는 나를 키우셔서 나로 하여금 아버지를 섬기고 아버지 뜻을 계승하여 아버지 뜻을 이루게 하신다." 김흥호, 『다석일지 공부』 4, 181.

내용이 1964년 1월 25일 다석의 일지에도 등장한다. 다음은 이 일지를 김흥호가 옮기고 풀이한 내용이다.

땅: 웃으운 빛ㄴ소리

벌일건 : 손만 뜨ㅕ라! 내알아홀게. : 엄마 : 말슴
거슬 거슬 거실만 : 삶이라심, 아ㅂ뜻이건!
클둔ㅁㅇ긂 오르며 버린 몬지몸동 떳떳땅!15

이 시에서 다석은 하나님의 모성적 돌봄에 대한 신앙을 표현한다. 모든 인간이 전적으로 의존할 수 있는 어머니 하나님을 향한 표현이 담겨있다. 이 시에 대한 김흥호의 풀이이다.

버릴 것이 있으면 손만 떼라는 어머니 말씀이다. 어머니가 알아서 처리하시겠다는 것이다. 우리는 이 세상에 대하여 집착만 떠나면 된다. 처리는 땅이 알아서 할 것이다. 거슬러 올라가고 거슬러 올라가서 세상을 역행하는 것이 아버지 말씀이다. … 한없이 클 동근 영혼이 하늘에 오리며 버릴 먼지인 몸뚱이는 땅이 떳떳하게 잘 처리할 터이니까 아무 걱정할 것이 없다. … 땅은 모든 만물을 빈 마음으로 받아들여 처리해 주시는 고마운 어머니다.16

마지막으로 다석은 1973년 8월 31일에 어머니라는 시를 지어 이렇

15 류영모, 『多夕日誌』 2, 184.
16 김흥호, 『다석일지 공부』 4, 535.

게 표현한다.

어머니

어머니 오니며는 닉시낄데가업서못ᄂ
오ᄇ디 ᄇ디히 닙히신ᄀ! 여름지어먹고!
ᄒ온웋님 ᄯ무련 ᄒ셔 히들 돌려 주신ᄀ?17

이 시에서 다석은 특별히 생명의 근원이자 존재의 토대로서의 어머
니 하나님을 표현한다. 다음은 이 시에 대한 김흥호의 풀이다.

어머니, 어머니 아니면 내가 이 세상에 끼어 나올 데가 없다. 땅이 없으면
내가 살 데가 없다. 어머니는 아버지의 바지를 해 입히시고 나가서 농사짓
게 하고 여름지어 먹여 살리시는 이가 어머니다. 한웋님은 땅을 마련하여
주시고 해 달을 돌려서 우리를 길러 주시는 아버지신가.18

이와 같이 다석의 신론 안에서 나타난 '어머니'의 은유가 가리키는
내용들을 종합해 본다면 다음과 같다. 다석의 '어머니 하나님'은 다석이
『도덕경』의 도(道) 개념을 신학적으로 전유하여 없이 계신 하나님의
또 다른 측면을 보여주는 신 명칭이며, '땅'의 은유와 연결되어 생명과
살림의 의미를 갖는다. 따라서 『도덕경』의 도가 만물의 어머니이듯이,

---

17 류영모, 『多夕日誌』 3, 539.
18 김흥호, 『다석일지 공부』 7, 400-401.

다석의 신론에서 '어머니'는 생명을 낳고 그 생명을 기르는 도(道)이자 하나님의 또 다른 표현이다. 다음은 다석의 『도덕경』 34장 번역과 다석의 제자 박영호가 이 번역을 옮기고 풀이한 내용이다.

큰길이 둥 떴음이여(뚫렸음이여).
외게도 옳게도로다(이렇게도 저렇게도로다).
잘몬이 믿으라고 나(오)는데 말라지 아니하고
일을 이뤄도 이름 지어 가지지를 아니하고
아껴 기른 잘몬인데 임(자가) 되지 아니하니.
늘 싶음이 없어라,
작음보다 (작다) 이름할 만.

한(큰)얼은 (가없이) 크도다./ 그 왼쪽으로도 오른쪽으로도 (가이없어라)/ 모든 것의 어머니라 낳기를 마다하지 않는다./ 일 이루고도 이름 지어 가지지 않고/ 모든 것을 입히고 먹여 기르나 임자 되지 않는다./ 늘 욕심이 없어/ 어린이로 산다고 이름 지을 만하다.[19]

다석은 어머니의 은유를 통해서 만물을 낳고 기르는 생명의 근원이자 존재의 토대인 만물의 어머니, 즉 '도'로서의 하나님을 표현하고자 하였다. 맥페이그의 몸, 연인, 친구, 어머니와 같은 은유처럼 다석의 어머니 신론은 땅의 은유를 통해 하나님의 내재성은 물론 하나님과 세계의 비대칭적 이원성을 극복하는 은유적 모델을 제시한다.

---

19 류영모, 『노자와 다석』, 270-271.

3장

‘그리스도록’, 믿는 자들의
정체로서 그리스도

I. 다석 그리스도론의 형성 배경

1. 망국의 현실과 새로운 주체성의 요청

그리스도교는 예수 그리스도와 함께 서고 넘어진다. 그리스도교 신앙과 신학의 규범인 예수 그리스도의 인격과 사역에 기초하는 그리스도론은 그리스도교 신학 체계에 있어서 핵심임은 물론 그리스도교 자체에서도 중심이다. 무엇보다 "그리스도론(Christology)은 예수 그리스도에 대한 체계적이고 학문적인 진술"인데, 새로운 시대는 그리스도교 신앙과 신학의 규범인 예수 그리스도를 새롭게 만나기에, 모든 시대는 그 시대가 만나야 할 그리스도를 진술하는 그리스도론을 요청한다. 따라서 예수 그리스도에 대한 신앙적 진술인 그리스도론은 성서의 예수 그리스도와 자신이 처한 시대 사이에 놓인 시공간의 간극을 해소해야 하는 책임을 진다. 요컨대 "새로운 시대는 언제나 예수 그리스도를 새롭게 만나고 진술해야 하는 운명을" 갖는 것이다.[1]

그리스도교 사상가로서 다석이 살았던 시기는 전통적 가치 체계가 급격히 무너지고 있던 구한말과 급기야 국권마저 상실한 망국 조선의 시기부터 시작하여 해방, 한국전쟁, 4·19 의거, 독재 정권 그리고 민주화 운동 등 한국 근현대의 역사적 사건들을 아우른다. '급변'(急變)이라는 용어로 표현하기 적합한 한국 근현대의 일반적인 현상은 그 당시 한국인의 정체성을 뒷받침했던 전통적 가치관과 세계관 그리고 정치적, 사회

---

1 김동건, 『그리스도론의 미래: 글로벌 시대의 예수 그리스도』(서울: 대한기독교서회, 2020), 9-10 참조.

적, 경제적, 정신적 토대가 붕괴하는 가운데 찾아온 총체적 혼란이다. 무엇보다 이 혼란은 다석이 살았던 시대에 정체성의 혼란으로 가장 강하게 표출되었을 것이다. 충(忠)과 효(孝)와 같은 성리학적 이념 체계의 붕괴는 가족과 사회와 같은 공동체 안에서 자신이 누구인지를 설명하는 사회적 정체성의 붕괴로 이어졌고, 근대화의 꿈을 이루지 못한 채 망한 대한제국의 붕괴는 개인으로서 자신을 위치시킬 전체이자 우주의 상실을 의미하는 국가적 정체성의 붕괴로 이어졌을 것이다. 결국 이 모든 것이 가리키는 것은 자신의 정체 곧 개인으로서의 나, 공동체 안에서의 나, 국가와 우주 같은 전체 안에서의 나를 설명할 주체성의 상실이었다.

이런 시대적 퇴락의 상황에서 나타난 뚜렷한 현상은 영적 역동성이다. 1860년 수운 최제우(水雲 崔濟愚, 1824~1864)가 창시한 동학(東學), 1885년부터 서구 개신교 선교사들에 의해 본격적으로 전파되어 민중의 삶을 파고든 그리스도교, 그리고 증산 강일순(甑山 姜一淳, 1871~1909)이 창시한 증산교(甑山敎)와 홍암 나철(弘巖 羅喆, 1863~1916)에 의해 시작된 대종교와 같은 신흥종교운동은 급변하는 혼란스러운 상황과 정체성 상실의 시기에 나타난 영적 역동성과 함께 맞물려 이후 한국 근-현대를 형성하는 강력한 요소로 작동한다. 그렇다면 이 시기에 발흥한 영적 역동성은 분명 그 당시 시대정신이었던 개인의 주체성의 문제에 직면하여 이를 극복할 수 있는 동력을 제공했을 것임을 추측해 볼 수 있다.

이런 시대적 맥락에서 안창호와 이승훈의 애국계몽운동을 계승한 다석의 사상은 주체로서 "'나'를 생각과 삶의 중심과 전면에 내세운 것"[2]을 특징으로 삼는다. 무엇보다 다석은 예수를 "나다운 나를 가진 참되고 바른 인간의 전범"[3]으로 이해했다. 다석에게 주체로서 '나'는 예수의 선포처럼 "길과 진리와 생명의 근원이고 주체이고 목적"[4]이 되며, 더 나아가 그의 주체는 "제 속에서 하나(하나님, 하늘)로 돌아감으로써(歸一), 저마다 하나를 품고 하나를 실현함으로써 저마다 저다운 나가 되어서 전체가 하나로 되는 통일에 이른다."[5] 따라서 다석은 그의 그리스도 이해에 있어 자신의 시대가 직면한 시대정신이자 시대적 과제인 한국인의 정체성, 곧 근대적 개인으로서 나는 누구이며, 개체로서 나는 물론 타자를 포함하는 공동체와 국가를 표상할 전체는 무엇인지에 대한 구상을 가지고 있었음을 알 수 있다. 다석에게 예수는 신앙적 그리스도임을 넘어서 개인의 나를 설명하고 전체의 나를 설명할 주체, 곧 믿는 자들의 정체가 무엇인지를 설명하는 그리스도였다. 이처럼 유교, 불교, 도가 사상 그리고 그리스도교를 회통하여 예수 그리스도와의 만남과 이에 대한 사유를 자신의 시대와 장소의 언어로 풀어낸 다석이야말로 믿는 자들의 정체로서 그리스도를 새롭게 만나고 진술한 한국적 그리스도론을 제시했던 인물이라 말할 수 있다.

2. 견성과 부자유친

다석의 그리스도론에 미친 영향은 종교 사상적 측면에서 크게 둘로 나눌 수 있다. 하나는 불교와 유교 같은 동양 종교 사상의 영향이고, 다른 하나는 서양 종교 사상의 영향, 특히 마이스터 에크하르트와

---

2 박재순, 『도산철학과 씨울철학』, 563.
3 박재순, 『도산철학과 씨울철학』, 564.
4 박재순, 『도산철학과 씨울철학』, 564.
5 박재순, 『도산철학과 씨울철학』, 567.

톨스토이다. 우선 동양 종교 사상의 영향을 살펴볼 때, 다석은 유교의 효와 부자유친 개념, 자아의 소멸을 통해서 무아에 도달하여 ―비록 그 무아란 궁극이라 여겨지는 실체란 없음을 깨닫는 비실체론적 개념이지만― 참자아를 깨닫는 이른바 불교의 견성 개념을 '얼' 개념으로 응축하여 한국적 그리스도론이라 할 효 그리스도론과 얼 그리스도론을 구성한다.

다석의 그리스도론에 미친 동양 종교 사상의 영향을 고찰할 때, 효(孝)의 개념은 다석으로 하여금 예수의 특수성, 다시 말해 예수를 최고의 신앙적 모범으로 이해할 수 있도록 하는 근거가 되었다. 다석은 석가나 노자 등 어느 성인들보다도 예수를 가장 추앙했다. 다석이 예수를 최고의 신앙적 규범으로 정한 이유는 바로 하나님 아버지에 대한 예수의 부자유친(父子有親) 때문이었다. 다석은 이렇게 말했다. "예수가 제일 좋습니다. 예수는 하느님 아버지와 부자유친하였습니다. ― 예수와 하느님 아버지의 부자유친은 4대 복음서에 나타나 있습니다."[6]

하지만 다석은 유교적 개념을 통해 예수 그리스도의 특수성뿐 아니라 얼로서 그리스도의 보편성 역시 주장한다. 다석은 이렇게 말한다. "예수만이 혼자 하느님의 아들(독생자)인가? 그렇지 않다. 사람은 누구나 하느님 아버지의 성령을 받아 얼나로 거듭나면 얼나로는 하느님 아버지의 아들인 것이다."[7] 모든 사람이 그리스도가 될 가능성을 가지고 있다는 다석의 그리스도론은 그와 막역한 관계였던 김교신(金教臣, 1901~1945)을 비롯한 동시대인들은 물론 오늘날에 이르기까지 매우

---

6 박영호, 『다석 전기』, 322.

7 박영호, 『多夕 柳永模 어록』, 159.

독특하면서 급진적으로 보인다. 그러나 다석이 가진 그리스도론을 제대로 이해하려면 다석이 "기독교, 특별히 예수 그리스도를 유불선儒佛仙을 아우르는 동양적 정신의 빛에서 재해석하였으나 구체적인 언표 방식에서는 주로 유교적 개념을 즐겨 사용했다는 사실"[8]을 염두에 두어야 한다. 다석의 그리스도론은 다석이 가지고 있던 동양 종교 사상의 개념들을 통해서 조명되어야 한다는 것이다. 따라서 다석의 그리스도론 형성에 영향을 미친 배경인 동양 종교 사상을 이해함이 우선 필요하다.

일반적으로 다석의 그리스도교 이해에 미친 영향을 크게 두 가지로 보는데, 하나는 톨스토이를 비롯한 서구 종교 사상의 영향이고, 다른 하나는 불교, 유교, 도교, 『천부경』과 같은 동양 종교 사상의 영향이다. 그러나 이 두 가지 중 어느 쪽에 강조점을 두느냐에 따라 다석의 그리스도론을 규정하는 입장이 달라진다. 먼저, 동양 종교 사상의 영향을 강조하는 입장에서 볼 때, 다석의 그리스도론은 토착적이며 한국적인 그리스도교 이해라는 특징이 부각된다.

이정배는 다석이 이어받은 톨스토이의 신학적 영향들, 예컨대 "교회 전통(교파주의)의 거부, 그리스도의 신격화 거부 그리고 대립적 영·육 이해"[9] 등에 지나치게 무게를 두어 평가하는 것을 비판하면서, 오히려 다석은 "자신의 동양적 종교 이해를 바탕으로 직접 성경을 읽고 해석함으로써 기독교의 비서구적 이해의 모형을 제시하였다"라고 주장한다.[10] 이정배는 다석의 그리스도교 이해를 비정통적이고 비서구적인

---

8 이정배, "다석 유영모의 동양적 기독교 이해와 얼 기독론 ―다원주의와 생명신학적 고찰," 김흥호·이정배 편, 『다석 유영모의 동양사상과 신학』, 145.
9 이정배, 『없이 계신 하느님, 덜 없는 인간』, 58.

것으로 규정하고, 톨스토이와 같은 서구적 영향보다 동양 종교 전통의
영향을 더욱 강조한다.

이정배는 다석의 그리스도교 이해의 밑바탕으로 여러 동양 종교
중 가장 먼저 불교를 거론한다. 그 이유는 '얼'을 그리스도로 이해하는
다석의 그리스도론 배경에 불교적 사유가 짙게 배어 있다고 보았기
때문이다. 다석의 얼 개념이 동양 종교 사상의 맥락에서 형성되는
과정을 살펴보면 다음과 같다. 이정배에 의하면, 우리나라에 전래된
불교는 노장사상과 함께 토착화된 불교로서, 감각에 의존하는 현상의
세계인 "유有의 상대 세계를 부정하고 이를 존재케 하는 하나로서의
절대 세계를 상정하는 것으로 완전한 공空과 무無의 개념을 요구한다."[11]
이와 같은 불교의 공과 무 개념으로 설명되는 절대 존재는 다석에게
빈탕, 허공, 절대공과 같은 용어로 재표현된다. 그런데 다석은 절대공과
같은 유일무이한 존재는 외부적 대상이 아니라, 인간 안에서 찾을
수 있는 것으로 이해했다. 이것은 "모든 것의 존재 근거가 되는 절대
존재가 인간 속에서 처음부터 함께하고 있음을, 절대 초월의 내재"[12]를
의미하는 것이다. 다석은 이렇게 인간 안에 내재하는 절대 초월을
가리켜서 '참나' 혹은 '얼'로 언표했다. 참나와 얼은 "주객 도식에 사로잡
힌 인간의 사적 의식의 총체성"[13]으로서의 몸인 사적 자아가 사라지는
불교적인 무아(無我)의 상태와 같다. 다석은 "아我가 없는 곳에서만
참나가 존재할 수 있으며, 참나가 있는 곳에 '한아님'이 계신다"[14]고

---

10 이정배, 『없이 계신 하느님, 덜 없는 인간』, 59.
11 이정배, 『없이 계신 하느님, 덜 없는 인간』, 60.
12 이정배, 『없이 계신 하느님, 덜 없는 인간』, 61.
13 이정배, 『없이 계신 하느님, 덜 없는 인간』, 61.

가르쳤다. 이처럼 "아我로서의 참자아가 깨쳐지는 순간, 이는 불교적으로 말하면 견성見性"15이라 할 수 있는데, 이를 가리켜서 다석 자신만의 표현으로 '가온찍기'(군)라고 불렀다.

하지만 다석은 '가온찍기'(군)를 경험할 수 있는 대상을 성인(聖人)과 같은 특정한 인물로 한정 짓지 않고, 하나님의 생명 씨앗을 가진 모든 인간이 경험할 수 있는 영원의 생명 사건으로 보았다. 이러한 관점에서 다석이 이해한 유일한 절대 존재는 "기독교의 유신론적 절대자가 아니라 모든 인간 속에 존재하는 초월적 본성을 통해서 알게 되는 불교적 무無, 그래서 없이 계신 하느님"16이었다. 따라서 다석에게는 인간의 육으로 태어난 예수는 신성시될 수 없었고, 오직 예수 안에서 깨우쳐진 본성이자 전체의 생명이며, 모든 인간에 내재하는 초월적 절대 존재인 하나님인 '얼'이 그리스도가 될 뿐이었다. 이로써 다석은 "불교적 빔·허공·무의 개념과 깨침의 세계인 '얼'을 통하여 서구 기독교를 한국적으로 이해할 수 있는 근거를 얻었던 것"17이다.

이 같은 다석의 그리스도교 이해에 있어서 불교적 배경에 더하여, 다석의 유교적 배경은 다석의 그리스도교가 가진 생명 신학적 특징을 더욱 선명하게 드러내 준다. 이정배에 의하면, 다석은 비록 유교가 형이상학이 결핍되었다고 보았으나, 유교가 가진 실천력 안에 있는 생명철학적 요소를 강조한다. 이러한 이유로 다석은 "인仁을 체현하여 실행에 옮길 때까지 자기 자신과의 엄격한 싸움"18을 뜻하는 유교의

---

14 이정배, 『없이 계신 하느님, 덜 없는 인간』, 61.
15 이정배, 『없이 계신 하느님, 덜 없는 인간』, 62.
16 이정배, 『없이 계신 하느님, 덜 없는 인간』, 63.
17 이정배, 『없이 계신 하느님, 덜 없는 인간』, 63.

수신(修身) 개념을 특별히 식욕과 성욕을 금함으로 "자신의 몸을 고생시켜 자신을 희생 제물로 내놓는 종교적 행위"[19]로서의 수신으로 받아들인다.

결국 다석은 인간의 사적 자아의 철폐를 뜻하는 불교의 무아(無我)와 유교의 효(孝) 그리고 살신성인(殺身成仁)의 실천적 수신을 결합함으로써, 동양 종교 사상을 배경으로 하여 그리스도교를 재해석하고 재표현할 수 있는 틀을 구성했다. 특히 다석은 유교의 핵심을 효와 부자유친으로 보았는데, 유교적 효 개념은 다석 안에서 하나님과의 합일 다시 말해 절대이자 전체인 '하나'와 일체가 되는 부자유친 개념으로 구체화하여 다석으로 하여금 예수 그리스도를 부자유친의 관점에서 이해할 수 있도록 해주었다.[20]

무, 공, 허, 부자유친, 효와 같은 동양 종교 사상의 틀을 가지고 성서를 비서구적 방식으로 재해석한 다석의 그리스도교 해석과 그에 따른 신학적 사유는 소위 서구 중심의 '정통적' 그리스도교 신학과 비교해 보았을 때, 매우 동양적이고 한국적인 특징을 담아내었지만 동시에 전통적인 그리스도론의 입장에서는 생소하고 급진적으로 보이게 되었다. 무엇보다, 다석의 '토착적' 그리스도교 신앙은 유신론(有神論)을 넘어 그 관념의 토대라 할 수 있는 실재인 '하나'(一)와 마주해야 함을 강조한다. 이와 같은 다석의 그리스도교 해석은 그리스도론에 있어서도 그리스도를 '얼'로 재구성하도록 안내한다.

예를 들어, 다석에게 있어 예수의 하나님 됨 혹은 예수가 가진 독특성은 동정녀 탄생을 통한 신성한 육체가 됨에 있는 것이 아니라,

---

18 이정배, 『없이 계신 하느님, 덜 없는 인간』, 64.
19 이정배, 『없이 계신 하느님, 덜 없는 인간』, 65.
20 이정배, 『없이 계신 하느님, 덜 없는 인간』, 66-67 참조.

예수가 "하느님의 영을 받아 얼나로 솟아나서 절대 존재와 부자불이父子不二적 관계를 이룬 데"[21] 있었다. 다시 말해 예수가 그리스도가 됨은 예수가 보여준 하나님을 아버지라 부른 그 친밀함과 아버지 하나님의 뜻을 온전하게 이루어 낸 효성이 그로 하여금 땅에 대한 집착, 곧 몸나의 유혹을 끊어내고 절대 생명의 참나가 됨에 있다는 것이다. 이와 같은 다석의 그리스도론을 '얼 그리스도론'으로 정의 내릴 수 있는데, 얼 그리스도론의 관점에서는 "그리스도를 어느 특정 개인이 아니라, 우주적·역사적·전 인류적 얼로서 이해한다."[22] 다석에게 있어서 그리스도는 우주 전체의 '얼'이고, 예수의 얼은 곧 성령이었다. 한편, 성령은 다석의 그리스도론을 이해하는 중요한 개념으로서, 성령 이야말로 "내 속에 있는 하느님의 씨, 속알이 바로 예수의 참 생명이자 나의 참 생명"[23]이 된다는 진술로 이어진다. 따라서 다석에게 독생자는 특정한 시대의 특정한 인물인 역사적인 예수에게만 해당되지 않고 절대 존재인 하나님의 씨 곧 속알을 가진 모든 인간에게도 보편적으로 해당될 수 있는 것이다. 결국 다석의 얼 그리스도론은 인간의 근본적이고 보편적인 토대를 그리스도로 이해함으로써 구원론에 있어서도 그리스도의 구속 혹은 대속보다 성령을 더욱 강조하는 결과를 낳는다. 이러한 다석의 해석적 관점에서 십자가의 의미를 고찰할 때, "십자가란 얼나의 뜻을 실현시키기 위해 몸나(제나)를 희생하는 모든 의로운 피 흘림"[24]이 되며, 영생은 "하느님께서 보내시는 성령의 나(얼나)이신

---

21 이정배, 『없이 계신 하느님, 덜 없는 인간』, 70.
22 이정배, 『없이 계신 하느님, 덜 없는 인간』, 70.
23 이정배, 『없이 계신 하느님, 덜 없는 인간』, 70.
24 이정배, 『없이 계신 하느님, 덜 없는 인간』, 71.

그리스도가 내 안에 머무는 상태"[25]가 된다.

간략히 정리해 본다면, 다석의 그리스도론에 미친 동양 종교 사상의 영향을 살펴볼 때 사적 자아의 소멸을 통해서 무아에 도달하여 참자아를 깨닫는 불교의 견성과, 효와 부자유친을 인간의 생명철학적 실천 원리에 둔 살신성인의 유교적 수신이 다석 안에서 '얼'이라는 개념으로 응축되어 다석의 한국적 그리스도론이라 할 얼 그리스도론 구성의 토대가 된다. 이와 같은 동양 종교 사상의 배경에 터하여 보편적 얼을 가진 인간에게 그리스도가 될 수 있는 가능성을 부여하는 다석의 얼 그리스도론은, 얼의 보편적 내재를 통해서 예수의 육체에 신성을 부여하는 니케아 칼케돈 신조의 전통적 서구 그리스도론과 차별화되는 토착적 그리스도론의 한 모형을 제시했다는 데 의의를 둘 수 있다.

3. 에크하르트와 톨스토이

톨스토이의 사상은 단순히 다석의 사상과 구도자적 삶에만 영향을 미치지 않고 그의 신학에도 상당한 영향을 주었음을 충분히 가정할 수 있다. 박영호에 따르면, 다석은 1910년 11월 7일 톨스토이의 죽음 이후 톨스토이를 깊이 연구하기 시작하는데, 톨스토이를 연구한 이후에 다석은 '정통' 신앙에서 '비정통' 신앙으로 전향하게 된다. 다석의 비정통 신앙으로의 전향은 물론 그의 그리스도론 구성에 미친 톨스토이의 신학적 영향력을 추측해 볼 수 있다. 톨스토이가 가진 그리스도교에 대한 이해를 살펴보면 다음과 같다. 톨스토이는 그가 사복음서를 기초로

---

25 이정배, 『없이 계신 하느님, 덜 없는 인간』, 71.

해서 집필한 복음서의 머리말에서 이렇게 기록한다.

그리스도교의 가르침의 원천은 복음서들이다. 나는 이 복음서들 안에서 중요한 것을 발견했다. 그것은 참된 삶을 살아가는 사람들에게 활력을 주는, 영혼에 관한 설명이었다. … 오늘날 우리가 예수의 참된 가르침을 복원하려고 해도 어려운 것은 과거의 그릇된 해석들 때문이며, 이 그릇된 해석의 주요 원인은 그리스도교의 가르침이라는 울타리 안에서 교회의 가르침이 전파되어 왔다는 사실이다. … 나의 이 책은 그리스도교가 고매한 것들과 저열한 것들이 혼합되어 있음을 보여줄 것이다. 또한 그리스도교는 미신이 아니라 그와 반대로 형이상학과 도덕의 가장 신빙성 있는 직감, 삶에 관한 가장 순수하고 완벽한 가르침, 인간 정신이 도달한 가장 높은 빛이며, 정치, 학문, 시, 철학 분야에서 인간의 가장 고상한 모든 행동이 본능적으로 그 근거로 삼는 가르침이라는 것도 보여줄 것이다.[26]

이로 미루어 보아, 다석의 주체적이고 토착적인 '비정통' 신학을 형성함에 미쳤을 것으로 추측되는 톨스토이의 영향은 사복음서 중심, 영혼에 대한 집중적 관심, 교리에 대한 부정적 입장, 도덕적 실천성으로 요약된다. 이와 유사하지만 또 다른 관점에서 다석의 종교 사상에 미친 톨스토이의 신학적 영향을 최인식은 다음과 같이 정리한다. 그것은 교회가 고수하는 전통적이고 교파주의적인 교의에 대한 거부이고, 예수를 신격화시키는 것에 대한 거부이며, 영혼과 육체에 대한 대립적 이해이다.[27] 종합해 본다면, 다석의 그리스도론에 미친 톨스토이의

---

26 톨스토이/이동진 옮김, 『톨스토이 복음서』 (서울: 해누리, 2020), 8, 9, 12.

영향은 예수의 가르침을 복원하기 위한 사복음서에 대한 집중, 예수의 참된 가르침과 대조되는 교리에 대한 거부, 기적과 같은 현상이 아닌 인간 도덕과 고상함에 대한 추구, 그리고 인간 내면에서 찾을 수 있는 영혼에 대한 강조다.

그러나 엄밀하게 말해 다석 사상 일반에 미친 톨스토이의 영향은 그의 일지나[28] 다석의 제자들의 증언을 통해서 확인해 볼 수 있으나, 그리스도론에 있어서 톨스토이가 다석에게 미친 영향에 대해서 다석 자신이 명확하게 기록한 내용은 없다. 다만, 앞서 최인식의 주장을 통해서 제시된 톨스토이의 세 가지 영향, 즉 교파주의 교의와 예수의 신격화에 대한 거부, 영혼과 육체에 대한 대립적 이해는 다석의 그리스도론이 가진 핵심적인 특징들, 예수의 동정녀 탄생 그리고 예수의 인성과 신성의 양립을 강조하는 정통 그리스도교의 교리적 틀을 벗어난 비정통적 그리스도론, 인간 영혼 즉 '얼'에 대한 강조[29], 탐, 진, 치의

---

27 최인식, "다석 유영모의 그리스도 이해," 김흥호·이정배 편, 『다석 유영모의 동양사상과 신학』(서울: 솔출판사, 2002), 173-179 참조. 다석에게 미친 톨스토이의 신학적 영향에 있어서 영혼과 육체에 대한 '대립적' 이해가 다석의 몸에 대한 입장과 동일시되는 것은 아니다. 이 책의 수행-미학적 인간론을 다룬 장에서 상술하겠지만, 최인식은 다석이 영과 육을 대립적으로 이해하여 몸을 부정한 것이 아니라, 얼의 절대적 가치를 드러내기 위해 '몸의 상대화'를 하였다고 주장한다. 무엇보다, 다석은 몸을 통해서 얼로 나아가려고 수행과 양생 등에 많은 관심을 기울였던 것이기에 다석에게 몸은 얼로 나아가는 중요한 통로였다고 이해할 수 있다.

28 다석은 1974년 1월 26일 일지에 다음과 같은 톨스토이에 대한 짧막한 글을 남긴다. "스물 여섯쯤엔 흙꿈이며, 톨스토이 물들! 인제여든딧 되니, 우리시ᄆ을소리들림!" 류영모, 『多夕日誌』3, 679.

29 톨스토이는 인간 영혼을 "인간이 무한한 정신의 아들이라는 사실을 깨닫는 각자의 의식"으로 정의한다. 더 나아가 "하느님은 사람 안에 있는 영혼"이 된다. 또한 인간 영혼은 육체와 현저하게 분리되는데, 톨스토이는 인간이 육체와 뚜렷이 구별되는 자유로우면서 지성적인 영혼이 자신 안에 있음을 인식하며, 바로 이 영혼이 "무한한 것으로부터 나오는 무한한 것으로, 만물의 원천이며 우리가 하느님이라 부르는 그분"이라고 주장한

육체적 욕망의 극복으로 그리스도가 되는 지속적이고 금욕적인 자기극복과 공명하여 다석의 고유한 그리스도론이라 할 수 있는 얼 그리스도론의 한 내용을 구성하게 됨을 확인해 볼 수 있을 뿐이다.

결국 다석의 그리스도론에 영향을 준 주요한 두 가지 범주의 영향들, 동양 종교 전통과 서양 종교 전통, 곧 에크하르트의 독생자 개념과 톨스토이의 인간 영혼에 대한 강조가 귀결되는 지점은 바로 다석의 얼 그리스도론이다. 그리스도가 얼로서 모든 인간에게 주어져 있다고 이해하는 다석의 얼 그리스도론은 그리스도의 보편성에 근거해서 그리스도교뿐 아니라 모든 종교에 동일한 구원과 진리를 담지하고 있다는 의미에서 다석의 종교정체성의 입장을 종교다원주의로 주장하는 근거로 주로 제시되어 왔다. 그러나 동시에 다석의 그리스도교 신앙 중심성 역시 동일하게 주장되어 온 것도 사실이다. 따라서 다석의 그리스도교 신앙 정체성을 어느 입장에 놓고 볼 것인지에 따라 다석의 그리스도론의 내용이 크게 달라진다고 볼 수 있다. 그렇다면 다석의 그리스도교 신앙 정체성은 어떻게 규명되는지를 살펴보기로 하자.

다. 톨스토이, 『톨스토이 복음서』, 52, 62, 76 참조.

II. 다석의 그리스도교 신앙 정체성 문제

1. 다석과 종교다원주의

전통적인 그리스도론은 구원에 있어서 그리스도의 특수성(혹은 절대
성)을 고수함으로써 그리스도 중심성은 물론 더 나아가 배타성 역시
뚜렷이 보여준다. 하지만 현대 사회의 종교다원주의라는 상황은 그리스
도 중심성에 대한 도전은 물론 타종교와의 평화로운 공존이라는 과제를
그리스도교에 부여한다. 이 같은 도전과 과제 가운데, 그리스도의 인격
과 사역이 구원에 있어서 절대적이라 보았던 그리스도론이라는 주제는
종교다원주의 논쟁에 있어서 핵심이 되었지만, 예수 그리스도의 상대성
과 절대성의 각 주장이 가진 타당성에 대한 문제는 여전히 해결되지
못한 채로 남아있어 이에 대한 재고찰을 요구하게 되었다. 여기서는
다석의 그리스도론에 나타난 그의 신앙 정체성을 종교다원주의로 보는
입장을 살펴보고, 이에 반대하는 입장으로서 필자는 다석의 신앙 정체성
을 종교다원주의로 규정하는 것보다 주체적 사건에 정초한 그리스도교
적 정체성으로 규정함이 더욱 타당하다는 설명을 제시하고자 한다.

그리스도론의 다원성과 특수성의 논쟁이라는 맥락에서 다석의 독특
한 그리스도론인 얼 그리스도론은 이에 대한 새로운 활로를 모색한다.
다석의 그리스도론을 '얼 그리스도론'(혹은 얼 기독론)으로 명칭한 가장
최초의 사례는 1995년에 발표된 최인식의 논문, "多夕 柳永模의 그리스
도 이해 —그리스도 유일성과 다원성의 만남"이다. 이 논문에서 최인식
은 다석신학의 핵심을 '얼'로 규정하고 얼 사상에 기초하여 다석의
그리스도론을 '얼 그리스도론'으로 설명한다. 곧이어, 1996년 이정배는

"기독론의 한국적 이해 —아래로부터의 기독론과 얼(생명) 기독론"에서 '얼 기독론'이라는 용어로 다석의 그리스도론을 설명하는데, 여기서는 다석의 '얼 기독론'이 가진 생명신학적 특징을 주로 강조한다. 이후에 위 두 논문은 2002년에 8명의 저자가 집필한 11편의 논문들을 김흥호와 이정배가 엮은 책인 『多夕 유영모의 동양사상과 신학』에서 재등장한다. 이후, 다석의 얼 그리스도론에 대한 후속 연구[1]는 이정배와 최인식, 이 두 학자가 제시한 내용에서 크게 벗어나지 않는다.

앞에서 제시한 이정배와 최인식의 두 논문은 다석의 그리스도론을 동일하게 얼 그리스도론(최인식) 혹은 얼 기독론(이정배)으로 규정하지만, 이에 접근하는 방식과 그 성격을 규명하는 출발점은 정반대이다.[2]

---

1 다석의 얼 그리스도론을 다룬 학위논문은 다음과 같다. Park Myung Woo, "Building a Local Christian Theology in the Context of Korean Religious Pluralism: A Critical Analysis of the Theology of Ryu Yongmo (1890-1981)" (Ph.D. diss. University of Edinburgh, 2001); 류재신, "다석 유영모의 그리스도이해" (한신대학교 석사학위논문, 1997); 정용철, "다석 유영모의 그리스도론에 관한 연구" (강남대학교 석사학위논문, 1998); 허성구, "류영모의 예수 그리스도 이해에 관한 연구" (강남대학교 석사학위논문, 2002); 황승재, "다석 유영모의 얼-그리스도론" (한신대학교 석사학위논문, 2008); 윤건희, "多夕 유영모의 얼 그리스도론" (감리교신학대학교 석사학위논문, 2012).

2 최인식은 위의 논문에서 '정통교의'의 입장에서 종교다원주의의 도전에 대응하는 "변증신학적" 태도로 종교다원주의자로 소개된 다석의 얼 그리스도론을 다룬다. 최인식은 다석의 "예수 그리스도의 유일성 신앙고백 사건"에 초점을 맞추고, 다양한 종교의 진리를 '탈종교화'하여 얼로 통합한 다석의 신학적 사유의 배경에는 예수 그리스도의 유일성에 대한 신앙고백이 전제되어 있다는 결론을 내린다. 다석은 얼 사상을 기초로 모든 경전의 가르침을 보편적으로 이해하여 다양한 신앙적 체험에 대해 개방하면서 귀일을 추구한다는 것이다. 또한 최인식은 다석의 신학을 "얼의 신학"으로 규정하고, "성령의 무한 보편적 본질을 강조"함으로써 다석의 그리스도론을 "영-그리스도론"이라 명칭한다. 종합해 보면, 얼 그리스도론을 통해 나타난 다석의 그리스도 이해는 다원적이라 할 수 있지만, 다석의 다원적인 그리스도론의 바탕은 그리스도 유일성의 신앙고백이라는 것이다. 최인식, "多夕 柳永模의 그리스도 이해," 「종교연구」 11 (1995) 참조. 반면, 이정배는 위로부터의 그리스도론으로 대표되는 정통신학의 교의적이고 형이상학적인 기독론의 한계 상황에서 아래로부터의 그리스도론을 통해 다원적이고 해방적인 관점을 취하여 다석의 "얼 기독론"을 자기 전통에

우선 현재까지 이루어진 다석의 그리스도론에 대한 평가는 주로 그리스도 중심주의를 강조하는 서구의 로고스 그리스도론, 곧 위로부터의 그리스도론이 가진 한계라는 맥락에서 이루어져 왔다. 이런 맥락에서 다석의 그리스도론을 토착적이고 한국적인 얼 그리스도론으로 정의하고 활발하게 연구를 진행한 학자는 이정배다.[3]

이정배는 예수의 인성과 신성을 모두 강조함으로써 예수의 형이상학적 본성의 위상을 정립하려는 '위로부터의 그리스도론'은 예수 그리스도가 가진 성육신적 신비를 담아내고자 한 의의가 있지만, 동시에 그것이 가진 한계도 있음을 지적하는데, 그 한계란 성서가 말하는 예수의 상(像)에서 벗어나 인간으로서의 예수의 삶을 진지하게 고려하지 못하고 특정한 역사적 존재로 신적 로고스를 독점시켰다는 점이었다. 이정배는 이러한 위로부터의 그리스도론이 가진 한계에 대응하여 예수의 삶과 생애 그리고 사역과 활동을 통한 그리스도론의 모형인 '아래로부터의 그리스도론'을 그 범주로 설정하고 여기에 인간 보편성과 역사로서의 계시를 주장한 판넨베르크의 사유와, 모든 종교가 초월적 실재에 대한 경험을 가지고 있다고 이해함으로써 그리스도론의 배타성과 절대성에 이의를 제기한 존 힉의 신학적 사유를 기초로 하여 다석의 그리스도 이해를 한국적이고 아시아적인 그리스도론으로 정립하고자 했다.[4]

성실한 참여를 이룬 동양적이고 한국적인 신학의 대표적인 예로 제시한다. 이정배, "기독론의 한국적 이해 —아래로부터의 기독론과 얼(생명) 기독론," 「한국조직신학논총」 2 (1996) 참조.

3 단행본을 중심으로 다석의 그리스도론과 관련한 이정배의 연구는 다음을 참조하라. 이정배, 『없이 계신 하느님, 덜 없는 인간』(서울: 모시는 사람들, 2009), 『빈탕한데 맞혀놀이 —多夕으로 세상을 읽다』(서울: 동연, 2011).

4 이정배, 『없이 계신 하느님, 덜 없는 인간』, 28-41 참조.

무엇보다 이정배는 다석의 얼 그리스도론을 서구 그리스도론의 한계를 극복할 토착적 그리스도론의 대표적 유형으로 본다. 다석의 그리스도론을 살펴봄에 있어서 이정배의 '얼 기독론'을 미리 들여다보는 작업이 중요한데, 그 이유는 이정배의 주장이 다석을 종교다원주의자로 보는 일반적 흐름의 대표적 예가 될 수 있기 때문이다.[5] 이정배는 다석의 생애와 신학적 사유 안에서 발견되는 유, 불, 선의 동양 종교 사상의 회통을 근거로 다석의 그리스도교 이해와 얼(생명) 그리스도론을 "종교다원주의 사조의 철저한 내재화"[6]로 이해한다. 그리고 이러한 주장의 근거는 바로 인간의 본성이자 하나님의 영이라 할 수 있는 '얼'이다.

> 다석에게 성령은 하느님의 영이자, 인간의 바탈(本性)이고 참나인 성령이다. … 모든 인간 속에 하느님 영(그리스도)이 있으며, 그것을 바탕으로 수행(고행, 십자가)하면 누구나가 그리스도가 될 수 있다고 본 다석의 종교다원주의는 서구 다원주의의 급진적 내재화(보편성)라고 할 수 있다.[7]

얼을 근거로 하여 다석의 신학을 종교다원주의의 틀에서 다룬 이정배의 학문적 배경에는 그의 박사논문 지도교수인 프리츠 부리(Fritz

---

5 다석을 종교다원주의자로 보는 대표적 입장으로는 정양모가 있다. 정양모는 현대 종교학계의 표현을 빌려 다석의 신론을 "신 중심 종교다원주의"로 명명하면서 다석의 그리스도론을 "얼그리스도관"이라 부르는 데 동의한다. 정양모, 『나는 다석을 이렇게 본다』, 59. 하지만 김흡영은 다석을 종교다원주의로 규정하는 '일반적인' 경향에 대해 비판하는데, 다석에게 적용되는 종교다원주의 자체가 서구적 유형론으로서, "다석 사상을 서양의 맥락에서 평가하는 맥락 착오적 오류"라고 주장한다. 김흡영, 『가온찍기』, 52.

6 이정배, 『없이 계신 하느님, 덜 없는 인간』, 58.

7 이정배, 『없이 계신 하느님, 덜 없는 인간』, 20.

Buri, 1907~1995)의 영향력을 고려할 수 있다. 박재순에 의하면, 불트만의 제자인 부리는 탈교리화와 탈케리그마를 주장한 신학자이다. 불트만은 기독교 신앙이란 역사적 예수에 근거하는 것이 아니라 "예수 십자가 죽음과 부활에 관한 기독교의 선포"[8]인 케리그마에 근거할 뿐이라 주장했다. 불트만의 비신화화는 이와 같은 케리그마에서 신화적인 교리를 벗겨내어 그리스도교의 순수한 신앙적 실존에 이르고자 하는 작업이다. 부리는 여기서 더 나아가 케리그마 자체에서도 벗어나 "이성적이고 영성적인 인간실존, 생명과 정신의 실존에 충실"[9]하고자 했으며, 그 결과로 그리스도교 케리그마에 얽매이지 않고 타 종교와의 대화를 통해서 그 '생명과 정신의 실존'에 이르고자 했다.[10] 이와 같은 탈교리화, 탈케리그마, 생명, 정신이라는 부리의 신학적 주제들이 다석의 신학과 공명하는 부분이 있으며, 동시에 이정배가 구성한 다석의 그리스도론에도 커다란 영향을 미쳤음을 예상해 볼 수 있게 된다.

그렇다면, 다석의 그리스도론을 종교다원주의의 범주 안에 두고 설명하는 것이 적합한 것인가에 대한 질문이 제기된다. 동시에, 이와 같은 질문이 갖는 또 다른 함의는 다석을 종교다원주의자로 규정함이 다석의 그리스도론에 있어서 다석 자신의 다원주의적 입장은 물론 신앙 정체성까지 양립시킬 수 있느냐 하는 점이다. 우선, 길희성이 정리한 종교다원주의에 대한 정의를 살펴보자면, 종교다원주의는 우리가 사는 세계와 사회에 다수의 종교가 공존하고 있는 현실을 인식하고 수용하여 이 다원성을 긍정적으로 수용하는 신학적이고 종교적인 입장

---

8 박재순, "다석학파가 본 얼 기독론, 스승 기독론," 「기독교사상」 (2012), 143.
9 박재순, "다석학파가 본 얼 기독론, 스승 기독론," 143.
10 박재순, "다석학파가 본 얼 기독론, 스승 기독론," 143.

이다. 더 나아가 종교다원주의는 자신의 종교 외에 다른 종교들에 대해서도 그 도덕적 가치를 적극적으로 인정하거나 그 종교적 주장이나 진리 인식까지 긍정적으로 받아들인다. 무엇보다 그리스도교의 경우에는 타 종교를 통해서도 구원이 가능하다는 견해까지 지지할 수 있어야 종교다원주의라 할 수 있다.[11] 이러한 종교다원주의가 가진 중요한 함의는 종교다원주의가 각 종교 간의 차이를 무색하게 만들지 않는다는 것이며 이는 각 종교의 궁극적인 일치함을 주장하는 것이지 어떤 작위적인 통합이나 일치를 말하는 것이 아니라는 사실, 곧 "진정한 다원주의는 종교 간의 차이를 끝까지 인정하는 다원주의여야 한다는 것이다."[12] 따라서 종교다원주의자들은 종교에 대한 이해에 있어 역사적 실체로 철저하게 인정하고 있음과 동시에 종교는 결국 방편이자 수단에 지나지 않는다고 본다.[13] 따라서, 종교다원주의의 정의로 비추어 볼 때, 유, 불, 선을 회통하고 하나님은 물론 부처와 성인들에게도 기도를 올린[14]

---

11 길희성, "종교다원주의 ―역사적 배경, 이론, 실천," 「종교연구」 28 (2002), 7 참조.

12 길희성, "종교다원주의," 15.

13 길희성, "종교다원주의," 15 참조.

14 1961년 2월 6일 다석의 일지를 보면, 다석이 하나님뿐 아니라 부처와 성인들에게 기도하는 글이 나타난다. 김흥호의 옮김과 풀이를 보면 아래와 같다.
　　얼얼들은 삶이오

　　않날저울날칾과 않낳준 어베 그립사오니
　　한웋님이시어 깬불이시어 이에수 없나
　　월홀로 한늘도라근 얼얼들아 삶이오

　　생산하지 않겠다는 저울질 계획, 생산하지 않겠다는 날카로운 칼날 같은 결단, 결국 생산하지 않고 남을 보살펴 주는 어른 어버이가 그립다. 하나님이시여, 깬 부처시여, 여기 힘없는 내가 있사오니 혼자 살다가 하늘로 돌아간 많은 성인이여, 이 땅을 살펴 주시고 나를 도와주소서.
　　김흥호, 『다석일지 공부』 4, 29 참조.

다석은 이정배의 주장처럼 종교다원주의자로 규정되기도 한다.

그러나 모든 종교를 균일한 정도의 진리 체계를 가진 것으로 인정한다는 의미에서 다석을 종교다원주의자로 규정하기보다, 자신의 종교적 정체성의 우위[15]를 견지함과 동시에 다른 종교들의 진리성을 인정하고 수용하였다는 점에서 그를 주체적 사건에 기초한 그리스도교 중심적 신앙정체성의 우위를 가졌다고 보는 것이 더욱 타당하다.[16] 주체적 사건은 여러 종교 중에서 자신의 신앙 정체성을 형성한 종교의 진리성을 '종류'가 아닌 '정도'의 차이에 있어서 그 진리의 우위를 주장하는 근거가 된다. 다른 종교들의 진리성을 인정함과 자신의 신앙 정체성 우위를 양립시킬 수 있는 것은 바로 이 주체적 사건 때문이다. 알랭 바디우(Alain

---

15 이후에 본 장에서 제시될 다석의 그리스도교 정체성 부분에서 이 사실을 논의할 것이다. 다석은 다양한 진술들로 그리스도교 중심적 신앙 정체성을 보여준다.

16 필자의 주장과 유사한 범주는 "다원주의적 포용주의"(Pluralistic Inclusivism)를 제시할 수 있다. 우선, 다원주의적 포용주의를 처음으로 제시한 옥덴(Schubert M. Ogden)에 따르면, 다원주의적 포용주의는 참된 종교는 "최소한 하나 이상"이고, 그것이 "참인 한에서 참된 종교가 여럿이 있을 수 있음"을 뜻한다. S. M. Ogden, *Is There Only One True Religion or Are There Many?*, 107 참조. 다원주의적 포용주의에 관한 옥덴의 이러한 정의가 종교다원주의와 다를 바 없는 것처럼 보일 수 있다. 하지만 필자는 참된 종교가 다수이고 실제로도 그러하다고 주장하는 종교다원주의와 다원주의적 포용주의 사이의 차이점은 다원주의적 포용주의의 경우 자신의 종교를 참된 종교 즉 진리로 판단할 수 있는 준거점을 신앙적 주체에 둔다는 점에 있음을 주장한다. 다시 말해 모든 종교에 구원의 가능성이 있을 수 있지만 개인의 특정 종교가 참된 종교가 될 수 있는 것은 그 종교 안에서 구원이 역사적으로 재현됨에 달려있는데, 이를 판단할 수 있는 것은 자신의 종교를 참된 종교로 경험한 주체에 달려있다는 것이다. 또한 다원주의적 포용주의에 대한 한인철의 설명에 의하면 종교들 사이에 공통 기반으로 실존적 진리가 현존한다는 사실이 놓여있으나, 각 종교가 실존적 진리를 재현하는 방식에 있어서는 철저하게 역사적이기에 차이를 갖는다. 따라서 참된 종교가 실존적 진리를 재현함에 있어서의 그 결정성이나 충분성을 판단함에 있어서 주관적일 수밖에 없으며, 따라서 어떤 종교가 참된 종교인지를 결정하는 것은 특정 종교에 속한 종교인들 자신이라 말할 수 있는 것이다. 한인철, "오그덴의 다원주의적 포괄주의," 「세계의 신학」 22 (1994), 107-110 참조.

Badiou)의 표현을 빌려 주체적 사건을 더욱 구체적으로 주장하자면, "진리는 사건적인 것, 즉 도래하는 것"17이기에 개별적이면서 동시에 "진리란 본질적으로 주체적인 그러한 선언의 토대에 기입되기 때문에"18 보편적이다. 그러나 무엇보다 "진리는 전적으로 주체적"19이기에 진리에 대해서도 이를 증언하는 주체적 선언이 가능해진다고 말할 수 있다. 따라서 종교적 진리는 보편적이면서도 동시에 개별적일 수 있으며, 이 보편성에 터하여 자신의 종교적 진리에 대한 개별적인 주체적 진술 역시 가능해진다. 다시 말해 각 종교는 개별적이면서도 보편적인 진리 가능성을 담지하고 있으며, 실존적 진리의 역사적 재현 곧 자신의 실존적 경험에 근거해서 자신의 종교가 참된 종교이자 체험적 진리임을 주체적으로 주장할 수 있는 것이다.

다석은 다양한 동아시아 종교 전통의 진리 가능성을 인정함과 동시에 타 종교와 그리스도교를 무차별적으로 동일시 내지 혼합한 것이 아니라 자신의 신앙적 정체성인 그리스도교적 신앙을 그 바탕으로 삼고 유, 불, 선 등 동양 종교 사상을 통해서 자신의 체험적 진리를 주체적으로 표현하였다. 비록 다석의 자료들 안에서 '사교회통'(四敎會

---

17 알랭 바디우, 『사도 바울 ―'제국'에 맞서는 보편주의 윤리를 찾아서』 (서울: 새물결, 2008), 32.

18 바디우, 『사도 바울』, 32.

19 바디우, 『사도 바울』, 33. 바디우는 '보편적 개별성'이라는 자신의 문제의식을 사도 바울을 통해서 설명하며 다음과 같은 주장을 펼친다. 우선, 그리스도교 주체는 그리스도의 부활이라는 사건보다 먼저 존재하지 않으며, 그리스도의 부활 사건을 확신하는 선언으로서 진리는 전적으로 주체적이어야 한다. 또한 바디우는 진리를 계시가 아닌 하나의 과정으로 보기 때문에 진리를 선언하는 것보다 그 진리 대한 선언의 충실성이 결정적으로 중요해진다. 알랭 바디우, 『사도 바울』, 33-34 참조. 이런 맥락에서 필자는 사건적인 것으로서의 진리 개념과 그 사건을 경험한 주체야말로 진리의 보편성과 개별성을 양립시키는 핵심적 요소로 보기 때문에 바디우의 위와 같은 진술을 언급한다.

通)의 사상가로서 보여주는 종교적 다원성과 '하나' 안에서의 일치를 지향하는 표현들이 보이지만, 이와 함께 그리스도교 정체성을 표현하는 부분들 역시 더욱 뚜렷이 나타난다. 다석은 예수를 책선(責善)하는 이이자 유일한 스승으로 부르는데, 무엇보다 그가 『성서조선』에 기고한 글인 '부르신지 三十八年만에 믿음에 드러감'은 다석이 가진 그리스도교적 신앙 정체성을 매우 분명하게 드러낸다.

요약하자면, 다석은 주체적으로 그리스도교적 정체성을 유지하면서도 동시에 다양한 종교들의 진리 가능성을 인정하는 입장을 가지고 있었다. 종교다원주의는 '모든' 종교의 '진리 가능성'이 아닌 '진리 담지'를 주장한다. 그러나 '어떤' 종교의 진리 가능성을 인정함과 동시에 그 진리 가능성에서 진리 자체임을 주장할 여부를 판단하는 것은 주체적 경험 내지는 주체적 사건에 달려있다. 따라서 모든 종교를 하나로 회통하지만 자신의 정체성을 그리스도교로 본 다석의 종교적 입장을 단순한 종교다원주의로 규정할 수 없다.

다석의 진술들에서 나타난 다른 종교들의 진리 가능성을 살펴보면, 앞서 이 책의 서론에서 신학방법론을 다룰 때, 슈라이터가 제시한 것처럼 그리스도를 보편적 지혜로 인식하는 지혜 신학 방법론에 부합한다. 지혜 신학 방법론은 그리스도교 전래 '이전에'(before) 그리고 '이미'(already) 활동하고 있는 그리스도에 대한 인식에 기초하고 있다. 따라서 다석의 종교다원주의적 진술 안에 담긴 타 종교의 진리 가능성에 관한 내용들은 지혜로서의 그리스도라는 관점에서 조명되어야 한다. 이러한 지혜 신학의 관점에서, 아래와 같은 다석의 진술들은 다석이 자연계시를 통해서 그리스도교의 계시는 물론 다른 종교 전통의 계시 역시 인간성 완성을 위한 진리로 인정한다는 사실을 보여준다. 아래 진술에서 다석은 실존적 진리는 천지자연에 "글월" 곧 "자연 우주의 문장"으로 기록되어 있음을 주장한다. 이 "하늘의 글월"을 통해서 인간은 인간 본연의 모습으로 되돌아간다.

> 하늘의 무한한 공간에 있는 천지자연이 모두 글월입니다. … 자연 우주의 문장을 읽히는 것은 어려서 철없이 하던 짐승 버릇을 잃게 하기 위한 것입니다. … 하늘의 글월을 읽게 해주면, 그러니까 알게 해주면 이승 버릇은 저절로 잃게 됩니다.[20]

또한 다석은 그리스도교만이 절대적 진리라는 배타적 주장 대신 각 종교의 진리 가능성을 주장한다. 다석의 입장에서 보면 그리스도교는 물론 불교도 유교도 진리의 말씀이며, 그리스도인뿐 아니라 다른 종교 전통 안에 있는 사람들도 하나님을 찾는 구도자가 될 수 있다.

> 기독교만 말씀(로고스)이 아니다. 불교도 말씀이다. 설법(說法)이라 하는데 법(法)이란 진리(Dharma)란 말이다.[21]
> 유교에서 유학(儒學)하는 사람도 분명한 점은 늘 하느님을 찾았다는 것이다. 증자(曾子)시대만 하여도 천(天)이라는 말로 하느님을 찾았다.[22]

더 나아가 지혜로서 그리스도는 구약뿐 아니라 동양의 경전들을 통해서도 자신을 드러냈다. 따라서 다석은 신약 즉 그리스도의 복음을

---

20 류영모, 『다석 강의』, 104.
21 박영호, 『多夕 柳永模 어록』, 425.
22 박영호, 『多夕 柳永模 어록』, 433.

알기 위해서는 동양 경전 역시 "구약 대접"을 해주어야 한다고 말한다.

> 성경 속의 말씀 아니면 진리가 아니라고 할까요? … 공자, 맹자에 사서삼
> 경을 구약 대접을 꼭 해야 합니다. 신약이 제일이고 구약을 쓸데없다란
> 건 다 망령의 말입니다. 구약을 모르면 신약을 모릅니다. 동양 사람도 사
> 서삼경 모르면 성경도 몰라요.[23]

다석의 경전론을 살펴보면, 성경의 신약과 구약 그리고 다른 종교의
경전들은 "나간 만큼 나갈 말"로서 서로 동일한 지위를 갖는다.

> 변경하여 사는 일이 불꽃이 되는지는 모르겠습니다만, 천 년이 가도 만
> 년이 가도 변하지 않는 말씀인『성경』이나『불경』이나 유교 경전은 '나간
> 만큼 나갈 말'입니다. 혹 이렇게 말씀드리면 우상 숭배라고 할지 모르겠습
> 니다만, 이 사람에게는 그것이 모두 '나간 만큼 나갈 말'로 들리는 것을
> 어쩔 수 없습니다.[24]

다석은 은연 중 신약의 궁극성을 드러낸다. 이들 경전들은 개별적이
거나 독립적이지 않고 유기적으로 연결되어 서로를 해석함으로써 전체
를 드러내는 상호보완적 관계를 맺고 있다. 따라서 신약의 궁극성은
다른 종교와 맺고 있는 상호보완적 관계를 통해 성립한다.

---

23 류영모,『다석 마지막 강의』, 34.
24 류영모,『다석 강의』, 233.

그리스도교인은 『성경』하면 신약을 주로 생각하는데, 『신약』의 말씀도 『구약』을 알아야 제대로 이해할 수 있습니다. 마찬가지로 이 사람은 다른 종교의 경전도 다 『구약성경』과 같다고 봅니다.[25]

무엇보다, 다석은 우리 땅 우리 민족에게 나타난 하나님의 계시를 강조했다. 그 대표적인 것이 바로 한글과 우리 역사다. 다석에게 훈민정음[26]과 역사는 곧 '복음'이었다. 1971년 3월 3일 다석이 남긴 '정음설교' (正音設敎)라는 제목의 한시이다.

正音設敎

日課至誠達天道 言正理順心靈覺
舍一聲明正音言 意識史記永福音[27]

김흥호는 다석의 이 시를 다음과 같이 풀이하였다.

훈민정음訓民正音, 우리 나라 한글이 하나님의 뜻을 계시啓示하는 복음이요, 우리는 한글을 가르치는 것이 진리眞理를 가르치는 설교가 된다. … 훈민정음은 바른 소리 말씀인데 그것은 함일성명含一聲明이다. 성명聲明은 소리 울림, 빛 밝힘이고 함일含一은 진리를 내포하고 있다. 우리 한글에는 진리가

---

25 류영모, 『다석 강의』, 140.
26 『다석일지』에 나타난 훈민정음체에 담긴 언어철학적 특징들에 대한 더욱 자세한 연구는 다음을 참조하라. 김우영, "『多夕日誌』의 훈민정음체에 대한 언어 철학적 연구."
27 류영모, 『多夕日誌』 3, 39.

II. 다석의 그리스도교 신앙 정체성 문제 | 253

내포되어 있다. … 역사를 의식하고 쓴 것이 성경이다. 역사는 하나님의 심판이다. 사경史經은 하나다. 역사歷史가 성경이요 성경이 역사다. … 성의 로 사기를 기록했으면 영원한 복음이다.[28]

이로 미루어 볼 때, 다석의 그리스도론은 얼의 보편성, 자연계시, 복음의 보편적 역사성을 통하여 타 종교 안에도 '말씀'과 로고스의 진리가 담겨있고, 이를 통해 궁극적 실재 안에서 '하나'의 일치를 이루고자 함은 물론, 우리 민족의 땅과 시대에 나타난 하나님 계시의 주체성을 강조하는 한국적이고 토착적이면서 신 중심적이고 다원주의적인 요소가 돋보인다.

그러나 다석을 종교다원주의라는 범주에 적용하기 어려운 지점이 있는데 그것은 바로 그의 그리스도교 신앙에 대한 뚜렷한 강조다. 다석은 그리스도교 신앙 정체성을 중심으로 다양한 종교 전통들 곧 그리스도교 수용 이전과 이후에 자신의 종교 정체성을 구성한 동양 종교 전통을 그리스도교 신앙을 바탕으로 재수용하고 융합했다.[29] 또한 다석의 신앙적 진술들을 다원주의라 주장할 수 없는 또 다른 이유는 종교다원주의의 논리가 가진 결함에 있는데, 자신의 종교와 다른 종교의

---

28 김흥호, 『다석일지 공부』 6, 402.

29 이러한 연구자의 입장과 같은 입장에서 다석의 그리스도교 중심적 신앙 정체성을 다룬 연구는 윤덕영의 "多夕 柳永模와 Søren Kierkegaard의 기독교 사상 비교 연구 ─실존적 자아에 기초하여" (한국학중앙연구원 철학박사학위논문, 2009)이다. 실존적 자아 개념에 기초해서 다석과 키에르케고어의 기독교 사상을 비교 연구한 이 논문에서 윤덕영은 다석의 인간 이해를 참나와 제나의 '두 자아 이론'으로 규정하고, 무엇보다 다석의 실존적 주체성을 그리스도교 신앙에 중심을 두고 분석한다. 윤덕영, "多夕 柳永模와 Søren Kierkegaard의 기독교 사상 비교 연구─실존적 자아에 기초하여" (한국학중앙연구원 철학박사학위논문, 2009) 참조.

차이를 진리 가능성이 아닌 진리의 다양성으로 인정한다는 것이 사실상 불가능하기 때문이다. 다시 말해 서로 다른 종교 간에는 차이가 존재하는데, 그러한 차이는 종교들 사이에서 가치의 우열을 발생시키고 이 우열로 인해 특정한 종교적 정체성의 우위가 드러난다는 것이다. 비록 특정 종교의 정체성을 그 종교와 다른 종교를 비교함을 통해 그 우열을 기계적인 방식으로 가리지는 않지만, 종교 간의 대화나 다원성의 상황에서는 그 차이로 인해 비교나 분별이 자연적으로 발생하고 그 과정에서 우열의 판단이 내려진다. 여기서 자신의 신앙 정체성 우위를 주장할 수 있는 진리 판단의 준거점은 주체적 사건으로 인한 신앙 정체성이다. 종교다원주의적 상황에서 발생하는 종교들의 경합에서 자신의 우위를 주장하는 종교들은 다양성을 통해서 오히려 더욱 큰 궁극적 실재에 대한 진술을 구성해 나간다. 그래서 다양성의 확보가 필수적이다. 그럼에도 서로 간의 경합은 피할 수 없고 이 과정에서 각자만의 종교 정체성이 구성됨과 동시에 더 큰 궁극적 실재의 설명을 위한 구성요소가 된다. 따라서 그 과정에서 이루어지는 종교들 간의 경합은 다양성의 소멸로 향하지 않고 각 종교가 가진 다양성이 조화를 향한다. 그리고 그 과정에서 도출되는 우위가 자신의 종교 정체성이 된다.

결국 모든 종교를 평면적으로 균일하게 판단을 내리는 종교다원주의란 성립할 수 없다. 다만, 평화로운 공존을 위한 정서적인 다원주의가 주어질 뿐이다. 따라서 모든 종교를 균일한 가치로 보는 종교다원주의의 범주로 다석의 그리스도론을 규정하는 것은 재고해야 한다.

2. 다석의 그리스도교 신앙 정체성

다석은 자신의 그리스도교 신앙 정체성을 토대로 타 종교의 진리체계를 주체적으로 수용하고 재구성하였다. 지금까지 이루어진 다석의 사상과 그의 종교적 정체성에 대한 연구는 주로 종교다원주의적 입장에서 다루어져 왔다. 하지만 다석은 분명 그리스도교 신앙정체성의 '우위'를 가지고 있었다. 다석의 그리스도교 정체성을 규명하자면, 다석 안에서 그리스도교 전통의 상징과 언어를 통하여 그리스도와의 만남을 표현한 자료들을 면밀히 분석해야 할 것이다.

이에 대한 가장 대표적인 예는 다석이 52세가 되던 해인 1942년 1월 4일에 경험한 '회심'30 체험을 담은 글로서 동일한 해에 『성서조선』에 기고한 '부르신지 三十八年만에 믿음에 드러감'이라는 제목의 글이다. 그 내용 중 일부를 보면 다음과 같다.

> 多夕生의 萬八千日을 생각해 보시려면 몇몇 兄姊께 먼저 간증해야 할 것은 생이 그때 분명 말슴하기를 「내게 實踐力을 주는이가 있으면 그가 곧

---

30 박정환은 윌리엄 제임스의 회심(conversion) 개념을 통해서 다석의 삶과 사유의 변화를 분석하는 연구를 했다. 다석이 지닌 종교다원주의적 태도로 인해 신에게로 '가고 옴'의 회개라는 개념이 아닌, "어떤 특정한 마음 상태로부터 통전적이고 이상적인 마음상태로 옮겨가는 의미 있는 전환점"이자 "가장 주체적이고 극적으로 자신의 변화를 경험하는 사건"인 회심이라는 개념을 다석에게 적용한다. 박정환은 네 차례에 걸친 다석의 회심을 제시하는데, 여기서 1차 회심은 1905년 다석이 '정통' 그리스도교에 입문하여 영적인 생활에 진입한 사건을, 2차 회심은 1912년 다석이 '비정통' 신앙으로 전향하여 주체적이고 자각적인 신앙을 정립하고 수행에 들어간 계기를, 3차 회심은 1942년 하나님을 인격적으로 만난 중생경험을, 4차 회심은 천, 지, 인 합일의 다석의 신비경험을 말한다. 박정환, "윌리엄 제임스의 회심이론을 통해 본 다석 류영모 연구" (서강대학교 박사학위논문, 2014) 참조.

나의 救主시다.」했습니다. 「내가 예수를 따르되 實行力이 예수께로부터 親授되지 않는限 예수만 바라는 것이 아니라.」뜻의 內包된 말이었습니다. 生이 重生한 오늘에 證據할 말슴은 「예수의 이름은 오늘도 眞理의 聖神으로 生命力을 豊盛하게 나리신다.」입니다.[31]

이 글에서 보면, 다석은 분명하게 자신이 구주로 고백할 수 있는 대상이 바로 예수임을 진술한다. 다석은 '중생' 이전에는 누구든 자신에게 참을 실천할 실천력을 주는 이가 있다면 바로 그 대상이 자신의 '구주'가 된다고 주장했음을 밝힌다. 이 진술은 중생의 체험 이전에 그가 그리스도교 신앙과 다른 종교적 신앙 사이의 우위를 매길 수 없었음을 말하는 것이었다. 그러나 이후 다석은 예수와의 인격적이고 실존적인 만남으로 인한 변화인 중생을 경험했는데, 그가 경험한 예수와의 신앙적 만남의 내용은 그가 이전에 신앙적 '구주'의 기준으로 제시한 실행력과 생명력이 예수의 이름으로 진리의 성령을 통해서 풍성하게 내려옴이었다. 결국 다석은 자신에게 실천력을 주었던 예수를 '구주'로 인정하고 고백한다.

또 다른 예로는, 같은 날에 『성서조선』에 실린 다석의 시인 '믿음에 드러간이의 노래'가 있다. 이차희는 이 자료를 가지고 기존의 다석을 둘러싼 신학적 논쟁사의 맥락에서 벗어나, 이 자료에 대한 "언어 내 번역과 텍스트 자체의 뜻을 추적"[32]하는 작업을 통한 화용론적 읽기[33]를

---

31 류영모, "부르신지 三十八年만에 믿음에 드러감," 『성서조선』 157 (1942), 11.
32 이차희, "<[부르신 지 38年 만에] 믿음에 들어간 이의 노래>의 화용적 읽기 —신학·종교학적 차원에서 다석 유영모에 관한 기존 연구의 지평을 넘는 실험적 텍스트 해석," 『한국학』 39 (2016), 91.

시도한다. '믿음에 드러간이의 노래'의 내용은 아래와 같다.

믿음에 드러간이의 노래

나는 실음 없고나, 인제붙언 실음 없다.

님이 나를 차지(占領) 하사,

님이 나를 맡으(保管) 셨네.

님이 나를 갖이(所有) 셨네.

몸도 낯도 다 버리네,

내거라곤 다 버렸다.

「죽기前에 뭘 할가?」도,

「남의 말은 어쩔까?」도,

다 없어진 셈 이다.

새로 삶의 몸으로는

저「말슴」을 모서 입고,

새로 삶의 낯으로는

이宇宙가 나타나고,

모든 行動, 線을 그니,

---

33 이차희는 다석이 자신의 개인적 신앙의 내용을 기고한 시인 '믿음에 들어간 이의 노래'를 화용론적으로 읽어내는 시도를 하는데, 화용론이란 문장 구문을 "정형과 비교하여 파행된 문장이 어떠한 정보를 전달하는지, 그 문장을 텍스트 안에서 바라보는 것"을 뜻한다. 즉, 이와 같은 화용론적 읽기가 의도하는 것은 텍스트를 어떤 개념으로 이해하는 범주적인 분석이나 독해가 아닌, 독자가 마음을 비우고 저자의 작품을 읽어내는 것이다. 이차희, "<부르신 지 38年 만에] 믿음에 들어간 이의 노래>의 화용적 읽기," 82-83 참조.

萬有物質 ―느러섯다.

온世上을 뒤저 봐도, 거죽에는 나 없으니.

位而無인 (脫私我) 되어

반짝! 빛.

요한一章四節

님을 對한 낯으로요,

말슴體(本) 빛이로다.

님 뵈옵잔 낯이요,

말슴 읽을 몸이라.

사랑하실 낯이오,

뜻을 받들 몸이라. 아멘.[34]

이차희는 다석의 시, '믿음에 드러간이의 노래'에 관한 연구의 결론으로, 다석은 이 시와 요한복음 1장 4절[35]을 통해 그리스도교 신앙 안에서 자신의 정체성에 대해 철저히 고민했으며, '님'이라 한정된 신앙적 대상인 예수를 통해서 자신의 절대적인 신앙을 표현했음을 제시한다. 이차희는 이 시에 대한 화용론적 분석을 통해서 "이정배를 중심으로 한 다석의 종교다원주의적인 토착화 논쟁은 다석의 종교적인 심성과는 일치될 수 없음을 알 수 있다"[36]고 주장하기도 한다. 이차희에 따르면, 특히

---

34 류영모, "믿음에 드러간이의 노래," 「성서조선」 157 (1942), 12.
35 그에게서 생명을 얻었으니, 그 생명은 사람의 빛이었다(요한복음 1:4, 새번역).
36 이차희, "<부르신 지 38年 만에] 믿음에 들어간 이의 노래>의 화용적 읽기," 102.

이 시에서는 다석의 불교적인 사상이 짙게 드러나는데, 자아를 강화시키는 대신 자아를 비움으로써 주어지는 무아(無我)를 통해 진정한 자아로 나아가는 불교적 자아를 가진 다석 자신이 그리스도교적 하나님을 그리워하는 심성을 잘 보여준다. 결국 이 시에서 확인할 수 있는 것은 바로 불교적 세계관과 자아상을 가진 다석의 그리스도교적 하나님을 향한 간절한 그리움이다.37

비록 이차희의 '믿음에 드러간이의 노래'에 대한 화용론적 읽기는 그 텍스트 연구 범위의 제한성에도 불구하고, 다석의 그리스도교적 신앙 정체성을 보여주는 중요한 예가 된다. 그 이유는 이 시가 쓰인 시기가 다석의 사상적 변화의 구분에 있어서 다석의 그리스도교 신앙으로의 집중을 가장 명확히 보여주는 시기(1939~1943)38이며, 1943년 다석의 천치인 합일 체험 이후 비록 다석의 회심 때와 같이 뚜렷한 그리스도교 신앙만 드러내는 표현은 점점 약해지지만, 통전적 사유와

---

37 이차희, "<[부르신 지 38年 만에] 믿음에 들어간 이의 노래>의 화용적 읽기," 102 참조.
38 박재순은 다석의 사상적 변화에 따른 시기 구분을 네 시기로 제시한다. 첫째 시기는 다석이 그리스도교 신앙을 받아들이고, 이를 바탕으로 동양경전과 서구지식을 수용한 시기(1890~1913)이고, 둘째 시기는 그리스도교의 교리적 신앙에서 벗어나 그리스도교 신앙을 견지하면서 유, 불, 선의 동양 종교 사상을 회통하는 시기(1914~1939)이며, 셋째 시기는 그리스도교 신앙으로의 집중이 강해진 시기로, 깊은 신앙적 체험과 깨달음을 통해서 자신을 하나의 점으로 축소시켜 결국 무아에 이르는 '가온찍기'(己)의 신앙적 삶과 아들로서 하나님을 아버지로 극진히 섬기는 '효신학'이 형성된 시기이고, 넷째 시기는 그리스도교의 배타적인 신앙표현이 약해짐과 동시에 동서를 회통하는 다석의 사상이 더욱 깊어진 시기(1943~1981)이다. 이 시기에 다석은 천지인 합일체험(1943년 2월 5일)으로 자신의 사상과 정신에 가장 큰 변화를 겪고 대종교의 삼일철학과 한글에 대한 깊은 연구 등을 통해서 '제소리'의 주체적 사상의 완성에 다다른다. 비록 이 시기에 그리스도교의 배타적 표현은 약해졌지만 그럼에도 불구하고 여전히 그리스도교 신앙을 전체인 '하나' 안에서 견지하면서 주체적이고 통합적인 사유를 보여준다. 박재순, 『다석 유영모』, 55-101 참조.

더불어 다석의 그리스도교적 신앙 지향성은 이때 이후로도 분명하게 지속적으로 드러나고 있기 때문이다.[39]

다석의 그리스도교적 신앙 정체성을 드러내는 또 다른 예는 다석이 1942년 1월 22일 「성서조선」에 기고한 '우리가 뉘게로 가오리까'라는 글이다. 「성서조선」에 실린 글을 옮겨 적으면 아래와 같다.

우리가 뉘게로 가오리까

老子身

老聃의 含德이 自然生生의 大經大法이었다,
마는, 生生 之厚로 돌아, 不死慾에 빠지게 되니,
道士는 道에서 迷惑, 건질길이 없어라.

釋迦心

釋迦의 正覺도 한번함직도 하였다마는.
三十成道에 五十年說法이 너무 길찻더냐?
末法의 되다못됨은 無賴진배 없어라.

---

39 김흡영은 다석이 "성육신 사건을 문자 그대로" 믿었음을 주장한다. 그 근거로 1955년 10월 12일의 다석일지('쇠북소리와 몸 울림')와 1973년 9월 7일의 다석일지('한웋님 아달')를 들어, "그리스도의 성육신에 대한 신앙은 다석에게 절대적"이었고 이러한 신념이 지속적이었음을 제시한다. 김흡영, 『가온찍기』, 167-168 참조.

孔子家

孔子의 好學을 일즉 밟아보면, 했다마는,
名器를 일삼은데서 體面致禮에 흐르니,
由己仁, 克己復禮는 立志좇아 못봤다.

우리가뉘게로가오리까[40]

이 글에서 보면, 다석은 노자의 몸(老子身), 석가의 마음(釋迦心),
공자의 집(孔子家)이라는 표현으로 노자, 석가, 공자의 덕과 함께 이들의
가르침이 가진 한계를 함께 지적하고 마지막으로 '우리가뉘게로가오리
까'하며 앞서 고백한 그리스도교신앙으로의 회귀를 암시해 준다. 그렇
다면 다석은 노자, 석가, 공자의 무엇을 비판하고 이를 극복하려 했을까.
    우선, 노자가 가진 덕은 자연의 영원한 생명(自然生生)을 전하는
큰 가르침과 법이었지만, 장생불사의 몸 생명에 비중을 과하게 둔
나머지 죽지 않는 몸의 욕심(不死欲)이라는 미혹에 빠질 수 있다. 한편,
석가심은 "마음이 부처라고 말하는 불교를 두고 한 말이다."[41] 석가의
올바른 깨달음(正覺)은 나이 서른에 이룬 도(道)인데, 한 번 마음의
깨달음을 나머지 오십년 동안 설법하는 것은 단번에 마음의 이치를
깨닫는 돈오(頓悟)만 알 뿐 돈오 이후에 오랜 습기(習氣)를 제거하는
점수(漸修)의 길을 망각한 불교를 비판하는 것이다. 또한 그 가르침

---

40 류영모, "우리가 뉘게로 가오리까," 「성서조선」 158 (1942), 9.
41 박영호, 『다석전기』, 332.

역시 너무 길어 그동안 석가의 올바른 깨달음이 혼탁해져서 마지막에는 퇴락해 버릴 수 있음을 지적한다. 다음으로 다석은 공자에 대해 그의 호학(好學)은 따르고 싶지만 이름과 그릇(名器)을 중시한 나머지 체면치레로 흘러, 나로부터 말미암은 인(由己仁)과 자신을 이겨 예를 쫓는 극기복례(克己復禮)의 뜻을 세움조차 보지 못하게 된다고 말한다. 다석은 노자, 석가, 공자의 가르침이 가진 진리의 내용들과 동시에 그것이 지닌 한계와 퇴락도 동시에 지적한다.

그 다음으로 다석은 '人子 예수'와 '한나신아들'(獨生子) 그리고 '十字架'라는 소제목으로 그리스도교 신앙에 대해 논한다. 다석은 '한나신아들 예수'가 말씀(道)으로 '몸'을 이루고, 하나님의 뜻을 받들어 그 '마음'으로 삼았으며, '한울' 곧 하나님에게만 그 '집'을 삼아서 그 걸음걸이로 참과 옳음을 보였다고 한다. 이는 '노자의 몸'(老子身)과 '석가의 마음'(釋迦心) 그리고 '공자의 집'(孔子家)으로 표현된 각 종교가 가진 한계가 독생자 예수 안에서 또 다른 '몸'과 '마음'과 '집'으로 극복됨을 보여준다. 여기서 다석의 강조점은 참과 옳음을 보여준 예수의 실천적 단호함이다. 그렇다면 단순히 이러한 실천적 단호함이라는 윤리적이고 도덕적인 탁월함이 예수를 유일한 주로 고백할 수 있는 근거가 될 수 있는지 물을 수 있다. 또한 이렇게 그리스도의 특수성과 관련한 질문에 답하기 위해 다석이 유, 불, 선의 한계를 극복한 예수의 그 실천력의 근거를 어디에 두었는지를 역시 물을 수 있다. 다석이 노자, 석가, 공자에 관한 글 이후에 쓴 글인 '人子 예수'와 '한나신아들'(獨生子)에 이어 등장하는 글은 바로 '十字架'(십자가)다.

十字架

가로가던 누리는 가로대에 못백히고,
바로솟아 나갈얼만 머리우로 슘우치니
永遠을 虛전타마라 길히길히 삶이다.[42]

다석은 그리스도교의 실천력의 근거를 예수의 자기 극복과 자기 부인의 십자가에서 발견했다. 세상을 십자가에 못 박으면 얼은 바로 "머리우로 슘우"친다. 다석은 예수가 보여준 참과 옳음의 실천적 삶이 십자가에서 정점을 이룸과 이 십자가의 예수 안에서 노자, 석가, 공자가 추구했던 영원의 "길히길히 삶"의 궁극적 모범을 보았던 것이다. 하지만 여기서 분명히 짚고 넘어가야 할 것은 다석이 자신의 그리스도교 신앙의 정체성을 주장하기 위해 유, 불, 선의 진리 체계를 부정하거나 폄하하지 않았다는 사실이다. 다석은 오히려 유, 불, 선에 대한 비판보다 실천력을 상실한 채 교리화된 그리스도교에 대해 더 많은 비판을 쏟아냈다. 다석이 그리스도교 정체성을 가질 수 있었던 것은 앞서 다석의 회심에서 경험한 '실천력' 그리고 우주 전체의 생명이 하나 되게 하는 하나님의 뜻을 십자가에서 보여준 "한나신아들 예수"와의 실존적인 '만남'에 있었다. 다석은 예수와의 이 실존적인 만남의 경험을 눈으로 '뵌' 것으로 말한다. 예수를 눈으로 뵈었다는 표현은 다석이 예수를 어떤 종교의 진리 체계로서 만난 것이 아니라, 인격적이고 실존적인 고뇌 끝에 만난 것을 뜻한다. '人子 예수'라는 글에서 다석은 이렇게 표현한다.

---

42 류영모, "우리가 뉘게로 가오리까," 9.

264 | 3장_ '그리스도록', 믿는 자들의 정체로서 그리스도

人子 예수

말슴(道)으로 몸일우고, 뜻을받어 맘하시니,

한울밖엔 집이없고, 거름거린 참과 옳음!

뵈오니 한나신아들 예수신가 하노라.

(註) 뜻. 宇宙全體의 生命이 서로 사랑함으로 하나이 되게하시랴는 아버

지의 뜻. (요十七章卄二,三)[43]

　　결론적으로, 다석이 여러 동양 종교 사상을 진리 체계로서 받아들이면서도 동시에 그리스도교를 자신의 신앙 정체성으로 가질 수 있었던 이유는 바로 예수를 '보았던' 실존적이고 인격적인 만남에 있었다. 다석은 교리 체계나 종교 전통에 동의하는 방식으로 자신의 정체성을 찾은 것이 아니었다. 다석은 예수와의 실존적이고 인격적인 만남에서 자신의 그리스도교 정체성을 형성할 수 있었고, 이 정체성을 바탕으로 다양한 종교 사상들을 받아들이고 표현할 수 —그리고 이전에 가지고 있던 종교 정체성을 재구성할 수— 있었다. 다석은 인간으로서 예수를 모든 인간이 따를 규범으로 보았을 뿐, 어떤 신적이고 형이상학적 실체로 여기지 않았다. 다석이 만난 예수는 몸으로서의 예수가 아닌 영원부터 지금 여기까지 이어져 내려온 자기극복의 실천 능력인 예수의 얼 생명이었다.[44] 다석은 하나님과 하나 되고 온 세상을 하나 되게 한 궁극적

---

43 류영모, "우리가 뉘게로 가오리까," 9.

44 다석은 예수라는 글자를 파자(破字)하고 재구성하여 지금 여기의 얼 생명의 능력을 뜻하는 단어로 다음과 같이 해석한다. "예수의 '예'는 여이가 합하여 예가 되었다. 예(玆)는 곧 여기다. '수'는 재주의 능력이다. 할 수 있느냐의 수가 바로 능력이나 재주를 말한다.

모범인 예수를 '뵌' 확실한 신앙적 체험을 통해 형성된 그리스도교 정체성을 가지고, 그리스도교 교리의 울타리를 넘어 전체이자 절대인 '하나'와 합일하고자 했던, 그리고 그 과정에서 경험한 체험적 진리를 동양적이고 한국적인 '제소리'로 사유하고 표현한 그리스도교 사상가이자 신학자라 말할 수 있다. 이뿐만 아니라, 다석의 신앙 정체성은 오늘날 종교다원주의적 상황에서 자신의 종교적 신앙을 주체적으로 강화하면서 발전 시켜나감과 동시에 다양한 종교들과 협력하고 공존하여 더 큰 궁극적 실재에 대한 진술과 만남으로 향하는 바람직한 통전적 신앙 모델로 제시될 수 있다.

여기의 이 재주와 능력이 예수다." 박영호, 『多夕 柳永模 어록』, 143.

III. 얼 그리스도론

1. 얼

다석은 그리스도와의 실존적 만남을 근거로 자신의 그리스도론을 '얼'로서 설명해 낸다. 다석에게 그리스도는 우주 전체의 얼이자, 온 인류의 얼이다. 최인식에 따르면, 다석에게 있어서 예수, 석가, 공자, 맹자가 중요했던 이유는 이들이 얼을 중심으로 살았고 얼의 가르침을 주었기 때문이었다. 이런 맥락에서 최인식은 다석의 신학을 "얼의 신학"[1]으로 표현했다. 인간의 얼을 성령으로 이해하는 다석의 그리스도론에는 성령론적 접근이 필수적이기에 다석의 그리스도론을 신학적으로 "영-그리스도론: Spirit-Christology"[2]로 규정한 것이다. 이러한 사실은 다석이 얼과 성령을 그리스도와 같은 의미로 이해했으며, 더 나아가 그리스도라는 말보다 성령이라는 말을 더욱 선호했다는 점에서 설득력이 있다. 다석은 이렇게 말한다.

> 어떤 뜻으로는 우리 삶의 토대가 얼나인 그리스도이다. 이렇게 말하면 범신론(汎神論)과 같이 들리나 그리스도라기보다는 성령이라고 하는 것이 이해하기에 더 나을 것이다. … 이러므로 예수라는 이름을 빼고 성령이라고 하든지 그리스도라고 해야 하는 까닭이 있다.[3]

---

1 최인식, "다석 유영모의 그리스도 이해," 198.
2 최인식, "다석 유영모의 그리스도 이해," 199.
3 박영호, 『多夕 柳永模 어록』, 161.

위의 진술로 미루어볼 때, 다석은 그리스도를 "우리 삶의 토대" 곧 우주적 근원이자 근거인 얼로 보았음을 알 수 있다. 다시 말해 다석은 그리스도를 영의 우주적이고 보편적인 내재와 현존으로 이해한 것이다. 다석은 이러한 자신의 생각이 범신론4으로 여겨질 수 있음을 인지하고 있었다. 그러나 다석이 강조하고 싶었던 바는 얼 곧 성령으로서의 경험되는 하나님이자 체험적 진리의 토대로서의 그리스도이지 실체론적이고 추상적인 차원의 진술은 아니었다. 다석에게 있어 얼 생명이 가진 중요성을 고려할 때, 얼 개념으로 그리스도론을 펼친 다석의 그리스도론을 살펴보기에 앞서 얼이 가진 구체적인 내용과 의미를 다루어 보는 것이 중요하다.

우선, 얼은 보이지 않는 차원에서 내적 변화의 잠재력이자 그리스도로서 우주적 생명인 영의 보편적 내재와 현존을 의미한다. 다석은 자신의 신학적 사유를 우리말로 즐겨 표현했는데, 그중 하나가 바로

---

4 일반적인 정의에서 범신론(Pantheism)은 크게 두 가지로 구분된다. 하나는 신과 우주가 동일하다는 종교적 신념 혹은 철학적 이론으로서 신의 초월성과 인격성을 부정한다. 즉, 신은 모든 것이며, 모든 것이 신이라는 이론이다. 다른 하나는 모든 신을 숭배하는 이교적 신앙이다. T. L. S. Sprigge, "Pantheism," The Monist 80 (1997), 191 참조. 아마도 여기서 다석은 후자의 의미에서 범신론을 언급하며 이를 부인한 것으로 보인다. 다만, 다석 자신은 모든 것의 토대가 그리스도이기에 모든 것을 신으로 이해하려는 시도를 의미한 것으로 보인다. 그렇다고 해서 다석을 범신론자로 보는 것은 무리다. 다석이 범신론자였는지에 대한 논의를 여기서 자세히 다룰 수 없지만, 앞서 신론을 다루는 장에서 다석의 신론을 '불이적(不二的) 범재신론'으로 규정한 바 있다. 자신이 신과 자연을 분리하지 않는다고 말했던 스피노자가 범신론자로 규정되듯이 "우리들이 바로 신(神)인 것이다"(박영호, 『多夕 柳永模 어록』, 39)라고 표현한 다석의 진술로 인해 다석은 범신론자로 규정될 여지가 있다. 그러나 이러한 다석의 진술들은 절대 '하나'와의 신인합일적 차원에서 해석되어야 하지 실체적 차원에서 해석하게 되면 그 진의를 놓치고 만다. 예를 들어, 앞서 언급한 다석의 진술의 맥락은 하나님을 생각하여 알려는 인간의 궁신(窮神) 그리고 이를 통해서 하나님과 하나가 되는 신인합일의 가능성을 이야기하고 있다. 따라서 우리가 신이라는 다석의 진술은 실체론적 진술이 아닌 신인합일에서 오는 체험적 진리에 기초한 신앙적 진술이라 하겠다.

'얼'이다. 이기상은 우리말의 중요개념 중 하나인 아래아(·)의 운동 방향에 따라 달라지는 '아'와 '어'의 의미 차이를 통해서 '얼'의 구체적 의미를 밝힌다. 이기상에 따르면, 아래아(·)의 운동 방향이 외부로 향할 때, 그것은 어떤 것의 시작됨을 뜻한다. "'ㅏ'는 '·'가 밖으로 나가는 변화의 전개를 말한다면, 'ㅓ'는 그 변화를 안고 있는 근원으로 거슬러 올라가는 것을 말한다."[5] 결국 'ㅏ'와 'ㅓ'가 가진 공통적인 의미론적 핵심은 변화인데, 이러한 변화에 'ㄹ'이 붙어서, 다석에게 있어 중요한 용어인 '얼'과 '알'이 되는 것이다. 예를 들면, "씨알은 모든 변화를 안고 있어서 거기에서부터 변화가 전개되어 나오는 모든 시작의 발원처"[6]로서 보이는 변화이고, 얼은 보이지 않는 차원의 변화로서, "모든 형태의 변화를 가능케 하는 정신(힘)을 품고 있는 것"[7]이라 말할 수 있다. 다시 말해 변화와 관계해서 태극점인 아래아(·)를 시간적으로 볼 때, 'ㅓ'로 시작하는 것은 그 근원을 찾아 거꾸로 가는 것을 뜻한다. 즉, "변화 이전의, 그리하여 변화의 모든 잠재력을 안고 있는 그것이 '얼'"[8]이라 말할 수 있다.

또한 우리말 '얼'은 보이지 않는 차원의 내적 변화를 가져오는 잠재력을 의미한다. 하지만 그 변화를 일으키는 잠재력의 본질은 바로 하나님으로부터 온 영원한 생명이다. 이런 맥락에서 다석에게 그리스도는 변화의 내재적 잠재력으로서의 얼이면서 이와 동시에 하나님으로부터 내려오는 성령의 영원한 생명을 의미했다. 다석은 다음과 같이 진술한다.

---

5 이기상, 『다석과 함께 여는 우리말 철학』, 201.
6 이기상, 『다석과 함께 여는 우리말 철학』, 201.
7 이기상, 『다석과 함께 여는 우리말 철학』, 201.
8 이기상, 『다석과 함께 여는 우리말 철학』, 38.

우리는 그리스도를 만나 보았다. 보내신 그리스도란 영원한 생명이다. 우리에게 대기에서 산소가 공급되듯 대령(大靈)이신 하느님으로부터 성령이 공급되는 것이 그리스도(얼나)다. 그리스도는 줄곧 오는 영원한 생명(얼나)이다.[9]

종합해 볼 때, 다석의 얼 그리스도론 안에서 '얼'은 두 가지 의미가 있다. 하나는 근원적 생명으로 향하는 변화의 잠재력이고, 다른 하나는 그리스도이자 우주적 생명으로서 영의 보편적 내재와 현존이다. 이 두 가지는 다석의 얼 그리스도론 안에서 자기 비움의 수신과 수행을 통해 모든 사람이 그리스도가 될 수 있다는 그리스도 됨의 보편적 가능성과 그렇게 그리스도가 된 모범으로서의 예수에 대한 신학적 사유로 이어진다.

2. 얼에서 그리스도로

얼 그리스도론에서 얼과 그리스도는 본질상 같으나 실체론적으로 일치하는 것이 아니며, 얼에서 그리스도로 향하는 역동에 얼 그리스도론이 가리키는 본질이 있음을 알 수 있다. 그 본질이란 바로 믿는 자들의 정체다. 필자는 아리스토텔레스의 질료형상설을 예로 들어 얼에서 그리스도로 향하는 역동을 설명함으로써, 이러한 운동을 통해 얼 그리스도론이 가리키는 바는 믿는 자들의 정체성이라는 점을 제시하고자 한다.

---

9 박영호, 『多夕 柳永模 어록』, 170.

우선, 다석은 근원으로 향하는 존재론적 변화의 가능성인 얼이 인간과 우주에 보편적으로 내재하는데, 이를 가리켜 인간 앞에 그리고 우주에 "도(道)라 해도 좋고 법(法)이라 해도 좋은 얼줄이 영원히 드리워져 있다"[10]고 말했다. 하지만 여기서 얼이 그리스도 자체와 실체적으로 동일시되는 것은 아니다. 다석은 인간의 얼과 성령 곧 그리스도를 구분한다.

> 영원한 자리에서 보면 성령은 이 천지 우주 간 어디에나 온통 깃들어 있습니다. 이것을 발견하는 것이 우리 인간입니다. 살고 있는 우리의 얼(精神)에서 성령이 떠날 수 있겠습니까?[11]

위 진술에서 다석은 얼과 성령을 구분해서 이야기한다. 성령은 어디에나 있어 인간이 발견할 수 있는 얼이라 할 수 있으나, 얼 자체로 성령은 아니다. 이러한 얼에 대한 모순적인 진술은 얼과 성령(그리스도), 얼과 참나, 얼과 그리스도의 관계를 실재로는 동일하지만 변화의 역동에 있어서는 동일하지 않은 관계임을 말한다. 이와 같은 얼과 그리스도의 관계는 가능한 것이 현실이 되는 그런 변화의 관계로서 얼의 가능태와 그리스도의 현실태라는 논리로 이해할 수 있다. 이를 설명할 예는 아리스토텔레스의 질료형상설(hylomorphism)이다. 얼의 가능태와 현실태는 질료형상설의 가능태(dynamis)와 현실태(entelecheia)의 관계에서 볼 수 있듯, 형상이 "질료가 이루어 내야 하는 목적[telos]인 동시에 이루어

---

10 박영호, 『多夕 柳永模 어록』, 94.
11 류영모, 『다석 강의』, 691.

낼 수 있는 동력^{effeiciens}12인 것과 같이, 얼과 그리스도의 관계도 이와 유사하게 설명이 가능해진다. 가능태로서의 질료가 현실태로서의 형상을 향해 나아가는 것처럼, 가능태로서의 얼 역시 현실태인 그리스도를 향해 운동한다. 이 운동의 특징은 "형상이 질료를 취하여 형상화, 즉 현실화하려는 방향으로 끌어당김으로써 질료를 줄이고 형상을 늘리는 상향운동의 연쇄구조"13처럼, 제나의 죽음을 통한 자기극복으로 얼 곧 그리스도로 충만해지는 생명 완성의 운동이다. 이 운동의 핵심은 질료의 소거이다. 질료가 형상화되는 과정에서는 질료의 소거가 이루어진다. 마찬가지로 얼에서 그리스도로 변화하는 과정은 질료의 소거와 비교될 수 있는 자기 비움 곧 제나의 죽음을 요구한다.

유사한 맥락에서 틸리히 역시 아리스토텔레스의 질료형상설을 신학적으로 전유하여 다음과 같이 설명한다. 아리스토텔레스에게 있어서 신적인 것이란 "질료(matter) 없는 형상(form)이며, 그 자체로서 완전한 형상"14이라고 보았으며, 이 최고의 형상이 바로 신이었다고 말한다. 따라서 신은 곧 "최고 형상 또는 순수 현실태(actus purus)"15이다. 그리고 그 신은 외부에서 힘을 가하여 원인과 결과의 방식으로 세계를 움직이는 것이 아니라, "유한한 모든 것으로 하여금 신에게로 나아가는 사랑에 의해서 스스로 신을 향해 갈 수 있게 함으로써 세계를 움직이는 것이다"16라고 말할 수 있다. 그러나 아리스토텔레스에게 이 순수 현실태인

---

12 정재현, 『신학은 인간학이다』(서울: 분도출판사, 2012), 79.

13 정재현, 『신학은 인간학이다』, 81.

14 파울 틸리히, 잉게베르크 C. 헤넬 엮음/송기득 옮김, 『파울 틸리히의 그리스도교 사상사 —원시교단부터 종교개혁 직후까지』(서울: 대한기독교서회, 2015), 43.

15 틸리히, 『파울 틸리히의 그리스도교 사상사』, 43.

16 틸리히, 『파울 틸리히의 그리스도교 사상사』, 43.

"부동의 원동자(原動者, the unmoved mover)"[17]는 인격적 신을 말하는 것이 아니다. 위계적인 우주의 최상위이자 질료가 향하는 최종목적이며 제일원리로 상정된 존재이다. 마치 순수 질료가 우주의 가장 낮은 차원으로 우리가 상상할 수 없는 어떤 경계적 개념인 것과 같다.[18] 따라서 질료 형상설을 통해서 얻을 수 있는 가장 중요한 신학적 함의는 변하지 않는 신이 아니라 오히려 신이 이 세계 안에서 변화를 추동하는 목적이 된다는 것이다. 무엇보다 이 세계에 존재하는 모든 사물에 상승적인 갈망이 있으며, "이 갈망과 이 변화를 통한 현실화는 각각의 사물 안에 자리하고 있다"[19]는 사실이다. 데이빗 그리핀(David R. Griffin)은 화이트헤드의 과정철학 관점에서 이러한 신을 모든 형상 배후에 놓인 창조성이자 "형상적 궁극자"(in-formed ultimate)[20]라 명칭한다. 그 이유는 "신 안에서의 창조성은 하나의 현실적 존재 속에서 구현되기 때문이다."[21]

이와 같은 얼의 가능태에서 현실태로의 이행을 다석은 1955년 6월 4일 일지에서 다음과 같이 한시로 기록한다.

人間慾望渴基督　　　　生命誠願發心時
耶蘇克終實基督　　　　念慈在慈達基督[22]

---

17 군나르 시르베크·닐스 길리에/윤형식 옮김, 『서양철학사』 1 (서울: 이학사, 2017), 151.
18 시르베크·길리에, 『서양철학사』 1, 151.
19 시르베크·길리에, 『서양철학사』 1, 151 참조.
20 데이빗 그리핀/장왕식·이경호 옮김, 『화이트헤드 철학과 자연주의적 종교론 ─초자연주의를 넘어서는 종교를 지향하여』 (고양: 동과서, 2004), 437.
21 그리핀, 『화이트헤드 철학과 자연주의적 종교론』, 437.
22 류영모, 『多夕日誌』 1, 25.

김홍호의 풀이를 근거로 이를 해석하자면 다음과 같다. 인간은
그리스도(基督)를 욕망하고 갈급해 왔다. 예수(耶蘇)는 결국 자기 자신을
극복하고, 실제로 그리스도가 되었다. 생명완성을 원함이 마음으로부
터 발할 때, 자나 깨나 생각하고 잊지 않음으로(念慈在慈) 그리스도에
도달한다.[23] 위의 다석이 기록한 한시를 좀 더 자세히 보면, 예수가
그리스도 됨은 제나를 없애는 자기 비움과 '자기 극복'에 있었고, 그
방편은 바로 염자재자(念慈在慈) 곧 치열한 '생각'이었다. 생각을 통하여
자기 생명을 완성함으로써 예수가 그리스도가 된 것처럼, 모든 인간들
역시 생명의 완성인 그리스도에 도달한다는 것이다. 다석에게 있어서
그리스도는 도달하고픈 가능성의 목적이자 현실태인 생명의 완성이었
다. 그리고 다석은 그런 생명의 완성을 '얼 생명'으로 표현한다. 마치
씨가 자라서 나무가 되듯, 가능태로서 인간의 얼은 현실태이자 그
근원이며 궁극적으로 '질료 없는 형상'[24]인 하나님의 얼을 향한다. 마찬

---

23 이 시에 대한 김홍호의 풀이는 이러하다. "인간은 목이 마르게 그리스도를 기다렸다. 예
   수는 드디어 자기를 극복하고 실지로 그리스도가 되고 말았다. 우리도 생명의 완성을 진
   심으로 마음속에 발한다면, 생각을 통해서 자기를 완성하고 그리스도에 도달할 수 있
   다." 김홍호, 『다석일지 공부』 1, 62.

24 앞서 필자는 다석의 신학이 서구의 실체론적 사유를 극복하는 비실체론적 신학이라 주
   장했다. 여기서 그리스의 존재론적 형이상학에 속한 아리스토텔레스의 질료형상설을
   통해 하나님의 얼을 '질료 없는 형상'이라 표현함이 모순된다 여길 수 있다. 그러나 다석
   이 극복한 서구 실체론적 사유는 플라톤의 이데아 개념을 중심으로 삼는 본질주의적인
   존재론에 기초한 이원론적 체계이다. 플라톤이 질료와 형상을 명확히 구분 지으면서 이
   둘의 선명한 구분을 주장했다면, 아리스토텔레스는 형상과 질료 사이의 연속성과 운동
   에 주목했다고 볼 수 있다. 실제로 아리스토텔레스는 질료와 형상을 분리해서 이해하지
   않았는데, 아리스토텔레스에게 있어서 질료와 형상은 형식적으로만 구분되는 것이지
   실체적으로는 구분되지 않으며 질료는 형상 없이, 형상은 질료 없이 구현될 수 없다고
   보았다. 이러한 맥락에서 다석이 말한 인간의 얼과 하나님의 얼의 관계, 예수의 얼과 하
   나님의 얼의 관계를 설명하는 개념이 '질료 없는 형상'이다. 이정우, 『세계철학사 1』,
   403-407 참조. 따라서 질료와 형상의 구분 자체를 무효화하는 것이 아니라 이 둘 사이의

가지로, 비록 예수의 생명과 하나님의 생명이 얼 생명으로 동일한 생명이어도 예수의 얼은 깨달음을 통해서 하나님의 얼 즉 그리스도로 완성되어야 했다. 그런 의미에서 예수의 얼은 씨이고 하나님의 얼은 나무다. 다석은 이렇게 말한다.

> 예수의 생명과 하느님의 생명은 얼 생명으로 한 생명이다. 예수의 몸나는 몸의 어버이가 낳았지만 예수의 얼 생명은 광야에서 기도하는 동안에 스스로 깨달았다. ⋯ 예수의 얼을 씨라고 하면 하느님의 얼은 나무에 비길 수 있다. ⋯ 나무가 씨의 근원이다. 이처럼 예수의 얼은 하느님으로부터 왔다. 씨는 싹트면 나무가 되듯이 예수의 얼은 하느님의 씨다. 예수도 나도 얼로는 모두 하느님의 씨다. ⋯ 예수와 나는 얼로는 같은 하느님으로부터 온 씨다.[25]

다석은 얼의 깨달음을 가리켜서 '얼 생명'이라 칭한다. 예수는 광야의 기도를 통해서 깨달음을 얻어 얼 생명을 얻었다. 하나님의 씨인 얼은 특정한 시대의 특정한 인물에게 주어진 것이 아니라 모든 시대의 모든 사람에게 주어졌다. 그러나 그 씨의 목적은 얼 생명의 깨달음이며, 그 깨달음이야말로 얼 생명으로 가는 길이다. 그렇다면, 하나님의 씨인 얼이 그리스도가 되기 전의 상태에서 열등하거나 결핍된 것으로 이해할 수 있는가에 대한 질문이 남겨진다. 1961년 2월 14일, 다석은 일지에 얼에 대해 이렇게 기록했다. 김흥호는 이를 다음과 같이 옮기고 풀이했다.

불연속성과 단절을 극복하고 그사이의 역동에 주목하는 것이라 말할 수 있다.
25 박영호, 『多夕 柳永模 어록』, 151-152.

얼

이 내 높 낮혀지기란 뭐. 뭉텅이에선 않아!
아기자기 가장작은 가느다란 금나 끗아!
그끗이 내끝된다니 얼을 늦춰 될가? 말!26
김흥호는 다석의 이 시를 이렇게 풀이하였다.

이 나의 얼은 한없이 높은 것인데 이 얼이 낮아진다는 것은 무엇인가. 뭉
텅이 오온五蘊의 다섯 뭉텅이 속에 빠지면 내 얼은 아니다. 얼은 유기 그릇
같아서 아기자기 세상에 애착愛着이 생기고 가장 작은 가느다란 의심의
금이 나도 얼은 깨지고 끝이 난다. 얼이 깨지고 끝이 나면 그 끝이 내 자신
의 멸망이 된다. 그러니까 얼을 늦춰 방심하면 안 된다.27

인간이 품부한 얼은 높다. 하나님의 얼에 비해 결핍되거나 열등하지
않다. 하지만 가능성이기에 높은 얼은 낮아질 수 있다. 인간은 물질계와
정신계의 총체인 색(色), 수(受), 상(想), 행(行), 식(識)의 허상인 오온(五
蘊)28에 집착할 때 그리고 그것이 마음을 흩트리는 의심을 가져올 때,
얼은 손상되고 멸망에 이르고 만다.
    결국 다석의 얼 개념에 함의된 핵심은 모든 인간이 얼을 가지고

---

26 류영모, 『多夕日誌』 1, 790.
27 김흥호, 『다석일지 공부』, 4, 37.
28 오온(五蘊)이란 불교에서 사람의 몸을 구성하는 요소들—색(色, 물리적 요소), 수(受, 감
   각), 상(想, 표상), 행(行, 의지), 식(識, 의식)—을 가리킬 때 쓰는 용어로서, 오온을 통해
   고통을 받기 때문에 고온(苦蘊)이라고 칭한다. 마스타니 후미오, 『불교개론』, 80, 90 참조.

있기에 모두가 그리스도라는 보편성의 진술에 있다기보다, 얼과 그리스
도(혹은 참나, 하나님의 얼 등) 사이의 역동적인 관계, 다시 말해 제나의
죽음으로 '질료 없는 형상' 곧 얼 생명의 완성과 충만을 이룩함으로
설명될 수 있는 생명 완성의 역동성이자 가능성의 진술에 있다고 말할
수 있다.

또한 다석은 얼을 생각 곧 정신으로 보았다. 그런데 그 정신의
작용과 활동의 주인은 인간이 아니라 얼 그 자체이다. 인간이 얼을
이끄는 것이 아니라 얼이 인간을 이끌어 간다. 그리고 얼은 하나님을
지향하고 갈망하는 추동이다. 이로써 인간 주체는 하나님을 향해 이끌려
가는 얼이 된다. 이 얼이 곧 하나님이다. 다석은 이렇게 말한다.

> 나는 무엇인가? (얼)생각이다. 하느님이 무엇인가? (얼)생각이다. … 있다
> 는 데는 얼생각이 주인이다. 생각이 어디서 오고 어디로 가는가? 아무도
> 모른다. 생각(정신)이 어디로 가는지 모르지만 마침내 찾아가는 곳이 있
> 다. 그러나 어디인지 잘 몰라서 얼 생명인 하느님이라고 했다.[29]

종합해 본다면, 얼 그리스도론에서의 핵심은 얼과 그리스도 사이의
변화의 역동에 있다. 인간에게 예수가 가졌던 것과 같은 동일한 얼이
있다고 하여 그 얼이 그리스도로 곧장 이해되는 것은 아니다. 마치
씨앗 안에 나무의 가능성이 있듯, 그 씨는 뿌리를 내리고 싹이 터서
자신의 가능성을 현실화해야 한다. 바로 이러한 가능성의 현실화가
얼과 그리스도의 관계이며 참 자기 곧 참나의 발견이다.

---

29 박영호, 『多夕 柳永模 어록』, 88.

더 나아가 이제 얼 생명인 그리스도는 지금 여기에서의 자기 극복과 상승의 생명력으로 이해된다. 다음은 이러한 내용을 담은 1961년 '예수'라는 다석의 시다.

예수(慈克)
한읗로 머리둔나는 한읗님만 그리웁기
나섬이 기므로 오직하나이신 님를 니기
섬김에 세우신 목숨 그리스도 기름깊.[30]

이 시를 김흥호는 다음과 같이 해석했다.

예수의 예는 이어 이어 계속 발전하고 전진한다는 뜻과 예, 여기라는 뜻도 있다. 수는 세상을 뚫고 위로 올라가는 생명력이 수다. 자慈는 가물 현자 두 자 합해 이루어진 글자니 까마득 까마득 높이 올라간다는 뜻이고 극克은 자기를 이기는 힘이요 십자가에 달린 언니, 형, 그리스도이기도 하다. 예수는 자기를 이기고 하늘로 올라간 그리스도다. … 아버지를 섬기기 위하여 일으켜 세우신 목숨, 생명이 그리스도요 그리스도를 찬양하여 기르고 내속에 있는 그리스도를 양육하여 기르는 것이 영원한 생명, 깊이다.[31]

주지하다시피, 지금까지 다석의 얼 그리스도론 이해는 주로 얼과

---

30 류영모, 『多夕日誌』 1, 821.
31 김흥호, 『다석일지 공부』 4, 128.

그리스도를 일치시키는 얼의 보편적 해석이 주를 이루어왔다. 이러한 얼의 보편성에 기초하여 이정배는 얼 그리스도론이 "종교다원주의 신학의 한국적 형태"[32]로 볼 수 있으며, 그와 동시에 서구의 종교다원주의만으로는 담아낼 수 없는 어떤 차이점이 있다고 보았다. 그 차이점이란 여러 종교의 창시자들 간의 유비적 관계에 주목한 서구의 종교다원주의와는 달리, 다석의 얼 그리스도론은 "얼의 몸 입음"[33]을 모든 인간에게 적용시킴으로써 성육신이 가진 의미의 지평을 종교 창시자들을 넘어 더욱 보편적으로 확장시켰다는 점이다.[34]

하지만 앞서 언급했다시피 다석의 얼 그리스도론이 가진 더욱 중요한 핵심은 '얼의 보편성'에 있는 것이 아니라 얼에서 참나, 곧 그리스도로 승화하는 '얼의 가능성'에 있으며 예수에게는 그것이 가능했다는 사실이다. 이런 맥락에서 필자는 다석의 얼 그리스도론이 함의하는 중요한 신학적 주제가 바로 '믿는 자들의 정체'에 있음을 말하고자 한다. 주지하다시피 다석은 몸으로서의 예수에 특별한 강조를 두지 않았다. 몸나로서의 예수는 모든 사람과 다를 바 없으며, 예수가 가진 얼과 우리의 얼도 차이가 없다. 하지만 '미정고(未定稿)'인 예수가 가진 얼은 제나의 탐, 진, 치를 극복하고 '완전고(完全稿)'인 참나의 실현된 상태이자 '질료 없는 형상' 곧 그리스도가 되었다.

따라서 예수가 하나님의 아들로서 영광을 받을 수 있는 것은 그가 처음부터 하나님 됨이 아니라 '미정고'의 우리와 똑같은 육체를 가지고 십자가를 짐으로써 '완전고'의 신성을 이룸에 있다는 것이 다석의 얼

---

32 이정배, 『없이 계신 하느님, 덜 없는 인간』, 79.
33 이정배, 『없이 계신 하느님, 덜 없는 인간』, 79.
34 이정배, 『없이 계신 하느님, 덜 없는 인간』, 79 참조.

그리스도론이 가진 핵심이다. 다석은 인간인 우리가 예수와 동일한 바탈 즉 얼을 가진 미정고이지만, 십자가를 진 예수를 믿고 따름으로 요한복음의 증언처럼 믿는 자들이 작은 '신들'이 될 수 있는 것, 바로 믿는 자들의 정체에 대해 이야기 한 것이다. 이것이 얼을 담지한 씨알인 믿는 자들의 정체다. 이러한 내용은 요한복음의 인간론과 공명하며, 김학철은 이를 다음과 같이 말한다.

> 요한복음의 인간론, 특별히 믿는 자들의 정체는 요한이 제한된 인간에게 서 신성을 감지한 논리에 이어져 있다. … 요한복음은 믿는 자들이 '하나님 으로부터 난' 신적 기원과 그 기원으로부터 그들이 '하나님의 자녀'라는 신적 상태에 있다는 것을 깨달아 알아야 한다고 주장한다. … 믿는 자들은 신적 기원과 신적 상태에 대한 깨달음을 통해 하나님과 신성을 공유한다. 물론 믿는 자들의 그러한 깨달음은 로고스를 영접하고 그의 이름을 믿어 야 하는 조건이 충족되어야 가능하다.[35]

얼의 신적 기원, 역동적 가능성의 현실화 과정이 '믿는 자들'의 정체성 을 규명한다. 그 정체는 얼에서 그리스도로, 미정고에서 완전고로 향하 는 과정에 있다. 하나님의 얼을 품부한 '믿는 자들'은 얼에서 그리스도가 되어야 한다. 탐, 진, 치의 수성을 벗고 자신의 참나를 깨닫기 위해 '믿는 자들'의 모범인 예수 그리스도의 가르침과 삶에 참여하는 그 '순간순간' 그리스도가 된다. "얼나의 자각(自覺)은 한 번만 할 것이

---

35 김학철, "육에 깃든 신성과 그 발현의 동태(動態) —서중석 교수의 요한복음 해석," 「신 학논단」 78 (2014), 57-58.

아니라 순간순간 계속 자각하기 때문에"36 매 순간 그리스도에 참여함, 이것이 곧 얼의 깨달음이자 그리스도가 됨이다. 그리스도가 됨은 그리스도라는 어떤 고정적 실체가 됨을 뜻하지 않는다. 그리스도에 참여하는 인간은 그리스도를 이 땅에서 현실화한다. 그리스도는 관념이 아니기 때문에 그리스도의 얼 생명에 참여하는 우리를 통해서 그는 구체적으로 이 세계에 현존한다. 바울이 믿는 자의 몸을 가리켜서 그리스도의 지체 곧 몸의 한 부분이라고 말했던 것은 단순한 은유적 표현이 아니다.37 믿는 자들을 통해 그리스도는 현존한다.

이처럼 실체가 아닌 얼에서 그리스도로의 상승적 변화를 그리스도 됨으로 보는 관점은 '믿는 자들'로 하여금 매 순간 지속적으로 그리스도의 생명에 참여함에 대한 요청과 그 참여함의 순간마다 그리스도가 될 수 있다는, 더 나아가 그리스도가 이 땅에서 '성육화'한다는 약속을 제시한다. 따라서 이러한 믿는 자들의 정체가 다석의 얼 그리스도론의 핵심이라 말할 수 있다.

---

36 박영호, 『多夕 柳永模 어록』, 223.
37 고린도전서 6:15-20 참조.

IV. 효 그리스도론: 관계론적 구원의 한국적 이해

1. 효의 대속적 이해

다석의 그리스도론에 있어서 또 다른 특징은 동양의 전통적 윤리 개념인 효(孝)를 통해 그리스도를 설명했다는 것이다. 다석의 효 그리스 도론은 효의 대속적 이해에서 가장 선명하게 드러난다. 속죄(atonement) 와 대속(redemption)은 하나님과 피조 세계 관계의 핵심을 드러내는 그리스도교 교리이다. 분리되었던 이 둘 사이의 관계가 삼위일체 하나님 의 사역으로 어떻게 하나가 되는지에 관한 설명이 바로 대속 내지는 속죄 교리라 할 수 있다.[1]

십자가와 대속에 관련된 다석의 진술을 얼핏 살펴보면 마치 다석이 십자가로 표상되는 그리스도교 대속 교리 자체를 거부하는 것처럼 보인다. 하지만 엄밀히 말해 다석이 비판한 것은, 그리스도교 대속의 교리가 가리키고자 하는 하나님에 대한 온전한 신앙과 얼의 생명을 추구함 없이 피상적으로 혹은 문자적으로 그리고 '면피용'으로 그 교리를 받아들이는 행태에 대한 것이었다. 다석은 대속과 관련한 그리스도론에 서 죄 용서에만 치중하는 문자적 교리 수용이 아니라 '지금 여기'에서의 영원한 생명인 얼 생명을 찾고자 했다. 왜냐하면, 예수가 그리스도이자 주되심도 바로 얼 생명에 있었기 때문이다.

---

1 케빈 J. 밴후저, "속죄," 켈리 M. 케이픽·브루스 L. 맥코맥 엮음, 『현대신학 지형도: 조직신학 각 주제에 대한 현대적 개관』(서울: 새물결플러스, 2016), 304 참조.

절대유일(絕對唯一)이신 성령의 하느님을 알고 거기에 붙잡히는 것이 영원한 생명이다. 이에 참 삶의 맛이 있다. 예수를 믿는다는 것은 십자가를 믿는다는 말이 아니다. 예수의 십자가 보혈이 이 몸이 지은 죄를 사하는지는 모르겠다. 예수가 인간을 위하여 십자가에 못 박혀 피 흘린 것을 믿으면 영생한다고 믿는 것은 나와 상관없다.[2]

이로 미루어 볼 때, 다석의 대속 이해는 전통적인 그리스도교가 강조하는 대속의 이해와 사뭇 다르다는 것을 알 수 있다. 대속에 관한 다석의 또 다른 진술에서 보면, 다석이 이해한 예수의 대속이 가진 본질적 의미는 "하느님의 아들 노릇"에 있었다. 다석은 예수의 대속 곧 희생을 하나님의 아들 노릇으로 이해했고, 더 나아가 이를 예수의 대속을 기리며 "먹고 마시는" 성만찬적 신앙으로 전환시킨다.

우리가 예수의 지내온 것을 생각해 보면 하느님의 아들 노릇을 했다고 생각된다. 하느님 아들 노릇을 하는데 아주 몸까지 희생했다. 예수가 처음으로 하느님께 바치는 제물이 되었다는 말이다. 우리가 먹고 마시는 것은 예수의 희생인 그의 살이요 피라고 생각해야 한다. 우리는 날마다 무엇을 먹든지 무엇을 마시든지 이 생각이 나와야 한다. … 이처럼 예수가 십자가에 못 박혀 피 흘리며 희생당할 때 그 제사야말로 우리가 먹고 마시는 양식이라고 생각해야 한다. 이렇게 알고 먹는 것이 성찬이다.[3]

---

2 박영호, 『多夕 柳永模 어록』, 169.

3 박영호, 『多夕 柳永模 어록』, 146.

위의 다석의 진술을 통해서 보면, 예수가 자기 몸을 희생한 대속의 핵심은 바로 성부와 성자 사이의 관계에 있고, 다석은 그 관계의 실질적 내용을 "하느님의 아들 노릇" 곧 동양적 관점에서 이야기하는 효(孝)로 이해했음을 확인해 볼 수 있다. 따라서 필자는 다석이 예수 그리스도의 대속을 이해할 때 성부와 성자의 관계라는 맥락에서 발생하는 효로서의 대속으로 이해했으며, 효 개념은 삼위일체 안에서 성부와 성자의 관계 본질을 설명해 주는 적합한 개념임을 주장하고자 한다.

우선 대속에 있어서 삼위일체론적 관점의 필요성을 논할 수 있다. 대속 교리를 설명하는 데 삼위일체론적 관점의 필요성은 예수 십자가에 대한 "형벌대속적 이해"(penal substitutionary understanding)[4]를 고찰해 봄으로써 확인해 볼 수 있다. 박만에 따르면, 예수 그리스도의 십자가 구원 사역을 설명하는 유형 중 한국교회에 큰 영향을 미치는 것으로써 하나님의 명예 회복을 위해 예수가 십자가에서 죽었다고 보는 안셀무스의 만족 모형과 예수의 십자가 죽음을 인간 죄에 대한 형벌을 대신 받은 죽음으로 보는 칼뱅의 형벌대속 모형의 영향 아래 형성된 형벌대속적 이해를 꼽을 수 있다. 예수의 십자가 죽음에 대한 형벌대속적 이해는 크게 다음 세 가지 측면에서 비판이 제기된다. 첫째, 형벌대속적 이해는 예수의 십자가 죽음 자체가 폭력이고, 하나님의 구원이 폭력을 통해 이루어졌다고 봄으로써 신에 대한 왜곡된 이해와 폭력의 정당화를 가져온다는 것이다. 둘째, 구원을 이해하는 데 예수의 십자가 사건에만 집중한 나머지 예수의 삶 전체에서 드러나는 하나님 나라 선포에 대해서

---

4 박만, "속죄론적 십자가 죽음 이해에 대한 비판적 논고," 「한국조직신학논총」 39 (2014), 310.

는 놓치고 말뿐더러, 그리스도교 신앙을 죄와 심판으로부터의 구속이라는 관점에서만 보게 만들어 복음이 가진 현실 변혁적 차원을 상실해 버리고 만다는 것이다. 셋째, 형벌대속적 이해는 하나님에 대한 율법적 이해와 더불어 신앙에 있어서 죄와 죄 용서만 반복하는 등 실제적인 신앙생활에 있어서 부정적인 결과들을 가져온다는 것이다.[5]

박만은 형벌대속적 이해에 대해 비판하는 학자들의 주장이 설득력 있음에도 불구하고, 이들 대부분이 암묵적으로 성부와 성자 사이의 분열과 대립을 미리 상정하고 있다는 사실을 지적한다. 대속에 관한 형벌대속적 관점에서 볼 때, 성부는 자신의 손상된 명예와 영광을 회복하기 위해 무자비하게 자기 아들을 죽이는 분으로, 또 성자는 인류에 대한 성부의 진노 앞에서 이를 달래기 위해 연약하고 무죄한 수동적인 희생제물로 비친다는 것이다. 하지만 예수의 십자가 사건 곧 대속적 사건은 "성자뿐 아니라 성부 역시 구원의 주체로 보며 하나님과 인간 사이의 화해는 성부와 성자의 가장 깊은 연합과 사랑 가운데 이루어진 사건"[6]이다. 이러한 사실이야말로 대속의 교리를 포괄적으로 이해하는 중요한 열쇠가 된다는 것이 박만의 요지다.

이 같은 주장은 예수 그리스도의 구원 사역을 이해함에 있어서 형벌대속적 관점이 가진 한계와 문제점을 설명하는 데 분명히 설득력이 있다. 그리고 무엇보다 그 한계와 문제점에 관한 이유를 설명하는 것에 있어서 가장 중요한 핵심을 지적하는데, 그것은 바로 대속을 이해하는 데에 삼위일체론적 관점의 필요성이다. 예수의 십자가 죽음을

---

5 박만, "속죄론적 십자가 죽음 이해에 대한 비판적 논고," 310-311 참조.
6 박만, "속죄론적 십자가 죽음 이해에 대한 비판적 논고," 325.

이해함에 있어서 성부와 성자의 친밀한 관계에서 오는 연합과 사랑의 은총이라는 개념이 부재한다면, 대속은 단지 죄 문제 해결과 '영생'을 취득하기 위한 조건으로 축소되고, 가학적 하나님이라는 왜곡된 신 이해와, 구원을 내세와 주로 연관 지으려 하는 현실도피적 신앙이라는 결과를 가져오게 된다. 따라서 예수의 대속은 물론 그의 독생자 됨과 그리스도 됨을 이해할 수 있는 가장 핵심적인 내용은 바로 성부와 성자의 관계성 곧 성부와 성자 사이의 연합(혹은 합일)과 사랑에서 출발하는 혹은 흘러나오는 생명의 은총이다. 성부와 성자 사이의 연합의 사랑이 아니고서는 삼위일체 하나님이 세상과 연합하는 생명의 본질인 사랑이 설명되지 않는다. 왜냐하면, 아우구스티누스의 말처럼 사랑은 "사랑하는 이와 사랑받는 것을 결합시키려는 모종의 생명"[7]이기 때문이다.

2. 뫼신아달 예수의 효

이처럼 대속의 교리를 이해함에 있어서 성부와 성자 그리고 성령의 관계에 기초한 삼위일체론적 관점의 필요성이 부각된다. 대속에 있어 삼위일체론적 관점이 지닌 중요한 신학적 함의는 관계론적 구원의 본질이다. 다석은 이 본질을 효(孝)로 제시한다. 아래 대속과 관련된 다석의 진술은 예수 그리스도의 대속과 연관한 삼위일체론적 내용을 명시적으로 설명하지 않는다. 하지만 다석이 가진 예수에 대한 이해의 중요한 핵심에는 "태초부터 하느님 아버지와 같이 있었다는 말씀"으로서 그리스도의 주되심, 곧 성부와 성자의 친밀한 관계가 자리하고

---

7 아우구스티누스/성염 역주,『삼위일체론』(왜관: 분도출판사, 2015), 719.

있음을 보여준다.

> 사람으로서는 예수나 나나 같다. 그러나 예수가 십자가 보혈로 우리의 죄를 사하신 그것만으로 주(主)라고 한다는 것이다. 그러나 그것은 나와 상관이 없다. 예수는 실로 태초부터 하느님 아버지와 같이 있었다는 말씀 (얼나)을 주(主)라고 하는 것이다.[8]

위의 진술처럼 다석은 예수의 주되심은 바로 '태초부터 성부와 함께' 있었음, 곧 성부와 성자의 친밀한 관계에 있다고 보았다. 다석은 이와 같은 성부와 성자 관계의 본질을 '효'(孝)로 제시한다. 필자는 이런 맥락에서 예수 그리스도의 인격과 사역을 성부와 성자의 관계에 기초한 효 개념을 통해 설명하려는 시도를 효 그리스도론으로 명칭 하고자 한다. 다석의 효 그리스도론에서 효는 단순히 윤리적이고 도덕적인 규범을 뜻하지 않는다. 다석의 효 그리스도론의 핵심은 예수 그리스도를 구원론적 모범인 효자로서 제시하여 아버지 하나님과의 존재론적 관계 회복이라 할 새로운 창조에 피조 세계를 참여시키는 관계론적 구원론에 있다고 할 수 있다.

다석이 1957년 7월 12일에 요한복음 17장을 번역하면서 기록한 시의 한 구절처럼 효 그리스도론의 관점에서 예수는 "뚜려시 하웋님 보시고 맨첨브터 내모신 아ᄇ지라"[9] 부르신 분이다. 뚜렷하게 하나님을 '보았던'[10] 연합과 그를 영원부터 '모신' 아버지라 부를 수 있는 섬김이

---

8 박영호, 『多夕 柳永模 어록』, 412.
9 류영모, 『多夕日誌』 1, 413.
10 다석은 예수 그리스도와의 실존적 만남을 표현할 때, '보다' 혹은 '뵈다'라는 용어를 주로

예수와 하나님 사이 관계의 핵심적 내용이 된다. 이 진술 안에서 하나님과 함께하신 말씀, 하나님의 아들의 선재(先在) 개념을 확인해 볼 수 있지만, 상기하다시피 다석의 그리스도론에서는 영원한 생명인 얼을 그리스도로 보고, 육체의 예수가 그리스도가 될 수 있음은 얼 생명의 깨달음에 있었다는 것을 더욱 강조하기에, 예수 그리스도의 신성에 대한 문제는 예수의 얼 생명의 깨달음으로 해소된다. 다시 말해 선재하는 하나님의 아들이자 말씀은 얼이고, 얼 생명이야말로 성부와 성자와의 연합과 사랑의 핵심이다. 예수는 성부를 '아바'라 불렀던 그 연합 속에서 얼 생명을 깨달았고, 얼 생명으로 성부에게 신실했다. 그리고 예로부터 지금까지 얼 생명에 참여하여 성부 앞에서의 완전한 삶을 통해 하나님과 온전히 합일한, 그래서 하나님을 온전히 현실화한 인간은 예수 외에 없었다. 바로 이 하나 됨의 관계를 설명하는 동양적 개념이 부자유친(父子有親)의 효다. 따라서 성부와 성자의 관계를 효로 이해한 다석의 사유를 들여다보기 위해서는 동양적 관점에서 효 개념이 그리스도론 안에서 어떻게 구성될 수 있었는지를 살펴보아야 한다.

동아시아의 문화적 맥락에서, 성부 하나님에 대한 예수 그리스도의 관계는 효 개념을 통해서 구성된다. 박종천은 성부 하나님을 향한 예수의 신실함을 로마서 3:22[11]과 갈라디아서 3:22[12]의 표현인 '그리스도의 믿음'(pistis tou christou)이라 규정하고, 이러한 그리스도의 믿음이

사용한다.

11 그런데 하나님의 의는 예수 그리스도를 믿는 믿음을 통하여 오는 것인데, 모든 믿는 사람에게 미칩니다. 거기에는 아무 차별이 없습니다. (로마서 3:22, 새번역)

12 그러나 성경은 모든 것이 죄 아래에 갇혔다고 말합니다. 그것은 약속하신 것을, 예수 그리스도를 믿는 믿음에 근거하여, 믿는 사람들에게 주시려고 한 것입니다. (갈라디아서 3:22, 새번역)

야말로 동아시아의 유교적 관점에서 볼 때, '예수 그리스도의 효성'(filial faithfulness)임을 주장하는 '효 그리스도론'13을 제시한다. 박종천이 제시한 효 그리스도론에 따르면 예수 그리스도의 인성과 신성에 관한 양성론 문제는 나사렛 예수는 누구인가라는 물음과 관련이 있고, 예수 그리스도를 '참 하나님이자 참 사람'이라 고백하는 진술에는 현실적 인간 실존이 상실한 하나님과의 참된 관계, 하나님 아버지를 향한 충성을 나사렛 예수 안에서 발견할 수 있음을 함의한다. 동아시아의 유교적 관점에서 이러한 하나님을 향한 예수 그리스도의 성실과 순종, 충성은 효자(孝子)의 모습으로 제시된다. 따라서 동아시아의 유교적 관점에서 볼 때, 예수의 이야기는 하나님 아버지에게 진정으로 순종하는 효자가 누구인지를 명확하게 드러내는 것으로 보이는 것이다.14

예수 그리스도의 정체성은 성부와 성자가 맺은 관계로 설명되는 것이지 예수 그리스도의 인성과 신성을 형이상학적인 실체로 양립시키려는 양성론만으로는 다 설명되지 않는다. 더 나아가 신약성서가 가리키는 예수 그리스도의 구원 사역 역시 예수의 정체성을 설명하는 이 관계에 기초해야 함을 볼 수 있다. 예수가 보여준 하나님을 향한 신실함인 '그리스도의 믿음'은 유교적 맥락에서 효로 확인된다. 요컨대 그리스도의 믿음은 그리스도의 효성이다. 효가 곧 믿음인 것이다. 이와 같이,

---

13 박종천은 다석의 '효자 예수론'과 윤성범의 '효 신학'이 깊은 관련이 있다고 보고, 이 둘을 연결하여 효 그리스도론을 전개한다. 박종천이 제시하는 효 그리스도론이란 "유교 경전의 핵심을 이루는 효에 대한 가르침을 예수 그리스도 이야기의 빛에서 예표적으로 읽는 노력"으로서, '서문수 동문골' 즉 동양 경전의 뼈대에 성서의 골수를 집어넣는 해석학적 방법으로 성육신과 십자가, 부활과 같은 예수 그리스도의 이야기를 동아시아의 역사와 문화 그리고 교회의 맥락에서 해석한다. 박종천, "효 그리스도론에 대한 연구," 「신학과 세계」 88 (2016) 참조.
14 박종천, "효 그리스도론에 대한 연구," 69-71 참조.

그리스도교의 믿음 개념과 유교의 효 개념의 상호조명을 통해서 믿음의 개념이 하나님을 향한 효성과 그 관계성으로 설명됨을 확인해 볼 수 있으며, 예수가 구원자 그리스도가 됨은 바로 이 관계가 지상에서의 삶에서 완성되었음을 알 수 있다. 이는 예수 그리스도를 규범으로 삼는 '믿는 자들'에게 하나님을 신앙하는 길을 제시한다. 그것은 효의 길이다. 다시 말해 그리스도의 믿음 혹은 그리스도를 믿음은 신자에게 그리스도처럼 하나님을 섬기는 효의 자리로 안내하는 것이다.

다석은 그리스도를 효의 관점에서 바라보았기에 다석이 생각한 유교적 효를 이해함으로써 그의 그리스도론을 고찰해 볼 수 있으며, 그리스도론에 있어서 성부와 성자의 관계에 대한 통찰을 얻을 수 있다. 우선, 효의 개념을 묻기에 앞서 부모와 자식의 관계를 생성시키는 시작인 결혼의 기능적 의미를 살펴볼 수 있다. 풍우란에 의하면, 유교적 관점에서 결혼의 주요한 기능은 이전의 나를 대체하는 새로운 나를 창조함으로써 종래의 '나'가 가졌던 생명과 사업을 계승하는 것이다. 이 새로운 '나'가 종래의 '나'의 희망에 부응한다면 효자가 되고, 부모를 잇는 도를 가리켜서 효도라 한다. 부모를 잇는 효는 두 가지 측면을 갖는데, 하나는 육체적 측면이고 다른 하나는 정신적 측면이다. 육체적 측면에서 효란 부모의 신체를 공양하는 것과 자기 몸이 부모로부터 물려받은 것임을 명심하여 신중하게 보호하는 것, 그리고 후사 곧 새로운 '나'를 만들어 부모의 생명과 뜻을 계승하는 것을 포함한다. 다음으로 정신적 측면에서 효란, 부모의 뜻을 받들어 순종함은 물론 부모의 과실이 있을 때 이를 바르게 되도록 권하는 것을 가리킨다. 정신적 측면의 효에는 돌아가신 부모를 추모하고 기억하여 부모의 못다 한 뜻을 펼칠 수 있도록 하는 제사 역시 포함한다. 유교적 사회에서 효란 모든 도덕의 근원으로서, 적극적으로는 선행을 통해서 부모의 명예를 높이는 존친(尊親)과 소극적으로는 악행을 하지 않음으로써 부모의 명예를 떨어뜨리지 않는 불욕(不慾)으로 구분되며, 이와 같은 효를 통해서 인간은 여러 가지 덕목들을 행할 수 있다고 보았다.[15]

유교적 효 개념에 있어서 주목할 만한 부분은 존친과 불욕처럼 효의 극치를 부모의 명예와 관련시킨다는 것이다. 부모의 명예를 높이는 길은 자식이 훌륭한 '도덕적 모범'이 되는 것에 달려있다. 진정한 효자는 부모의 뜻이 자기 몸을 통해서 세상에 펼쳐져 그 명예가 유지되도록 자기 몸을 보존할 뿐 아니라(불욕) 부모의 명예를 높이기 위해 도덕적으로도 본이 된다(존친). 더 나아가 적극적으로 존친하고 소극적으로 불욕하는 효는 수평적 차원에서도 모든 도덕의 근본으로서 사회의 도덕적 유지와 안정에 이바지한다.[16] 따라서 예수를 효자라 했을 때 예수는 수신(修身)과 도덕에 있어서 모든 도덕의 근본인 효에 부합하는 완벽하게 모범적인 인물로서, 그의 모범적 효도를 통해 부모이신 하나님의 뜻을 잇고 성부의 명예를 높이고 그 뜻을 이 땅에 펼친 효의 극치로 비추어진다.

도덕적 모범으로서의 그리스도를 보는 관점은 펠라기우스적인[17]

---

15 풍우란,『중국철학사』상, 566-569 참조.

16 풍우란,『중국철학사』상, 570-572 참조.

17 보편적 교양이었던 스토아주의 전통에 서서 인간의 본질적 요소를 자유로 규정했던 펠라기우스는 그리스도의 역할을 두 가지로 보았는데, 하나는 믿는 자들에게 세례를 통해 죄 사함을 주는 것이고, 다른 하나는 죄 없는 삶의 모범을 보여주었다는 것이다. 하지만 이러한 죄 없는 삶의 본은 금욕적인 삶의 방식으로 이루어지는데, 펠라기우스적인 의미에서 예수는 금욕주의의 모범이라 말할 수 있다. 틸리히는 펠라기우스의 사상에 대해, 펠라기우스의 금욕주의적인 태도를 가볍게 보아서는 안 되지만, 그가 인간 삶의 비극적이고 운명적인 측면을 간과했다는 점, 그리고 선과 악을 인간의 자유의지에만 의존시킴

모범론적 구원론(examplarist soteriology)과도 공명한다. 모범론적 구원론은 인간의 본질적 요소인 자유 안에서 예수와 인간 사이의 상호 동등함과 일치의 가능성을 발견함과 동시에 예수 그리스도가 십자가 죽음으로 완전한 구원의 모범이 되었음을 주장한다. 그런데, 효의 모범으로서 모범론적이고 도덕적인 그리스도론은 펠라기우스(Pelagius, 360?~420)에게 주어지는 비판 곧 종교를 도덕으로 환원시킴과 인간 삶의 운명적 비극성에 대한 철저한 인식이 부재하다는 비판에 의해서도 쉽게 가려지지 않는 측면이 있다. 예수는 단순히 효의 도덕적 모범이 아니다. 모범으로서 예수의 효는 실체론적 개념이 아닌 관계론적 개념으로 구원을 설명해 주고, 구원을 필요로 하는 인간의 죄악과 비참함을 성부 하나님과 그 자녀인 인간과의 근본적인 관계의 파괴—부모와 자식과 같은 가장 기초적인 관계의 파괴에서 비롯되는 인간과 인간, 인간과 피조 세계의 관계 파괴—라는 관점에서 조명할 수 있도록 해준다. 이로써 구원은 성부와 인간의 사랑의 관계가 회복됨에 놓여 있고, 이에 대한 온전한 모범을 그리스도가 완성한 것이다.

또한 신약성서에서 예수를 율법의 완성이라 했듯이, "예수 그리스도는 효의 계명을 완전하게 성취하신 분"[18]으로 제시된다. 성부 하나님에 대한 효자 예수의 효의 성취는 하나님 나라의 도래를 가리키고, 이는 "상극적인 관계에 있었던 관계의 모든 인간관계가 종말을 고하고 새로운 질서가 형성됨을 의미한다."[19] 이런 의미에서, 예수는 성부와 인간이

으로써 종교를 도덕론으로 떨어지게 만들 수 있는 위험성을 가졌다는 점을 지적한다. 틸리히, 『파울 틸리히의 그리스도교 사상사』, 209-213 참조.
18 김흡영, 『道의 신학 II』 (서울: 동연, 2012), 55.
19 김흡영, 『道의 신학 II』, 56.

맺어야 할 궁극적인 관계를 보여주고 여기에 모든 피조 세계를 참여시켜 '새로운 피조물'[20]로 변화시키는 '새로운 존재'다. 다시 말해 "실존적 조건 아래 처한 본질적 존재이자, 본질과 실존 사이의 차이를 극복"[21]한 새로운 존재로서 예수의 삶 전체는 '새로운 존재'의 구체적 내용을 보여주고, 그 핵심에는 성부 하나님에 대한 성자의 효심이 자리하고 있다고 말할 수 있다. 더 나아가 성부에 대한 성자의 사랑과 헌신으로서 효의 극치라 할 예수의 십자가 사건을 본다면, 성부에 대한 "성자의 효는 구원을 창조 세계에서의 조화로운 관계의 회복으로 이해할 수 있는 단서가 된다."[22] 따라서 효 그리스도론의 핵심은 효의 모범인 예수 그리스도가 하나님과 맺은 부자유친의 친밀한 관계 안에서 드러난 새로운 창조에 참여시키는 관계론적 구원에 있는 것이며, 이러한 참여는 유교적 혹은 동양적 맥락에서 효(孝)와 인(仁)과 예(禮)와 같은 윤리적 차원으로 제시되는 것이라 말할 수 있다.

이런 맥락에서 다석은 그리스도론의 핵심을 '하나'인 아버지를 모신 예수의 효성, 곧 예수의 부자유친 영성으로 보았기 때문에 예수를 믿고 따르게 되었다.[23] 하나님 아버지를 극진히 모신 아들, 곧 '뵈신아달' 예수는 다석이 존재론적으로 참여하고자 한 유일한 모범이 된다. 그리고 그 효의 모범은 '아바 뵈심'으로 다석은 이를 예수의 핵심이라 보았다.

---

20 누구든지 그리스도 안에 있으면, 그는 새로운 피조물입니다. 옛 것은 지나갔습니다. 보십시오, 새 것이 되었습니다. (고린도후서 5:17, 새번역)

21 Paul Tillich, *Systematic Theology*, vol. 2 (Chicago: University of Chicago Press, 1967), 118-119.

22 김흡영,『道의 신학 II』, 210.

23 박영호에 의하면, 다석이 예수를 가장 좋아한 이유는 예수의 부자유친, 즉 예수가 하나님 아버지께로 돌아가자는 것을 가장 뚜렷하게 말했다는 점 때문이다. 박영호,『다석전기』, 328 참조.

다음은 이러한 내용을 담은 1972년 8월 16일 다석의 시를 김홍호가
옮기고 풀이한 내용이다.

뙤신아달 뙈과뎌 미듬

맛을알아 알마디 마침으로 꼭끈코꼭님
철이잇서 늙도록 늘여 죽도록 내주던 이
기시님 참말로계셔 뙤신아달

어머니 마리아의 몸에서 나신 몸이지만 한웋님 아버지를 뙤신 하나님의
아들 예수님이다. 맛은 세상의 맛을 알아보고 알마디 철학해 보고 맛의
세계가 마침으로 허망하고 멸망할 세계인 것을 알고 맛의 세계와는 꼭끈
코 단절하고, 꼭님 하나님의 세계를 머리에 이고 받들었다. **철이 있어 늙
도록 늘려 계속 발전시켜서 죽도록 자기의 전부를 다 내주던 이, 기시님
기이신 임, 잘나신 임, 아버지께서 참말로 계셔 아버지를 뙤신 아들이 예수
님이다. 뙈과져 되고 싶고 뒤를 따라가고 싶어서, 예수를 미듬, 굳게 믿는
다. 예수의 핵심**核心**은 아바 뙤심이요 류영모 선생의 핵심도 아바 뙤심이
다.**[24]

다음은 다석의 '개천국시'(開天國是)라는 시와 이에 대한 김홍호의
해석이다.

---

24 김홍호, 『다석일지 공부』 7, 205. 강조는 필자의 것.

開天國是

可遠觀之解語伊^{가원관지해어이}
聊褻翫以兩親侍^{요설완이양친시}
侍下子弟成性乎^{시하자제성성호}
孝上終天歸命時^{효상종천귀명시}

연꽃을 멀리서 바라보듯이 여자를 멀리하라는 말을 이해하는 남자는 아
내에 대하여도 애오라지 그대로 아내를 가까이서 보기만 하지 다치지를
않고 열심히 부모를 모시는 데만 신경을 쓴다. 그러면 시하의 자녀들도
어른스럽게 되어 부모에게 효도하고 세상을 끝마치면 하늘로 돌아가는
것은 틀림이 없다. 구원이란 남녀를 멀리하고 부부가 유별하고 부자유친
하는 데서 천국이 열린다.²⁵

다석에게 예수의 핵심은 '아바뫼심'이라 할 효다. 다석은 예수가
아들로서 효를 행하되 아버지 하나님을 극진히 모셨다고까지 표현한다.
또한 그 모심이란 '맛'의 세계와 철저히 단절(꼭끈코)하는 데까지 나아가
는 지극한 정성을 가리킨다.²⁶ 아버지를 모신다는 맥락에서 다석은

---

25 김흥호, 『다석일지 공부』 5, 293-294.
26 황경훈은 다석의 얼 그리스도론의 중심을 효로 보고, 효가 가진 개념적 한계, 예를 들면,
효는 모심의 지극함 혹은 지성(sincerity)을 드러내기에 부족하며 그 대상이 부모로만 제
한된다는 점을 지적하면서 이를 보완하기 위해 "모심 그리스도론"을 제안한다. 우선, 모
심은 한국의 고유한 종교문화적 체험인 '한'과 밀접한 관계가 있는 것으로, "모든 것을
하나의 커다란 하나에 일치시키고 영원한 생명으로서 하느님과 더불어 성장시키는 힘"
이라 할 수 있는데, 모심은 "실천과 자기 수련으로서 영원한 생명인 하느님과 관계를 맺
게 하는 원천, 힘이라는 점을 부각한다." 따라서 신약성서에서 예수와 성부와 친밀한 관

이와 같은 아버지 모심을 유교적 수신과 함께 연결하면서 효의 구체적 내용을 수신으로 제시한다. 특히 성적인 금욕과 부모를 섬기는 효는 다석에게 있어서 대표적인 수신적 개념으로 귀일(歸一)의 길이 된다.

3. 양언선 양아의

예수의 '아바 뫼심'의 효는 자기 부인의 십자가에서 극명함을 보여준다. 다석은 자신의 가온찍기(己)를 매일같이 실시하면서 자신이 '효신학'을 보여준다고 말했다.[27] 이러한 진술은 이미 다석의 신학적 사유 안에 효 개념이 깊이 자리 잡고 있었음을 보여준다. 다석의 그리스도론에 있어서 효를 논하는 까닭은 성부와 성자의 관계를 설명해 주는 한국적 개념이 바로 효이기 때문이다. 이런 맥락에서 볼 때, 다석은 '羊言善 羊我義(양언선 양아의)라는 시를 통해 삼위일체의 관계 안에서 그리스도의 사역을 설명한다.

羊言善 羊我義(昨年 11月 25日記)

꼭대기 아바뫼신 아다님
덥친색기들 나신아달뷤
돌고도시는 숨님믿우럼

계를 보여주는 예수의 아바(Abba) 체험과 십자가의 자기비움은 모심 그리스도론으로 설명된다고 주장한다. 황경훈, "예수의 아바[ABBA] 체험과 모심 그리스도론," 「우리신학」 2 (2003) 참조.

27 김흥호, 『다석일지 공부』 2, 223-224 참조. 김흥호는 다석이 효신학을 보여주며 매일 같이 행한 가온찍기란 일식, 일언, 일좌, 일인이라 설명한다.

억척캉캄 그믐개 생화
絕對聖父侍奉子^{절대성부시봉자}
重重人子獨生子^{중중인자독생자}
恒巡灵氣信仰涯^{항순령기신앙애}
億億生涯晦暗涯^{억억생애회암애}28

위 시를 보면, '양언선 양아의'라는 제목은 희생제물이 된 양처럼 말없이 묵묵히 자기를 비워 선과 의를 이룬 예수 십자가 죽음을 암시한다. 예수는 '꼭대기 아바'이신 하늘 아버지 성부를 모시는 아들이며(絕對聖父侍奉子), 모든 인간 가운데서 홀로 얼로 나신 한 나신 아들 곧 독생자이시다(重重人子獨生子). 이 한 나신 아들을 바라봄으로써 운행하시는 성령을 믿어 위로 솟난다(恒巡灵氣信仰涯). 여기서 예수는 절대이신 성부의 편에서는 섬기는 아들로, 사람들 가운데서는 얼로 솟아 난 '한 나신 아들'로서, 동아시아의 유교적 관점에서 볼 때 부모의 뜻을 받들고 세상에서 부모의 뜻을 펼쳐내어 부모의 영예를 높인 효자로 제시된다. 다석에게 예수는 죽기까지 효를 행한 효자였는데 이와 같은 희생과 자기 비움의 기초는 성부와의 친밀한 관계, 즉 부자유친의 효라 말할 수 있다.

결국 예수 십자가의 대속은 성부와 성자의 '부자유친'(父子有親)이 아니고서는 설명될 수 없는 것으로서, 구속을 이룬 사랑 곧 "모든 인류를 다 사랑할 수 있는 마음이 하늘 아버지와 독생자 사이의 親함에서 우러나온 것"29이라 말할 수 있다. 그렇다면, 예수의 효가 다른 인간의

---

28 김흥호, 『다석일지 공부』 6, 319.

효와 비교했을 때 갖는 특수성은 무엇인가 하는 질문이 제기된다. 예수의 효심은 다른 인간의 탁월한 효심에 비해 무엇이 다르기에 인류의 구원을 가져오는가 하는 질문이다. 그 답은 바로 그리스도의 죽기까지 순종한 그의 겸비(혹은 자기 비움)와 성령의 증거다. "효의 극치는 달리 말하자면 겸비이다."[30] 예수의 겸비 곧 자기 비움은 온 세상을 위해 십자가에서 희생 제물이 되기까지 순종하게 했으며, "그는 참 효자였기 때문에 하느님 아버지는 그를 높이 드셔서 세상의 구주로 삼으신 것이다."[31] 이제 부활하신 그리스도는 성령으로 우리 마음에 예수를 참 하나님이요 참 사람임을 증거한다. 그리고 지금도 성부와 성자의 온전한 합일을 증거하는 성령은 여전히 부활하신 그리스도 즉 얼 생명으로서 우리 마음에 역사하는 것이다.

4. 천직과 고디의 대속론

다석의 효 그리스도론에서 예수의 특수성을 설명하는 개념은 예수가 지닌 부자유친의 극치인 자기 비움이며 이는 대속의 십자가에서 극명해진다. 다석에게 있어 이러한 예수의 대속을 설명하는 또 다른 개념은 "천직"과 "고디"이다. 앞서 양언선 양아의가 대속의 수직적 차원이라면 천직과 고디는 대속의 수직적 차원은 물론 대속의 수평적 차원도 함께 가리킨다. 이로써 다석의 천직과 고디의 대속론은 보편적 대속과 고난에 연대하는 새로운 인간 주체성을 제시함을 살펴볼 수 있다.

---

29 윤성범, "예수는 모름지기 효자다," 「기독교사상」 7 (1976), 24.
30 윤성범, "예수는 모름지기 효자다," 29.
31 윤성범, "예수는 모름지기 효자다," 31.

우선, 다석에게 있어 예수가 독생자 그리스도가 될 수 있었던 이유는 예수가 천직(天職)을 죽기까지 수행했기 때문이었다. 예수의 그리스도 됨을 십자가 대속을 중심으로 설명하는 일반적 그리스도교 입장과는 달리 다석의 관점에서는 예수가 그리스도 됨을 천직의 수행으로 본다. 따라서 예수의 대속에 대한 해석도 달라진다. 다석은 예수의 독생자 됨과 그리스도 됨을 다음과 같이 말한다.

> 십자가에 못 박힌 예수 그리스도는 천직에 매달린 분입니다. 천직에 매달린 모범을 통해, 우리를 위한 대속(代贖)을 보여주셨습니다. 죽기로 천직을 다한 것을 우리에게 보여주었습니다. … 자기의 천직에 임무를 다하는 것이, 십자가에 매달린 예수와 같은 독생자(獨生子)가 되는 길임을 알 수 있습니다. 참마음으로 천직을 다하는 이가 그리스도입니다. … 천직에 순직(殉職)한 자는 장소 여하를 불문하고 교리(教理)가 있건 없건 독생자로서 십자가를 진 사람입니다.[32]

위의 다석의 진술은 독생자론의 관점에서 천직이 가진 두 가지 함의를 보여준다. 하나는 예수는 천직을 다함으로 대속이 무엇인지를 '모범'으로 보여주었다는 것이고, 다른 하나는 예수처럼 천직을 다하는 사람은 '누구든지' 독생자이며 십자가를 진 그리스도라는 것이다. 다시 말해 예수가 십자가에 매달리기까지 죽기로 천직을 수행한 모범을 따라 천직을 수행함은 '자속'과 '대속'이 모두 적용된다. 요컨대 다석에게는 예수의 자속이 곧 대속이며, 자속의 삶을 통해서 대속이 이루어진다

---

32 류영모, 『다석 강의』, 754.

는 것이다. 무엇보다 다석은 예수의 대속을 천직과 연관지어서 설명한다. 예수는 하늘이 부여한 천직을 다함으로 그리스도가 되었고, 이를 통해서 온 우주를 위한 대속이 이루어졌다. 그렇다면 예수가 죽기까지 수행한 천직이 무엇이었는지에 대한 설명이 필요하다. 다음은 1955년 12월 11일 다석이 일지에 기록한 글[33]이다.

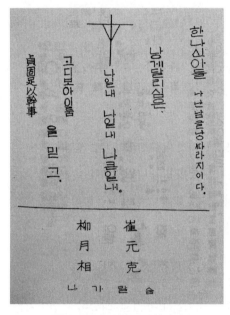

〈그림6: 1955년 12월 11일 다석일지〉

이 글을 김흥호의 풀이를 통해서 보면. 다석은 예수를 "한나신아들" 곧 독생자로 호칭하고, "나난남글 낭싸라지이다"라고 기도한다. 이는 "나를 난 온전한 남(生命) 글낭 그분만은 따라(順從)하게 되기를 바란다"는 의미이다. "낭게 달리심"은 예수의 십자가에 달리심을 뜻하고, 그것은 "나일내 나일내 나큰일내"는 내가 만들어 낸 사건 때문에, 내가 죄를 지었기 때문에 그리고 나를 구원하기 위해 이루어진 일이었다는 뜻이다. 여기서 "나큰일내"는 중의적 표현으로 예수 십자가에 달리심은 내가 큰 일 곧 죽음에 빠진 것 때문이기도 하지만 다른 한 편으로 십자가에 달리심을 통해서 나를 키워 큰일을 하는 내가

---

33 류영모,『多夕日誌』1, 97.

되도록 하기 위함이라는 의미가 갖는다. 따라서 이제 고디(貞固), 곧 정직함과 정의를 고집하고, 정의가 승리하며 반드시 성취된다는 '이룸'을 믿으며, 간사(幹事) 곧 무엇이든 행하는 것이다. 이는 "정직을 보면 성공할 수 있을 것을 믿는다"는 기원을 담고 있다.[34]

또한 이 글에서 나타난 십자가의 모형은 가로와 세로의 두 개의 '고디' 즉 두 직선을 통해서 십자가의 본질이 '곧음'(貞)에 있음을 알려준다. 예수의 십자가를 통해서 본 예수의 천직은 "고디보아이룸"을 믿고 이를 죽기까지 고집함에 있었다. 예수의 천직은 바로 고디의 이룸이었다. 김홍호에 따르면, 다석은 그리스도교를 고디의 가르침 즉 "정교貞敎"[35]라고 말했다. 다석은 마리아와 예수를 고디로 부른다.[36] 다석은 십자가에서 수직선과 수평선이 교차하듯이, 예수의 천직인 고디를 이룸은 수직적(혹은 수행적) 차원과 수평적(혹은 타자적) 차원을 가지고 있다고 보았다. 우선, 고디의 수직적 차원은 성적인 욕구를 억제하는 독신처럼 식색(食色)을 초월하는 금욕적 수행을 들 수 있다. 다석은 석가와 예수가 출가와 독신을 통해 고독함과 정조를 이룬 모범이 되었다는 내용을 담은 '월홀고디'라는 시를 지었다.[37] 다석에게 온전한 사람됨이란 "혼자서 독신 생활獨身生活을 하고 아무 욕심 없이 하늘 위로 하나님 계신 곳, 우주의 중심으로 곧장 올라가는 것"[38]을 말한다. 다석은 식색을

---

34 김홍호, 『다석일지 공부』 1, 256 참조.

35 김홍호, 『다석일지 공부』 1, 327.

36 다석은 예수와 마리아에 대해 "고디"라는 표현을 사용한다. 예를 들면, 마리아에 대해서는 "한우님의 엄 고디"(류영모, 『多夕日誌』, 1, 82.)로, 예수에 대해서는 "거룩홀 우리고디!"(류영모, 『多夕日誌』, 1, 119.)로 표현한다.

37 류영모, 『多夕日誌』 1, 788.

38 김홍호, 『다석일지 공부』 4, 36.

초월하는 고디를 최고의 덕목으로 보았고, '동정녀' 마리아를 고디의 대표적 인물로 여겼다. 그래서 천주교의 '성모경'(聖母經)과 같은 기도문을 자신만의 방식으로 재표현하기도 했다.[39]

다석은 고디의 수평적 차원을 통해서도 대속을 타자적으로 새롭게 해석한다. 다석은 요한계시록 12장 13절을 강론하면서, 어린 양 예수의 제의적 대속뿐 아니라 고디로 인해 찾아오는 고난을 짊어짐으로써 이루어지는 대속이 있음을 이야기한다. 제의적 대속은 종종 그것이 가리키는 진정한 의미가 상실된 채 교리적 내용으로 환원되어 대속이 가져다주는 거룩과 변혁의 생명력을 잃기도 한다. 따라서 이 세상의 죄악을 해결하기 위해서는 자기가 아닌 다른 '희생 제물'로 대속하는 제의적 대속뿐 아니라 "피로서, 맘의 고디(貞)로서 대속하는 정신"[40] 역시 필요하고, 이러한 고디의 대속은 "제 몸뚱이로 제사 지내는 것"[41] 곧 하나님을 향한 수신적 삶으로 드러난다.

하지만 다석은 고디의 대속을 이런 수직적 차원에서 수평적 차원으로 전환시키는데, 대속은 예수와 하나님을 향한 신앙의 자리에서만이 아니라 이 세상의 고난 현장에서도 발견된다. 다석은 대속을 예수만이 할 수 있는 것이 아니라 고난을 짊어진 사람들 역시 대속을 한다고 보았다. 즉, "남을 위해서 살고 죽는 사람, 억울하게 죽은 사람, 마땅히 받아야 할 대우를 못 받고 핍박을 받아 죽은 사람, 이들은 전부 예수가 흘린 피에 못지않은 대속을 하고 죽어 간 사람들"[42]이다. 따라서 대속이

---

39 김흥호, 『다석일지 공부』 1, 211-212 참조.
40 류영모, 『다석 강의』, 759.
41 류영모, 『다석 강의』, 759.
42 류영모, 『다석 강의』, 759.

란 '자발적'으로 혹은 '비자발적'으로 이 세상 고난에 동참하는 것을 뜻한다. 하지만 그 대속의 핵심에는 고디를 이룸이 있다.

우선, 대속은 자발적인 것으로 죄악 된 이 세상에서 고디를 이루고자 하는 자가 필연적으로 예수처럼 십자가 고난을 받는 것을 의미한다. 하지만 그 고난이 결국 온 세상을 대속한다. 또한 대속은 비자발적인 것으로 고난받는 이들의 고난이 다른 모든 사람의 고난을 대신하는 것이다. 지금 다른 사람이 원치 않게 감당하는 고난은 내가 받아야 할 고난을 대신하여 받는 셈이다. 이 역시 타자의 고난을 대신함으로써 이루어지는 고디의 완성이다. 따라서 죄악 된 이 세상에서 자발적으로 고디를 완성하기 위한 천직을 감당하는 자, 그 천직 때문에 고난당하는 자, 천직에 '매달려' 순직(殉職)하는 자뿐 아니라 비자발적으로 가난과 장애, 절망과 소외, 상실과 억압 등의 고난 가운데 있는 모든 자들은 십자가에 매달려 이 세상을 구원하는 자 곧 하나님의 종이요 독생자이며 대속하는 그리스도이다. 예수 역시 이렇게 굶주리고 옥에 갇히고 고난받는 자들 곧 '지극히 작은 자 하나'가 자신이라고 말했다.[43] 다석은 이사야 52장 4절[44]을 강론하면서, 이렇게 말한다.

이것은 우리가 그냥 듣거나 읽을 내용이 아닙니다. 이름 없고 무식한 동포, 가난한 동포, 밥 못 먹고 고생하는 동포, 그 가운데 하느님의 종이 많은 것입니다. 행세 못 하고 이름 없고 모두에게 무시당하고 촌놈이라고 놀림

---

43 마태복음 25:31-46.
44 그는 실로 우리가 받아야 할 고통을 대신 받고, 우리가 겪어야 할 슬픔을 대신 겪었다. 그러나 우리는, 그가 징벌을 받아서 하나님에게 맞으며, 고난을 받는다고 생각하였다. (이사야 53:4, 새번역)

당하고 서울 구경도 한 번 못 한 이들, 대접받지 못한 이들 중에 하느님의 종은 많습니다. 가난하고 남에게 무시당하지만 끝에 가서는 다른 사람의 질고(疾苦)와 괴로움을 대신해줍니다. … 못나서가 아닙니다. 우리의 어려움과 가난함과 괴로움을 대신 짊어진 것입니다.[45]

이와 같이 다석은 천직과 고디의 개념으로 예수의 대속을 식색을 초월하는 자속적 의미로, 그리고 타자의 고난을 대신 지는 고난받는 자들의 대속이라는 타자적 의미로 대속을 재해석한다. 특히 다석에게 고난받는 하나님의 종이라는 성서 텍스트는 제의적이고 신앙적 차원으로부터 레비나스적인 타자에 대한 신성한 윤리적 차원으로 그 의미가 전환된다. 이제 대속은 '하느님의 종'을 통해서 레비나스의 주장처럼 타자의 얼굴에서 죽음을 발견하고 이에 대해 신성하고 무한한 윤리적 책임으로 응답하는 새로운 책임적 인간 주체성으로 제시된다.[46] 타자의 고난은 의도하든 의도하지 않든 나를 대신한 것이며 나의 고난이기에 이에 대한 동참을 요청한다. 나의 고난 역시 마찬가지로 그것을 의도하든 의도하지 않든 타자를 위한 고난이다. 따라서 다석의 대속 개념을 통해서 고난 그 자체는 —그것이 자발적이든 비자발적이든— 타자에

---

45 류영모, 『다석 강의』, 580.

46 강영안은 "레비나스 철학의 궁극적 지향점은 주체성을 다시 세우는 것"이며, 그 주체성은 무한자 개념을 바탕으로 타자를 받아들이는 주체성임을 제시한다. 또한 레비나스의 철학은 "주체성의 변호를 위한 철학"으로서, 그 주체성이란 "'타자를 위한 존재', '대리' 혹은 타자를 위한 '볼모'로 표현되고 주체는 존재를 규정하고 의미를 부여하는 주인이 아니라 오히려 타자를 위해 짐을 지는 주체, 즉 책임적 주체라는 것이 강조된다"고 주장한다. 강영안, "레비나스 철학에서 주체성과 타자," 『현상학과 현대철학』 4 (1990), 248-249 참조. 필자는 다석의 대속 개념과 관련해서 고난을 타자에 대한 신성하고 무한한 윤리적 책임을 지는 것으로 이해하여 레비나스 철학과 연결하였다.

대한 윤리적 책임을 감당하는 구원의 행위로 해석되고, 더 나아가 그리스도는 물론 고난에 동참하는 모든 사람은 타자를 위해 무한한 책임을 지는 새로운 인간 주체성으로 설명될 수 있다. 마치 레비나스의 주장처럼 나의 행위가 아닌 것에 대한 책임, 나와 무관한 행위로 인한 책임까지 포함하는 그런 타인에 대한 책임으로까지 나아가는 책임이야 말로, "주체성의 본질적인 구조, 제일의 근본 구조"[47]라 말할 수 있다.

결국 이 세상에서 고난 당하는 자가 세상을 구원하기 위해 대속하는 독생자다. 다석은 그리스도교 전통이 대속 교리를 통해 해결하고자 했던 죄와 악과 고난의 문제를 교리적 논쟁의 자리에서 고난의 자리로, 자속의 개인적이고 수직적인 구원의 자리에서 타자적이고 수평적인 윤리적 책임의 자리로 전환시키고 고난을 통해서 서로 연대하는 새로운 윤리적 인간 주체성을 제시한다. 이로써 이 세계에서 고난을 경험하는 실존적 차원에서 대속의 의미와 함께 대속의 은총이 새롭게 부각된다.

이제 다석은 예수의 대속이 세계 변혁적인 책임적 신앙 곧 정의를 지향함으로까지 나아가야 한다고 주장한다. 고디를 완성하기 위해 천직을 죽기까지 매달리다 십자가에서 매달려 죽은 예수의 실패는,

> 정의(正義)쪽에서의 실패다. … 정의 쪽에 실패자인 크리스천이 되려고 하는 것은 마지막 정의(하느님)를 믿기에 정의 구현이 불가능한 세상에 정의가 있도록 하려는 데 있다. 예수가 이 세상에 정의를 실현하려 한 지 2천 년이 되었다. 아직도 정의는 실현되지 못했지만 그러나 낙심하지 않

---

47 에마뉘엘 레비나스/김동규 옮김·해설, 『윤리와 무한: 필립 네모와의 대화』(고양: 도서출판 100, 2020), 108.

고 그 길을 가는 것이 우리들의 일이다. 이것이 이른바 신앙이라는 것이다.[48]

타자를 위한 고난과 책임 그리고 정의 구현이라는 다석의 대속 개념은 이후 민중신학자 안병무에게로 이어져 고난받는 민중의 메시아적 구원 가능성을 주장하는 민중신학의 단초가 된다.[49] 다석에게 대속이 다른 사람의 질고와 괴로움을 대신해 주는 것처럼, 안병무에게도 십자가는 "남을 위해 져야 할 네 책임이란 뜻이 된다. — 남을 위하여 하나의 행위를 결행할 때 수난을 각오하지 않으면 저가 져야 할 십자가의 뜻을 모르게 된다."[50] 그리고 다석이 고디의 천직 담당을 이야기한 것처럼, 고디 곧 옳은 일을 위해 고난을 감당하는 것이 바로 대속의 십자가를 짊어지는 것이 된다. 다석의 사상에서 영향을 받은 안병무는 이렇게 말한다. "옳은 일이면 단행하라. 주저되면 하느님만 상대해라. 그럴 땐 물론 외롭다. 그러나 그게 바로 예수의 십자가의 현장에 참여하는 길이 되는 것이다."[51]

다석이 대속을 타자적으로 이해할 수 있는 근거는 그의 인간론에 있었다. 박재순은 다석이 인간을 "전체 하나의 자리, 생명 전체의 자리"[52]에서 이해하였고, 이는 모든 인류의 생명이 서로 연결되어 있어 "모든

---

48 박영호, 『多夕 柳永模 어록』, 147.
49 씨알민중 안에서 그리스도의 현존을 본 다석의 씨알사상을 안병무의 민중이해의 중요한 준거로 제시하고 그 연관성을 설명하는 내용은 다음을 참조하라. 김명수, 『씨알사상과 민중신학』(파주: 한국학술정보, 2012).
50 안병무, 『불티』(서울: 한국신학연구소, 1998), 14.
51 안병무, 『불티』, 15.
52 박재순, 『다석 유영모』, 295.

인간, 모든 생명은 죄와 의, 선과 악에 공동으로 서로 참여하고 공동으로 책임지는 존재"[53]로 이해하는 데까지 나아간다고 주장한다. 따라서 다석은 인류 전체의 자리에서 흘린 예수의 피는 물론, 모든 의인들의 피가 가진 속죄의 능력을 인정했다.[54] 이러한 의미에서 다석은 젊은 학생들이 독재에 항거하다 목숨을 잃은 4·19혁명을 우리 민족을 대속한 '유월절'로 이해했다. "4·19혁명은 우리 민족 역사상 하나의 유월절을 지낸 거예요. 어린양을 잡아서 바친 것입니다."[55] 이처럼 다석의 대속은 개인적 윤리적 차원을 넘어 역사적 차원 그리고 더 나아가 우주적 차원의 대속으로까지 확장된다.

다석은 인류의 죄를 대속하는 독생자가 누구인지를 제시함으로써 전체주의와 제국주의, 독재가 몰고 온 시대적 거악(巨惡)과 구한말과 망국의 현실 속에서 그리고 탐, 진, 치의 각자도생(各自圖生)으로 파편화된 한국인들의 산산이 조각난 현실적 삶 속에서 새로운 인간 주체를 제시했다. 그것은 천직과 고디를 통해서 정의의 대속을 이루는 주체이며, 고난에 동참함으로써 역사적이고 우주적인 전체 생명을 이루는 책임적 주체이다. 이러한 대속의 독생자가 곧 믿는 자들의 정체요, 역사를 구원하는 주체가 된다.

---

53 박재순, 『다석 유영모』, 295.
54 박재순, 『다석 유영모』, 295-296 참조.
55 류영모 강의, 주규식 기록, 박영호 풀이, 『다석 씨알 강의』 (서울: 교양인, 2015), 76.

V. 사람됨으로 태어나는 그리스도
: 다석과 에크하르트의 독생자론 비교

1. 그이의 독생자론

다석의 독생자론을 살펴보기 위해서, 다석이 인용한 논어의 한 구절인 '부지명무이위군자야'(不知命無以爲君子也)[1]의 풀이로 시작할 수 있다. 다석은 독생자를 유교적 맥락에서 군자처럼 하늘의 명을 아는 하늘의 아들인 "그이"로 설명한다. '그이'는 군자이자 하나님의 아들 곧 독생자다. "사람이 천명(天命)을 알 때 하느님의 아들이 된다."[2] 따라서 다석에게 독생자는 '그이'(군자)처럼 하늘의 명을 아는 하나님의 아들로 이해된다.

> 목구멍으로 숨 쉴 줄 알면 하늘의 명령도 숨 쉰다는 것을 알아야 하는데, 이것을 모르면 '그이'가 될 수 없습니다. '그이'가 될 수 없다는 것은 곧 군자(君子)가 될 수 없다는 말입니다. '군자'는 글자 그대로 새기면 임금의 아들이란 뜻입니다. 『성경』에도 독생자(獨生子)라는 말이 있는데, 하늘 (하느님)의 아들이란 뜻입니다. 공자 역시 아들입니다.[3]

---

1 孔子曰不知命이면 無以爲君子也요 不知禮면 無以立也요 不知言이면 無以知人也니라. "공자께서 말씀하셨다. 명을 알지 못하면 군자가 될 수 없고, 예를 모르면 설 수 없고, 말을 모르면 사람을 알 수 없다." 이기동 譯解, 『논어강설』(서울: 성균관대학교 출판부, 2019), 676 참조.

2 박영호, 『多夕 柳永模 어록』, 153.

3 류영모, 『다석 강의』, 44.

다석에게 독생자인 '그이'의 또 다른 의미는 '하나'와의 관계 속에서 '사람됨'을 통해 경험되는 그리스도이다. 이와 같은 내용은 1957년 2월 20일 일지에 기록한 '믿음'이란 시를 통해서 드러난다.

믿음

하나 ㅣ 계셔 내게 사름으로 내샤 아들 삼으시다.
그 일르시믄 때를 히스미오.
그 ᄒᆞ이시믄 한ᄃᆡ를 느리미네.
아ᄇᆞ 뜻 몸에 소리니 난 뜻 참 보이오.
속알이 말씀으로 품기우니, 참 말씀 스메, 됀길이 번듯 ᄒᆞ여이다.[4]

다석은 이 시에서 진술된 하나님의 아들 됨을 이렇게 연경반 강의에서 이렇게 풀이한다.

그러니까 절대자인 그 '하나'가 내게 계시니까 나는 어떻게 되는가 하면 '사름으로 내샤', 즉 사람으로 내서 나에게 계시는 것입니다. 나에게 사람의 사명을 주신 이가 곧 '하나'가 됩니다. 이것이 어떻게 되느냐 하면, 예수께서 이르신 것같이 '아들 삼으시다', 이렇게 됩니다.[5]

이로 미루어 볼 때, 다석은 절대 초월의 궁극적 존재인 '하나'가

---

4 류영모,『多夕日誌』1, 341.
5 류영모,『다석 강의』, 472.

자신 '안에' 있음을 고백한다. 그리고 '하나'가 자신 안에 계신다는 것을 아는 것은 '사름으로 내샤' 곧 사람됨에 있다. 다석은 이를 가리켜 '그이'가 됨이라 표현한다. 여기서 드러나는 다석의 독생자론의 중요한 내용은 사람됨이 곧 '하나가 계심을 인식할 수 있는 근거라는 사실이다. 따라서 다석에게 독생자란 '하나'가 나를 아들 삼음을 즉시 깨닫는 것을 의미하며, 이 아들 됨을 깨닫는 것은 '사람됨'을 통해서 주어진다. 사람으로 태어나서 '사람 노릇'을 할 때, '하나'의 아들 됨 곧 '그이'가 된다는 것이다. 예수는 물론 다석 역시 자신이 독생자임을 알았고, 이는 독생자가 되는 가능성이 모든 인간을 향해 열려있음을 뜻한다. 따라서 독생자란 인간 됨을 통해 "오직 '하나'의 아들임을 깨닫는 관계를 말한 것"[6]이다.

다석에게 독생자란 군자처럼 사람 됨이라는 하늘의 사명을 알고, 그 명대로 사람 노릇을 하는 가운데 경험되는 '하나'와의 합일된 관계를 뜻한다. 여기서 다석의 독생자론에서 드러나는 유교적 그리스도론의 한 단면을 발견하게 된다. 그것은 바로 인간성의 완성 안에서 드러나는 신앙의 초월적 가능성이다. 일반적으로 유교는 인간과 세계가 직면하는 모든 문제와 이에 대한 해결 가능성을 인간에 두고, 그리스도교는 신과 신을 향한 신앙에 둔다. 하지만 이처럼 다소 상이한 유교와 그리스도교의 접점[7]을 찾아 인간성 내 신앙의 초월성으로 설명할 수 있는

---

6 류영모, 『다석 강의』, 472.

7 김흡영은 유교와 그리스도교의 접촉점, 곧 유교적 수신과 그리스도교 성화의 접점을 "철저한 인간화(radical humanization)의 정행(正行)"으로 보았다. 이는 인간에게 주어진 고유한 초월적 목표와 이를 실현하고자 하는 통합적인 시도를 말한다. 유교에 있어서는 구체적 상황에서 도를 체현하기 위한 "공동적인 정행"(正行, the shared orthoproaxis)인 예(禮)가 그러하고, 그리스도교에 있어서는 해방신학과 성화론이 그러하다. 이와 같은 철저한 인간화의 초점은 참된 인간 됨에 관한 공부인 수신(修身)에 주어진다. 김흡영, 『道의 신학』(서울: 다산글방, 2001), 187 참조.

개념이 바로 다석의 '그이' 독생자론이다.

다석은 유교의 군자 개념에 기초하여 '그이' 독생자론을 통해 인간성 안에서의 '하나' 곧 초월과의 만남을 설명한다. 유교에서 말하는 인간성 이란 『중용』(中庸)에서 제시하듯, 하늘이 인간에게 부여한 것이다.[8] 이 인간성에 기초하여 "인간과 하늘은 본원적으로 합일을 이룬다는 천인합일(天人合一)의 유교적 전제는 초월성에 대한 동양적 표현"[9]이 된다. 또한 이러한 유교의 전제는 인간이 선천적으로 자기초월적 가능성 내지는 완전성을 지닌다는 유교적 신앙으로까지 이어진다.[10] 유교적 신앙과 그리스도교 신앙이 결합하여 형성된 유교적 그리스도교 신앙이 그리스도론의 형태로 구체화 된다면, 예수 그리스도는 자기 갱신과 함께 자기주체성을 실현해 보여주는 완전하고 참된 성인 곧 "하늘과 완벽한 합일을 이룬 인간의 궁극적 현존을 실현"[11]한 인물로 이해되며, 특히 그리스도의 인성에서 유교적 경(敬)과 성(誠)의 극치를 발견하게 된다.[12]

따라서 '그이'인 예수 그리스도는 유교적 그리스도론의 관점에서 '군자'(君子), 곧 하늘과 땅의 왕인 하나님의 아들로서, 유교적 인간이 실현해야 할 궁극적 이상형으로 제시된다. 무엇보다 예수의 십자가 사건은 "살신성인한 군자의 완전한 모범인 동시에 효도의 의무를 다한

---

8 天命之謂性이오 率性之謂道이오 修道之謂教니라. "하늘이 명하는 것을 성性이라 하고 성性을 따르는 것을 도道라 하고 도道를 닦는 것을 교教라 한다." 이기동 譯解, 『대학·중용강설』 (서울: 성균관대학교 출판부, 2020), 107.

9 김흡영, 『道의 신학』, 191.

10 김흡영, 『道의 신학』, 191 참조.

11 김흡영, 『道의 신학』, 225.

12 김흡영, 『道의 신학』, 225 참조.

독생자의 모습"13을 보여주는 유교적 인간 이상향의 극치가 된다. 이처럼 다석은 자기희생과 자기 극복의 십자가로 인(仁)을 이룬 예수를 통해 독생자로서 그리스도의 참된 의미를 발견할 수 있었던 것이다.

2. 하나님 아들의 탄생과 한 나신 아들

앞서 다석의 독생자론에서 살펴본 바처럼, 다석은 요한복음의 독생자 용어를 유교의 군자 개념을 전유해 설명한다. 여기서 독생자란 '그이'(군자)처럼 하늘의 명을 아는 사람을 뜻한다. 또한 독생자는 '하나'와의 합일적 관계 안에서 경험되는 그리스도 됨이다. 따라서 다석에게 독생자는 경험적 실체를 가리키는 용어로 내가 '하나'의 아들 됨을 깨닫는 것을 뜻하며, '하나'의 아들 됨은 '사람 노릇' 곧 사람 됨을 통해서 주어진다. 사람됨 안에서 경험되는 '하나'와의 만남과 경험을 통해 그리스도가 됨이라는 논리는 그리스도의 특성을 어떤 특정한 성인과 역사적 인물로 제한하지 않고 모든 인간 안에서 성취되는 얼의 가능성으로 이해하도록 한다. 하지만 얼의 가능성은 모든 인간이 그리스도가 될 수 있다는 보편성의 측면과 함께 그리스도 됨이 성취되는 보편적 '근저'가 무엇인지에 대한 사유로 안내한다. 다시 말해 성자가 성부 안에서 그리스도가 될 수 있는 근저와 인간이 그리스도가 될 수 있는 근저가 동일하다는 논리이다. 이와 같은 근저에 대한 사유는 마이스터 에크하르트에 의해서도 제기되었고, 이는 다석의 독생자론이 공명하는 지점이다.

얼 개념에 기초한 다석의 독생자론은 보편적 '탄생'이라는 측면에서

---

13 김흡영, 『가온찍기』, 146.

에크하르트의 '아들의 탄생'에 대한 내용과 상응한다. '하나님 아들의 탄생'은 에크하르트의 영성과 신비 사상의 핵심이라 할 수 있다. 하나님 아들의 탄생은 인간 영혼이 그 근저이면서 동시에 신의 근저라 할 공통의 근저에서 순수성을 회복할 때 이루어진다. 이처럼 인간 영혼 안에서 일어나는 말씀의 탄생이 곧 하나님 아들의 탄생이라고 말할 수 있다.[14] 에크하르트는 하나님 아들의 탄생과 관련하여 세 종류의 탄생을 언급한다. 첫째는 영원하고 형이상학적인 진리로서 초시간적인 사건인 성부, 성자, 성령의 삼위일체 안에서 일어나는 영원한 성자의 탄생이다. 둘째는 성육신 사건으로서 이는 시간적이고 역사적인 사건으로 하나님이 시간 안에서 인간의 본성을 입은 예수 그리스도의 탄생이다. 셋째는 보편적 사건으로서 모든 인간 영혼 안, 곧 인간 영혼의 근저에서 이루어지는 아들의 탄생이다. 여기서 신의 근저에서 끊임없이 성자를 출산하는 성부의 본성에 근거한 삼위일체적 성자의 탄생과 성육신 사건으로서 예수 그리스도의 탄생은 모든 인간 영혼 안에서 하나님의 아들이 탄생할 수 있는 존재론적이고 객관적인 근거가 된다.[15]

이런 맥락에서 에크하르트는 예수 그리스도의 성육신 사건을 어떤 가시적이고 외부적인 성격의 것이 아니라 내적이고 영적인 세계와 연관시켜 이해한다. 성부가 영의 깊은 자리라 할 신의 근저에서 성자를 낳는 것과 인간 영혼 안에서 곧 인간 영혼의 근저에서 성자를 낳는 것은 동일하다. 따라서 하나님의 근저와 인간의 근저는 같다. 에크하르트는 이렇게 말한다.

---

14 길희성, 『마이스터 엑카르트의 영성 사상』, 219-220 참조.
15 길희성, 『마이스터 엑카르트의 영성 사상』, 227-228 참조.

나는 여러분에게 이런 말씀을 제시했습니다. "하느님께서 당신의 외아드님을 세상에 보내시어." 여러분은 그 말씀을 외부 세계와 연관 지어, 그분께서 우리와 함께 먹고 마셨다는 식으로 이해해서는 안 됩니다. 그 말씀은 영적인 세계와 연관 지어 이해해야 합니다. 아버지께서는 실로 자신의 단일한 본성 속에서 아드님을 낳으십니다. 아버지께서는 영의 가장 내밀한 자리에서 아드님을 낳으십니다. 가장 내적인 곳은 다름 아닌 내면세계입니다. 여기서 하느님의 근저는 나의 근저가 되고, 나의 근저는 하느님의 근저가 됩니다.[16]

에크하르트에 의하면 하나님의 아들이 탄생하는 곳은 하나님께서 아들을 보낸 세상으로써 그곳은 영혼의 가장 깊은 곳, 바로 영혼의 근저를 뜻한다. 성부 하나님이 그 본성으로 독생자를 낳는다면, 동일하게 나의 영혼의 근저에서도 그 독생자가 탄생해야 한다. 이러한 에크하르트의 독생자론에서 가장 주목해야 할 부분은 우리 영혼의 근저에서 태어나는 하나님의 아들이 성자 하나님과 본성에 있어서 조금도 차이가 없다는 에크하르트의 주장이다.[17] 더 나아가 에크하르트는 성육신 사건의 중심을 전통적인 그리스도교 관점에서 보는 것처럼 구원을 위한 십자가 대속에 있는 것이 아니라 모든 인간이 하나님의 아들로 태어나도록 하기 위함에 있다고 보았다.[18]

결국 에크하르트의 하나님 아들의 탄생 개념이 함의하고 있는 바는

---

16 디트마르 미트 풀어 엮음/김순현 옮김, 『하느님과 하나 되어 —마이스터 엑카르트의 논고·설교·강의 선집』(왜관: 분도출판사, 2014), 136.
17 길희성, 『마이스터 엑카르트의 영성 사상』, 230-232 참조.
18 길희성, 『마이스터 엑카르트의 영성 사상』, 237 참조.

인간 영혼의 근저와 하나님의 영의 근저는 동일하며, 삼위일체적인 영원한 성자의 탄생과 예수 그리스도의 역사적인 성육신 사건처럼 인간 영혼 안에서도 그와 동일한 성자의 탄생이 가능하다는 것이다. 이는 성부의 탄생시키는 본성으로 인해 성자가 인간 영혼 안에서도 탄생할 수밖에 없다는 논리로 이어진다. 따라서 인간은 자신의 영혼 안에서 영원한 성자와 동일한 성자의 탄생을 경험할 수 있다. 이와 같은 에크하르트의 독생자론에서 성자의 탄생은 예수처럼 특정한 인간에게만 해당되는 것이 아니라 모든 인간에게 차별이 없이 해당된다. 이는 마치 아들의 탄생을 통한 '신앙적 민주주의'라 불릴 만큼 급진적인 보편성을 보여준다.

한편, 다석의 독생자론을 살펴보면, '한 나신 아들'은 두 가지 의미를 지닌다. 첫째, 다석에게 독생자는 '한 나신 아들'이며, 동시에 모든 인간의 진정한 주체성이라 할 수 있는 참나(혹은 얼나)를 말한다.

> 그래서 나는 독생자라는 말이 '한 나신 아들'이라고 자꾸 말씀을 드립니다. … 한 나신 아들이 나타나셨어요. 이 얼나는 영원히 있을 하느님의 아드님이에요. 이것은 지극히 높으신 생명의 근원 되는 아버지의 아들입니다. 하느님 아버지의 '한 나신 아들'이 오셨어요.[19]

둘째, 다석의 '한 나신 아들'은 '하나'의 아들임을 깨닫는 관계성을 통해 주어진다. 다석의 독생자 개념을 실체적으로 이해하기보다 관계적으로 이해할 때 그 의미가 더욱 선명해진다. 예수가 독생자가 됨은

---

19 류영모, 『다석 마지막 강의』, 467.

그가 '하나의 아들'임을 깨달았기 때문이다. 다시 말해 독생자란 "오직 '하나'의 아들임을 깨닫는 관계를 말한 것"이다.[20] 다석은 신약성서에 표기된 독생자(獨生子)라는 단어를 뜻풀이하며, 에크하르트처럼 하나님의 하나뿐인 아들로서 외아들이 아닌 '탄생'의 개념으로 재해석한다. 즉, 독생자는 독특하게 유일한(獨) 아들(子)로 그 핵심은 바로 탄생(生)에 있다. 다시 말해 하나님의 아들 노릇을 하지 못하고 '나지 못해' 멸망한 인간들 가운데 유일하게 참나로 '태어난' 분이라는 것이다. 이러한 뜻을 담아 다석은 독생자를 "한 나신 아들"로 표현한다.[21]

종합해 본다면, 다석 역시 에크하르트처럼 모든 인간은 아들의 '탄생'을 경험할 수 있음을 상정하고 있으며, 그 탄생을 참나의 깨달음으로 제시했다. 따라서 참나를 깨닫는 모든 사람은 '한 나신 아들' 곧 '독생자'라 주장한다. 모든 인간은 자신의 영혼 안에서 하나님 아들의 탄생을 경험함으로써 자신이 성자 곧 독생자이자 맏아들임을 깨달을 수 있다고 말한다. 이와 같은 내용을 다석은 다음과 같이 설명한다.

그런데 예수만 '외아들'입니까? 하느님의 씨(요한1서 3:9)를 타고나, 로고스 성령이 '나'라는 것을 깨닫고 아는 사람은 다 하느님의 독생자(獨生子)입니다. 독생자는 비할 수 없는 존신(尊信)을 가집니다. 내가 독생자, 로고스, 하느님의 씨라는 것을 알면, 그러니까 이것에 줄곧 위로 올라가면, 내가 하늘로 가는지 하늘이 나에게 오는지 모르겠습니다만 하늘나라가 가까워집니다. 영생을 얻는 것이 됩니다. 사람마다 이것을 깨달으면 이

---

20 류영모, 『다석 강의』, 472-473 참조.
21 류영모, 『다석 마지막 강의』, 462-463 참조.

세상은 영원히 멸망하지 않습니다. 영원을 영(靈)으로 보면 참사랑이 있는 것을 느낄 수 있습니다. … 하느님이 보낸 아들들에게는 애당초 구별이나 차별이 없습니다. 권력의 높고 낮음이 없습니다. 처음 시작할 때부터 하느님의 아들들은 자기가 하느님의 씨가 들어 있는 독생자라는 것을 믿어야 합니다. 물론 하느님은 '나'보다 큰 존재입니다. 그 존재를 인식하고, 하느님의 씨를 싹트게 하고 자라나게 하는 것이 믿음입니다.[22]

다석에게는 자신이 하나님의 아들이 됨을 깨닫는 그 '깨달음'이야말로 영생이자 구원이었다. 무엇보다, 다석은 '영생'(永生)이 지닌 그 영원함의 본질이 바로 하나님의 영(靈)에 있다고 보았다. 이로 미루어 볼 때 다석은 영이 보편적으로 인간 안에 현존한다고 보았고, 이 영은 하느님의 '씨'로 현실태가 아닌 가능태로 인간에게 주어져 있다고 이해했다. 따라서 다석은 인간에게 보편적 가능태로 주어진 하나님의 영이자 하나님의 씨를 '한 나신 아들' 곧 '하나님의 아들'로 보았다. 이렇게 태어난 하나님의 아들, 한 나신 아들, 독생자는 인간 안에서 깨달음을 통해서 태어나는 얼 생명이다.

다석과 에크하르트의 독생자론에 있어서 하나님 아들의 태어남에 관해 비교하자면, 에크하르트에게 있어 인간 영혼 근저에서 성자와 동일한 하나님의 아들이 태어날 수 있는 근거는 삼위일체 안에서 영원한 성자의 탄생과 예수 그리스도의 성육신 사건이었다. 이 같은 아들의 탄생을 근거로 모든 인간 안에서 하나님의 아들이 탄생한다. 신의 근저는 인간 영혼의 근저와 동일하며, 그 근저에서 순수성을 회복할

---

22 류영모,『다석 강의』, 874-875.

때 하나님의 아들이 탄생한다. 마찬가지로 다석 역시 보편적으로 인간에게 주어진 하나님의 얼을 통해서 인간 영혼 안에서 하나님의 아들이 태어난다고 보았다. 모든 인간은 하나님의 씨 곧 얼을 가지고 있으며, 그 태어남은 얼의 깨달음을 통해서 얼 생명으로 주어진다.

종합해 볼 때, 하나님 아들의 탄생에 있어서 에크하르트와 다석의 공통점은 하나님의 아들 탄생의 보편성과 그 태어남으로 표현되는 주관적이고 경험적인 인간 영혼의 내적 역동성이다. 하나님 아들의 탄생이 가진 보편성은 하나님과 하나가 되어 고양되는 신비주의적 일치의 가능성을 설명해 주지만, 다른 한편으로 그것이 가진 태어남이라는 내적 역동성은 이미 가능태로 주어진 하나님의 은총과 함께 에크하르트에게 있어서 근저의 순수성, 다석에게는 얼나의 깨달음을 위한 인간의 수행을 요청한다.

3. 초탈과 '그리스도록'

그렇다면 성자를 낳은 하나님의 출산은 어떻게 탄생이라는 인간의 주관적 경험이 될 수 있는 것인가를 묻게 된다. 전통적 그리스도론이 상정하는 실체론적 그리스도 이해가 아닌 인간 내면에서 탄생으로 경험되는 보편적 그리스도 이해는 그리스도 됨, 곧 가능태에서 현실태로 이행하는 과정을 전제하기에 그 변화와 과정을 설명할 개념이 필요하다. 이 과정을 설명하는 개념이 에크하르트에게는 '초탈'이며, 다석에게는 '그리스도록'이다.

다석의 '한 나신 아들'과 에크하르트의 '아들의 탄생'은 인간 영혼 근저에서 일어나는 하나님 아들의 탄생의 구체적 내용 그리고 그 변화의 과정을 설명함에 있어서 공명한다. 길희성은 에크하르트의 하나님 아들의 탄생이 가진 세 가지 측면을 제시하는데, 그것은 하나님의 모상으로서 인간 영혼이 가진 고귀한 본성에 관한 설명인 본성론, 타락하고 은폐된 신적 본성이 하나님의 은총에 의해서 회복되어 인간이 신적인 경지에 도달함을 설명하는 은총론, 그리고 이를 위해 인간이 노력해야 함을 주장하는 수행론이다.[23] 여기서 에크하르트의 사상과 관련해서 주목해야 할 부분은 바로 하나님 아들의 탄생에 있어서 인간 쪽에서 이루어져야 할 수행이다. 길희성은 수행론의 관점에서 에크하르트의 하나님 아들의 탄생을 다음과 같이 정리한다.

> 영혼 안에 하느님의 아들이 탄생한다는 것은 우선, 하느님에 의해 우리 영혼 안에 깊이 각인되어 있었으나 현실적으로는 은폐되어 있던 하느님의 형상이 드러나 빛을 발하는 것을 의미하며, 우리의 영혼이 하느님과 같은 형상이 되어 하느님과 하나 되는 것을 뜻한다. 그리고 이렇게 하느님과 하나가 되기 위해서는, 영혼의 근저를 덮고 있는 잡다한 피조물들의 상像을 제거하는 탈형과 거기에 하느님의 형상이 들어가는 입형, 그리고 완전히 하느님의 형상으로 변하는 변형이 이루어져야 한다.[24]

에크하르트에 있어 인간 영혼의 근저를 덮고 있는 "잡다한 피조물들의 상像"을 제거하여 은폐되어 있던 하나님의 형상이 드러남으로써 하나님의 아들이 탄생하기 위해 필요한 수행은 바로 초탈(Abgeschieden-

---

23 길희성, 『마이스터 엑카르트의 영성 사상』, 243 참조.
24 길희성, 『마이스터 엑카르트의 영성 사상』, 249.

heit)이다. 앞선 진술에서 설명된 '하나님과 하나 되는 것'의 과정인 탈형, 입형, 변형의 과정은 초탈을 통해서 이루어진다. 에크하르트가 작성한 그의 독일어 논고인 「초탈에 대하여」를 통해서 살펴보면, 초탈은 다른 모든 덕을 능가하는 것이라 할 수 있는데, 그 이유는 "모든 덕은 피조물을 겨냥하는 반면, 초탈은 모든 피조물로부터 끊어지는 것이기 때문"25이다. 초탈은 하나님에게 가장 자연스럽고 합당한 자리인 일치와 순수성을 가져다줌으로써 하나님으로 하여금 초탈에 이른 마음에 하나님 자신을 주도록 만든다. 초탈은 완전한 겸손을 필요로 하는데, 이는 완전한 겸손이 자기 자신의 무화(無化)를 목표로 하기 때문이다. 결국 완전한 초탈에 이른 사람은 영원 속으로 이동하는데, 육적인 것이나 덧없는 것의 영향을 받지 않고 이 세상에 대해 죽은 자가 된다. 하나님은 이렇게 초탈한 마음에 자기 자신을 주신다. 또한 초탈은 "마음이 돌연한 사랑이나 슬픔, 영예나 치욕, 비방에도 꿈쩍하지 않는 상태"26라 말할 수 있다. 초탈한 마음은 오로지 모든 상(像)을 끊어내고 하나님과 하나가 되려는 마음이다. 심지어 초탈은 역사 속에서 나타난 그리스도에 대한 상조차도 끊어낸다. 그리스도가 사람이 되었을 때, 그는 한 사람의 인격을 취한 것이 아니라 인간 본성 자체를 취했기 때문이다. 그렇게 초탈의 마음은 그리스도의 상조차 끊고 그리스도와 하나가 된다. 무엇보다 그리스도야말로 모든 상을 끊은 원형이다.27

결국 초탈이야말로 인간 영혼 근저에서 하나님 아들의 탄생을 경험할 수 있는 유일한 길이 된다. 초탈은 인간 이성의 자연적 빛은 사라지고

---

25 미트, 『하느님과 하나 되어』, 88.
26 미트, 『하느님과 하나 되어』, 94.
27 미트, 『하느님과 하나 되어』, 104 참조.

순전한 무지나 순전한 무 그리고 전적인 어둠으로 들어가는 것이다. 이러한 초탈을 통해서 하나님이 인간 영혼 안에서 빛난다. 무엇보다 초탈을 통해서, 그리고 하나님의 은총을 통해서 영혼 근저에서 하나님의 아들로 태어나 인간 본성을 완성한 사람은 본성에 있어서 하나님의 아들인 예수 그리스도와 차이가 없다. "둘 다 본질상 아무런 차이가 없는 하느님의 아들이다. 이것이 엑카르트가 그토록 강조하고 있는 하느님 아들의 탄생이고, 이것이 엑카르트 영성과 신비주의의 핵이다."[28]

에크하르트의 초탈이 자기 비움과 모든 상을 끊어냄으로 무아와 무지의 경지로 들어가는 것이라면, 이에 상응하는 다석의 대표적인 수행으로는 '몸성히, 몸비히, 바탈터히'를 들 수 있다. '몸성히, 몸비히, 바탈터히'는 "'한나신 아들'인 독생자 예수 그리스도의 형상을 닮은 '참몸', '참맘', '참바탈'을 성취하기 위한 다석의 수양법"[29]으로써 그리스도교 신학의 범주에서 설명하자면 성화론에 해당한다. 특히 에크하르트의 초탈과 공명하는 내용으로는 몸븨히와 바탈터히를 들 수 있다. 우선, 몸븨히는 마음을 온전히 비우는 것으로 그리스도의 자기 비움의 영성을 다석의 방식으로 표현한 것으로 볼 수 있다. 그리고 바탈터히는 나의 바탕인 개성을 태워나가는 것으로 성화의 과정에 해당한다.[30]

이와 같은 다석의 수행론에서 주목할 부분은 그의 수행이 가진 그리스도 중심성이다. 몸성히, 몸비히, 바탈터히의 수행은 그리스도의 자리에 서도록 '나아가' 결국 그리스도가 되도록 한다. 다석은 그리스도라는 말을 '그리스도록'으로 변형하여 자신의 수행과 그리스도론을

---

28 길희성, 『마이스터 엑카르트의 영성 사상』, 252.
29 김흡영, 『가온찍기』, 198 참조.
30 김흡영, 『가온찍기』, 203-204 참조.

결합시킨다. '그리스도록'이라는 다석의 용어는 수행의 원동력이 되는 그리움, 수행적 삶을 통해서 뜻을 세우려는 의지(立) 그리고 수행적 삶의 결과인 그리스도 됨이라는 세 가지 의미를 담고 있다. 다석은 이와 같은 내용을 다음과 같이 설명한다.

그리스도록

글이 성립되면 예수를 이어서 그리스도의 자리에 서도록(立) 받들어 나 간다는 말입니다. … 내 나갈 말씀이 그리스도록(立) 되어야 한다는 것입 니다. … 하느님 말씀은 참말씀으로 그리 서야만 합니다. 그러면 나갈 말 씀이 될 수밖에 없습니다. 우리는 세상에 나와서 올라가고 다시 나오고, 먼 빛을 바라보며 그(하느님)를 그리워하고, 그가 그리워 나왔으니 그리 스도록(立) 살아야 합니다. 이것이 그리스도입니다.[31]

에크하르트와 다석 모두 하나님 아들의 탄생의 길을 자기 비움의 수행으로 보았다. 그러나 자기 비움의 수행의 원동력으로 제시한 것은 이 둘이 다소 차이가 있다. 에크하르트는 초탈과 돌파의 원동력을 "사랑의 고삐", 곧 모든 것을 무차별적으로 만드는 하나님을 향한 사랑이 라 보았지만, 다석은 '하나'를 향해 나아가는 "그리스도록" 수행의 원동력 을 '그리움'으로 보았다. 에크하르트의 관점에서 볼 때, 하나님을 사랑함 으로써 모든 사물에 대해 무차별해지고 완덕에 이른다. 에크하르트는 하나님 아들로 탄생한 자에게는 금식이나 고행 그리고 참회와 같은

---

31 류영모, 『다석 강의』, 183-184.

육체를 제어하는 수행이 아닌 "사랑의 고삐"(Zaum der Liebe)[32]를 매는 것 곧 사랑 안에서 거하는 것이 모든 덕을 완성하는 길이라 주장한다. 에크하르트는 〈사랑에는 두려움이 없습니다〉(Timor non est in caritate)라는 라틴어 설교 초안에서 온전한 덕이 사랑에서 비롯된다고 말하며 사랑 안에 있음이야말로 그 모든 것이 쉬워지는 해결책임을 주장한다. "진실로 사랑하는 사람은 만물 속에서 하느님만 부여잡고, 하느님만 사랑하며, 모든 것을 하느님이 뜻하셔서 주신 것으로"[33] 받아들여 모든 것이 쉽고 즐거운 것이 된다. 또한 두려움과 헛된 희망이나 고통 등의 어떤 정념에도 빠지지 않는다. 사랑 안에 있는 사람은 하나님을 끊임없이 즐거워하며, 기쁨으로 충만하다.[34] 무엇보다, 사랑으로 완덕을 이룬 사람은 낮은 계곡이 메워지고, 높이 솟은 산과 언덕이 깎아내려지듯 무차별해진다.

> 사랑의 완덕이 이루어지는 경우는 이렇습니다. 즉, 모든 피조물을 여의고, 무슨 일을 하든지 한결같이 처신하고, 싫은 일을 만나도 풀죽지 않고, 바라던 것을 얻어도 뽐내지 않고, 어느 하나를 다른 것보다 더 즐거워하지 않고, 어느 하나를 다른 것보다 더 두려워하지 않고, 어느 하나를 다른 것보다 더 슬퍼하지 않아야 합니다.[35]

결국 에크하르트가 말한 사랑의 완덕은 '무차별'로 나아간다. 마음을

---

32 길희성, 『마이스터 엑카르트의 영성 사상』, 292.
33 미트, 『하느님과 하나 되어』, 331.
34 미트, 『하느님과 하나 되어』, 332 참조.
35 미트, 『하느님과 하나 되어』, 334.

다해 하나님을 사랑하여 완덕에 이른 사람은 무차별의 경지에 이르고, 결국 자신과 피조물의 구별조차 사려져 모든 사람을 차별 없이 대함으로 네 이웃을 너 자신과 같이 사랑하라 한 예수의 계명을 완성한다.

에크하르트가 '사랑'을 통해서 '무차별'로 나아갔다면, 다석은 '그리움'을 통해서 '빈탕'으로 나아갔다. 다석은 빈탕(虛空)과 허심(虛心)을 단식(斷食)과 단색(斷色)의 수행으로 도달하려 하였다. 다석에게 있어서 허심은 수행의 목표점이었다. 마음의 비움이 무욕을 가져오고, 무욕은 깨달음으로 나아간다. 다석은 이러한 빈탕의 수행에서 오로지 하나님만 그리워함이 유일한 길이라 보았다. 다음은 '빈탕이 군(가온)이문 몸'이라는 다석의 시의 일부를 김흥호가 풀어 옮긴 것이다.

븨 이 그만 뭄

그일 우일

그리움 우리다 아멘

빌 공空이 되고 뷀 각覺이 되기 위해서는 그만 절대絶對, 그만 식색食色을 끊어야 하고 절대이신 그이만, 하나님만을 생각해야 한다. 그래야 빈 맘이 된다. … 그리움, 아버지를 그리워하는 마음, 그것이 우리다. 우리에게 있다면 그리워하는 마음뿐이다. 그리워하는 마음이 우리의 전부다.[36]

다석에게 있어 하나님을 향한 '그리움'이야 말로 인간이 이 세상에 나와 다시 '하나'로 귀일(歸一)함으로써 인간 영혼 안에서 그리스도가

---

36 김흥호, 『다석일지 공부』 6, 372-373.

탄생하게 하는 주된 원동력이었다. 인간을 향해 내려오는 하나님의 그리움(ㄱ)이 있다면, 하나님을 향해 오르는 인간의 그리움(ㄴ)이 있다. 이 그리움과 그리움이 인간 안에서 초월적 만남(·)으로 이루어지는 수행이 곧 가온찍기(ㄹ)인 것이다. 하나님을 향한 다석에게 그리스도는 하나님을 향한 그리움을 통해 비워진 인간 영혼 안에서 태어나는 하나님의 아들이었다.

> 우리는 세상에 나와서 올라가고 다시 나오고, 먼 빛을 바라보며 그(하느님)를 그리워하고, 그가 그리워 나왔으니 그리스도록(ㅍ) 살아야 합니다. 이것이 그리스도입니다.[37]

다석과 에크하르트의 독생자론—다석의 '한 나신 아들'과 에크하르트의 '하나님 아들의 탄생'—이 가진 신학적 함의가 있다면, 그것은 보편적 인간의 내면에서 그리스도가 되는 가능성의 근거를 찾아냄으로써 모든 인간이 그리스도가 될 수 있다고 보는 신앙적 민주주의다. 다석의 독생자론은 '한 나신 아들' 개념을 통해서 인간의 존재론적 자유와 평등 그리고 더 나아가 수행을 통한 신인합일의 가능성과 그 신앙적 토대를 제시한다. 이런 의미에서 다석의 독생자론은 인간학적 민주주의를 넘어 신과 인간의 동등함 곧 신앙적 민주주의로까지 나아간다. 신앙적 민주주의는 단순히 신의 근저와 인간의 근저가 같다는 존재론적 동일성에 머무르지 않고, 인간의 모든 경험과 활동의 토대가 됨은 물론 이에 참여하는 하나님이 우리 안에 있는 그리스도라는 고백을

---

37 류영모, 『다석 강의』, 184.

뒷받침한다. 인간은 스스로를 구원할 수 없으나, 구원의 은총이 인간 안에 이미 그리스도로 주어져 있다. 이처럼 신앙적 민주주의는 인간 자신은 물론 세계를 변혁할 자유와 책임, 그리고 창조성의 자리를 인간에게서 찾는다.

다석의 독생자론은 모든 인간이 독생자가 될 가능성인 신의 근저를 가지고 있기에 서로 동등하며, 인간의 근저와 신의 근저가 같기에 신과 인간의 합일 역시 가능함을 주장한다. 이 가능성을 현실성으로 바꿀 다석의 '그리스도록' 수행은 '빈탕'이라는 하나님의 존재론적 특성에 맞추어 주체를 변형시켜 진리를 체화할 것을 요청한다. 에크하르트의 '초탈'과 다석의 '몸성히, 몸비히, 바탈퇴히'와 '그리스도록' 수행적 과정은 인간의 몸적 행위와 하나님의 현존, 그리고 인간의 존재론적 변화가 서로 분리되지 않은 통전적인 것임을 알려준다. 즉, 다석의 독생자론은 얼 그리스도론과 마찬가지로 '믿는 자들의 정체'를 가리킨다. 그것은 인간이 모두 동등하게 "한 나신 아들"로서의 신적 합일 가능성을 갖고 있으며, "한 나신 아들"로서의 주체를 형성하는 길은 그리움이라 할 사랑으로 빈탕이라 할 하나님을 따라 빈탕의 삶을 살아가는 수행이라는 사실을 가리킨다. 이처럼 "한 나신 아들"로서 믿는 자들은 이런 정체를 가지고 구원의 객체에서 이 세계를 위한 구원의 주체로 탈바꿈한다.

4장

———

얼·숨·김

I. 다석 성령론의 구성 배경
─ 유교, 도교, 동학을 중심으로

다석은 성령에 대해 '얼김', '김' 혹은 '얼 · 숨 · 김'이라는 표현을 사용했다. 예를 들어, 다석은 "아부지 아들 얼김"[1]의 삼위일체론적 고백 가운데 성령을 '얼김'이라 언급하는가 하면, 인간으로 하여금 짐승의 일에서 벗어나 '생각'을 통해서 인간의 정신적 생명인 얼 생명을 갖도록 하는 "한얼"이자 "얼숨김"으로 표현하기도 한다.[2] 또한 다석은 성령을 성부 하나님이 보내신 "직히이는김"[3], 곧 인간의 내면을 조명하고, 삶을 도우며, 인도함으로 인간을 지키는(직히이는) '김'으로도 표현한다. 이처럼 성령에 관한 다석의 다양한 표현은 '얼 · 숨 · 김'이라는 용어로 압축된다. 따라서 다석의 성령론은 '얼 · 숨 · 김'이라는 용어를 통해서 그 설명이 가능하며, 이 세 가지 개념을 통해서 다석 성령론의 배경을 살펴볼 수 있다. 다석 성령론의 구성 배경으로는 크게 세 가지를 들 수 있는데, 그것은 유교, 도교 그리고 동학이다.

첫째, 유교적 배경이다. 다석은 성령이 곧 얼 혹은 얼이며, 이 얼은 보편적 인간의 주체성으로서 도덕성을 가리킨다고 보았다. 특히 다석은 삼위일체의 한 위격인 성령(聖靈)을 "性靈"으로 표기함으로써 유교의 개념인 성(性)을 전유하여 유교적 성령론을 제시한다. 다석은 성(性)을

---

1 류영모,『多夕日誌』1, 76. "거룩히 이르메. 아부지 아들 얼김 거룩히 이르메. 아멘."

2 류영모,『多夕日誌』1, 263 참조. "보아요. 한얼계셔 생각들히 사람보계 말슴나지 네 목숨에 얼숨김이 긇져봐라 이슴즘승 사람도 어린적 노릇(버릇) 즘승갓갈 이슴버릇."

3 류영모,『多夕日誌』1, 77. "직히이는 김게. 하우님의 부림 나를 거느려 직히는 이여 힘의 어지심이 나를 네게 맞겨 계시니. 오늘날 나를 비춰며 도우며 잇그르며 뒤를거두소서. 아멘."

『중용』에서 밝힌 것처럼 하늘이 명한 것으로 모든 인간이 품부하고 있는 보편적 얼 곧 참나로 보았고, 그 보편적 얼의 특징을 도덕성으로 이해했다. 박재순에 의하면 다석은 1968년 무등산에서 『중용』을 우리말로 완역하기도 했는데, 유교에서의 중용 해석과 다석의 중용 해석에는 차이가 있다. 유교에서 중용(中庸) 해석은 인간 본성을 천명 혹은 천리와 일치된 완전한 것으로서 현실 가운데 그 본성을 실현하는 과제만 남겨둔 것으로 이해한다. 하지만 다석의 중용 해석은 "'중'을 '줄곧 뚫림'으로 이해하여 '속의 속'인 나가 줄곧 뚫림으로써 비워져서 절대 초월자 하나님(성령)과 소통한다고 보았다."[4] 따라서 다석은 성령에 대한 이해에 있어서 유교적 개념인 성(性)을 전유하기도 하지만, 반대로 성의 개념을 신앙적이고 수행적인 차원으로 더욱 확장시켰다고 볼 수 있다.

다석 성령론의 배경으로서 유교의 영향을 찾아볼 수 있는 또 다른 예는 격물치지(格物致知)다. 본 장에서 다시 상술하겠지만, 다석의 성령론적 신학방법론이라 할 수 있는 한 가지 예가 바로 격물치지에 대한 다석의 이해다. 격물치지는 『대학』의 8조목 가운데 처음 나오는 두 조목으로서 사물에 대한 탐구를 통해서 인간성의 완성 곧 인간의 지적 능력과 도덕적 능력을 고양함에 그 목적을 둔다. 그러나 다석은 이러한 격물치지에 대한 이해에서 더 나아가 사물에 대한 철저한 탐구를 기초로 신에 대한 지식으로까지 나아가려 했다. 무엇보다, 사물에 대한 철저한 탐구가 본래적으로 지닐 수밖에 없는 '모름'에 대해서도 동일하게 강조했다.

둘째, 도교의 배경이다. 다석은 성령을 가리켜 "숨님"과 "김"(氣)이라는 표현을 사용했다. 얼과 마찬가지로 숨과 기(氣) 역시 인간의 보편적

---

4 박재순, 『다석 유영모』, 328.

생명의 토대이면서 동시에 우주의 존재자들을 하나로 이어주는 '네트워크 그 자체'이자 우주를 운행하는 힘이다. 이와 같은 숨과 기에 대한 다석의 이해에는 도교의 배경을 살펴볼 수 있다. 박재순에 의하면, 다석은 평소에 냉수마찰이나 단전호흡, 체조와 금욕생활 등으로 심신을 수련했는데 이는 도교의 전통과 연관되어 있었다. 도교에서는 정기신(精氣神)이라 하여 정에서 기운과 신이 나온다고 여겼기 때문에, 남녀의 성적 관계를 끊는 것과 같은 정력(精力)의 절제를 통해서 전정성단(轉精成丹) 곧 정을 가지고 단을 만들어 도인의 삶을 살고자 했던 것이다. 다석 역시 도교의 영향으로 몸을 바르게 함으로써 시작하는 숨과 기의 수행을 통해서 얼 생명을 찾고자 했다.5 이처럼 다석이 가진 성령에 대한 이해는 몸으로부터 출발하는 도교적 수행에 기초하고 있었으며, 이는 장생불사(長生不死)나 신선이 되고자 하는 도교의 역기능적 인간 욕망의 충족을 위함이 아니라 하나님과 하나가 되는 얼 생명의 추구에 그 목적이 있었다.

셋째, 동학의 영향이다. 다석의 성령론에 미친 동학의 영향은 다석의 기 성령론에서 뚜렷이 드러난다. 본 장의 '김 성령론'에서 더 구체적으로 상술하겠지만, 동학의 사상적 토대는 깨달은 사람 안에서 하늘과 우주가 하나가 된다는 삼재론(三才論) 또는 삼극론(三極論)이며, 이는 대종교의 경전인 『천부경』에 잘 나타나 있다. 수운 최제우(水雲 崔濟愚, 1824~1864)는 수행을 통한 신인합일을 뜻하는 개념인 시천주(侍天主)에서 시(侍)의 종교적 체험을 '수심정기'의 수행을 통한 '내유신령', '외유기화', '각지불이'의 일치로 설명한다. 이는 인간이 자신 안에 있는 한울님을 모심으로

---

5 박재순, 『다석 유영모』, 356-357 참조.

써 본래의 마음을 회복하고 기운을 바르게 하여 그 회복된 마음과 본성을 구체적인 삶으로 실천함을 뜻한다. 특히 수운의 지기 개념은 주로 비인격적인 힘으로 이해됐던 기에 대한 이해에 인격적 이해를 더한 것으로, 다석은 이러한 수운의 기 이해를 융합하여 기의 특징과 삼위일체의 성자 곧 'ㅇ둘'의 인격성을 모두 함의하는 자신만의 김 성령론을 구성했음을 알 수 있다.

II. 다석 성령론의 쟁점
: 영(靈)의 포괄적 활동으로서 성령의 현존

다석 성령론의 쟁점은 영의 인격적 범주와 비인격적 범주를 양립시키는 포괄적인 활동으로서 성령의 현존에 있다고 이해할 수 있다. 성령의 보편적 현존과 활동에 대한 이해의 흐름과 역사를 가톨릭교회의 관점에서 살펴본다면 대략 다음과 같다. 박준양에 의하면, 381년 니케아-콘스탄티노플리스신경(Symbolum Nicaeno-Constantinopolitanum)에서 성령을 "주님이시며 생명을 주시는 성령"(Spiritus Sanctus, Dominus et vivificans)[1]으로서 삼위일체의 셋째 위격으로 고백하며, 성부와 성자와 더불어 흠숭(欽崇)과 영광을 받는다고 선언한다. 무엇보다 성령은 그 본질에 있어서 하나님이지만 "삼위일체 하느님께서 인간에게 다가오시는 '접촉점'point of entry이자 통로"[2]이다. 따라서 성령의 사역은 하나님과 인간 사이의 통교와 관계를 이룸에 있다고 말할 수 있다. 또한 성령은 "교회의 영혼anima Ecclesiae"[3]으로서 교회에 생명을 주고 "친교communio와 일치unitas의 원리"[4]로 작용하는 것으로 이해되었다. 하지만 성령의 보편적 현존과 활동에 대한 오해도 있었다. 특정 예언자들에게만 권위를 부여하고 성직자와 제도적 교회를 배척한 몬타누스(Montanus), 성령이 하나님의 본질에 속한 것이 아니라 단순히 이 세상에서 작용하는 창조된 힘 혹은 하나님의 도구로 보는 마체도니우스파(Macedoniani)가 등장하기

---

1 박준양, 『성령론 —생명을 주시는 주님』 (서울: 가톨릭대학교출판부, 2019), 22.

2 박준양, 『성령론』, 23.

3 박준양, 『성령론』, 24.

4 박준양, 『성령론』, 24.

도 했지만, 교부들에 의해 반박되고 이단으로 단죄된다. 결국 381년 1차 콘스탄티노폴리스 공의회의 신경을 통해서 삼위일체론적 신앙고백이 선언되기에 이른다.5

1054년 성령의 발출(Processio)에 관한 신학적 논쟁으로 서방과 동방의 교회가 분열되고, 분열 이후 성령에 대한 관심이 간과되고 경시되기 시작한다. 11세기는 특히 그리스도 중심적 관점이 강조되어 상대적으로 성령에 대한 통찰은 간과되기도 하였다. 이후 1897년 교황 레오 13세가 발표한 성령에 관한 첫 회칙이라 할 「하느님의 직무」(Divinum Illud Munus)가 발표됨으로써 성령에 대해 강조하기 시작한다. 무엇보다, 1962년에서 1965년까지의 제2차 바티칸 공의회를 통해서, 성령에 대한 새로운 인식과 자각이 제시되는데, 그것은 이 세상 안에서 보편적으로 활동하는 성령에 대한 강조였다. 하지만 성령의 보편적 활동과 현존은 그리스도의 구원 경륜과 말씀의 구원이라는 테두리 안에서만 인정될 뿐이었다.6

종합해 본다면, 하나님의 영인 성령의 보편적 현존에 관한 주된 논의는 제2차 바티칸 공의회로부터 활발해진다. 그러나 세상 안에서 이루어지는 성령의 보편적인 활동에 관한 전망을 제시함에도 불구하고, 논의의 쟁점은 여전히 교회 안과 교회 밖, 그리스도교 안과 그리스도교 밖, 서구권와 비서구권 등 여전히 서구 그리스도교 담론의 테두리 안에서만 머물러 있다. 이미 오래전에 몰트만이 "성령의 사귐과 경험은 그리스도교를 필연적으로 그 자신을 넘어서 하나님의 모든 피조물의 좀 더 큰 사귐 속으로 인도한다"7라고 주장한 이후 이제 성령의 보편적

---

5 박준양, 『성령론』, 24-25 참조.
6 박준양, 『성령론』, 27-29 참조.
7 위르겐 몰트만/김균진 옮김, 『생명의 영 —총체적 성령론』(서울: 대한기독교서회, 2017),

활동과 현존에 대한 논의는 서구 그리스도교 담론과 에큐메니컬 담론을 넘어, 더 나아가 인간 중심적 담론을 넘어 모든 피조물을 다루는 영(靈)에 관한 담론으로 전개되어야 함을 요청한다. 이러한 논의의 쟁점은 이제 인격성과 비인격성, 물질과 영, 생물과 무생물의 범주들을 양립시키는 영의 포괄적 활동이 되어야 한다.

이러한 영의 포괄적 활동에 관한 논의는 동양적 기(氣)의 개념으로 설명이 가능해진다. 역(易)의 신학자 이정용(1935~1996)은 성령의 인격성과 비인격성, 물질성과 비물질성 등을 양립시킬 수 있는 토대로서 "양면긍정적 사고"[8]라 할 수 있는 동양의 음양적(陰陽的) 사고를 제시한다. 특히 기(氣)는 음양적 활동을 보여주는 대표적인 예로서, "동양에서 기로 알려진 음양의 활동 즉 성령의 포괄성은 모든 존재의 본질이고 생명 에너지"[9]로 이해된다. 이정용에 따르면, 동양적 기 개념을 통해서 영의 인격적이고 비인격적인 범주가 양립할 수 있는데, 왜냐하면 기는 우주론적 인간학의 개념으로 이해할 수 있는 것이기 때문이다. "생명 에너지로 생명력을 주는 힘이며 물질적 몸의 본질"[10]이라 정의할 수 있는 기는 "취산(聚散) 즉 모이고 흩어지는 과정"[11]인 음양의 운동을 통해서 세계 안에 있는 만물들을 변화시키고 새롭게 한다. 성서에서

30.

8 이정용/임찬순 옮김, 『삼위일체의 동양적 사유』(서울: 동연, 2021), 152. "양면긍정적 사고"에 대한 이정용의 원래 표현은 "'both-and' thinking"이다. Lee Jung Young, *The Trinity in Asian Perspective* (Nashville, TN: Abingdon Press, 1996), 95. 『주역』을 가장 중요한 신학적 자료로 삼는 이정용에게 있어서 음양론에 기초한 "양면긍정적 사고"는 역(易)의 신학의 핵심적 방법론이라 할 수 있다.

9 이정용, 『삼위일체의 동양적 사유』, 152.

10 이정용, 『삼위일체의 동양적 사유』, 152.

11 이정용, 『삼위일체의 동양적 사유』, 153.

영이라 할 하나님의 숨과 바람을 가리키는 루아흐(ruach)와 프뉴마 (pneuma)가 기에 상응한다.

무엇보다, 동양적 사유에서는 영과 물질을 분리할 수 없다. 영과 물질은 본질적으로 하나이면서 동일한 존재의 다른 두 양태라 말할 수 있다. 왜냐하면, 하나님의 성령으로서 기는 만물을 창조적이면서 살아 있을 수 있도록 만들어 주기 때문이다. 따라서 "물질은 영 안에 존재하고 영은 물질 안에 존재한다."[12] 또한 보편적이면서 생명의 본질이 되는 기는 이 세계 안에서 다양한 형태로 자신을 구체화한다. 기로서 "성령은 모든 사물 안에서 활동하고 있으며 우리 생활의 모든 활동 속에서 역사하고 계신 것이다."[13]

이런 맥락에서 다석의 성령론은 위에서 제시한 숨과 기로서의 동양적 성령론이라 말할 수 있다. 다석은 얼·숨·김으로 영의 포괄적 활동을 핵심으로 삼는 성령론을 개진했다. 다석의 성령론에서 삼위일체 하나님의 한 위격인 성령은 물질과 분리되지 않으면서도 물질로 환원되지 않는 새로운 물질성으로 제시된다. 다석을 동양적 영지주의자로 규정할 수 없는 이유는 다석이 가진 이러한 동양적인 존재론적 사유 때문이다. 또한 포괄적인 영의 활동을 통해서 영의 인격성과 비인격성이 양립한다. 이로써 우리는 세계 안에서 활동하고 있으며 세계와 분리되지 않은 채로 세계를 통해 자신을 현실화하는 영의 현존을 이해할 수 있게 된다. 따라서 본 장에서는 다석의 얼·숨·김 성령론을 통해서 포괄적 활동으로서 성령의 현존을 구체적으로 논하고자 한다.

---

12 이정용, 『삼위일체의 동양적 사유』, 157.
13 이정용, 『삼위일체의 동양적 사유』, 158.

III. 얼 성령론

1. '깨끗'의 성령, 얼

얼(혹은 얼), 숨 그리고 기로 표현된 다석의 성령론 중에서 우선 얼로서의 성령론을 살펴보도록 하겠다. 다석의 얼 성령론은 보편적 인간의 주체성으로서 '도덕성'을 제시하고 있으며, 성령이 모든 인간에게 얼로서 보편적으로 현존하기에 '공평'의 윤리로 나아갈 가능성을 제시한다. 우선, 다석에게 있어서 성령은 인간이 품부하고 있는 '얼'이다. 다석의 성령론에 있어서 얼로서 성령의 특성과 역할은 '얼'과 '덜'의 대조를 통해서 드러난다.

얼 靈   덜 魔

얼 결 靈 壽   덜 결 魔 浪
얼 히 임 으로 거룩 載靈而聖
덜 업 음 으로 더럽 負妖而瀆
옳로 옳으므로만 얼히어 길히 거룩 되리
알로 떠러지므로만 덜업어 아조 덜리 오리[1]

우선 이 시에서 얼은 성령을, 덜은 악마를 의미한다. 다석이 한글을

---

1 류영모, 『多夕日誌』 1, 376. 다석은 이 시에 대해서 1957년 4월 19일에 강의했다. 이 시와 관련된 다석의 강의는 다음을 참고하라. 류영모, 『다석 강의』, 681-709 참조.

파자하여 풀이하기를 즐겼던 것을 염두에 두어 얼을 풀이해 본다면, 얼은 '으'와 'ㅓ'의 조합어로서 땅을 뜻하는 'ㅡ'와 안(정신)으로의 운동 방향성을 가리키는 'ㅓ'가 만나 좋음을 표현하는 감탄사인 '으어'가 되어 땅에서 정신(안)으로 들어갈 때의 결과를 뜻하는 말이 된다. 요컨대 얼은 사람이 땅(ㅡ)의 욕심에서 벗어나 자신 안으로(ㅓ) 들어갈 때, 인간에게 가장 바람직하고 좋은 삶의 경지(으어)에 이름을 의미한다.[2] 땅의 세계인 물질세계에서 벗어나 인간 안으로 즉 정신세계로 들어간다는 의미의 단어인 '으ㅓ'는 다시 모든 인간에게 보편적으로 내재된 '얼'과 조합되어 '얼'이라는 용어가 만들어진다. 주지하다시피, 얼은 빈탕이신 하나님의 속생명이다.[3] 따라서 다석이 성령을 표기할 때 쓴 고유한 용어인 '얼'은 물질세계의 욕심과 집착에서 벗어나 인간 안의 정신세계로 파고 들어갈 때 주어지는 인간의 가장 고유하고 바람직한 생명의 상태가 바로 하나님의 얼 생명이자 속생명인 성령임을 의미한다고 볼 수 있다.

다석에게 있어 성령의 특성은 거룩, 곧 깨끗함에 있다. 위 일지를 통해서 보면 얼은 '덜'과 대조적이다. 얼을 머리에 이는 것(히임[4])은 거룩함(거룩)에 이르도록 한다. 하지만 '덜'은 마귀 혹은 악의 영향력을

---

2 박재순, 『다석 유영모의 철학과 사상』, 215-216 참조. 박재순에 의하면, 다석은 한글의 기본 모음인 'ㆍ ㅡ ㅣ'를 조합하여 소를 몰 때 쓰는 말인 '와'와 '워'의 의미에 대해 탐구했다. 그 내용은 다석이 1955년 9월 20일에 기록한 일지에 나타나는데, '으ㅓ'가 땅의 세계 즉 물질세계에서 자기 안으로 들어옴을 뜻한다면, 그와 반대되는 말인 '으ㅏ'는 어린아이의 울음소리인 '으아'처럼 "물질적인 욕심과 집착에 매인 자아가 땅의 평면에서 평면으로, 물질세계에서 물질세계로 나가면 '으아'"하고 우는 것을 의미한다.

3 박영호, 『多夕 柳永模 어록』, 54 참조.

4 박재순에 의하면, 다석은 'ㅇ' 대신에 마치 사람 머리 위에 하늘을 이고 있는 형상의 글자인 'ㅎ'을 사용했다. 박재순, 『다석 유영모의 철학과 사상』, 239-240 참조.

말하는 것으로 거룩함과는 대조적으로 인간의 더러움(더럽)을 뜻한다. 여기서 더러움이란 얼을 머리에 이듯 모시지 않고 덜(마귀)을 업음으로써 찾아오는 결과를 말한다. 다시 말해 없이 계신 하나님을 좇아 비움의 수신과 수행으로 얼을 모시지 않을 때, 인간은 덜을 업고서 더러움의 길에 빠져든다. 그러나 인간이 얼을 머리에 이듯 섬길 때 찾아오는 결과는 깨끗함이다. 박재순에 의하면, 다석은 '깨끗'을 '없음'과 연관시켰다. 다석에게 '없음'은 '있음'을 진정으로 '있게' 하는 '하나'의 존재 방식이라 할 '빈탕한데'이고, '빈탕한데'는 모든 것을 존재하게 하는 근원인 '하나'에 다름 아니다. 다석은 이렇게 사적 자아가 사라지는 빈탕한데의 삶을 '깨끗'이라 보았으며, "사사로운 '나'(자아)가 없는 이"[5]를 성인, 곧 '씻어난 이'라고 불렀다. 반면에, '깨끗'과 반대되는 것은 더러움으로서 비우고 없애야 할 "물질에 사로잡힌 맘이 더러운 것이다."[6] 결국 다석에게 깨끗함 곧 거룩함이란 비우고 없는 상태이다. 따라서 얼로서의 성령은 인간에게 자기 비움과 '없음'의 '깨끗한' 마음 곧 빈탕한데의 상태에 도달하게 만드는 원동력이며, 그 깨끗한 빈탕의 마음으로부터 인간에게로 찾아오는 얼 생명이라 할 수 있는 것이다.

인간 생명의 고유하고 바람직한 상태인 얼 생명과 없이 계신 하나님의 존재 방식인 빈탕의 '깨끗'이라는 윤리적이고 도덕적 차원을 지닌 다석의 얼 성령론은 그리스도교 신학의 관점에서 볼 때, 거룩함을 추구하는 성화(聖化, sanctification)에 상응한다. 다석의 얼 성령론은 오늘날 윤리적이고 도덕적인 함양을 도외시할 수 있다는 비판에 노출된

---

5 박재순, 『다석 유영모의 철학과 사상』, 240.
6 박재순, 『다석 유영모의 철학과 사상』, 240.

오순절 은사주의 운동, 자연주의적 신비주의, 기와 호흡 그리고 명상 등의 뉴에이지 영성 수련과 같은 영의 활동들에 대해 얼 생명과 빈탕의 거룩함을 추구하는 성화를 함의한 생명윤리적이고 수행적인 영성에 대한 대안적 모델을 제시한다.

2. 인간 바탈로서의 性靈

다석은 성령을 표기할 때 그리스도교에서 일반적으로 삼위일체의 한 위격인 성령을 가리킬 때 사용하는 한자식 표기인 '聖靈7뿐 아니라 동양적 맥락에서 인간 본성을 가리키는 한자인 '性'을 사용하여 '性靈'8으로 표기하기도 하였다. 이러한 사실을 통해서 볼 때, 다석은 그리스도교의 삼위일체론적인 성령(聖靈) 이해를 바탕으로 유교의 개념인 성(性)으로 전유해 유교적인 성령론(性靈論)으로 재구성하였음을 알 수 있다. 여기서는 다석의 유교적 성령론에 관한 이해를 위해 인간 바탈로서의 성령에 관해 살펴본다.

---

7 『다석일지』를 보면 다석은 1956년 에크하르트에 관한 글에서("夫神在聖靈自愛者也", 류영모, 『多夕日誌』 1, 300) 그리고 1970년 로마서 8장 16절을 번역한 글에서("聖神(靈)이 親히 우리 神(靈)으로 더브러 우리가 흔옹님 ♀들인 것을 證據ㅎㄴ니," 류영모, 『多夕日誌』 2, 759) 聖靈이라는 용어를 사용했다.

8 性靈(성령)을 언급한 한 예는 중국 양나라의 유협(劉勰, 465~521)이 지은 문학평론서 이자 이론서인 『문심조룡』(文心雕龍)에서 발견된다. 性靈이 언급되는 부분은 다음과 같다. 惟人參之(유인삼지), 性靈所鍾(성령소종), 是謂三才(시위삼재). 이를 해석하자면, "오직 사람만이 우주의 질서에 참여하고 있으며, 본성과 영혼을 모을 수 있다. 이를 일러서 삼재라고 부른다." 유협/황선열 옮김, 『문심조룡』(文心雕龍)(부산: 신생, 2018), 21-22 참조. 다석이 『문심조룡』을 읽고 성령이라는 용어를 이렇게 표시했는지는 알 수 없으나 다석 사상의 중요한 개념적 토대 중 하나가 천지인 삼재론임을 감안한다면, 앞에서 '본성과 영혼'이라 표기된 性靈과 이를 일컬어 '삼재'라고 한 언급은 하나님(天)의 영, 우주(地)에 편만한 하나님의 영이 인간(人) 안에서 性과 靈의 두 측면으로 결합됨을 추측해 볼 수 있다.

다석은 1961년 5월 3일 '공평'(公平)이라는 시를 통해서 성령(性靈)에 관해 다음과 같이 진술한다.

公平

一無止性靈　性靈虛空平
萬有盛虛空　一無萬有公[9]

김홍호는 다석의 이 시를 다음과 같이 옮겼다.

없이 계신 하나님에게서는 성령[性靈]이 흘러나오고 만유[萬有]는 허공[虛空]에 가득 차 있다. 성령은 허공에 충만하고 하나님께서는 만유에 공평하시다. 하나님은 우주 만물을 성령으로 키우시고 만물을 공평하게 사랑하신다.[10]

위 진술을 보면, 성령은 '없이 계신 하나'(一無)로부터 흘러나온다. 그리고 하나님의 영인 성령은 '性靈'으로 표기되는데, 이는 성리학에서 인간 본성을 가리키는 성(性)과 하나님의 신령한 얼인 영(靈)을 조합한 용어로 볼 수 있다. 이런 맥락에서 볼 때, 다석에게 있어서 없이 계신 하나(一無)에게서 흘러나온 성령은 인간의 본성(性)이면서 동시에 하나님의 영(靈)인 바탈 곧 얼이다. 『중용』에서 성(性)은 하늘이 명하는

---

9 류영모, 『多夕日誌』 1, 812. 다석이 성령을 性靈으로 표기한 또 다른 예는 1961년 11월 9일 다석이 일지에 남긴 다음의 표현이다. "大器晚成故要育 況且長久導性靈." 류영모, 『多夕日誌』 1, 856.
10 김홍호, 『다석일지 공부』 4, 105-106.

천명이며, 이러한 천명인 성을 따르는 것이 바로 도라고 말한다(天命之謂性 率性之謂道).11 다석은 『중용』을 우리말로 직접 번역하기도 하였는데, 천명(天命)을 "하늘 뚫린 줄(命)"12로, 성(性)을 "바탈(性)"13이라 번역했다. 박영호의 해석에 따르면, 여기서 "뚫린 줄이란 하느님의 생명인 얼숨을 받아들이는 관(管)을 뜻한다."14 그리고 바탈이란 "바탕(質)과는 다른 뜻이며 '받아서 할'을 줄인 말이다. 곧 삶의 목적이 되는 얼나(영원한 생명)이다. 천명(天命)을 받으면 성명(性命)이 된다."15 따라서 다석에게 있어 성령은 하나님으로부터 온 바탈 곧 참나를 말한다.

성(性)이 가리키는 좀 더 구체적인 내용을 통해서 참나라 할 성령의 한 측면을 엿볼 수 있는데 그것은 바로 도덕성이다. 중국 송학의 대표적 학자였던 정이(程頤, 1033~1107)는 성즉리(性卽理), 곧 본성이 이치라는 주장을 내세웠다. 본성이 이치라는 주장이 인간에게 적용될 때, 그 본성의 내용이란 도덕성을 뜻한다. 어떤 존재를 그런 존재로 만드는 이치(理)가 인간에게 적용될 때, 인간을 인간답게 만들어 주도록 인간 본성에서 구현된 것이 도덕성이라는 의미이다. 이 도덕성은 현실 안에서 인의예지신(仁義禮智信)의 오상(五常)으로 드러난다.16 따라서 도덕성

---

11 天命之謂性이오 率性之謂道이오. "하늘이 명하는 것을 성性이라 하고 성性을 따르는 것을 도道라 하고". 이기동, 『대학·중용강설』(서울: 성균관대학교 출판부, 2020), 107 참조.
12 류영모 번역·강의/박영호 풀이, 『다석 중용 강의』(서울: 교양인, 2015), 43. 『중용』1장에 대한 다석의 우리말 번역을 박영호가 옮긴 내용은 이러하다. "하늘 뚫린 줄(命)을 바탈(性)이라 하고 바탈 타고난 대로 살 것을 길(道)이라 하고 디디는(修) 길 사모칠(之) 것을 일러 가르치는 것이니라."
13 류영모, 『다석 중용 강의』, 43.
14 류영모, 『다석 중용 강의』, 43.
15 류영모, 『다석 중용 강의』, 43.
16 김병환, 『김병환 교수의 신유학 강의』, 276-277 참조.

은 인간 존재의 주체성이자 원리로 제시된다.

인간의 본성이 도덕성이기에 인간이 도덕적 존재가 된다고 한다면, 인간 본성의 성령(性靈) 역시 도덕적일 수밖에 없다. 주지하다시피 다석은 인간의 길을 '깨끗', 곧 물질세계의 욕심과 욕망을 비움을 통해 자신 안의 얼 생명을 추구하는 것으로 이해했다. 따라서 얼 생명으로서 성령의 충만은 자기 비움을 구현하는 도덕적 인간에게 찾아온다. 앞의 다석의 시에서 보면, 성령은 허공에 충만하다. 다석에게 있어서 비움은 역설적으로 충만을 뜻했다. 따라서 비워진 인간 영혼의 도덕적 상태가 성령의 충만인 것이다.

인간 바탈로서의 성령론의 또 다른 측면은 공평이다. 다석은 사도행전 1장 8절[17]을 강론하면서 성령에 대한 자신의 생각을 피력하는데, 그것은 성령의 보편적 현존이었다. 성령은 구하는 자 모두에게 현존한다는 것이다. 또한 다석은 인간이 "위로 올라가는 생각"[18]을 가지고 삶을 살아갈 때, 성령의 충만함을 받을 수 있다고 말한다. 다석은 성령에 대해 이렇게 말했다.

성령은 편협하게 꼭 그리스도교인에게만 임하는 것은 아닙니다. 우주 삼라만상에 성령을 구하는 자에게는 언제든지 그 형태를 달리해서 두루 나타납니다. 우리는 얼(靈)의 존재입니다. 하늘과 땅 사이에 있는 만물의 영장입니다. 우리는 공평(公平)하여야 합니다. 아버지도 우리를 참으로 공평하게 봅니다. 우리는 우리가 얼의 존재임을 알아야 합니다.[19]

---

17 그러나 성령이 너희에게 내리시면, 너희는 능력을 받고, 예루살렘과 온 유대와 사마리아에서, 그리고 마침내 땅 끝에까지 이르러 내 증인이 될 것이다(사도행전 1:8, 새번역).
18 류영모, 『다석 강의』, 691.

이를 보면 인간 바탈로서 얼에 주목한 다석의 성령론이 가진 성령의 보편적 현존에 관한 내용을 확인할 수 있다. 다석에게 성령은 그리스도교의 범주에만 해당하지 않는다. 성령은 누구에게 어떤 형태로든 두루 나타난다. 얼로서 성령은 모든 인간에게 보편적으로 현존한다. 이처럼 성령이 얼로서 보편적으로 현존한다는 다석의 성령론은 앞서 설명한 성령의 도덕적 특성과 보편적 인간성에 기초한 '공평'의 윤리로 나아갈 가능성을 제시한다. 성령이 모든 인간에게 얼로서 보편적으로 공평하게 현존하며 이로써 모든 인간은 하나님 앞에 얼이라는 공평한 가치로 평가받는다는 다석의 성령론은 하나님의 은총을 성별, 연령, 사회적 지위, 경제적 수준 등의 정체성으로 제한할 수 없음을 주장할 근거를 마련한다.

---

19 류영모, 『다석 강의』, 692.

IV. 숨 성령론

1. 포괄적 생명의 숨님

다석은 성령을 가리켜서 '숨님'이라고도 표현했다. 다석에게 인간 바탈로서의 숨은 생명의 토대이자 우주의 존재자들을 하나로 통하게 하고 이어주는 포괄적인 생명의 영으로 설명된다. 박재순에 의하면, 다석은 물질세계와 정신세계 그리고 하나님이 모두 숨으로 통한다고 보았다. 특히 몸과 마음 그리고 얼이 하나로 통하기에 바른 몸가짐을 통해서 숨이 깊고 편안해지면 얼 생명이 살아난다고 생각했다. 따라서 "물질세계에 속하는 몸과 생각하는 정신과 신령한 얼이 숨으로 통하는 것을 인간의 몸과 영혼에서 확인할 수 있다."[1] 다석은 생명을 숨으로 이해하여, 코로 숨을 쉰다는 뜻에서 '코끼리'로 시간과 날짜, 햇수를 표기하기도 했다. 이러한 다석의 숨 이해는 동양의 정기사상(正氣思想)에 기초한 것으로, 사람과 천지만물이 서로 같은 숨을 쉰다고 여겼으며, 우주와 생명 그리고 인간 본성의 근본이라 할 숨은 단순한 생리적 현상이 아니라 우주적이고 영적인 생명의 원리로 이해해야 한다고 보았다. 이와 같은 생명원리를 통해 인간과 자연 그리고 하나님이 숨을 통해 유기적으로 연결되어 있기에, 서로에게 영향을 주고받는 그 관계성 역시 숨을 통해서 이루어진다. 이러한 숨으로서의 영이 가진 '네트워크' 곧 관계성에 대한 이해를 통해 다석은 숨쉼이 서로 주고받는 소식이자 통신이라는 의미에서 '소식'(消息)이라 설명하기도

---

1 박재순, 『다석 유영모』, 239.

했다. 따라서 다석에게 숨 쉬는 일이란 "하늘과 인간과 땅을 하나로 통하는 일이요, 땅에서 하늘로 솟아오르는 일"[2]이었다. 박재순은 이런 다석의 숨 이해를 다음과 같이 요약한다.

다석에게 생명의 근본 바탈은 숨이다. 영원한 생명의 줄이 내 숨 속에 내 생명의 본성 속에 있다. 다석은 숨 속에서 영원한 생명, 거룩한 얼을 만나려고 했다. 삶의 근본 바탕인 숨은 정기신(精氣神)을 통전하고, 물질세계, 정신세계, 얼(하나님)의 세계를 하나로 뚫으며, 영원한 과거와 영원한 미래를 잇는다. 숨은 하늘의 영원한 생명에 대한 염원을 품고 있다. 물질과 햇빛은 하늘을 향한 숨길을 막는다. 물질과 햇빛에 대한 욕망과 집착이 꺼지고 어둠 속으로 들어갈 때 숨 속에서 하늘 길이 뚫린다.[3]

이러한 다석의 숨 이해를 통해서 성령론을 이해할 때, 숨으로서의 성령은 다음과 같은 의미를 갖는다. 우선, 정신적 생명의 근원으로서의 성령이다. 다석에게 있어 "성령은 바로 우리의 정신적인 숨과 같은 것"[4]이었다. 살아있는 모든 인간이 숨을 쉬듯, 숨으로서 성령은 모든 인간에게 내주하여 정신적인 생명의 삶을 살도록 하는 생명의 토대이다. 또한 숨으로서의 성령은 우주와 인간 그리고 하나님 사이의 친교와 일치를 가져다주는 관계의 영이다. 박준양에 의하면, 그리스도교 신학에서도 성령은 교회의 친교와 일치를 가져오는 연결 활동의 직접적인 역할을 하는 주체로 이해된다. 성부, 성자, 성령의 세 위격이 이루는

---

2 박재순, 『다석 유영모』, 242.
3 박재순, 『다석 유영모』, 247-248.
4 류영모, 『다석 강의』, 692.

영원하고 내적인 친교의 삼위일체적 신비 안에서 성령은 성부의 영이자 동시에 성자 그리스도의 영으로서 하나님과의 만남과 성화를 가져오는데, 바로 이러한 성령의 활동을 통해서 피조 세계의 구원을 위한 교회가 세워지기에 성령은 교회에 친교를 가져오는 주체이며 일치를 위한 원리가 된다.5 교회 안으로 국한된 성령의 친교와 일치가 좁은 의미의 성령의 친교와 일치라 본다면, 이보다 넓은 의미에서 성령의 친교와 일치는 몰트만의 주장처럼 교회의 울타리를 넘어 세상을 향해서 동일하게 적용된다.6 다시 말해 우리는 성령의 활동과 사역을 교회 안으로만 제한하는 전통적인 그리스도교 성령론으로는 다 담아낼 수 없는 그러한 '통전적인' 성령의 현존과 작용을 인식하고 인정할 수 있는 것이다.7

이와 같은 맥락에서 앞서 제시한 다석의 숨으로서 성령에 관한 이해는 교회는 물론 인간과 자연 그리고 얼의 세계를 생명으로 연결시키고 생명의 원리로 일치시킬 수 있는 근거를 제시한다. 따라서 숨으로서

---

5 박준양, 『성령론』, 47-48 참조.

6 박준양, 『성령론』, 73 참조.

7 한편, 전통적인 성령에 대한 견해에 도전하는 성령의 현존에 대해서 하지슨은 "탈영성화"(despiritualization) 과정의 맥락으로 설명하는데, 탈영성화 과정의 현상은 "기술의 지배, 자연의 파괴, 성스러움의 의미의 상실, 공리주의적이고 쾌락주의적인 가치들에로의 전환, 유기적 전체의 고립된 파편들로의 분해, 자기-유지적 인간 공동체들에서 생산 중심의 사회경제적 그리고 정치적 체제들로의 대체 그리고 힘과 부의 소비, 조정, 집중"으로 드러난다. 더 나아가 이러한 가운데 "파편적이고 종종 기괴하고 파괴적이기까지 한 여러 형태들의 영성주의들"이 등장하기도 한다. 하지만 하지슨은 이러한 탈영성화 과정 속에서 삶의 역동성을 주고 통전성의 가능성을 보여주는 "영의 바람"이 불고 있음을 주목하는데, 그 예로, 생태신학, 여성신학, 카리스마적인 성령운동, 라틴 아메리카, 아시아, 아프리카에서 일어난 종교 간의 만남과 교회일치운동 등이 그것이다. 하지슨은 몰트만의 주장처럼, "우리는 인간중심적(anthropocentric) 성령론에서 모든 창조물을 포괄하는, 그리고 영 속에서 통전성, 관계성, 에너지, 생명의 상징을 인식하는 통전적(holistic) 성령론에로의 전환을 지켜보고 있다." 피터 C. 하지슨, 『기독교 구성 신학』, 435-436 참조

성령은 생명의 근원이자 원리로 인간세계, 자연세계, 얼 세계를 삼위일체론적인 친교와 일치로 이끈다. 이는 하지슨의 말처럼, 성령은 "네트워크 자체 혹은 순수한 관계성"[8]이라 정의 내릴 수 있는 것이다. 더 나아가 다석의 숨 성령론은 형이상학적이며 신론중심적인 그래서 때로는 지나치게 관념론적일 수 있는 서구 그리스도교 신학에 새로운 가능성을 제시한다. 그것은 바로 "성령 중심적인 체험적(인체주의적) 몸과 숨의 신학"[9]으로의 패러다임 전환이다. 요컨대 다석의 숨 성령론은 성령의 보편적 현존을 설명함은 물론 생명체가 가진 호흡을 통해서 인간과 자연과 하나님을 하나로 연결시키고 일치시키는 신-인-우주적 관계성의 원리와 힘으로서의 성령론을 제시한다.

하지만 이 지점에서 어떻게 우주적이고 보편적인 성령의 현존과 활동을 식별하고 규정할 수 있으며, 다석의 숨 성령론은 이에 대해서 어떤 입장을 갖는지에 관한 질문이 제기된다. 그리스도교 신학에서 "성령의 보편적 현존과 활동"(the universal presence and activity of the Holy Spirit)[10]은 시공간을 초월하는 성령의 현존과 활동을 강조하지만, 그와 동시에 예수 그리스도의 구원과 불가분의 관계를 맺음 역시 강조한다. 성령론과 관련하여 주어지는 그리스도교 신학의 과제는 성령론과 그리스도론을 연결하고 종합하는 데 있다.[11]

이러한 신학적 과제에 도움을 주는 통찰로서 박준양이 제시한 성령의 보편적 현존과 활동을 식별하는 몇 가지 원리가 도움이 된다. 이

---

8 하지슨, 『기독교 구성 신학』, 440.
9 김흡영, 『가온찍기』, 105.
10 박준양, 『성령론』, 76.
11 박준양, 『성령론』, 85-86 참조.

원리들은 다음과 같다. 그것은 이미 선포되었던 계시진리, 특별히 그리스도의 구원의 경륜과의 일치를 의미하는 연속성의 원리, 기록된 혹은 전해진 하나님의 말씀을 해석하는 직무를 맡은 교회의 교도권의 판단과 책임, 예수가 선포한 하나님 나라의 원리, 예수 그리스도를 주님으로 고백하는 그리스도론적 원리, 친교와 일치의 교회론적 원리, 육과 세상의 불일치성 그리고 인간의 연약함 속에서 나타나는 하나님의 권능과 같은 역설로 나타나는 인간학적 원리를 말한다.[12]

이러한 원리들 가운데 삼위일체적 구원 경륜 안에서 이루어지는 성령과 성자의 긴밀한 관계, 곧 성령론과 그리스도론 사이의 필연적 연관성과 상호보완성이라는 틀에서 성령의 보편적 현존과 활동을 식별하는 가장 중요한 원리란 바로 그리스도론적 원리라 할 수 있다. 다시 말해 다양한 영의 경험과 신비체험 안에서 예수 그리스도의 구원 곧 그리스도 안에서 발견되는 하나님의 생명에 참여하는 경험적 내용의 진술이 없다면 그리스도교 신학이 말하는 성령론이라 볼 수 없는 것이다. 따라서 다석의 숨 성령론이 그리스도교 성령론과 공명하기 위해서는 그리스도론과의 관계성이 드러나야 한다.

이러한 관계성이 드러나는 한 예로, 1957년 6월 20일과 21일의 일지에 다석이 주기도문의 일부를 동일한 내용으로 번역한 것을 들 수 있다. 여기서 다석은 숨과 예수를 연관 지어 진술한다.

하늘 계신 아ᄇᆞ 계 이름 만 거룩 길 말슴 님 생각이니이다
이어이 예수ᄆᆞ쉬는 우리 밝는 속알에 더욱 나라 찾임이어지이다[13]

---

12 박준양, 『성령론』, 90-119 참조.

이 진술을 풀이해 본다면, '이어이 예수ㅁ'에서 '이어이 예'는 'ㅣㅓㅣ', 곧 "영원히 이어 내려온 것"[14]으로 '여기'를 의미하고, '수'는 할 수 있는 능력을 가리킨다. 다석은 '예수'라는 단어에 'ㅁ'을 붙이면서 '숨'이라는 발음을 만들어 낸다. 여기서 세 가지 의미가 '예수ㅁ'이라는 단어에 함축되는데, 그것은 예수, 영원부터 지금 여기까지 이어져 내려온 능력, 그리고 숨이다. 앞서 다석의 그리스도론에서 다루었지만, 다석의 그리스도교 신앙정체성에서 확인하였다시피, 다석은 예수를 수행과 수신의 원동력이자 힘으로 경험한다. "영원한 현재 이것이 예수요, 예수는 생명의 근원이요, 힘의 근원이다."[15] 이제 여기에 숨이라는 성령의 개념이 더하여져서 예수의 '숨' 곧 예수의 영을 뜻하게 된다. 이것이 의미하는 바는 다석에게 있어 구원이란 철저한 수신과 수행이 가져오는 자기 극복이고, 이것을 가능하게 하는 능력이 바로 '예수ㅁ' 바로 예수의 영, 성령이라는 것이다. 이 성령으로 숨 쉬듯 살아가는 자들이야말로 속알(德)[16]을 밝혀 하나님 나라에 참여한다.

2. 상징과 은총을 통해 현존하는 진리의 몯숨님

다석은 숨을 세 가지로 구분하는데, 코로 숨을 쉬며 깊은 잠을 자는 '목숨', 연구하고 생각하고 말하는 '말숨', 하나님의 뜻을 받아

---

13 류영모, 『多夕日誌』1, 403.

14 류영모, 『다석 강의』, 178.

15 김흥호, 『다석일지 공부』 2, 495.

16 다석은 '큰 덕(德)'자를 속알이라고 명칭한다. 속알은 얼, 얼나, 바탈과 같은 뜻으로 쓰인다. 류영모, 『다석 마지막 강의』, 48 참조.

세상을 초월하는 삶을 사는 '우숨'이 그것이다.[17] 그런데 다석의 성령론과 관련해서 말숨이라는 용어에 주목할 필요가 있다.

다석은 고린도전서 6장 19절[18]을 해석하면서 성령을 인간의 몸에 내주하는 '물숨님'으로 표현한다.[19] 다석은 '성김'이라는 시를 통해서 '물숨'이 가진 의미를 이렇게 설명한다. "물숨眞:理解之發吾心曰氣".[20] 이 구절에 대한 김흥호의 해석에 의하면, '물숨'은 진리가 풀어져서 나의 마음에서 터져 나온 것으로 그 진리가 힘의 근원이기에 '김(氣)'이라 불린다.[21] 이처럼 다석은 '물숨'이라는 단어를 통해서 진리와 생명의 관계를 표현하는데, 이로써 '물숨'으로서 성령은 진리와 생명의 영으로 이해할 수 있다. 특히 다석의 성령론에서 '숨'은 기(氣)처럼 진리로 말미암은 힘과 생명을 표현하는 용어로 볼 수 있다. 이처럼 다석은 말씀과 비슷한 음가를 가진 '물숨'이라는 용어를 통해서 참된 앎과 진리란 단순히 인식적 차원에 머무는 것이 아니라 모든 생명의 숨 쉬는 호흡처럼 통전적인 생명력의 근원이자 역동적인 운동력임을 보여 주는 것이다. 따라서 다석에게 '물숨'은 숨으로 경험되는 말씀의 운동력, 곧 생명적 진리의 능력과 같은 의미로 인간의 정신 안에서 진리가

---

17 김흥호, 『가온찍기』, 246 참조. 김흥호은 아래 김흥호의 말을 인용하면서 다석이 숨을 목숨, 말숨, 우숨으로 구분했음을 제시한다. "목숨은 코로 숨 쉬고 깊이 자는 것이다. 말숨은 천하의 소식을 듣고 고금의 경전을 보고 생각하고 연구하고 말하는 것이다. 우숨은 하나님의 거룩한 편지를 받고 세상을 초월하여 법열 속에 사는 것이다. 이것이 생명의 호흡이다." 김흥호, 『다석일지 공부』 1, 28. 김흥영의 앞의 글에서 재인용.

18 여러분의 몸은 여러분 안에 계신 성령의 성전이라는 것을 알지 못합니까? 여러분은 성령을 하나님으로부터 받아서 모시고 있습니다. 여러분은 여러분 자신의 것이 아닙니다(고린도전서 6:19, 새번역).

19 류영모, 『多夕日誌』 2, 719. "몸은 물숨님 계실ㄷ!"

20 류영모, 『多夕日誌』 2, 825.

21 김흥호, 『다석일지 공부』 6, 292 참조.

드러나 그것이 힘의 근원으로 경험되는 성령을 의미한다. 요컨대 다석에게 성령은 진리 안에서 경험되는 생명과 능력의 영, 곧 '물숨님'이다.

진리와 생명과 능력의 영으로서의 성령에 대한 이해는 인간의 영 (spirit)을 "힘과 의미의 연합"[22]으로 정의한 틸리히의 주장과도 상응한다. 맥컬웨이에 따르면, 틸리히는 비존재가 가져다주는 위협이 인간 존재의 근거에 관한 질문으로 향하도록 만들어 하나님에 관한 질문으로 이어지게 된다고 주장한다. 이처럼 틸리히는 삶의 모호성에 대한 질문을 통해 하나님의 성령에 관한 논의로 연결시킨다.[23] 틸리히는 삶의 모호성이자 생명의 모호성이 가장 명확히 드러나는 영역을 영의 영역이라 보았고, 생명의 결정적인 실현도 바로 영의 영역 안에서 일어나기에 이로부터 성령에 대한 질문이 제기된다고 보았다.[24] 틸리히는 성령이 인간의 영 안에 있음을 표현하기 위해 '성령의 현존'이라는 용어를 사용하는데, "성령의 현존은 생명의 주관적 요소에 상응하는 말씀과 생명의 객관적 요소에 상응하는 성례전을 통해 인간에게 드러난다."[25]

생명의 주관적 요소로서 하나님 말씀에 관한 틸리히의 주장을 살펴보면, 우선 하나님의 말씀은 인간의 언어를 매개체로 만들어 전달된다. 그런데 비록 무한하게 많은 '말'들이 하나님의 '말씀'이 될 가능성이 있어도, 그것이 하나님의 말씀이 되려면 하나님의 말씀이 누군가에게 받아들여져야 하고, 동시에 성서의 말들이 하나님의 말씀으로 받아들여지려면 성령이 하는 사역을 통해 믿음과 사랑으로 그 말씀에 거역하지

---

22 Paul Tillich, *Systematic Theology* 3, 22.

23 맥컬웨이, 『폴 틸리히《조직신학》요약과 분석』, 269-270 참조.

24 맥컬웨이, 『폴 틸리히《조직신학》요약과 분석』, 273 참조.

25 맥컬웨이, 『폴 틸리히《조직신학》요약과 분석』, 282.

말아야 한다는 조건이 주어진다.[26] 따라서 하나님의 말씀은 성령의
사역과 긴밀한 관계를 맺음을 알 수 있다.

그렇다면 성령과 생명의 주관적 요소로서 하나님의 말씀의 관련성
속에서 다석은 하나님의 말씀을 어떻게 이해하고 있었는지를 먼저
살펴보아야 한다. 우선 다석은 말과 생각의 관계를 성부와 성자의
유비를 통해서 이렇게 설명한다.

> 아버지 없으시면 아들이 잇슬수 없고, 아들이 아니면 아버지는 모를것입
> 니다. 말이 업스면 생각을 못홀거니 말은 곧 생각입니다. … 곧혀 생각!
> 생각, 생각, 호야 몬(物)이란 허물을 벗겨 나가는데서 무슨 큰 뜻(사람으
> 로는 쇠집어 낼 수 업는)이 이 니루게 되는 것을 「있」다 「참」이다 「삶」이다
> 보는 것입니다. 우리가 이러케 된 근을 길이라 알 것입니다. (요한 十四 6).[27]

위의 진술을 보면 마치 성자 예수 그리스도를 통해서 성부 하나님을
알 수 있듯이, 그리고 물질이란 허물을 벗겨 나갈 때 참에 이르듯이
다석에게 말이란 깨달음, 곧 하나님과의 계시적 만남을 매개하는 '물질'
인 종교적 상징으로 이해된 것을 알 수 있다. 로저 헤이트의 주장처럼,
"상징은 자신 이외의 다른 어떤 것이 현존하고 알려지도록 하는 것"[28]이
라고 간략히 정의 내릴 수 있다. 무엇보다 상징은 자신이 가리키는
대상을 알려지도록 하기 때문에 '인식적'이라 말할 수 있는데, 종교적인
말과 개념 혹은 진술들이 인식적으로 구성되는 종교적 신념 체계 역시

---

26 맥컬웨이, 『폴 틸리히 《조직신학》 요약과 분석』, 283-384 참조.
27 류영모, 『多夕日誌』 1, 176.
28 헤이트, 『신학의 역동성』, 221.

자신을 넘어서는 '다른 어떤 것'을 인간 주체성에 현존하도록 만들기에
이 또한 상징으로 작용한다. "따라서 모든 신학적 진술은 상징적"29이며,
"신학은 본질적으로 상징적인 학문"30이라 말할 수 있다. 그런데 종교적
상징은 하나님의 보편적인 현존을 역사적으로 매개하는 매개체로서
다양한 방식으로 인간의 의식에 하나님을 매개하고 현존하게 하는데,
이러한 매개체로서 종교적 상징에는 특정한 사물, 사건, 언어로 구성된
신학적 진술뿐 아니라 인간도 포함된다. 로저 헤이트는 이러한 논증을
더 밀고 나가 "기독교에서 예수는 기독교 계시를 일으키는 근원적
상징이다"31라는 급진적인 주장도 펼친다. 흥미롭게도, 다석 역시 예수
를 하나의 '상징'으로 보았다.

> 예수가 하나의 상징이라고도 볼 수 있다. 일체가 어떤 의미를 들어내는
> 하나의 상징이다. 나도 하느님의 뜻을 드러내는 하나의 상징이다.32

---

29 헤이트, 『신학의 역동성』, 222.

30 헤이트, 『신학의 역동성』, 222.

31 헤이트, 『신학의 역동성』, 222. 근원적 상징으로서 예수에 관한 로저 헤이트의 더욱 구체
   적인 주장은 다음을 참조하라. Roger Haight, *Jesus, symbol of God* (New york: Orbis
   Books, 1999).

32 박영호, 『多夕 柳永模 어록』, 150. 다석과 로저 헤이트가 제시한 상징으로서의 예수에 관
   한 내용은 예수를 '궁극적 계시'(final revelation)로 이해한 틸리히의 계시론과도 공명한
   다. 틸리히에 의하면, 상징 즉 계시자가 스스로를 잃지 않으면서도 동시에 스스로를 부
   정할 수 있다면 그 계시자는 궁극적 계시가 될 수 있으며, 그렇게 함으로써 그가 계시하
   고자 하는 신비(the mystery)에 대해서 완벽히 투명해진다. 예수는 자신의 유한성 때문
   에 스스로에 대해 궁극적이라 주장하고픈 악마적인 유혹을 이겨냄으로써 그리스도가
   되었다. 그리스도로서 예수와 관련된 신약성서의 모든 증언과 해석들은 두 가지 특징을
   갖는데, 하나는 예수가 하나님과 지속적으로 연합함(his maintenance of unity with God)
   이고, 다른 하나는 이러한 연합을 통해서 그에게 주어질 수 있는 모든 것을 그가 희생했
   다는 것이다. 이 두 가지로 인해 예수는 궁극적 계시인 그리스도가 될 수 있었다. Tillich,
   Systematic Theology 1, 132-137 참조. 여기서 틸리히는 예수를 가리켜서 매개체(the me-

그런데 종교적 상징의 초월적 매개의 역할에 있어서 중요한 요소는 상징이 가진 '~이다'와 '~아니다'의 변증법적 구조다. 상징은 자신이 아닌 자신 너머의 '초월적인' 그 무엇을 현존시키고 매개한다는 측면에서 초월적 실재에 참여한다. 하지만 상징 자체가 초월 혹은 하나님 자체는 아니기에 유한한 종교적 상징 자체를 절대적인 것으로 동일시하는 우상화에 빠져서는 안 된다. 따라서 종교적 상징 자체는 실재와 동일시되어서는 안 되며, 오히려 상징은 역설적으로 그것이 가리키는 것에 의해 부정되고 사라질수록 더욱 투명하게 그것이 가리키는 실재 곧 절대적이고 무한한 하나님에 대한 의식을 끝없이 불러일으키게 된다. 말하자면, "신화는 그 문자적 의미가 '깨어짐'으로써 전달되고, 상징은 역설적으로 투명해짐으로써 매개한다."[33]

다석 역시 말이라는 상징 자체에 머물지 않는다. 위에서 제시한 다석의 진술처럼, '물질'[34]이란 허물을 벗겨 나가야 '큰 뜻'이 밝혀지듯, 말을 통해서 생각으로 나아가고 "생각을 통해서 계속 물질이란 껍데기를 벗고 그 속의 의미를 찾아가는 것이 아버지 찾음이다."[35] 다시 말해 말이라는 종교적 상징은 그것이 가진 '이다'와 '아니다'의 변증법적 긴장 속에서 '생각'을 통해 깨어지지만(혹은 해체되지만), 이를 통해 하나님의 현존은 인간 의식에 매개된다. 이때에야 비로소 말은 상징이면서

dium)라는 표현을 사용하는데, 이를 상징(the symbol)이라는 용어로도 이해할 수 있을 것이다.

33 헤이트, 『신학의 역동성』, 264.

34 이 책에서는 다석이 진술한 "몬(物)이란 허물"을 종교적 상징의 측면에서 이해하지만, 다석이 몬을 얼 생명과 대립하는 부정적인 것으로 보았음을 감안할 때, 인용된 원문에서는 탐, 진, 치의 욕망을 불러일으키는 물질로 이해할 수 있다.

35 김흥호, 『다석일지 공부』 1, 509.

동시에 하나님 생각 곧 '얼뜻'인 '신비'를 매개하는 '숨ㅅ김'이 된다.
다석은 이와 같은 내용을 아래와 같이 진술한다.

숨ㅅ김 = 환빛 = 펴참 = 얼뜻

氣息 = 光明 = 充滿 = 意志[36]

위 진술의 내용과 함께 종합해 본다면, 다석은 '숨ㅅ김'이라는 은유를
통해서 숨이 가진 생명적 역동성과 함께 '숨김'(hiding)의 뜻을 가진
얼뜻의 은폐성을 동시에 말하고자 했다. 얼뜻은 우주에 충만하고(펴참)
뚜렷하게 빛나지만(환빛) 얼뜻이 가진 생명의 숨(氣)과 김의 역동성(息)
은 숨겨져(숨김) 있다. 김흥호는 위 다석의 진술을 다음과 같이 풀이한다.

"뜻은 숨어 있기에 숨김이다. 숨김은 찾아내기에 숨이요, 김이다. 숨과
김은 호흡이요, 우주에 가득 찬 것이 김이요, 그 속에 사는 것이 숨이다.
숨김은 삶이다."[37]

결론적으로 말해, 숨겨져 있는 얼뜻은 생각을 통해서 상징인 몬(물질)
의 허물 곧 상징적인 말의 껍질을 깨부수고 벗겨냄으로써 드러나고,
이러한 과정의 속에서 숨과 김의 성령이 진리의 생명력으로 주어진다.
다석의 '말숨' 성령론은 상징을 통해서 진리의 궁극적 실재로 나아가
생명력으로 경험되는 해석학적 과정을 함의하고 있다. 더 나아가 상징이

---

36 류영모, 『多夕日誌』1, 177.
37 김흥호, 『다석일지 공부』1, 510.

지닌 '이다'와 '아니다'의 변증법적 긴장 안에서 다석은 동아시아의 해석학적 방법론이 성령론과 접목될 수 있음을 보여주는데, 그 예가 바로 다음에 이어질 격물치지와 궁신지화의 성령론적 신학방법론이다.

3. 격물치지성령지 그리고 모름지기

다석은 성령의 현존이 주어지는 인식론적 해석학적 과정을 격물치지(格物致知)로 설명한다. 다음은 격물치지의 내용을 담은 다석의 한시를 김흥호가 옮기고 풀이한 것이다.

知至

見物生心情欲始^{견물생심정욕시}　應無所住生其心^{응무소주생기심}
格物致知性靈止^{격물치지성령지}　致虛守靜沒自己^{치허수정몰자기}

물체를 보면 욕심이 나와 정욕이 시작된다. 격물치지^{格物致知}하면 성령이 와서 머문다. 응당 물체가 없는 데서 마음이 나와야 온전한 마음이다. 마음은 비고 마음은 고요해야 자기를 없이할 수 있다.[38]

위 시를 통해서 보면, 다석은 격물치지를 성령(性靈)과 연관시킨다. 다석은 그리스도교에서 말하는 성령(聖靈)을 유교에서 이야기하는 인간의 바탈인 성(性)으로 전유했기에, 성령의 현존과 사역에 대해서도 유교적 개념을 들어 설명하고 있다. 여기서 다석은 격물치지의 자리에

---

38 김흥호, 『다석일지 공부』3, 359.

성령이 머문다는 의미로 인식론적 성령론을 제시한다.

격물치지는 유교의 이상적 정치의 길을 제시한 『대학』의 중심사상이라 할 수 있는 "3강령 8조목"[39]에 등장하는 개념으로, 『대학』에서 말하는 도에 해당하는 격물, 치지, 정심, 성의, 수신, 제가, 치국, 평천하에서 가장 처음에 해당한다. 격물치지란 『대학』이 추구하는 도의 궁극적 결과인 평천하에 이르기 위해서 가장 기본이 되는 것이 바로 참된 지식, 곧 어떤 사물의 진상에 도달하는 격물(格物)과 이로써 앎에 이른다는 치지(致知)를 가리키는 말이다. 인간의 인식능력을 인간의 성(性)으로 보고 인간의 인식대상을 사물의 법칙(理)로 보았던 유교의 관점에서 보면, 참된 지식은 여전히 사람의 마음 안에서 일어나는 것이어서 참되고 온전한 앎에 이르는 길은 자신의 마음을 바르게 하는 수신(修身)과 서로 인과관계를 맺는다.[40] 그런데 주희에 의하면 행위의 동기를 성실하게 하는 성의(誠意)나 마음을 바르게 하는 정심(正心) 이전에 격물궁리(格物窮理) 곧 "사물에 대한 철저한 탐구"[41]가 선행되어야 한다. 주자의 철학에서 말하는 격물이란 "상식적으로 누구나 어느 정도는 알고 있는 앎을 더욱 밀고 나가 완전하게 깨닫는 공부"[42]를 의미한다. 주희는 이러한 격물궁리로 얻어낸 지식이 수양의 토대가 된다고 보았다.[43]

---

39 3강령(三綱領, three main cords)은 명덕(明德), 친민(親民), 지어지선(止於至善)을 말하며 8조목(八條目, eight minor wires)은 격물(格物), 치지(致知), 성의(誠意), 정심(正心), 수신(修身), 제가(齊家), 치국(治國), 평천하(平天下)를 말한다. 풍우란, 『중국철학사』 상, 574 참조.

40 풍우란, 『중국철학사』 상, 575-585 참조.

41 김병환, 『김병환 교수의 신유학 강의』, 85.

42 김병환, 『김병환 교수의 신유학 강의』, 85.

다석 역시 사물에 대한 철저한 탐구를 기초로 궁극적 앎 즉 참된 지식으로 나아가야 함을 주장했다. 다석에 따르면 사물에 대한 탐구 자체가 궁극적 실재 혹은 신에 대한 지식으로 곧장 이어지지 않는다. 격물궁리로 얻어진 지식과 궁극적 실재에 대한 지식 사이에는 어떤 '도약'이 아니고서는 건널 수 없는 큰 간극이 있다. 다석은 그 간극을 '모름'이라 했으며, 이를 꼭 지켜야 한다고 말했다. 바로 그 모름이야말로 하나님의 존재 방식인 동시에 인간 이성의 고유한 특성이기 때문이다. 다석은 이 모름에서 오는 인간의 학문적 탐구의 본질이자 근원이 곧 하나님 아버지에 대한 '그리움'이라고 규정한다. 다석은 다음과 같이 말한다.

> 나는 '모름지기'란 우리말을 좋아한다. '모름지기'란 반드시 또는 꼭이란 뜻이다. 사람은 모름(하느님)을 꼭 지켜야 한다. 우리는 하느님 아버지를 모른다. 하느님 아버지를 다 알겠다는 것은 말이 안 된다. 아들이 아무리 위대해도 아버지와는 차원(次元)이 다르기 때문이다. 그러나 사람이 하느님 아버지를 그리워함은 막을 길이 없다. 그것은 아버지와 아들의 관계이기 때문이다. … 맨 으뜸으로 진리 되시는 아버지 하느님을 그리워함은 어쩔 수 없는 인간성(人間性)이다. 그것은 사람의 참뜻(誠意)이다. 그런데 이 뜻은 꼭 이루어진다. 그것이 성의(誠意)다. 생각은 그리움에서 나온다. 그립고 그리워서 생각을 하게 되는 것이다.[44]

43 김병환, 『김병환 교수의 신유학 강의』, 88 참조.
44 박영호, 『多夕 柳永模 어록』, 20.

위와 같은 다석의 '모름지기' 진술은 토마스 아퀴나스(Thomas Aquinas)의 주장과도 공명한다. 아퀴나스에 의하면 인간 지성이 고유하게 대상으로 삼는 것은 물질적 사물들이 가진 본질이며, 인간 영혼이나 하나님에 관한 영적인 본질들에 관한 인식은 인간의 지성에 즉각적으로 주어지지 않는다. 하지만 인간 지성이 가진 탐문적 본성으로 인해 사물들에 대한 직접적인 경험에 안주하지 않고, 그 경험에 지성이 부여한 것들에 관해 더욱 깊이 탐구하려고 하며, 물질뿐 아니라 인간의 본성과 그 기원에 대한 신비를 파헤치기 위해 더 깊은 탐구로 나아간다. 이러한 과정은 추론을 통해서 진행되며, 끈질긴 추론의 과정으로 지성은 직접적 대상이 부여한 경계를 뛰어넘는다. 이로써 물질적 사물의 본질을 넘어서 영혼에 관한, 그리고 영적 세계와 신과 같은 영역에 대한 실존을 인식하게 된다. 그러나 영혼이나 신과 같은 실재들에 관한 인식은 간접적이고 유비적(類比的) 인식으로 이와 같은 영적 실재들이 물질적 대상들과 맺는 관계에 기초한다. 하지만 이러한 영혼이나 신과 같은 초자연적 실체에 대한 지식은 단지 그러한 것이 있다는 인식이지 초자연적 실체의 본질에 대한 앎이 아니라는 것을 명심해야 한다. 왜냐하면 인간이 감각상을 통해서 인식하는 것과 초자연적 실체들 사이에는 어떤 비례관계도 없기 때문이다.[45]

따라서 이데아처럼 비질료적 형상이 인간 지성의 고유한 대상이고 가장 첫째로 그리고 그 자체로 인식되는 것으로 본 플라톤의 주장보다, 인간 지성은 표상을 향하지 않고는 어떤 것도 인식될 수 없다는 아리스토

---

45 바티스타 몬딘/강윤희·이재룡 옮김, 『토마스 아퀴나스의 철학 체계』(서울: 가톨릭출판사, 2012), 58-59 참조.

텔레스의 주장을 따랐던 아래와 같은 아퀴나스의 말이 더 타당하다. "우리는 우리 감각과 표상에 들어오지 않는 비질료적 실체들을 첫째 것으로 그 자체로 인식하는 것은 우리가 경험하는 인식 양태에 따르는 한 명백히 불가능하다."[46]

여기서 아퀴나스의 인식론이 부각시키는 중요한 내용이 드러나는데 그것은 인간 인식의 한계 곧 유한성[47]이다. 앞서 제시한 바대로, 감각적인 경험은 인식의 출발점이 되어야 하지만 그 자체로는 한계를 갖는다. 이처럼 아퀴나스가 제시한 인간 이성의 한계 내지는 인간 인식의 불완전성은 사물에 대한 지식은 물론 초월적 대상에 대한 지식에 있어서도 많은 시행착오와 오랜 시간의 노력이 필요함을 알려준다. 감각기관에 기초하는 인간 경험에 출발점을 둔 경험적 지식의 필요성은 역설적으로 인간 인식, 더 나아가 초월적 대상인 하나님에 대한 지식에 있어서 지난한 노력이 요구됨과 함께 그 사이에 놓인 커다란 간극을 상기시켜주어 또 다른 비약, 달리 표현하자면 절대적인 은총이 필요함을 일깨워

---

46 토마스 아퀴나스/정의채 옮김, 『신학대전』 12 (서울: 바오로딸, 2013), 323.
47 아퀴나스의 인식론이 가진 중요한 특징 중 하나는 인간 인식의 한계 즉 유한성을 부각시켰다는 데 있다. 바티스타 몬딘은 이와 같은 아퀴나스의 추상 이론이 아우구스티누스의 조명설(신과 영혼에 관한 확실한 지식은 인간의 노력의 결과가 아니라 신적 조명의 결실로 보는 입장)을 대체하면서 가져오게 되는 역사적이고 이론적인 영향에 대해 설명하면서, 아퀴나스의 이와 같은 대체는 그 당시까지 철학적 체계의 기초로 이어져 왔던 플라톤 사상보다 더욱 견고한 아리스토텔레스 사상의 인식론적 체계를 그리스도교 철학에 제공했다는 데 의의가 있다고 말한다. 더 나아가 아퀴나스의 추상 이론은 조명설보다 몇 가지 측면에서 우위를 보이는데, 이러한 측면은 첫째로 추상 이론은 인간 인식에 있어서 요구되는 경험의 필요성을 부각한 점, 둘째로 감각적으로 얻는 인식과 지적인 인식 간의 긴밀한 일치를 깨닫게 한 점, 셋째로 존재에 대한 개방 가운데 자발적인 집중을 통해서 성립하는 인식적 행위의 본성을 중시한다는 점, 무엇보다 마지막으로 인간의 인식 행위가 가진 한계인 '유한성'을 깨닫게 한다는 점이다. 몬딘, 『토마스 아퀴나스의 철학 체계』, 60-61 참조.

준다. 이러한 사실을 아퀴나스는 이렇게 말한다.

> 어떠한 분리된 실체에도 그 인식 안에 인간의 궁극적 행복이 있지 않고
> 궁극적 행복은 오로지 하느님의 인식에만 있다. 그런데 하나님은 오로지
> 은총에 의해서만 볼 수 있다.[48]

종합해 본다면, 다석은 참된 인식 또는 참된 지식을 통해서 성령의 현존으로까지 나아간다고 보았음을 알 수 있다. 무엇보다 이 참된 지식은 물(物) 곧 사물과 사물의 이치에 대한 앎을 '끝까지 밀고 나가는' 격물을 통해서 주어진다. 그런데 아퀴나스의 인식론이 제시한 바처럼 이 지식은 감각기관의 경험적 지식의 필요성을 주장하지만 동시에 초월적 지식 특히 하나님에 대한 지식에 있어 드러나는 인간 이성의 한계를 역설적으로 주장한다. 따라서 사물에 대한 앎은 치열한 노력과 시행착오를 전제로 하지만 이러한 앎만으로는 '거룩한 지식'이 주어지지 않는다. 또한 격물치지의 지식의 쓸모와 의미를 결정하는 것 역시 인간 이성만으로 규명되지 않는다. 격물치지의 지식이 초월적 대상에 대한 지식으로 이어지기까지는 인식과 초월적 대상 사이에 놓인 간극을 뛰어넘는 어떤 '비약'이 필요하다. 이 비약을 아퀴나스는 '은총'이라 표현했다. 다시 말해 격물치지는 신앙이 요청되는 지식이며 이는 결국 성령의 현존에 이르는 신앙적 탐구를 함의하는 것이다.

---

48 토마스, 『신학대전』 12, 371.

4. 궁신지화

유교적 격물치지와는 달리 다석에게 있어 격물의 끝까지 밀고 나감
은 인간 이성의 무제한적인 가능성을 말하는 것이 아니라 바로 '신앙적
탐구'의 요청을 뜻하는 것이었다. 그런데 다석에게 신앙적 탐구란 단순
히 신의 존재를 증명하는 차원이 아닌 신과 자신이 '통하는' 실존적인
차원까지 나아가야 했다. 다석은 이를 '궁신지화'[49]라는 용어로 설명한다.

> 모든 학문은 궁신지화(窮神知化)의 뜻으로 되었다고 보입니다. 지화궁
> 신(知化窮神)하는 자세로 하는 것이 좋겠습니다. 우리 눈앞에 변화하여
> 나가는 원인을 될 수 있는 대로 밝히고 결과를 따져 알자는 것이 지화(知
> 化)입니다. 알 수 있는 것은 알자는 것이 '지화'입니다. 우리는 이렇게 과
> 학적인 발전이 되도록 쫓아가야 합니다. '지화'하자는 학문입니다. 지화
> 해서 편리하게 살 수 있게 된 후 종국에는 알 수 없는 절대자와 우리의
> 관계, 그리고 알 수 없는 그 하느님을 궁신(窮神)하자는 것입니다. 더 가까
> 이 할 수 없는 경지까지 '궁신'해야 합니다. 끝까지 간다는 것이 '궁신'입니
> 다. … 신을 확인하는 것이 아니라 신과 통하는 것, 곧 신통(神通)하는 것을
> 찾아가는 것이 과학입니다.[50]

---

49 다석이 언급한 궁신지화의 전거는 『周易』 「系辭下傳」 제5장이며 원문과 해석은 다음과
같다. 過此以往(과차이왕)은 未之或知也(미지혹지야)니 窮神知化(궁신지화)는 德之盛
也(덕지성야)라. "이를 지난(이런 차용과 숭덕의 경계를 지난) 이후의 차원에 대해서는
혹 알 수 없으니, 신을 궁구(窮究)하여 변화하는 것을 아는 것이 덕의 성함이다." 정병석
역주, 『주역』 하권 (서울: 을유문화사, 2018), 634 참조.
50 류영모, 『다석 강의』, 367.

다석의 탐구 및 '생각'은 주체와 객체, 주관과 객관, 계시와 이성, 성과 속, 초월과 내재처럼 실재를 이원론적으로 분리하여 결과적으로는 초월을 분리해 내는 데카르트 이후의 근대적인 세속 이성의 사유방식과는 그 결을 달리한다.[51] 더 나아가 다석은 원인과 결과의 인과율(causality)에 근거한 합리성에 대한 지나친 맹신 역시 거부한다. 다석은 아래 글의 언급처럼 인간 이성의 합리성을 신비에 귀속시킨다. 하지만 이러한 귀속은 이성의 폐기나 신비의 배타적 우위를 말하는 것은 아니다. 다석의 궁신지화는 신앙과 이성, 은총과 자연, 신비와 과학의 상호 조화의 관계를 향한다.

> 아무리 알려고 하여도 원인 결과(原因結果)는 신비에 귀결됩니다. 귀결되는 신비를 들치고는 과학을 한다고 합니다. 원인과 결과는 보이지 않습니다. 그래서 또한 신비입니다. 이 사람은 일찍 이러한 신비주의(神秘主義)를 지녔습니다. 이지적(理智的)으로나 윤리적(倫理的)으로나 이렇게 갑니다.[52]

다석의 궁신지화의 신학방법론은 "신비를 생각하는 것이 과학"[53]이라고 규정함으로써 신앙과 이성의 관계에 관한 근대적 이성 중심의 사유 방식을 역전시킨다. 다시 말해 이성이 허용하는 한도 내에서

---

51 다석은 데카르트의 '나는 생각한다. 그러므로 나는 존재한다'라는 코기토 명제를 매우 진지하게 받아들였지만, 그 명제를 염재신재(念在神在) 즉 "생각이 있는 곳에 곧 신이 있습니다"로 전유한다. 류영모, 『다석 강의』, 99 참조. 이는 데카르트의 코기토 명제가 인식론적인 명제였다면, 다석은 그 명제를 염재신재로 재해석하여 신앙적이고 존재론적인 명제로 수용했음을 보여준다.

52 류영모, 『다석 강의』, 368.

53 류영모, 『다석 강의』, 368.

신앙적 진리와 궁극적 실재를 규정하는 것이 아니라, 오히려 신앙적 진리가 이성의 본질과 내용을 규정하는 것이다. 이는 이성의 파기나 은총에 대한 이성의 무용함 혹은 맹목적 신앙을 '합리화'하기 위한 이성의 도구화를 뜻하는 것이 아니다. 아퀴나스의 말처럼 "은총은 자연을 파기하는 것이 아니고 오히려 완성하기 때문에 자연 이성은 신앙에 조력해야 한다"[54]는 것이다. '신비'를 '생각'함이 '과학'이라 정의했던 다석의 입장은 신앙과 이성, 신학과 철학(혹은 과학) 사이의 관계가 적대적 관계나 배타적 불균형의 관계가 아닌 상호 조력과 상호 보완의 관계임을 함의한다. 하지만 그 범주에 있어서는 신앙과 신비가 우위를 점한다.

이러한 다석의 신앙과 이성의 관계를 성령론에 적용하여 말하자면, 인간의 이성 안에 현존하는 성령의 내재와 성령 안에 있는 인간 이성의 초월이다. 이와 같은 논리는 하나님의 계시와 인간의 경험 간의 관계성에 대한 몰트만의 다음과 같은 주장으로 가장 잘 표현할 수 있을 것이다.

> 문제의 핵심은 성령의 내재에도 있지 않고 초월에도 있지 않으며, 연속성이나 비연속성에도 있지 않다. 오히려 그것은 인간의 경험 안에 있는 하나님의 '내재'와 하나님 안에 있는 인간의 '초월'에 있다. 하나님의 영은 인간 안에 있기 때문에, 인간의 영은 하나님을 향하여 자기를 초월하도록 되었다.[55]

---

54 토마스 아퀴나스/정의채 옮김, 『신학대전』 1 (서울: 바오로딸, 2008), 109.
55 몰트만, 『생명의 영』, 26-27.

5. 수믄 님: 감춤으로 드러나는 신비의 영

'숨님'의 성령론이 가진 또 다른 의미는 바로 '숨은' 존재로서의 성령이다. 다석에게 성령은 역설적으로 스스로를 감춤으로써 계시하는 신비의 영이라 할 수 있다. 다석은 스스로를 은폐하는 성령인 '숨님'을 '수믄 님'이라고 표현한다.

낯(낱)을 볼수록 얼골이 몱

우리 님은 숨님, 숨님은 수믄 님.
이제 우리 쉬는 숨은 숨님계로서 수며 나와 씨움이오니, 孔子 이르신 「그
이의 갈길은 씨움이면서 수멋나니라.」홈 인가도 홉 니다.[56]

위 시에서 다석은 성령을 숨님이라 하면서, 그 숨님이 '수믄 님'이라고 말한다. 그리고 다석은 『중용』 12장에 나오는 공자의 말인 "군자지도 비이은"(君子之道 費而隱)[57]을 자신의 언어로 바꾸어 말하는데, '군자의 갈길'을 '그이의 갈길'로, '비이은'을 '씨움이면서 수멋나니라'로 표현한다. 따라서 다석은 성령을 숨님이라 부르면서 성령은 모든 인간의 숨처럼 인간의 모든 보편적 활동에서 '쓰이지만(費) 은밀하게 숨어있다

---

56 류영모,『多夕日誌』1, 451. 강조는 필자의 것.
57 君子之道는 費而隱이니라. "군자君子의 도道는 널리 쓰이면서 은밀하다." 이기동 譯解,
『대학·중용 강설』, 145. 이기동에 따르면, 이 구절에서 말하는 군자의 도란 중용의 도로서 "천지만물의 공통적인 존재의 본질인, 속에 있는 마음이 외적 상황에 가장 알맞게 발현되어 조화를 이루는 것"을 뜻한다. 이와 같은 중용의 도는 그 발현처를 인간의 마음 깊은 곳에 두고 있기에 비록 그 쓰임이 만물에 걸쳐서 넓다 하더라도 은밀하다 할 수 있다.

고(隱) 보았다. 결국 다석은 성령을 수믄 님이라 부르면서 성령의 중요한 특징으로 '은폐성'을 이야기한 것이다. 성령은 영의 활동이기에 인간에게 숨겨져 있기 때문이다.

하지만 이와 동시에 다석은 성령의 '탈-은폐성'을 말한다. 여기서 탈-은폐성은 성령을 인식할 수 있는 조건을 영의 개방성과 물질성에 둔다. 이는 앞서 제시한 '비이은'(費而隱)을 '쓰임이 곧 숨겨진 것'이라 해석하면 이해가 가능하다. 다시 말해 김흥호의 해석처럼 "비이은(費而隱)이라는 말은 현상즉실재^{現像即實在}라는 말로 뿌리 깊은 나무"[58]로 이해할 수 있는 것이다. 마치 나무를 보면 비록 보이지 않지만 잎을 내도록 하고 열매를 맺도록 하는 생명의 기초인 뿌리가 있음을 알 수 있듯이, 인간은 현상계에 나타나는 성령의 쓰임을 통해서 숨어 있는 성령을 인식할 수 있다. 영(혹은 성령)은 자유 가운데 스스로를 개방함으로써 은폐에서 탈-은폐로 나아간다. 그러나 마치 나무와 뿌리가 하나의 실재로 서로 얽혀 있듯이 현상으로서 영의 활동과 실재로서 영 그 자체는 분리되지 않는다. 이것이 다석이 말한 "씨움이면서 수멋나니라"라는 진술이 가진 신학적 함의다. 또한 세계 안에서 영의 활동이 드러남은 영이 단순히 관념이 아니라 '물질' 그 자체인 것에 기인한다. 물질로서 성령은 세계의 근원이면서 세계를 지탱하며 세계가 다시 돌아갈 장소이다. 물질로서 성령은 세계 안에서 세계를 끊임없이 초월한다. 또한 세계 안에서 성령의 활동은 세계 너머의 성령을 가리킨다. 이로써 성령은 탈-은폐하면서 동시에 은폐하는 것이다. 이처럼 다석은 성령의 은폐성과 탈-은폐성을 함께 제시한다.

---

58 김흥호, 『다석일지 공부』 2, 624.

하지만 숨은 성령이 드러나는 성령의 탈-은폐성 곧 성령의 현존은 역설적으로 밝음이 아닌 '어두움' 속에서 드러난다. 다음은 다석이 1957년 10월 20일에 숨님에 대한 글 바로 뒤이어서 기록한 글이다.

낮(낱)을 가장 높이 보고 더알게 업시 좋다고 들면 나뷔가 불에 덤벼들다 떠러짐과 똑같히 떠러지게도 될 것입니다.
밤은 오히려 바랄 수 잇는 땝니다. 하늘글월(天文)은 밤에 바라 볼 수 잇고, 한늘(宇宙) 소식을 짐작ㅎ게 됩니다.[59]

은유적으로 표현하자면, 숨어있는 숨님으로서 성령이 현존하는 때는 '낮'이 아닌 '밤'이다. 다석에게 낮은 물질적인 자연세계 혹은 감각세계이자 현상에 불과하다. 하지만 이 모든 것은 성령의 골짜기 즉 "얼골"(神谷)[60]로서 성령의 현존에 이르게 하는 문과 같고, 성령을 만나도록 이끄는 초청이다. 얼골을 지나면 밤이 오고 성령이 현존한다. 하늘글월 곧 하나님의 말씀이 서는 것이다. 다석은 자연을 온전한 계시로 나아가는 문으로 보았다. 그러나 온전한 계시인 성령의 현존과 계시는 자연을 넘어서, 그리고 물질세계에 대한 집착과 욕심을 버림으로써 모든 '빛'이 꺼진 어두운 '밤'이 되어서야 드러난다.

다석은 어두운 '밤'에 숨의 생명과 하늘글월의 진리를 경험한 성령론적인 체험적 진리를 숨님 성령론으로 설명한다. 이러한 초월적 경험은 '성스러움'의 차원으로 설명할 수 있는데, 성스러움이란 "인간의 신적인

---

59 류영모, 『多夕日誌』1, 452.
60 류영모, 『多夕日誌』1, 452.

것에 대한 경험에서 그 신적인 것을 어떤 두려운 것으로 느끼는 인간의 응답[반응]"61을 뜻한다. 이기상은 하이데거가 횔덜린의 시를 통해서 제시한 성스러움의 특징을 네 가지로 정리하는데, 그것은 온통 전체로서의 온전함을 말하는 전체성, 열려있음을 의미하는 개방성, 자신을 숨기는 은닉성, 신비로운 힘을 뜻하는 작용성이 그것이다. 이기상은 이 네 가지 성스러움의 계기들이 다석이 생각했던 성스러움의 계기들과 일치한다고 보았다.62 이기상에 의하면, 다석은 그 성스러움의 경험을 '없이 계심'으로 언표하였고, '없이 계신 하나님'을 만나기 위한 세 가지 길을 다음과 같이 제시한다. "첫째는, 무한한 우주의 허공을 보는 것이고, 둘째는, 우주에 깔려 있는 무수한 별무리를 보는 것이고, 셋째는, 내 마음속으로 오는 성령을 만나는 것이다."63 따라서 성스러움의 신적 경험은 인간 중심적이고 존재자 중심적이며, 현전 중심적이고 탈은폐 중심적 사유, 곧 이성 중심적인 형이상학적 사유에서 탈피하여, 그동안 발견하기 꺼렸던 무(無), 공(空), 허(虛)의 차원에 대한 성찰 과정 가운데서 그 실마리를 찾을 수 있는 것이다.64

　　다석은 이러한 차원들을 가진 성스러움의 영역을 '밤'으로 보았다. 다석은 존재자 중심, 물질 중심, 이성 중심의 허상을 비추는 밝은 "한낮"이 아닌 그 모든 것이 소거된 "밤"의 영역에서 우주의 신비와 영원한 생명이 드러난다고 주장한다. 신비와 생명의 영인 "숨길"의 소리는 밤에 들린다.

---

61 이기상,『다석과 함께 여는 우리말 철학』, 287.
62 이기상,『다석과 함께 여는 우리말 철학』, 414 참조.
63 이기상,『다석과 함께 여는 우리말 철학』, 425.
64 이기상,『다석과 함께 여는 우리말 철학』, 415-416 참조.

그런데 '햇빛이 들었다'는 것, 즉 '빛드러간'(삐뚤어 간) 한낮 대명천지 밝은 날이 오히려 우주의 신비와 영원한 영혼을 증명하는 것을 점점 막습니다. 그러니 대낮에 사는 것이 허영(虛榮)임을 알아야 합니다. … 우리가 참으로 밝게 살려면 영원과 통신할 수 있어야 합니다. 하느님으로부터 오는 영원한 소식을 가능한 한 남보다 빨리 듣고 빨리 아는 사람이 되어, 대낮의 허영을 피할 줄 알아야 합니다. … 숨길은 밤중에 들립니다.[65]

진리의 계시 및 신적 만남과 관련된 다석의 숨님 성령론은 다석의 성령론적 신학방법론을 보여주는데, 허상을 비추는 빛을 끔으로써 비진리를 소거하여 진리를 드러내고, 이로써 신비에 도달하는 부정신학적 신비주의 방법론이다. 한 예로, 다석은 어두운 밤을 은유로 사용하여 '신탁'(神託)을 설명하였다. 다음은 다석의 '기독자'(基督子)라는 시이다.

基督子

祈禱陪敦元氣息   嘗義極致日正食
讚美伴奏健脈搏   禘誠克明夜歸託[66]

위 '기독자'라는 시를 풀이한 다석의 강의를 차례대로 살펴보면 다음과 같다. 우선 '기도배돈원기식'(祈禱陪敦元氣息)이라는 구절을 다석은 "기도하는 것이 그리스도인"[67]이라고 말한다. 기도는 배돈하게

---

65 류영모, 『다석 강의』, 172.
66 류영모, 『多夕日誌』 1, 293.
67 류영모, 『다석 강의』, 376.

곧 정중하고 조심스럽게(配) 그리고 후하게(敦) 해야 하는 것으로, 그 기도의 시초(元)는 바로 숨, 호흡(기식)이다. 다석은 우리가 기도할 때, 기도를 드리는 것이 아니라 호흡을 드리는 것이라고 주장한다. 즉, "기도는 우리의 '원기식'을 두텁게 해서 말하는 것"[68]이라 할 수 있다. 다음으로 '찬미반주건맥박'(讚美伴奏健脈搏)이다. 다석은 이 구절을 설명하면서, 인간의 건강하게 뛰는 맥박이야말로 참된 찬미라 말한다. '건맥박'은 '몸성히, 맘놓이, 바탈터히'의 수행을 통해서 주어지며, 다석은 이와 같은 "'건맥박'을 찬미하는 것이 그리스도인"[69]이라 말한다. 또한 다석은 '상의극치일정식'(嘗義極致日正食)을 언급하면서, 매일 먹는 음식을 단순히 식욕의 해결을 위한 것으로 대하지 않고 예수의 희생으로 주어진 살과 피로서의 성찬으로 대해야 한다고 주장하며 일상적이고 수행적이며 대속적인 성찬론을 제시한다.[70] 이제 마지막 구절인 '체성극명야귀탁'(禘誠克明夜歸託)이야말로 다석의 부정신학적 방법론의 모형을 명확히 보여준다. 여기서 다석은 하나님을 추원하는 체로써 성을 이루되(체성 혹은 치성) 이를 철저하게 함(극명)으로써, 참 말씀이 들어서는 신탁의 영원한 밤에 들어간다고(야귀탁) 설명한다. 다석은 다음과 같이 말한다. "이렇게 하여야 하나님을 알게 됩니다.

---

68 류영모, 『다석 강의』, 377.

69 류영모, 『다석 강의』, 377.

70 박영호는 '상의극치일정식'에 대한 다석의 말을 이렇게 풀이한다. "우리가 예수의 지내온 일생을 생각해 보면 하느님의 아들 노릇을 하였다고 생각된다. 하느님의 아들 노릇을 하는데 마지막 몸까지 희생하였다. 우리는 날마다 무엇을 먹든지 무엇을 마시든지 이 생각을 함으로써 우리가 욕심으로 먹고 마시는 것은 버려야 한다. 우리가 먹고 마시는 것은 예수의 희생으로 그의 살이요 피라고 생각하며 이렇게 알고 먹는 것이 성찬이다. 날마다 먹는 음식을 성찬으로 먹어야지 식욕으로 먹어서는 안 된다. 이것이 '상의극치일정식'(嘗義極致日正食)이다." 박영호, 『多夕 柳永模 명상록』, 60 참조.

늘 '체성'을 밝히면 밤, 곧 신탁(神託)에 들어갑니다. 말씀이 늘 참에 들어갈 수 있습니다."71

다석은 그리스도인의 기도, 찬미, 성찬, 신비주의(신탁)를 숨으로 드리는 기도, 수신과 수행으로 주어지는 생명력이 약동하는 맥박의 찬미, 그리스도의 희생적 의미와 수행적 의미의 성찬으로서 식사 그리고 체성(禘誠)을 통한 부정신학적 신비주의(Mysterium)로 재구성한다. 이와 같은 숨의 성령론적 맥락에서의 신비주의적 재구성에는 숨과 맥 곧 기를 통한 몸의 수행, 일상적 삶의 성례전화 그리고 유교적 수신의 신비주의가 그 내용을 구성하고 있다. 특히 영원한 밤에 이르는 다석의 신비주의는 "오로지 하나님만을 봉양하여(禘) 참된 나에 이르러(誠), 그 밝음이 극치에 이르게 되고, 그리하여 영원한 밤에 들어가야 하는 것"72을 그 내용으로 제의적 요소(禘)와 수신적 요소(誠) 그리고 계시적 요소(克明)를 그 골자로 함을 확인할 수 있다. 이제 다석은 스스로를 신비주의자로 규정한다. 그리고 그 신비란 성령을 통한 하나님과의 긴밀한 사귐을 뜻한다.

이 사람은 신비주의를 주장합니다. 절대자 하나님을 알고 싶을 때 이미 성령(말씀)으로 하느님과 사귄다는 것을 말합니다. 아버지와 아들같이 쪼갤 수 없는 사이로 연락하는 것입니다. 이것이 성령으로 됩니다. 이와 같이 하여 삼위일체(三位一體)로 나갑니다.73

---

71 류영모, 『다석 강의』, 378.
72 김흡영, 『가온찍기』, 57-58.
73 다석 류영모 강의, 『다석 강의』, 370.

위 진술을 살펴보면, 우선 다석은 성부와 성자 사이의 둘이면서 하나이고, 하나이면서 둘인 사귐의 맥락 속에 성령을 자리매김한다. 성령은 사귐의 영이다. 다석은 성부와 성자의 존재론적 통일성 그리고 이 양자를 사귐의 교제와 일치로 묶어주는 영을 성령이라 이해한 것이다. 이런 다석의 주장은 그리스도교 삼위일체론의 고전적 주장과 상응한다. 다석은 하나님과 인간의 사귐이 성령으로 가능함을 말한다. 위와 같은 성령에 대한 다석의 주장을 근거로 하여 우리는 성령의 본질과 사역을 친교 곧 삼위일체의 사귐은 물론 인간과 하나님의 사귐, 더 나아가 이 세계 안에서의 친교와 화해로 제시할 수 있다. 하나님과 인간 그리고 세계의 사귐과 합일을 이루는 삼위일체의 하나님은 성령이다. 인간은 성령을 통해 하나님과 소통하고 세계와 소통한다.

V. 김 성령론

1. 기(氣)로서의 성령

성령에 대한 다석의 표현 중 독특한 것이 있다면 바로 '김'이다. 다석은 자신의 삼위일체적 신앙고백 가운데 성령을 "얼김"[1] 혹은 "김"[2]이라고 표현하기도 하였다. 다석은 그 '김'을 거룩한 생명의 영으로 이해했다. 다석은 1957년 11월 23일 일지에 이렇게 기록한다.

> 거룩훈 김을 거잡아 댕겨서. 우리 목숨을 키우도록. 「높히」 새록 새 깊히 쉬는 숨새를 가져.
> 김거.   키도록.   숨새.
> 김거록.   숨새록.[3]

이 글에서 다석은 '거룩한 김'을 끄집어 당겨서, 우리의 목숨을 키우고, 숨을 새롭게 함을 이야기한다. 김흥호는 이 글에서 다석이 언급한 "김은 거룩한 김이요 성령"[4]이라 해석했다. 따라서 이 기록을 통해서 볼 때, 다석은 '김'을 성령으로 이해했음을 추측해 볼 수 있으며, 이

---

1 류영모,『多夕日誌』1, 76. "아부지 아들 얼김 거룩히 이르메. 아멘."
2 류영모,『多夕日誌』1, 77. "직히이는 김게 한우님의 부림 나를 거느려 직히는 이여 임의 어지심이 나를 네게 맞겨 계시니, 오늘 밤에 나를 비춰며 도으며 잇그르며 뒤를 거두소서." 박재순은 다석이 기(氣)를 '김'으로 번역한 배경으로 대종교 경전인『譯解倧經四部合編』(역해종경사부합편)을 제시한다. 박재순,『다석 유영모』, 77 참조.
3 류영모,『多夕日誌』1, 484.
4 김흥호,『다석일지 공부』2, 697.

'김'의 특성은 거룩하고 생명을 키우는 역할을 한다는 것을 확인해볼 수 있다. 그런데 '김'과 '기'가 유사한 음역임을 근거로 해서, 김흥호의 해석처럼 다석이 '김'으로서의 성령을 어떤 기운이나 에너지를 가리키는 동아시아 수행 전통 안에서의 기(氣)로 이해했는지는 현재로서는 불분명하다.5 다만, 다석의 기에 대한 이해를 살펴봄으로써 성령과 기의 연관성을 추측할 수 있을 뿐이다. 그렇다면 다석은 성령을 에너지와 같은 기로 이해했는지, 또한 다석의 김을 기 성령론으로 명칭해도 되는 것인지를 물을 수 있다. 이에 답하기 위해서 기에 관한 설명과 다석이 기를 성령론적으로 어떻게 이해하는지를 병행해서 살펴보도록 하겠다.

우선 기란 물질과 생명 그리고 정신을 포괄하는 근원적이고 생성적인 궁극적 실재를 설명하는 개념이다. 이정우에 의하면, 동북아 세계관에 있어서 역(易)과 기(氣)의 차이를 살펴볼 때, 역이 "변천하는 세계의 구조와 의미"6를 말한다면, 기는 "이 흐르는 세계의 실체"7를 말한다. 역이 현상 세계 그리고 그 의미와 관련된 것이라면, 기는 현상 세계 저변에서 생성하는 궁극적 실재와 관련한다. 기는 오늘날 물리학적 물질 개념과는 달리 "물질·생명·정신을 포괄하는 개념"8으로서 "물질성과 생명성과 정신성을 갖춘 궁극의 실재"9이면서 동시에 "다양한 현상의

---

5 김흥호는 위의 다석의 글을 옮겨 적으면서 다석의 표현에 한자 음역을 달았다. 여기서 다석의 글에는 한자 음역이 없지만 김흥호의 글에는 '거룩흔'은 '聖', '김'은 '氣'라는 음역이 달린다. 이로 미루어 보아 다석이 '김'을 기(氣)로서 이해했을 수 있음을 짐작할 수 있지만 성령을 명시적으로 기로 표기한 점에 대해서는 불명확하다. 김흥호, 『다석일지 공부』2, 697 참조.

6 이정우, 『세계철학사 2 —아시아세계의 철학』(서울: 길, 2020), 129.

7 이정우, 『세계철학사 2』, 129.

8 이정우, 『세계철학사 2』, 132.

기저에서 그 터로서 존재하리라고 상정되는 실체"10를 의미한다.

다음으로, 다석의 기에 대한 이해를 살펴 보자면 아래와 같다.

'빈탕 한데'가 우주의 임자인 하느님이십니다. 음양(陰陽)에서는 기(氣)를 굴신왕래(屈伸往來)라고 하여 굽히고 펴고 가고 오고 하는 것이라 하였습니다. 기운은 하나인데 부닥치면 신(神)이 되고 양(陽)이 되며, 다시 거꾸로 들어가버리면 귀(鬼)가 되고 음(陰)이 됩니다. 그래서 '기'는 하나도 되고 둘도 될 수 있습니다. 『성경』으로 말하면 하늘과 지옥, 신과 마귀로 볼 수 있습니다. 웃둑(우뚝) 솟은 것은 기운이 돋고 산 것을 말하고, 움쑥 들어간 것은 기운이 쇠하여 죽어 가는 것을 말합니다. 이같이 음양에서는 '굴신왕래'로 보아 태극도 숭배받게 생기었습니다.11

위의 진술을 통해서 볼 때, 다석은 기를 상반된 음과 양이 출원하는 근원적이고 불이적(不二的)인 특성을 가진 것으로 파악했음을 알 수 있다. 곧, 하늘도 되고 지옥도 되며, 신도 되고 마귀도 되는 우주의 모든 변화와 운동의 근원 내지 존재하는 모든 것의 궁극이 되는 기에 대한 이해를 가지고 있었다. 이러한 다석의 기 이해는 과정철학과의 비교와 대화를 통해서 그 이해가 더욱 분명해진다.

이세형은 동양적 사유에서 기를 화이트헤드의 과정철학과 연결해서 설명한다. 이세형에 의하면 궁극적 실재를 가리켜서 동양적 전통에서는 도(道)와 역(易) 그리고 기(氣)라고 표현한다. 존재의 궁극은 무극과

9 이정우, 『세계철학사 2』, 132.
10 이정우, 『세계철학사 2』, 132.
11 류영모, 『다석 강의』, 507.

태극, 음과 양으로 표현되는데, 주돈이의 말처럼 무극이 곧 태극이라고 표현되는 것이다. 무극이 곧 태극이라는 진술은 순환적 사유의 표현이다. 다시 말해 '없음'이 곧 '있음'이고 '있음'이 곧 '없음'이며, 드러나지 않고 숨어 있는 음이 드러나 있는 양이고, 다시 양이 음이 된다고 이해하며, 이 둘은 공시적 관점으로는 서로 공존하면서도 논리적 순서로는 무가 유에 선행하기에 무에서 유가 나오는 것으로 이해할 수 있다. 또한 이세형에 의하면, 동양적 사유라 할 무극은 화이트헤드의 사유에서 '창조성'과 상응하는데, 무극이라 할 "창조성은 새로움의 원리로서, 보편자의 보편 원리로서, 궁극적 미래로서 주체적 형상의 통로를 통해 모든 존재하는 것들의 창조자로 참여한다."[12] 이처럼 존재하는 모든 것의 배경이자 가능태로서 무와 공의 창조성에 상응하는 개념이 바로 기라 말할 수 있다. "이 기는 우주 안에 가득한 에너지 혹은 텅 빈 허공에 가득한 에너지의 충만"[13]이다. 앞서 언급한 다석의 진술은 이와 같은 과정철학적 성격의 기에 대한 이해를 담고 있다. '하나의 기운'이지만 '굴신왕래'하는 기는 무극이태극, 곧 존재의 궁극과 무한한 가능성, 그리고 무엇보다 그 가능성의 배경인 무로서의 창조성과 상응한다.

2. 수심정기(守心正氣)와 지기(至氣)

이와 같은 다석의 기 이해는 성령론으로 연결시킬 수 있는데, 이를 설명하는 관점은 삼재론적(三才論的) 혹은 삼극론적(三極論的)관점이

---

12 이세형, "성령론에 대한 기철학적 이해," 「선교신학」 15 (2007), 6.
13 이세형, "성령론에 대한 기철학적 이해," 7.

다. 이정배는 한국 고유의 사상적 원리이자 동학의 사상적 토대라고
할 수 있는 삼극론(三極論)을 그 중심적 사상으로 담고 있는 『천부경』의
세계관이 동학은 물론 다석 사상의 세계관적 배경이자 토대"14라는
전제 아래 다석의 성령론을 전개한다. 이정배에 따르면, 『천부경』의
핵심은 바로 사람 안에 하늘과 땅이 '하나'로 내재한다는 인중천지일(人
中天地一)15에 있는데, 이는 하나님을 인간의 참나로 보았던 다석의
생각과 일치한다. 모든 것의 근원으로서의 '하나', 하지만 시작도 끝도
없는 우주 만물의 종착점으로서의 '하나'를 가리키는 『천부경』의 일종무
종일(一終無終一)은 다석의 중요한 신학적 개념인 귀일신관의 근거가
된다. 여기서 말하는 '하나'는 시작도 끝도 없는 우주만물의 생성적
신비이자 귀일의 궁극점으로서 '없이 계신' 하나님과도 같다.16

무엇보다 인간 안에 한울님을 모시고 있다는 동학의 시천주(侍天主)
개념에 빗대어 다석은 인간의 바탈이자 얼로서 인간이 모시는 없이
계신 하나님을 성령으로 이해할 수 있었다. 예를 들면, 이정배는 다석이
동학의 수행 사상을 삼재론적으로 전유하였다고 주장한다. 치열한
수행을 통해 신인합일을 이룬다는 수행적 관점에서 다석의 성령 이해와
동학의 시천주 개념이 상응한다. 우선 수운이 경험한 시천주의 모심
곧 '시'의 종교적 체험을 정리하면 다음과 같다. 그것은 내유신령(內有神

---

14 이정배, 『없이 계신 하느님, 덜 없는 인간』, 134.
15 '인중천지일'(人中天地一)이 언급된 『천부경』의 맥락은 다음과 같다. 本心本太陽昂明
   (본심본태양앙명) 人中天地一(인중천지일) 一終無終一(일종무종일). 해석은 이러하다.
   "마음의 근본과 우주 만물의 근본이 하나로 통할 때 일체가 밝아진다. 이렇게 마음을 밝
   힌 사람에게는 하늘과 땅이 하나로 녹아들어 가 있다. 우주 만물은 하나로 돌아가고 하
   나에서 끝이 나지만, 이 하나는 하나라고 이름 붙이기 이전의 하나이며, 끝이 없는 하나
   이다." 한문화멀티미디어편집부, 『천지인』 (서울: 한문화멀티미디어, 2016), 18 참조.
16 이정배, 『없이 계신 하느님, 덜 없는 인간』, 136-137 참조.

靈), 외유기화(外有氣化), 각지불이(各知不移)다.17 이에 대한 수운의 풀이를 보면, 신령, 기화, 인간, 이 셋은 각각 천(天), 지(地), 인(人)에 해당하는 것으로서 "내 안에 존재하는 거룩한 영, 우주에서 활동하는 지극한 기운(氣) 그리고 어떤 경우에도 달라(옮겨)질 수 없는 인간 본성, 이 셋의 근원적 일치"18를 뜻한다. 동학의 논리에서 보면 인간이 신령과 기화와 하나가 되려면 수심정기(守心正氣)의 수행이 요구되고, 이와 같은 수행을 통해서 귀일이 가능하다고 이해할 수 있다.19 이처럼 다석의 성령 이해는 삼재론 혹은 삼극론적 사유체계와 동학의 시천주 개념이라는 수행적 이해가 결합하여 전체이자 절대이며 시작도 없고 끝도 없는 없이 계신 하나님이 인간에 내재하면서 초월한다고 주장하는 성령론을 전개한다. 따라서 다석의 성령론적 진술은 주로 체험적으로 표현되는데, 그것은 수심정기의 수행을 통한 내유신령, 외유기화, 각지불이의 일치로 설명될 수 있는 것이다.

이정배의 주장에서 볼 수 있듯이 동학과 다석의 연관성을 상정한다면, 이어서 다석의 기에 대한 이해를 수행적으로 설명해 주는 개념은 수운이 제시한 '수심정기'(守心正氣)이다. 동학에서 말하는 수심정기는 인의예지의 덕목을 구체적인 삶 속에서 실행할 수 있도록 만드는 핵심적인 수행방법론이다. 우선, 유가적 관점에서의 '수심'(守心)이 인의예지의 되찾음이라면, 동학에서의 수심은 인간이 본래적으로 모시고 있는 한울님을 깨닫고 한울님으로부터 받은 본래의 마음을 회복함과 함께 회복한 그 마음을 지킴을 뜻한다. 다음, 정기(正氣)는 기운을 바르게

---

17 이정배, 『없이 계신 하느님, 덜 없는 인간』, 150 참조.
18 이정배, 『없이 계신 하느님, 덜 없는 인간』, 139.
19 이정배, 『없이 계신 하느님, 덜 없는 인간』, 139 참조.

한다는 뜻으로, 수심으로 회복된 마음과 본성을 구체적인 삶을 통해서 바르게 실행하고 실천하는 것을 말한다.[20]

위와 같은 수심정기의 수행이 가져다주는 내유신령, 외유기화, 각지불이의 체험적 내용을 파악하기 위해서는 수운의 지기(至氣) 개념에 대한 이해가 필요하다. 수운은 한국 성리학의 이기론(理氣論)을 주체적으로 수용하여 지기 개념을 제시했다. 기에 관한 동양적 사유를 살펴볼 때, 음양의 변화와 생성을 무궁하게 이루는 우주의 근원을 가리켜서 '기운'이라 하였고, 그 특성은 텅 비어있고, 형상이 없으며, 우주에 가득함과 동시에 오묘하고 신령하다고 보았다. 이러한 기운을 동양적 사유에서는 무극(無極), 태극(太極), 태허(太虛), 일기(一氣), 공(空), 무(無), 자연(自然)이라 불렀다.

그런데 이와 같은 동양적 사유에서의 기에 대한 이해와 수운의 기에 대한 이해가 차이를 보이는 지점은 바로 기에 대해 인격성을 부여한 것이다. 우주의 텅 빈 곳에 가득 찬 것이 '신령'(神靈)함인데, 이 신령함은 모든 일에 간섭하고 있으나 명령하지 않는 '영기'(靈氣)로서, 그 존재를 짐작할 수 있으나 인간의 감각으로는 파악되지 않는다. 수운은 그런 "혼돈한 근원의 한 기운"(渾元之一氣)을 가리켜서 지기(至氣)라고 명칭한다. 하지만, 수운은 다시 이 지기를 한울님으로 명칭함으로써, 동양의 기 철학에서 말하는 '비인격적인' 신령한 기를 부모처럼 섬겨야 할 '인격적인' 기로 전유한다. 이와 같은 지기 개념을 바탕으로 수운은 시천주(侍天主)의 시(侍)를 해설하면서 당시 서학으로 불리던

---

20 주영채, "이기론 해석과 수심정기(守心正氣) 수양론에 관한 연구," 「동학학보」 54 (2020), 150 참조.

가톨릭에는 기화(氣化)하는 신이 없다고 지적한다. 수운은 내유신령 외유기화(內有神靈 外有氣化), 곧 사람 안에는 신령한 영이 있고 그 영은 밖으로 기화함이 있는 신이어야 자기 몸과 함께 살아서 움직이는 참된 신이 될 수 있음을 주장한 것이다.[21] 결론적으로, 수운은 지기를 인격적 한울님의 신령한 마음으로 보았다. 그렇기 때문에 수운은 우주의 실재인 허령한 그러나 인격적인 한울님의 마음과 수행으로 일체가 되어 인간 내면의 무형한 그러나 인격적인 한울님의 영이 기화를 통해서 자취를 나타내야 한다는 기 수행적 신론을 주장하였고, 더불어 이를 위한 수행의 원리로 수심정기를 주장했던 것이다.

여기서 주목해야 할 부분은 지기의 인격성과 수행적 실천을 통한 지기의 외적 기화로 볼 수 있다. 특히 수운의 외유기화를 이정배는 얼 그리스도론 관점에서 그리스도교 신학의 성육신 곧 화육(化育, Incarnation) 개념으로 설명한다. 이정배에 의하면 다석에게 예수는 내유신령 외유기화를 통해 우주 생명을 기화시킨 존재였다. 여기서 내유신령 외유기화란 "몸 안에 모셔 있는 신령(神靈)이 밖을 향해 자신을 펼쳐가는 과정"[22]을 뜻하며, 이는 신령이 곧 기화라는 논리로 직결된다. 한편, 다석은 인간의 바탈은 우주의 생명과 동일하며, "자신의 몸나를 벗고 얼나로 솟은 부자불이(父子不二)적 예수는 하나님 영을 깨친 자로서 자신 속에서 우주 생명을 기화(氣化)시킨 존재"[23]로 이해했다. 이와 같은 기화를 위해서 동학은 마음을 지켜 기운을 바르게 하는 수운정기의 수행이 요구된다고 보았고, 다석은 예수를 스승 삼아 예수처럼 십자가의

---

21 주영채, "이기론 해석과 수심정기(守心正氣) 수양론에 관한 연구," 161-162 참조.

22 이정배, 『없이 계신 하느님, 덜 없는 인간』, 153.

23 이정배, 『없이 계신 하느님, 덜 없는 인간』, 154.

길을 걷는 '일좌식 일언인'과 같은 수행의 길이 요구된다고 보았다.

이처럼 다석의 성령론적 기의 이해는 수운 최제우의 시천주, 수심정기, 지기의 개념과의 융합을 통해서 인간 안에 내재하지만 동시에 우주를 가득 채우고 있는 절대적이면서 인격적인 신령함이 곧 얼임을 제시한다. 무엇보다 이 얼은 외적으로는 화육적으로 기화되어야 하고, 이를 위해서는 수심정기의 수행이 요구된다. 이러한 다석의 기 성령론은 성령을 정신 내지는 관념으로 이해하는 추상적 성령 이해가 가진 이원론적 한계를 극복한다. 무엇보다 다석의 기 성령론은 성령의 내재적 활동을 기화의 개념으로 설명함으로써 이 세계 안에서 역사하는 신의 활동을 더욱 잘 설명하고 이해시킨다. 다석의 기 성령론의 관점에서 볼 때, 세계를 창조한 성령은 인간의 수행적 참여를 통해 이 세계 안에서 생명과 평화와 정의와 자유의 얼 생명을 현실화한다. 이를 위한 조건은 바로 예수를 모심 곧 예수가 걸어갔던 십자가의 길을 걷는 '시천주'의 삶이다. 우주를 창조하고 운행하는 지극하고 신령한 창조성의 '기운'인 성령은 비움의 예수의 길을 걷는 자들을 통해서 이 세상을 초월한다.

3. 영의 비인격성과 인격성의 역설적 통합

종합해 본다면, 다석의 기 이해는 동양의 기 철학적 개념들을 통해서 변화와 생성의 우주적 창조성으로서의 무와 공은 물론, 없이 계신 하나님의 신론과 인간의 바탈로서의 그리스도론을 표방한다. 다석은 이러한 비인격적이면서도 인격적인 그리고 이 둘의 범주를 뛰어넘는 성령을 '김'으로 언표했다. 그렇다면, 다석의 성령론은 어떻게 영의 인격성과 비인격성을 양립시킬 수 있는지 살펴보도록 하겠다.

김은 동양적 관점에서는 기(氣)라고 표현될 수 있는데, 이는 성령에 대한 경험에서부터 출발하는 개념이다. 동양적 관점에서 볼 때, 생기, 힘, 능력, 숨 등으로 경험되는 성령은 기(氣)로 언표될 수 있다. 하지만 동시에 다석의 김은 하나님이 아담의 코에 불어넣은 생기로 경험되는 기로서의 비인격적 성령이면서도 동시에 하나님의 아들 그리스도로서의 성령이고, 이를 다른 말로 'ᄋᆞ들(아들)이라고 표현되기도 한다. 다석은 이러한 사실을 다음과 같이 표현한다.

> 흙으로 비즌 ᄋᆞ듬 코에 부셨ᄃᆞ는 김 ―ᄋᆞ들―.24

다석은 물질로 빚어진 아담의 코에 하나님이 불어넣은 김을 언급하는데, 구약성서의 맥락에서 이 김은 바로 하나님의 영, '루아흐'(חרר)다. 하지만 다석은 곧 그 다음에 "ᄋᆞ들"을 언급한다. 이 "ᄋᆞ들"은 바로 하나님의 '아들' 그리스도 곧 얼을 뜻한다. 요컨대 다석의 성령론은 비인격적인 영의 이해와 인격적인 영의 이해를 양립시키고 있다.

우선, 영의 인격성 개념은 구약성서의 영과 신약성서의 영 사이의 전환을 보여주는데, 구약성서에서 영을 뜻하는 루아흐 개념은 숨, 바람, 힘, 생명, 생기처럼 인격성을 배제한 채 어떤 창조의 힘 혹은 에너지의 범주로 이해되었지만, 신약성서의 영인 프뉴마(πνευμα) 개념에 이르러서는 구약의 루아흐가 가진 영의 개념을 포함하면서도 동시에 요한복음

---

24 류영모, 『多夕日誌』 3, 550. 김흥호는 다석의 이 글을 다음과 같이 해석했다. "흙으로 빚은 아담이 육체고, 코에 불어넣었다는 성령이 그리스도요 정신이다." 김흥호, 『다석일지 공부』 7, 410 참조.

의 보혜사처럼 매우 구체적인 인격성, 특히 사랑을 표방하게 된다.[25] 이후, 초기 그리스도교는 성령의 인격성을 통해서 부활한 그리스도를 경험하고 예배했다. 이후 고대 교회는 몰트만의 주장처럼 성령을 아버지와 아들보다 아래 있다고 주장하는 성령주의자들과의 논쟁을 통해서 아버지와 아들과 성령이 모두 동일한 신적 인격성(혹은 위격)을 가지고 있다는 테르툴리아누스의 삼위일체 공식[26]을 정립하기에 이른다. 그리고 이러한 성령의 인격성에 관한 공식의 근거는 바로 내재적 삼위일체론으로 뒷받침된다.[27]

그리스도교적 성령론은 그 시작에 있어 성령의 비인격성은 물론 인격성까지 모두를 담아내고 있음을 볼 수 있다. 이러한 맥락에서 볼 때, 다석은 이 문장을 통해서 하나님의 생기이자 숨인 구약의 비인격적 특성을 지닌 루아흐와 신약의 인격적 특성을 가진 프뉴마로서의 성령인 그리스도의 영을 '김'이라는 용어를 통해 서로 연결한 것으로

---

25 전성표, "성령과 기의 관계에 대한 신학적 고찰" (한신대학교 석사학위논문, 1996), 21-22 참조.

26 서방교회는 테르툴리아누스의 신학적 용어 중 본질(substance)과 인격 혹은 위격(person)을 중요하게 여기는데, 이때, 본질은 바로 신적 본질(divine essence)를 뜻하는 것으로써 "하나님의 구체적인 실재(reality)"를 강조한다. 테르툴리아누스는 "하나님은 신성(divinity)이시고, 신성은 본질의 이름"이라고 주장하는데, 아들과 아버지가 같은 본질이라고 할 때, 그 본질은 바로 이 신성을 의미하는 것이다. 또한 테르툴리아누스는 인격을 "개인의 구체적 표출형태"로 이해함으로써 이를 성부와 성자와 성령에 적용하였다. 이와 같은 논리로 "하나의 신적 본질 안에 서로 다르고 상호 의존하며 연결되는 세 위격이 존재"한다는 주장이 성립된다. 레오 도널드 데이비스/이기영 옮김, 『초기 그리스도교 에큐메니컬 7대 공의회 ―그 역사와 신학』(서울: 대한기독교서회, 2018), 68-69 참조.

27 몰트만, 『생명의 영』, 32 참조. 몰트만은 "성령의 인격성의 포기는 삼위일체론을 해체시킬 뿐만 아니라 그리스도론을 해체시킨다"고 보았으며, 칼 바르트와 칼 라너가 인격의 개념을 개인주의적으로 해석해 버림으로 이와 같은 성령의 삼위일체적 인격성을 오해하고 배제했음을 지적한다. 몰트만, 『생명의 영』, 36 참조.

해석할 수 있다. 이러한 내용은 다석의 김으로서의 성령론을 단순히 비인격적 에너지로서의 기가 아닌 삼위일체 하나님의 한 위격으로서의 성령을 의미하는 '기 성령론'으로 부를 수 있는 근거를 제시한다. 그 이유는 동양적 사유에서 기에 대한 이해가 일반적으로 비인격적인 특징을 갖는 반면, 다석의 기 이해는 수운 최제우의 지기(至氣) 개념처럼 비인격적 기 개념은 물론 삼위일체의 한 위격으로서 인격적인 기 개념도 동시에 가지고 있음을 보여주기 때문이다. 따라서 다석에게 있어 김은 비인격적이면서 동시에 인격적인 기로서의 성령이고, 단순히 우주에 작용하는 힘과 에너지로서의 동양적 기가 아닌 바로 내재적 삼위일체 안에서의 "ᄋᆞᄃᆞᆯ"로서의 기다. 다석의 김으로서의 성령은 기로서의 특징과 삼위일체의 성자 즉 "ᄋᆞᄃᆞᆯ"의 인격성을 함의하고 있으며, 이러한 기의 "ᄋᆞᄃᆞᆯ"로서의 인격성(혹은 위격)으로 인해 다석의 김은 그리스도교적 의미를 담은 기 성령론으로 불릴 수 있는 것이다.

영의 비인격성과 인격성 모두를 양립시키는 다석의 김 성령론은 인간 안에서 인격적 방식으로 신앙적 의미를 부여하고 힘을 돋우어 변형에 이르도록 하는 영의 활동뿐 아니라 '물질'로서 이 세계에서 비인격적으로 드러나는 영의 내재적 활동—생성, 변화, 소멸— 모두를 성령의 현존으로 설명할 수 있는 적합한 틀을 제공한다. 영의 비인격성의 측면에서 볼 때, 김(혹은 기)으로서 성령은 창조성의 '물질'로서 이 세계의 근원이자 모든 사물이 되돌아 갈 귀일(歸一)의 대상이다. 이러한 영의 창조성과 물질성이 제시하는 신학적 함의는 성령과 세계의 합일적 관계다. 이러한 관계를 설명하는 다석의 개념이 얼, 숨, 김이며, 이 세 가지는 '물질'로서 보편적으로 현존하는 영의 실재성을 설명한다. '물질'로서 영은 세계 그 자체이지만 세계를 끊임없이 초월한다. 이 세계에 존재하는 모든 것을 영이 인식하고 공감할 뿐 아니라 영의 초월적 생명력 안에서 생명을 부정하는 모든 비존재의 위협에 저항하고 극복한다. 반대로 세계에 존재하는 모든 것이 영 안에 있으며 영에 근거하여 생명과 창조에 동참한다. 특히 인간은 정신뿐 아니라 얼 생명의 '네트워크'인 숨과 김을 통해 신과 하나가 되고 동시에 자연과도 하나가 되는 통전성을 구현함으로써 인간의 번영뿐 아니라 인간의 동료인 피조 세계 전체의 번영에 기여하게 된다.

영의 인격적 측면에서 볼 때, 성령은 자연주의적 영 혹은 비인격적인 힘으로 환원되지 않는다. 성령은 성부 안에 있었던 성자 곧 인격적인 "ㅇ돌"로서의 김(氣)이자 인간 안에 현존하는 얼과 숨의 그리스도다. 얼, 숨, 김으로서 성령의 보편적 현존은 나사렛 예수의 인격과 사역을 특징으로 한다. 성령의 보편적 현존을 통해서 드러나는 성령의 인격성은 나사렛 예수의 인격과 같다. 이 인격성의 존재론적 구조 안에서 아버지와 아들이 하나인 것처럼, 인간과 예수 그리스도는 하나가 된다.

5장

다석의 삼재론적 삼위일체론

I. 다석 삼위일체론의 구성 배경과 체계

1. 삼위일체론과 3수 분화의 삼재론적 세계관

그리스도교 신앙의 독특성은 자신의 신앙을 삼위일체론적으로 고백한다는 데 있다. 그리스도교 삼위일체론이 가진 신학적 함의는 다양성 가운데에서의 '동등함'을 이루는 일치 그리고 그 일치를 가능하게 하는 사랑의 연합이라는 내재적 특성이 이 세계의 구원을 위한 경륜을 드러냄에 있다고 할 수 있다. 미로슬라브 볼프의 주장처럼, 삼위일체 안에서 "신적 인격들의 동등성은 그들 사이에 존재하는 완전한 사랑의 형식적 차원"[1]인 것이다. 따라서 삼위일체가 신비인 것은 셋이 하나이고, 하나가 셋이라는 형이상학적 진술 자체보다 이러한 합일의 가능성과 경험 곧 다양성 안에서의 신비적 연합에 있다고 할 것이다. 이 신비적 연합은 삼위일체 하나님이 오늘날 이 세계의 구원을 이루는 온전한 사랑의 생명력으로 제시된다. 오늘날 신과 인간, 인간과 인간, 인간과 세계 사이의 소외 혹은 분리에 기인하는 죽음의 징후는 단순히 종교적이고 실존적인 영역에서뿐 아니라 정치적, 사회적, 생태적 영역에 걸쳐서 전 지구적으로 나타난다. 따라서 삼위일체의 신학적 담론은 신과 인간 그리고 자연 사이의 이러한 분리와 소외에 대응하는 온전한 사랑의 합일의 담론을 제시해야 하며, 삼위일체는 그 사랑의 완전한 형식을 보여주어야 한다.

---

1 미로슬라브 볼프/황은영 옮김, 『삼위일체와 교회: 하나님의 형상으로서 교회에 대한 가톨릭 · 동방 정교회 · 개신교적 이해를 찾아서』(서울: 새물결플러스, 2015), 482.

위에서 언급한 신과 인간 그리고 자연 사이에서 이루어지는 신비적 합일의 생명력이라는 내용은 다석의 삼위일체론에서 살펴볼 수 있다. 다석은 그의 삼위일체론 안에 다양한 동양 종교의 요소들을 융합했다. 그리고 그 동양 종교의 요소들은 신인합일의 체험적 진리로 구성되는데, 이를 설명하는 개념이 한국의 문화적 구성 원리라 할 천지인 삼재론(三才論)[2]이다. 천지인 삼재론은 크게 보아 두 가지 형태를 갖는데, 그중 하나는 삼재 사상으로서 하늘과 땅이 인간 안에서 이어지고 소통하는 고대 샤머니즘적 특징을 갖는다. "천지인 삼재 사상은 하늘과 땅과 인간의 우주적·생명적·영적 실재에 근거하고 하늘과 땅, 영과 물질의 우주적 생명적 상호작용과 교감을 반영한다."[3] 다른 하나는 삼일철학이다. 삼재 사상의 변형된 형태인 삼일철학은 "삼과 일의 순환논리와 삼신일체론적 우주론, 그리고 인간의 본성(性命精)을 회복하여 신에게로 돌아가는 삼진귀일론"[4]을 그 내용으로 삼는다. 이와 같은 삼재 사상과 삼일철학의 개념적 특징들은 다석신학 전체에 걸쳐서 나타난다.

삼재론적 세계관은 다석의 사상과 정신에 있어서 매우 중요한 위치를 차지한다. 박재순에 따르면, 천-지-인 삼재의 합일은 다석에게 이론이나 철학 이전에 하나의 결정적 사건이고 실재였다. 한 예로, 다석의 생애에 있어서 다석 사상의 형성에 가장 큰 영향을 준 사건이 1943년 2월 5일 아침, 북악 마루에서 경험한 천지인 합일 체험이다.[5]

---

2 우실하는 한국 전통 문화의 구성 원리를 "천신 숭배 사상·태양 숭배 사상·샤머니즘과 연결된 삼재론이 음양 오행론을 흡수하고 통제하는 '삼재론 중심의 음양 오행론'"이라 규정한다. 우실하, 『전통 문화의 구성 원리』, 310 참조.

3 박재순, 『다석 유영모』, 83.

4 박재순, 『다석 유영모』, 83-84.

5 박재순, 『다석 유영모』, 76 참조. 박재순에 따르면, 다석은 1943년 천지인 합일 체험 이후에

더 나아가 다석의 천지인 삼재론적 세계관은 그의 신학적 구성에 있어서도 큰 영향을 미친다. 김흡영은 다석의 신론이 삼위일체적이라 보았는데, 그 이유는 "천-지-인, 하늘-땅-사람, 계-예-잇의 삼재, 즉 신-인간-우주적 비전이 다석 사유의 기본 틀"[6]을 이루고 있기 때문이다.

이러한 삼재론은 "북방 샤머니즘의 3수 분화의 세계관"[7]에 그 근거를 둔다. 우실하에 따르면, "한국의 '문화 정신'에 있어서 여타의 다른 사상 요인들을 선택하여 '용납' 또는 '도태'시키고, '문화 정신의 방향을 대표'할 수 있는 주동성을 지닌 사상 요인"[8]은 삼재론인데, 이 삼재론의 토대가 3수 분화 세계관이다. 다시 말해 삼재론 혹은 삼태극은 3수 분화 세계관이 상징화된 개념이라 말할 수 있다. 우실하는 삼재론의 토대가 되는 3수 분화의 세계관을 다음과 같은 말로 설명한다.

> 한국의 고유한 논리의 가능성은 3수 분화의 세계관에서 찾아질 수 있다. 최종적으로 삼태극으로 상징되는 3수 분화의 세계관은 '하나를 잡아서 셋을 포함하고, 셋을 모아 하나로 돌아간다'(執一含三 會三歸一)는 것과, '셋에서 하나로 돌아가는 것을 체(體)로 삼고, 하나에서 셋으로 나뉘어지는 것을 용(用)으로 삼는다'(三一其體 一三其用)는 자신의 고유한 논리를 지니고 있다는 것이다.[9]

천지인 철학과 한국종교문화사상에 대한 연구에 몰입했다. 다석은 이 시기에 대종교의 경전인『천부경』과『삼일신고』등으로 삼일철학을 연구한 것으로 추측된다. 박재순,『다석 유영모』, 77 참조.

6 김흡영,『가온찍기』, 101.

7 우실하,『전통 문화의 구성 원리』, 69.

8 우실하,『전통 문화의 구성 원리』, 69.

9 우실하,『전통 문화의 구성 원리』, 308.

한국적 삼위일체론의 구성이라는 측면에서, 하나가 셋이 되고, 셋이 하나가 됨을 설명하는 3수 분화의 세계관은 그리스도교 신학의 삼위일체론과 그 형식에 있어서 매우 유사하다. 하지만 이것은 다석의 삼위일체론이 서구의 삼위일체론에 한국적 사유체계를 적용하여 한국적 삼위일체론으로 구성한 것임을 말하는 것이 아니다. 궁극적 실재와 관련한 한국의 전통적 사유체계 자체가 삼위일체론적이었음을 밝히는 것이다. 또한 박재순의 지적처럼, 3수 분화 세계관을 토대로 한 삼일철학이 가진 삼(三)과 일(一)의 순환논리적 사유를 그리스도교의 삼위일체론에 끌어들여서 그 '공통기반'을 찾는 것도 큰 의미가 없다. 왜냐하면, "기독교의 삼위일체론은 신의 인간 구원에 대한 기독교의 특수한 교리이지 우주와 역사를 설명하는 보편적 진리가 아니"10기 때문이다. 다시 말해 삼일철학이 설명하는 순환논리적인 우주론적 사유는 단지 형이상학 체계일 뿐 그리스도교의 삼위일체론이 가진 구원사적 내용과 상응하지 않는다는 것이다. 따라서 한국의 전통적 문화 구성 원리로서 3수 분화의 세계관을 토대로 하여 한국적 삼위일체론을 구성하고자 한다면 설명되어야 할 요소는 하나님 안에서의 삼위일체에 관한 내재적 삼위일체와 구원의 역사 안에서 나타나는 삼위일체에 관한 경륜적 삼위일체에 관한 내용이다. 이제 한국 신학으로서 다석의 삼위일체론은 그 내용을 통해서 이 두 가지 요소의 종합을 제시해야 하며 더 나아가 삼위일체 하나님의 내면성과 정체성이 한국적 사유체계와 언어로 어떻게 제시하는지를 밝혀야 한다.

---

10 박재순,『다석 유영모』, 82.

2. 다석 삼위일체론의 구성 체계
: 구원의 역사 속에서 나타나는 하나님의 내면성과 정체성

그리스도교가 다른 종교들과 구별되는 가장 두드러지고 독특한 특징은 바로 삼위일체 하나님에 대한 신앙고백이다. 단순히 유일신론적 신앙고백이 아닌 삼위일체론적 신앙고백이야말로 그리스도교 신앙고백의 시금석이라 할 수 있는 것이다. 이런 맥락에서 발터 카스퍼(Walter Kasper)는 "삼위일체 신앙이 교회의 가장 본질적인 교의"[11]임과 동시에 "모든 신학의 문법이자 완성품"[12]이라 주장한다.

한편, 삼위일체론은 하나님의 내면성 곧 정체성에 관한 설명이라는 점에서 중요하다. 칼 라너에 의하면, 삼위일체론은 아우구스티누스 이래로 두 가지 관점에서 그 이해를 시도했는데, 그것은 하나님의 내적인 생명과 하나님의 세 위격이다. 따라서 삼위일체론은 "우리와 우리의 그리스도교적 실존에 비추어서, 거기에서 하느님의 내적 생명을 그려내는 소위 구상적(具象的) 이해"[13]라 볼 수 있다.

하지만 하나님의 내적 생명과 하나님의 자기 인식과 사랑으로 설명되는 삼위일체론에 관한 '심리적 설명'은 구원사에 있어서 하나님의 삼위일체성에 관한 질문을 놓쳐서는 안 된다. 다시 말해 하나님 안에서의 삼위일체와 구원사 안에서의 삼위일체가 분리되어서는 안 된다는 것이다. 이런 맥락에서 삼위일체에 대한 설명의 출발점은 구원사에서

---

11 발터 카스퍼/김관희 옮김, 『예수 그리스도의 하느님 ─신론과 삼위일체론』 (화성: 수원 가톨릭대학교 출판부, 2015), 37.

12 카스퍼, 『예수 그리스도의 하느님』, 38.

13 칼 라너/이봉우 옮김, 『그리스도교 신앙 입문 ─현대 가톨릭 신학 기초론』 (서울: 분도출판사, 2021), 187.

하나님의 자기 양여가 '아들'과 '성령'으로 현실화되는 경험이어야 하며, 이러한 구원사 안에서 나타난 하나님의 삼위일체성이 곧 하나님의 내면성이자 정체성이라는 사실이다.[14] 따라서 내재적 삼위일체와 경륜적 삼위일체는 그 이분법적 구분을 넘어 하나님의 내면성과 정체성으로 통전을 이루어야 한다.

하나님 안에서의 삼위일체(내재적 삼위일체)와 구원사 안에서의 삼위일체(경륜적 삼위일체)를 파악하기 위해 다석이 삼위일체론적 신앙을 고백한 두 가지 진술들을 살펴보도록 한다. 가장 먼저, 하나님 안에서의 삼위일체에 대한 내용을 알아본다. 성부, 성자, 성령의 특성과 활동에 관한 아래 진술을 보면, 다석은 성부, 성자, 성령을 각각 계, 예, 숨님으로 자신의 그리스도교 신앙을 표현한다. 다석은 자신의 믿음을 뜻하는 '나 ㅣ 미드ㅁ'이라는 제목의 글로 자신이 가진 삼위일체론적 신앙을 표현했다. 내용은 아래와 같다.

나 ㅣ 미드ㅁ

계시어 계스 기ㅓ ㅣ 계 계샤 업시계이심,
예시어 예스 이ㅓ ㅣ 예 예수 우리님이심,
숨님의 거룩흔 말숨 돌고 돌고 돌니심.[15]

우선, 이 시에서 다석은 없이 계신(업시계이심) 성부를 '계'로 고백하는

---

14 라너, 『그리스도교 신앙 입문』, 187-188 참조.
15 류영모, 『多夕日誌 2』, 550.

데, 다석에게 있어 성부 하나님은 종종 '계'로 표현된다.[16] 다석은 하나님의 존재함(계시어)을 그리고 이와 동시에 상대세계의 반대개념이라 할 "빈탕한데의 하늘"[17]인 절대세계를 가리키기 위해서 '계'라는 용어를 사용했다. 위 진술에서 보면 다석은 존재 자체이나 그 존재 방식이 '없이 계심'이라는 의미에서 성부를 '계', '업시계이심'으로 표현한다.

다음, 다석은 성자인 '예수'를 '우리님'으로 고백한다. 여기서 '예'는 영원부터 이어져 내려온 지금 여기를 뜻하는 것으로, "예[차안(此岸)]는 시간과 공간으로 이루어진 땅 위의 세상이다."[18] 따라서 다석의 '예수'라는 단어는 중의적 표현으로 지금 여기서(예) 경험되는 생명(수)의 능력이라는 의미와, 상대세계인 이 세상(예)에서 하나님 아들로 살아간 성자 예수(수)라는 의미를 지닌다.[19]

마지막으로 다석은 성령으로서 '숨님'을 언급하는데, 성령의 거룩한 '말숨'은 운행(돌고 돌고 돌니심)한다. 김흥호는 이 구절에서 거룩한 말숨을 돌리는 성령의 운행에 대해 "해, 달, 별, 만물, 만유, 돌고 돌고 피를 돌리시고 숨을 돌리시고 말숨을 돌리시는 성령"[20]으로 해석하는데, 이는

---

16 류영모, 『多夕日誌 1』, 492 참조. "우리 아부지 계로서".

17 박재순, 『다석 유영모의 철학과 사상』, 235.

18 박재순, 『다석 유영모의 철학과 사상』, 235. 박재순은 비록 '예'(차안)와 '계'(피안)가 죽음이라는 깊은 골을 사이에 두고 구분되어 있지만, '예'를 넘어가 도달할 '계'에 이르면 계는 피안이면서 차안이 되어 피안과 차안의 구분은 사라진다. 따라서 물리적이고 상대적인 공간으로 예와 계를 구분할 수 없게 되어 예가 계이며, 계가 예가 된다.

19 '예'라는 용어를 통해서 살펴볼 수 있는 다석의 그리스도론의 특징은 역사적으로 실존했던 예수와 신앙의 그리스도가 구분되지 않고 연속성을 이룬다는 점이다. 다석은 영원부터 이어져 지금 여기까지 내려와 얼의 능력으로 경험되는 '예'의 예수를 주장한다. 이런 맥락에서 이정배는 "多夕의 '얼' 기독론을 역사적 예수의 한국적 재再케리그마"로 평가한다. 이정배, 『빈탕한데 맞혀놀이』, 70 참조.

20 김흥호, 『다석일지 공부 5』, 404.

우주 만물을 살아서 움직이도록 하는 원리(理)이자 기운(氣)으로서의 성령에 대한 진술이라 할 수 있겠다. 특히 위 다석의 진술에서 성부 하나님 '계' 그리고 성자 예수 '예'와는 다르게 숨님 성령이 보여주는 독특성은 바로 돌고 돌리는 운행에 있다. 마치 성서적 영의 개념인 구약의 '루아흐'(רוח)와 신약의 프뉴마(πνευμα)와 같은 다석의 숨님 성령은 동아시아의 기(氣) 개념에 부합하는데, 기는 "생명에 필수적인 에너지 또는 물질적 원리를 포함"[21]하는 것으로서, 바람처럼 생명에 본성을 부여하면서 동시에 숨처럼 살아있는 것을 움직이게 만든다. 다석은 이러한 삼위일체론적 신앙을 가리켜서 '나ㅣ 미드ㅁ' 곧 자신의 믿음이라 하였다.

다음은 구원사 안에서의 삼위일체에 대한 내용이다. 다음 다석의 삼위일체론적 신앙의 진술에서 보여주는 독특한 점은 그것이 동정녀 탄생과 성육신처럼 사도신경에서 고백하는 신앙적 진술의 내용과 매우 유사하다는 점이다.[22] 동시에 이 진술에는 중보자로서 성모 마리아에게

---

21 김흡영, "동아시아적 삼위일체론 서설," 「종교연구」 65 (2011), 259.

22 사도신경에 대한 다석의 입장에 관한 주제는 더욱 깊이 이해해 볼 필요가 있다. 다석이 사도신경에 대해 부정적인 입장을 피력한 것은 사실이다. 다석은 1971년 5월 경, 자신의 일지에 기록한 '정음설교'(正音設敎)라는 한시를 가지고 동광원에서 강의하면서 이렇게 말했다. "― 사도신경은 구원의 역사로부터 이렇게 저렇게 꺼내 그걸 주섬주섬 모아서 엮어놓은 것뿐이지 거기엔 영원한 생명인 얼이 통하지 않아요. 그러니 사도신경을 욀 필요가 없어요." 류영모, 『다석 마지막 강의』, 380-381 참조. 그런데, 이러한 사도신경에 대한 부정적 입장과 함께 다석은 동정녀 마리아와 부활에 대해 긍정하는 진술도 한다. 예를 들면, "신모부활역인자信母復活亦人子" 즉 "동정녀 마리아를 믿고 부활을 믿는 것은 인자의 특권이요"라는 진술과 "ㅁㅣ리아달다씨알없몸 우리님예수 사람새" 즉 "마리아의 아들은 씨알, 종자가 없는 동정녀 마리아에서 처녀 탄생한 몸이다. 그것이 우리 임 예수다"라는 진술이 그러하다. 김흥호, 『다석일지 공부』 7, 397, 455 참조. 사도신경 자체에 대해서는 부정적이지만 사도신경이 말하는 동정녀 마리아와 부활에 관하여는 긍정적인 다석의 입장에 대해 필자는 다음과 같은 이유를 제시하고자 한다. 다석은 사도신경을 문자적으로 암송만 하면 영생에 이를 수 있다는 그 당시 종교인들의 세태에 대해서 비판했다. 곧, 사도신경의 문자를 넘어 "하느님의 뜻으로 볼 수 있는 그 의견"이자 본뜻이며

전구(傳求)를 간청하는 가톨릭적 신앙 역시 표현되고 있으며, 더 나아가
전통적 그리스도교가 설명하는 구원사 속의 삼위일체에 대한 설명과도
연관된다. 다음은 이러한 내용을 담은 다석의 '쇠북소리와 몸 울림'이라
는 기도를 담은 시다.

쇠북소리와 몸 울림

임의 부림이 고디에 다다르민	天日天
이에 얼김으로 배이시도다.	下月地
	之
임의 것이 여긔 기다렷사오니	動道
	貞
말슴대로 이루어지이다.	夫明觀
이에 나신 아들나려오샤	一
우리 사이에 머므르섯도다.	者
	也

한우님의 고디는 우리 째믄 비르샤
우리로 ㅎ야금 늘삶(그리스도)에 드러감을 엇게 ㅎ소서.[23]

얼이라 할 "맨 밑동"까지 닿아야 한다는 것이 그가 말하고자 한 의도였다. 다석은 위의
강의에서 또 이렇게 주장한다. "사도신경 쪼르르 외는 게 무슨 영생 들어가는 게 아니에
요. 하느님 밑동에 의견이 나오는 데는 불언지(不言旨)라 그 맛을 말하지 않습니다." 류
영모,『다석 마지막 강의』, 382-383 참조. 따라서 다석은 어떠한 문자적 신조(creed)가 절
대적인 신앙적 진리라는 입장을 거부하고, 자신에게 신앙적으로 그리고 주체적으로 경
험된 것을 신앙적 진리로 인정했음을 알 수 있다.

위 시의 구조를 보면 다석은 자신의 삼위일체론적 신앙고백과 함께 『주역』24의 내용을 나란히 배치시켜 놓았다. 내용을 살펴보면, 우선 다석은 하나님의 천사(임의 부림)가 동정녀 마리아(고디)에게 와서, 성령으로(얼김으로) 예수를 잉태했음(배이시도다)을 말한다. 그리고 예수가 육신으로 탄생하여(나신 아들나려오샤) 인간들 사이에 거하신다(우리 사이에 머므르셨도다). 이제 다석은 고디인 마리아에게 '우리'가 영원한 얼 생명으로 거듭나 그리스도 안에 들어가도록 대신 빌어주는 전구(傳求)를 간청한다. 요약하자면, 성부 하나님과 성령의 역사로 예수 그리스도가 동정녀 마리아의 몸을 통해서 성육신하고 우리의 구원을 위한 사역을 감당한다는 것이다.25

다음은 이와 병행하는 주역의 내용이다. 다석은 자신의 삼위일체론적 신앙고백과 더불어 『주역』의 문장을 우측에 기술한다. 그 문장을 살펴보면 다음과 같다. 天地之道, 貞觀者也. 日月之道, 貞明者也. 天下之動, 貞夫一者也. 이것은 『주역』「계사하전」의 제1장에 해당하는 것으로서 이 원문에 대한 해석은 이러하다. 하늘과 땅의 도는 정도를 지켜서 요동함이 없기에 그 변함없는 운행함을 통해서 올바른 도(道)와

---

23 류영모, 『多夕日誌』 1, 76.

24 다석의 이 시를 우측에서 좌측으로 읽었을 때 드러나는 '天地之道(천지지도), 貞觀者也(정관자야). 日月之道(일월지도), 貞明者也(정명자야). 天下之動(천하지동), 貞夫一者也(정부일자야)'는 『주역』「계사하전」 제1장에 해당하는 구절이다. 정병석 역주, 『주역』 하권 (서울: 을유문화사, 2018), 606 참조. 『다석일지』의 원문에서는 다석의 신앙고백과 『주역』의 문장, 이 두 내용이 나란히 배치되어 나오지만, 김흥호의 『다석일지 공부』에서는 따로 분리시켜서 이 구절을 삼위일체에 대한 해석으로 풀이하여 다석의 삼위일체론적 신앙에 대한 독자의 이해를 돕는다. 하지만 그 문장의 전거가 『주역』임을 밝히지는 않는다.

25 위 다석의 시에 대한 김흥호의 해석은 다음을 참조하라. 김흥호, 『다석일지 공부』 1, 196-198 참조.

이치를 사람들에게 보여주고, 해와 달의 도 역시 동요함이 없이 영원히 밝은 빛을 통해서 만물을 비춘다. 천하 우주의 움직임은 정처 없이 이리 저리로 움직이는 듯 보이지만, 하나(一)의 올바른 통일된 법칙을 따른다. 특히 여기서 貞夫一者也는 夫를 於로 사용하는 관계로 '貞於一者'의 뜻이 되어 "천하의 움직임은 하나의 통일된 정상적인 법칙에 항상 따른다는 말"[26]이 된다. 또한 여기서 '一者'는 그 '一'이 태극을 가리키는데, 이는 하나이면서 둘이고 둘이면서 하나인, 전체이면서 부분이고 부분이면서 전체인 변화와 통일의 원리를 뜻한다.[27]

그런데 이 구절을 관통하는 핵심적 개념은 바로 貞이다. 『주역』에서 "정(貞)은 정(正)으로 늘 변함이 없는 항상함(常)"[28]을 뜻한다. 우주의 운행인 천지의 도, 일월의 도, 천하의 움직임은 모두 이런 항상함을 토대로 하고 있으며, 이 세계의 무수한 변화들 속에서도 이러한 도가 올바름을 보여줄 수 있는 것은 바로 이 '항상함' 때문이다. 따라서 항상함 곧 貞은 도의 올바름을 실현하고 구현하는 존재 방식으로 이해할 수 있다. 하지만 다석은 항상함의 뜻을 가진 貞을 고디라 부르며 다시 이 용어를 성모 마리아에게 적용한다. 다석에게 고디는 정조(貞操)를 뜻하는데, 김흥호에 따르면, 다석은 고디를 식색을 초월하는 최고의 덕목으로 보았고, 마리아는 정조를 지켰다는 이유로 고디의 화신이라 이해했다. 이러한 이유로 다석은 가톨릭의 기도문을 자주 사용했으며,[29] 예수 역시 독신의 고독(월홀)과 식색을 초월한 정조(고디)의 "월홀고디"

---

26 정병석, 『주역』 하권, 607.

27 정병석, 『주역』 하권, 607 참조.

28 정병석, 『주역』 하권, 606.

29 김흥호, 『다석일지 공부』 1, 212 참조.

를 삶으로 이루어 냄으로써 참을 보여주었다고 생각했다.[30]

더 나아가 『주역』의 貞(항상함)이 올바른 우주의 도가 존재하는 방식이라면, 다석의 貞(고디)은 삼위일체 하나님의 존재 방식으로써 내재적이고 경륜적 삼위일체의 활동을 설명한다. 이러한 내용과 더불어 다석의 시에 나타난 『주역』 원문의 내용을 김홍호는 다석의 삼위일체론적 고백과 연결해 다음과 같이 풀이한다.

하나님 아버지는 우주를 창조하시고 곧이 곧장 만물을 살리시고 돌보아 주시는 것이 천지의 돌아감이다. 예수 그리스도는 해와 달처럼 진리를 밝히시고 곧이 곧장 사람의 눈을 뜨게 하신다. 성령은 만물을 움직여서 곧이 곧장 만물을 조화롭고 화합하게 한다.[31]

이와 같은 다석의 삼위일체론적 신앙고백과 함께 『주역』의 구절을 삼위일체론적으로 구성해서 표로 정리해 본다면 다음과 같다.

〈표1: '쇠북소리와 ♫ 울림'의 『주역』을 통한 삼위일체론적 구성〉

쇠북소리와 ♫ 울림	周易	삼위일체론적 구성
임의 부림이 고디에 다다르미	天地之道 貞觀者也	성부 – 창조와 통치
이에 나신 아들나려오샤 우리 사이에 머므르셧도다	日月之道 貞明者也	성자 – 성육신과 계시
이에 얼김으로 배이시도다 / 우리로 ᄒ야금 늘긿(그리스도)에 드러감을 엇게 ᄒ소서	天下之動 貞夫一者也	성령 – 생명과 참여
고디(貞) : 삼위일체 하나님의 존재방식		

---

30 김홍호, 『다석일지 공부』 4, 28.
31 김홍호, 『다석일지 공부』 1, 198.

종합해 볼 때, 위 다석의 진술은 성부 하나님의 창조와 통치, 이세계에 성육신하여 하나님을 계시하는 성자 하나님, 그리고 이러한 성부와 성자의 관계를 잇고 그 사역을 이루는 주체로 생명과 그 생명으로의 참여를 가능하게 만드는 성령 하나님의 삼위일체론적 구성으로 표현되어 있다. 따라서 피조물의 생명이 창조주이신 성부 하나님과 영으로 연결된다는 점에서, 그리고 그 영의 사역으로 성령의 잉태가 설명되고 이로써 예수의 위격과 기원이 설명된다는 점에서, 무엇보다 믿는 자들이 이 영을 통해서 '늘삶'인 영원한 생명 곧 성부와 성자의 연합의 관계에 참여할 수 있음을 보여준다는 점에서 분명 그리스도교의 삼위일체론적 진술로 규정할 수 있다. 무엇보다 "고디"는 삼위일체 하나님의 존재 방식으로써 삼위일체의 사역을 꿰뚫는 영의 사역을 설명한다. 특히 판넨베르크의 주장처럼, 예수의 사역은 물론 성부와 성자의 관계 안에서 성부가 현존할 때, 영이 포함되어 아버지와 아들 둘만의 관계만으로는 설명할 수 없는 요소들은 "삼위일체론을 통한 그리스도교적인 하나님 이해의 최종적 형태가 형성될 수 있는 토대"[32] 가 된다는 것을 확인할 수 있다. 다석의 삼위일체론에서 나타나는 영의 활동은 그 형태로는 고디(貞)로 드러난다. 따라서 고디는 삼위일체 하나님의 정체성이자 존재방식으로서 역사 안에서 구속하고 섭리하는 하나님의 "게쉬탈트"(Gestalt)[33]로 규정되는 것이다.

---

32 볼프하르트 판넨베르크/신준호·안희철 옮김, 『판넨베르크 조직신학』 I (서울: 새물결플러스, 2017), 432-433 참조.

33 하지슨은 형상과 형성을 표현하기에 적합한 용어로 심리학을 통해서 영어권에 알려진 "게쉬탈트"(Gestalt)라는 용어를 제안한다. 게쉬탈트는 "죽은 기계적인 동일성과는 달리, 부분들을 배열하고 형상화하고 구조화함으로써 살아있는, 유기적인 그리고 다원적인 통일성—의식 혹은 영의 통일성—을 만들어내는 어떤 패턴을 가리키는 말"이면서 동

이 장에서는 위에서 제시한 하나님의 내면성과 정체성, 곧 구속사적인 경륜적 활동이라는 틀에서 다석의 삼위일체론을 살펴본다. 또한 이러한 삼위일체론적 요소들이 한국적 삼위일체론으로서 어떻게 설명되는지 그 내용을 지성적 삼위일체론, 근의 삼위일체론, 비움의 삼위일체론, 사랑의 삼위일체론 그리고 삼재론적 삼위일체론으로 제시해 보도록 하겠다. 따라서 본 장은 다석의 한국적 삼위일체론의 구체적 내용들을 고찰해 봄으로써 삼위일체론의 핵심, 곧 구원사 속에서 하나님의 내면성과 정체성이 어떻게 한국적 맥락에서 삼위일체론적으로 구성되고 드러나는지 발견함을 그 목적으로 한다.

시에 "윤리적인 삶 혹은 영의 실천이 가지는 구조와 패턴을 가리키는 메타포"로 정의할 수 있다. 하지슨, 『기독교 구성 신학』, 396 참조. 이러한 맥락에서 필자는 다석의 "고디"(貞)를 하나님의 존재 방식이자 영의 활동으로 규정하는 차원에서 하나님의 '게쉬탈트' 라 표현했다.

II. 다석의 삼재론적 삼위일체론의 내용

1. 참, 빛, 나: 지성적 삼위일체론

앞서 살펴보았다시피 다석의 삼위일체론은 한국의 전통적 문화 구성 원리라 할 삼재론에 기초하고 있다. 따라서 다석의 삼위일체론을 삼재론적 삼위일체론이라 규정할 수 있다. 다석의 삼재론적 삼위일체론의 내용은 다음과 같다. 첫째, 다석의 삼위일체론은 주체와 객체의 구분을 초극하는 무분별적 신인합일의 앎을 구원으로 제시하는 지성적 삼위일체론이다. 다석의 지성적 삼위일체론은 주체와 객체, 주관과 객관의 분별을 넘어서는 무(無)의 경지에서 주어지는 신인합일의 신적 앎으로 현존하는 삼위일체 하나님을 그 내용으로 삼는다. 하나의 예로, 다석은 1957년 6월 3일에 일지에 '빛(問題는 속알이 問題)'이라는 제목의 글을 통해서 신적 조명과 관련하여 다음과 같은 내용을 주장한다. 빛은 사물을 비추지만 빛 자체는 볼 수 없다. 빛은 사물을 보여주지만 자기 자신은 보여주지 않는다. 사물을 인식할 수 있도록 만드는 원동력 (原動力)이지만, 그 자체로는 드러나지 않는 빛과 같은 존재가 바로 "모든 삶이 옳에 한님"[1]이신 하나님이다.

그렇다면 하나님을 어떻게 '볼' 수 있는가에 관한 문제를 제기할 수 있다.[2] 위 다석의 진술에 대한 해설에서 김흥호는 하나님을 볼

---

[1] 류영모, 『多夕日誌』1, 394.

[2] 필자는 다석에게 있어서 하나님을 아는 지식은 주관과 객관, 주체와 객체의 이분법적 체계에 따르는 인식으로서의 앎이 아니라 이러한 주객 구도를 초극하여 '합일'에 이르는 앎을 추구했다고 이해한다. 이러한 앎의 차원을 설명하기 위해 인식이라는 용어와 함께, 실존적 만남을 강조하기 위해서는 『다석일지』에서 다석이 주로 신적 만남을 기술할 때 사용했던 '보다'

수 있는 방법은 하나님이 되는 수밖에 없고, 여기서 "하나님이 된다는 말은 내가 없어지는 것"을 의미하며, 이는 허심실복(虛心實腹) 곧 무아(無我)가 될 때, 대아(大我)가 되는 것과 같은 이치라 주장한다.3 이와 같은 무아의 경지에서 참을 찾아 나선 인간은 자신의 존재와 인식이 거짓됨을 알게 되고, 참나가 진리임을 깨닫게 된다. 이러한 맥락에서 다석은 다음과 같이 진술한다.

> 참 알려는 슬기가 「나」요
> 알도록 찾는 것이 「참」이오
> 보게 하는 힘이 「빛」!
> 참은 한웋님, 빛은 聖神, 나는 아들!
> 셋은 곧 하나.4

이 진술에서 다석은 성부, 성령, 성자인 '참, 빛, 나'의 지성적 삼위일체론을 제시한다. 원래 다석의 진술을 보면 가장 먼저 다석은 참을 알려는 '슬기'가 곧 '나' 자신임을 진술한다. 또한 다석은 "알려는 것은 슬기"이고 "그래서 나오는 것이 속알"이라고 말한다. 이 속알로 인해 인간은 짐승이 되지 않고 하나님의 뜻을 이루는 사람이 된다.5 동시에 이 슬기로부터 참을 찾고자 하는 원동력이 나온다. 이러한 작용 가운데 인간은 '참

(혹은 빔)라는 용어를 병행하여 사용하고자 한다. 또한 신적 인식 내지는 조명이라는 차원에 서에서 다석의 삼위일체론을 지성적 삼위일체론이라 표현하고자 한다.

3 김흥호, 『다석일지 공부』 2, 482 참조.

4 류영모, 『多夕日誌』 1, 395.

5 류영모, 『다석 강의』, 847.

하나님'을 만나게 된다. 다석은 이렇게 말한다. "참은 성령입니다. 알게 하는 것도 성령입니다. 이것을 보려면 내가 하느님의 아들이 되어야 합니다."[6]

종합하자면, 지성적 삼위일체의 관점에서 볼 때, 인간이 찾고자 하는 참 그 자체이자 성부인 한웋님, 참을 인식하게 해주는 신적인 조명이라 할 '빛'이자 성신(聖神)인 성령 그리고 참을 인식하고자 하는 '나'이자 '아들'인 성자, 이 셋이 하나라는 것이다. 여기서 발견할 수 있는 사실은 '참'이라는 개념 안에서 성부 '한웋님'과 '聖神'이 같다는 점이다. 인간이 찾고자 하는 대상인 '참'과 인간으로 하여금 찾도록 하는 원동력인 '참'이 동일하며, 참 그 자체도 성령이고 참을 알게 하는 이도 성령이라는 사실이다. 다만, 그 작용에 있어서만 이 둘은 구분되는 것이다. 다음으로, 다석은 참을 인식하고자 하는 '나'인 인간을 '아들' 곧 성자로 표현했다는 사실이다. 이는 인간의 얼을 그리스도로 이해한 다석의 얼 그리스도론과 연결되는 동시에 '믿는 자들의 정체'인 얼 혹은 참나 안에서 삼위일체의 모상을 발견한 것과도 관련되어 있다.

이러한 다석의 삼위일체론은 아우구스티누스(Augustinus, 354~430) 의 지성적 삼위일체론과 공명한다. 참 그 자체와 참을 알게 하는 원동력을 그 내용으로 삼는 다석의 삼위일체론적 신앙고백은 매우 함축적이어서 그 역동에 대한 구체적인 내용을 파악하기 어렵지만, 아우구스티누스의 지성적 삼위일체론과의 비교와 상호 조명을 통해서 이를 파악해 볼 수 있다. 아우구스티누스는 이성적이고 오성적임을 중단함 없이 하나님을 인식하고 관조하는 데 이성과 오성을 사용하도록 만들어진

---

6 류영모, 『다석 강의』, 847.

인간의 영혼에서, 다시 말해 이성혼(理性魂) 혹은 오성혼(悟性魂) 안에서 삼위일체 하나님의 모상을 발견해야 한다고 보았다.7 요컨대 인간의 지성적 활동을 통해서 드러나는 하나님의 모상이 곧 삼위일체 하나님이라는 것이다.

아우구스티누스에 따르면, 지성이 자기를 인식하고 자기를 사랑할 때, 지성, 사랑, 인식의 "삼일성"(三一性)8이 존재하며, 지성, 사랑, 인식은 서로 혼합되어 섞이지 않고, 각체들로 존재하면서도 동시에 전체로서 존재한다. 따라서 이들은 "모든 것 안에 모든 것"(omnia in omnibus)9이 된다. "서로 상관되는 위격들의 삼위성三位性을 믿고 아울러 동등한 본질의 단일성單一性을 믿자"10는 아우구스티누스의 삼위일체론의 신학적 기획은 이와 같은 지성적 삼위일체론을 통해서 구체화된다. 이런 지성적 삼위일체론의 구체화를 통해서 보면 지성은 성부의 모상을, 지성이 자기를 의식함 혹은 내적 언어와 개념의 발생은 성부가 성자를 낳는 '출산'을, 그리고 지성이 자기 인식을 낳은 후에 자기가 인식하는 지성 자체에 대한 사랑으로서 지성의(혹은 지성을 향한) 자기 사랑이 발생함을 볼 수 있다.11 바로 이 지점에서 아우구스티누스는 삼위일체 하나님의 모상을 보았던 것이다. 아우구스티누스는 이렇게 진술한다.

그래서 여기에는 삼위일체의 어떤 모상이 존재한다. 지성 자체, 지성의

---

7 아우구스티누스/성염 역주, 『삼위일체론』(왜관: 분도출판사, 2015), 1079-1081 참조.

8 아우구스티누스, 『삼위일체론』, 743.

9 아우구스티누스, 『삼위일체론』, 743.

10 아우구스티누스, 『삼위일체론』, 725.

11 아우구스티누스, 『삼위일체론』, 70-71 참조.

인식—어떻게 보면 지성의 자식이고 지성 자체로부터 나온 지성의 언어
다—, 제삼자인 사랑, "이 셋은 하나이고" 단일한 실체다.[12]

다석과 아우구스티누스의 지성적 삼위일체론을 비교해 보면 다음과
같이 정리해 볼 수 있다.

〈표2: 다석과 아우구스티누스의 지성적 삼위일체론 비교〉

위격	지성적 삼위일체론 해석	다석	아우구스티누스
성부	앎의 근원이자 대상	참	지성
성자	앎의 현시	나(슬기, 속알)	인식
성령	앎의 작용력 및 욕구	빛	사랑

다석과 아우구스티누스의 지성적 삼위일체론이 공통적으로 함의하
는 바는 진리이신 하나님과의 만남과 그 만남의 내용, 그리고 그 만남의
과정을 설명하는 '뵘'인 신적 합일이다. 다석은 삼위일체의 하나님을
만났고 이를 자신만의 용어를 통해 함축적으로 표현했다. 그리고 그
만남의 내용은 바로 '참'이며 참을 '알려는' 앎을 통해서 구체화된다.
참을 앎으로써 다석은 '셋은 곧 하나'라는 내재적 삼위일체의 하나
됨과 그 하나 됨 안에 연합함으로써 가진 경험에 대한 신앙적 진술을
펼칠 수 있었다. 요컨대 다석의 지성적 삼위일체론은 참 그 자체인
하나님을 만나 주관과 객관의 초극을 통해서 신적 합일에 이르는 과정에
대한 설명이다.

이처럼 다석의 지성적 삼위일체가 지닌 신학적 함의는 주관과 객관

---

12 아우구스티누스, 『삼위일체론』, 773-775 참조.

의 이분법적인 인식론적 체계를 뛰어넘어 주체와 객체의 합일에서 오는, 그리고 그것을 가능하게 하는 신적인 앎에 있다. 다석의 지성적 삼위일체론 안에서 발견되는 내재적 삼위일체의 내용은 앎이라는 형식으로 드러나는 자기 내어줌의 사랑이다. 참된 앎 곧 진리는 대상화된 앎이 아닌 합일에서 오는 앎이다. 신적 앎을 계시의 관점에서 이해한다면, 신과의 합일에서 오는 앎은 계시의 내용을 넘어 하나님 자신의 내어줌이라 말할 수 있다. 이와 같은 하나님의 자기-내어줌 안에서 신적인 앎은 사랑으로 경험된다. 따라서 신적 앎은 하나님이 자신을 내어준 은총의 선물이다. 그리스도교의 삼위일체론과 다석의 삼위일체론이 교차하는 지점은 바로 자기-내어줌의 사랑에서 오는 합일이다.

다석의 지성적 삼위일체론이 가리키는 합일의 담론은 이원론적 사고에서 오는 소외와 분리 그리고 이러한 분열에서 오는 타자에 대한 폭력이라는 문제를 극복하는 신학적 대안이 될 수 있다. 박혁순은 삼위일체론과 관련해 서구 그리스도교 신학 전통 안에서 고대 헬레니즘 형이상학에서 기인한 세 가지 문제점을 지적한다. 첫째는, 서구 그리스도교 신학이 자신의 개별성과 특수성을 각성하지 못하고 자신의 교리와 실천을 보편적인 것으로 인식하는 "암묵적인 유사보편성",[13] 둘째는 초월적인 실재의 영원한 본질에 정초하여 "현실세계에서도 존재자 중심 또는 실체 중심의 논리를 근간으로 하고 있는 문제",[14] 셋째는 플라톤의 형이상학적 이원론의 지속적인 영향인 "이원론적 사고 패턴의 재생산"[15]이다.

---

13 박혁순, "현대 삼위일체론 재구성을 위한 모색 ─아시아 형이상학들과 대화를 통하여," 「한국기독교신학논총」 98 (2015), 122.
14 박혁순, "현대 삼위일체론 재구성을 위한 모색," 122.

이 문제들을 관통하는 한 가지 핵심적 문제는 바로 이원론적인 실체 중심 사유체계이다. 어쩌면 이원론적 실체 중심 사유체계는 근본적으로 플라톤 이래로 '생각'과 연장(extension)을 주장한 데카르트를 거쳐서 이어져 왔다기보다 유한성을 가진 인간이 본능적으로 이끌릴 수밖에 없는 불가항력적 힘과도 같다. 인간의 사유는 자신과 타자를 구별함으로써 타자를 대상화하고, 이로써 자신의 정체성을 확립해 나가는 일종의 자기보존의 운동과 같다. 그러나 이러한 이분법적 사유의 주체와 객체의 분리가 포괄적이고 통전적인 조화 내지는 합일에까지 이르지 못할 때, 대상화는 타자에 대한 폭력과 도구화, 급기야 자기 소외로까지 이르게 되는 결과를 가져온다. 따라서 이원론 자체를 피할 수 없지만, 이를 극복할 불이적(不二的)이고 통전적인 사유는 끊임없이 요청되는 것이다.

다석은 이러한 불이적이고 통전적인 사유를 지성적 삼위일체론 안에서 드러냈고, 삼위일체 하나님의 내재성과 정체성의 측면에서 이를 규명했다. 다석의 지성적 삼위일체론이 보여주는 참 그 자체와 참을 알도록 이끄는 작용력 내지는 욕구 그리고 이로써 드러나는 참과 참을 인식하는 나의 합일은 인식의 주체와 객체, 주관과 객관의 구도가 초극되어 통전적 진리가 드러나는 내적 역동성을 보여준다. 그리고 이 역동성 안에는 하나님의 자기-내어줌이라는 삼위일체의 계시적 원천이 자리하고 있다. 다른 한편, 주객 구도의 해체는 내재적 삼위일체 안에서 이미 일어나는 성부, 성자, 성령의 온전한 합일의 조건임을 알려준다. 예수가 "나와 아버지는 하나"[16]라 말할 수 있을 만큼의 온전한

---

15 박혁순, "현대 삼위일체론 재구성을 위한 모색," 124.

일치는 인간이 하나님을 인식하고 만날 때도 동일하게 이루어짐을, 그리고 오히려 그러한 만남이야말로 참된 '나'라는 주체성을 찾는 길임을 다석은 지성적 삼위일체론의 진술을 통해서 보여주었던 것이다. 그러나 온전한 일치는 보편성과 전체성의 폭력적 추구와는 다르다. 전체성의 폭력적 추구는 종말론적인 지평에서 끊임없이 비판받는다.[17] 바로 이러한 합일을 설명하는 용어가 다양성 속에서의 일치 곧 통전성이다. 통전성은 다양성이 전체를 구성하지만, 전체는 다양성 속에서 나타나며 다양성 없이는 존재할 수 없다. 이처럼 다양성을 소멸시키지 않고 합일에 이르는 통전성의 기초는 자신이 앎의 주체이자 대상이 되는 자기-내어줌에 있다. 이 내어줌은 온전한 합일의 원천이자 원동력이 된다.

또한 주체와 객체, 주관과 객관의 분별을 넘어서는 통전성이 가져다주는 궁극적 결과를 동양적 사유체계에서는 무 혹은 공으로 언표하여 왔다. 주-객의 차별의 부정 곧 무차별은 자아와 자기의 분별에 있어서도 '전적인 부정'으로까지 나아가야 한다. 이런 무차별의 경지가 가져다주는 긍정적인 결과는 자기 소외와 불안의 극복이다. 아베 마사오는 "자기 소외와 불안은 자아-자기에게는 우연히 생기는 것이 아니라 그 구조상 근본적으로 자아-자기에게 속해 있다"[18]고 주장한다. 따라서

---

16 요한복음 10:30.

17 이성호는 레비나스와 판넨베르크를 무한과 전체성 측면에서 비교하여 양자의 사상의 상호보완을 꾀한다. 특히 '불교 파시즘'과 같은 무와 공이 가진 전체주의의 위험성에 대한 비판 근거로 이성호가 제시한 판넨베르크의 '임시성 개념'(provisionality)이 적합하다고 본다. 이성호, "판넨베르크와 레비나스: 무한과 주체성에 관하여," 「신학논단」 91 (2018) 참조. 선불교의 전체주의적인 그리고 파시즘적인 현상과 이에 대한 비판에 대해서는 다음을 참조하라. 브라이언 다이젠 빅토리아/박광순 옮김, 『불교 파시즘 ―선(禪)은 어떻게 살육의 무기가 되었나?』(서울: 교양인, 2013).

해탈과 구원은 참나의 발견에 있는데, 참나는 바로 이런 주-객 구도의 철폐에서 이루어지는 것이다. 그러나 무아에 도달함 마저 자아-자기의 구도와 무아의 구도가 되어버림으로 이 무아마저도 부정함이 필요하다.

참자기는 자아-자기에 대한 전적인 부정인 무아에 대한 또 한 번의 전적인 부정을 통해서 실현된다. 전적인 부정에 대한 전적인 부정으로 우리는 필연적으로 커다란 긍정으로서의 참자기를 얻게 된다.[19]

변증법적인 전적 부정이 곧 불교적 구원인 해탈에 이르는 길이며, 다석은 이러한 무차별의 경지에서 삼위일체 하나님의 구원을 보았던 것이다. 결국 주-객 구도에서 오는 소외는 이 구도에 자리한 차별을 없애는 전적인 부정이라 할 무와 공의 경지에서 해결된다. 경륜적 삼위일체의 관점에서 무와 공 그리고 없이 계신 하나님이 구원의 하나님임을 일 수 있는 이유는 성부, 성자, 성령 안에서 어떠한 차별이나 분별도 사라지는 무와 공의 무차별적 일치의 사랑이 삼위일체 하나님의 내면성으로 계시되기 때문이다.

2. 터 · 때 · 삶: ᄀ의 삼위일체론

둘째, 공간과 시간 안에서 ᄀ(가온찍기)의 수행적 삶을 통한 초월과 내재의 결합으로 경험되는 하나님의 구원에 관한 ᄀ의 삼위일체론이다.

---

18 아베 마사오 · 히사마쯔 신이찌/변선환 엮음,『선과 현대철학 ―선의 철학적 자리매김은 가능한가?』(서울: 대원정사, 1996), 30.
19 아베 · 히사마쯔,『선과 현대철학』, 37.

다석은 자신의 삼위일체론적 신앙고백을 표현하면서, 공간(터) · 시간(때) · 삶의 범주들로 삼위일체론을 구성한 후, 하늘(ㄱ)과 땅(ㄴ) 사이에서 삼위일체 하나님을 모시는(혹은 만나는) 가온찍기(ㄹ)의 초월적 만남을 강조한다. 다음은 1960년 8월 29일 다석이 남긴 '믿 는 사 룸 이 란 「나」 프리'라는 제목으로 지은 시조다.

믿 는 사 룸 이 란 「나」 프 리

사룸의 모시고 살 힘님 · 알님: 계시지 않고,
터에 예됨(造化)님, 때에 한울님, 삶의 아ㅂ님이신,
한울님 아ㅂ 모시는 그리스도 ㄹ길에.

속알 제 속잖고 숫날 얼이 머리골 든 웋에,
온 붙이 참살 올로 예과전길이 그리스도,
알마져 말슴을 흔ㄷ] 마루가림 묻잘가?[20]

위 시조에서 다석은 성부, 성자, 성령의 삼위일체를 '터'의 '예됨(造化)님', '때'의 '한울님', '삶'의 그리스도로 표현한다. 여기서 가장 먼저 드러나는 내용은 다석의 성령에 대한 진술이다. 우선 다석은 터의 예됨님을 '조화'(造化)라고 표기했으며, 김흥호는 이 '예됨님' 곧 조화를 성령으로 해석한다.[21] 김흥호가 다석의 '예됨님' 곧 조화를 성령으로 해석했다는

---

20 류영모, 『多夕日誌』 1, 741. 강조는 필자의 것.
21 김흥호는 이 시조를 이렇게 풀이한다. "믿는 사람이란 자기의 신비를 풀어야 한다. 사람이 의지하고 살 힘님, 알님은 밖에 계시지 않고 내 속에 힘이 있고 알이 있다. 공간空間에

점과 다석의 신학적 사유가 수운의 동학사상과 밀접하게 연관되어 있음을 감안할 때, 다석이 성령으로 이해한 조화는 동학사상 안에서 그 개념적 의미를 파악할 수 있다.

근의 삼위일체론에서 조화의 성령이 가리키는 바는 성령의 내재적 현존이다. 동학의 조화사상(造化思想)은 저절로 됨을 뜻하는 무위이화(無爲而化)를 뜻하며, 이는 한울님의 조화(天主造化之迹)로 설명되는 사물의 생성과 변화의 자연적인 '됨'이라 말할 수 있다. 조화사상은 자연적 '됨'의 이치, 곧 유가 무가 되고 무가 유가 되는 이치를 자각하는 시천주(侍天主)로써만 가능한 시존적(侍存的) 인간의 창조적 참여를 통해 새롭게 만들어 내는 주체적 만듦을 중심적 의미로 삼는다.[22] 여기서 무위이화의 조화는 객체로서는 저절로 됨을 뜻하지만, 주체로서는 참여를 통한 새로운 '만듦'을 의미한다. 수운 최제우는 이러한 인간의 주체적이고 창조적인 참여를 가리켜서 "侍天主 造化定"(시천주 조화정)[23]이라 말했다. 한울님을 모시는 것은 안으로는 신령을(내유신령), 밖으로는 기화함이 있게 됨(외유기화)이라는 결과를 가져오는데, 시천주의 영기(靈氣)는 조화성 그 자체로 깨닫게 된다는 것을 의미한다. 이러한 영기를 가리켜서 한울님 조화의 지극한 기운이라 해서 지기(至氣) 혹은 허령(虛靈)이라 칭한다.[24] 따라서 다석은 무위이화의 조화성으로 경험

는 신비의 성령님이 있고 시간時間에는 생명의 근원根源이신 한울님이 계시고 인생의 가온 길에는 하나님 아버지와 일치한 그리스도가 앞서가신다. — 내 속에 있는 알 지혜와 명덕을 가지고 내가 갇히고 속아서는 안 되고, 내 속에 있는 솟아 날아갈 영이 언제나 머릿골을 높이 든 위에 우뚝 서서 온 인류가 참생명이신 진리의 이치인 올을 가지고 이 세상을 떠나 나가 태초의 온전한 길로 가게끔 길이 되신 이가 그리스도임을 밝히 알라." 김흥호, 『다석일지 공부』 3, 703 참조.

22 조용일, "동학의 조화사상에 관한 연구" (동국대학교 박사학위논문, 1985), 147 참조.
23 조용일, "동학의 조화사상에 관한 연구," 26.

되는 지기를 가리켜서 예됨님 곧 성령이라 말한 것으로 이해할 수 있다.

그런데 다석은 이와 같은 조화 개념에다가 장소의 개념을 결합시킨다. 조화의 성령은 '터에 예됨님', 곧 공간을 통해서 드러나는 변화의 성령이다. 왜냐하면 "事物의 變化와 生命의 生成"[25]이라는 무위이화의 조화 개념에서 저절로 이루어지는 '자연적' 특성으로서 조화란 공간적으로 드러나기 때문이다. 따라서, 다석은 성령의 활동과 사역을 자연만물의 생성과 변화의 조화를 통해서 발견했다고 이해할 수 있으며, 특별히 공간이라는 장소성에서 그 현존을 드러내는 내재적 성령의 특성을 강조한 것으로 이해할 수 있다.

다음으로 다석은 성부 하나님을 시간성의 맥락에서 "때에 한웋님"으로 설명한다. 다석에게 하나님의 시간성은 영원을 뜻한다. 인간이 그리워하고 찾고 만나는 하나님은 공간적으로는 무한하고, 시간적으로 영원한 빔(空)의 궁극적 실재라 말할 수 있다.[26] 이처럼 하나님을 만난 인간의 경험은 공간적으로는 무한으로, 시간적으로는 영원으로 표현되는 것이다.

마지막으로 다석은 성자 그리스도를 "삶의 아ㅂ님이신, 한웋님 아ㅂ 모시는 그리스도"로 진술한다. 다석에게 성자 그리스도는 하나님을

---

24 조용일, "동학의 조화사상에 관한 연구," 26 참조.

25 조용일, "동학의 조화사상에 관한 연구," 21.

26 류영모, 『다석 강의』, 426. "옛 사람들은 시간으로 영원하고 공간으로 무한한 저 어마어마한 하느님을 그리고 찾고 만났습니다. 경이지래(敬而知來)를 하였습니다. 사람은 그래서 직내(直內)하고 방외(方外)합니다. 속은 곧고 밖으로는 방정(方正)하게 합니다. 이렇게 해야 그 사람은 빔(空)과 같습니다. 안과 밖이 다를 것 없는 '빔'과 같습니다. 이렇게 하려고 우리는 나온 것입니다."

'모시는' 삶, 곧 하늘과 땅, 시간과 공간 사이에서 가온찍기(ㄹ)의 수행을 통해 하나님과의 일치된 삶을 산 모범으로 설명된다. 여기서 그리스도가 모범이 된다는 것은 인격성의 구조 아래서 일어나는 구원으로의 참여를 의미한다. 인간 내면의 깊은 곳에서 얼 생명의 근원으로 내재하는 하나님인 한웋님을 모시는 삶은 그리스도의 인격성이라는 보편적 구조 안에서 하늘과 땅의 하나됨을 구현한다. 하늘과 땅이 인간 안에서 만나는 천지인의 합일은 성부 하나님을 모신 수행적 삶의 모범이라 할 그리스도 안에서 이루어지는 것이다. 그 수행적 삶은 십자가로 상징되는 비움의 삶이자 자기희생적 삶이라 말할 수 있다. 예수는 이러한 십자가의 수행적 삶을 통해 하늘에 있는 것들과 땅에 있는 것들의 총체인 만물이 그 안에 거하고 화목하게 됨을 이루었다.[27] 이와 같은 예수의 수행적 삶에 참여함은 개인의 인격성과 예수의 인격성의 교차를 통해 예수가 성취한 합일과 화해의 사역을 이루는 과정이 된다. 따라서 다석이 경험한 천지인 합일이란 단순히 종교적 체험을 넘어서서 만물의 화해와 충만함을 완성하는 구원의 인격적 재현이자 총체적 구원의 종말론적 선취이다.

공간, 시간 그리고 ㄹ의 수행적 삶을 통해서 제시된 삼위일체 하나님의 내용을 종합해 본다면, 다석의 천지인 삼재론적 세계관이 삼위일체론의 토대가 됨을 알 수 있다. 시간을 통한 성부의 영원성(天), 공간을 통한 성령의 내재성(地) 그리고 가온찍기(ㄹ)의 삶의 모범이 되는 성자(人)를 그 내용으로 삼는 다석의 삼위일체론은 예수 그리스도의 인격성

---

27 아버지께서는 모든 충만으로 예수 안에 거하게 하시고 그의 십자가의 피로 화평을 이루사 만물 곧 땅에 있는 것들이나 하늘에 있는 것들이 그로 말미암아 자기와 화목하게 되기를 기뻐하심이라(골로새서 1장 19-20절, 새번역).

안에서 하늘과 땅이 합일하는 총체적 구원의 비전이라 말할 수 있다.

3. 양언선 양아의: 비움의 삼위일체론

셋째, 삼위일체 하나님의 내재적이고 경륜적인 속성을 자기 비움의
케노시스적 사랑으로 규정하는 비움의 삼위일체론이다. 일반적으로
케노시스는 하나님의 창조와 관련하지만, 필자는 케노시스를 성자의
자기비움 곧 십자가 희생을 삼위일체론적 핵심으로 강조하고자 한다.
다석은 1969년 11월 25일 '羊言善 羊我義(양언선 양아의)라는 한시를
통해서 자신의 삼위일체론적 신앙을 표현한다. 다음은 이 시를 김흥호가
옮기고 풀이한 내용이다.

羊言善 羊我義

꼭대기 아바뙤신 아드님

絕對聖父侍奉子

돌고 도시는 숨님 믿우럼

恒巡靈氣信仰涯

덥친 색기들 나신 아달뵘

重重人子獨生子

억척캄캄 그믐개 생화

億億生涯晦暗涯

양언羊言이 선善이요 말없는 말이 선善이다.

양아羊我가 의義요 나 없는 행行이 의義이다.

꼭대기에 하나님 아버지를 모시고 사는 이가 그리스도 아드님이요 돌고 도시는 숨님을 호흡하는 것이 신앙생활이다. 죄에 짓눌린 인생들이 한나신 영광의 독생자를 뵙게 되니 억만 인류의 생애가 더욱 어둡고 캄캄한 것이 드러난다.[28]

이 시를 보면 꼭대기에 있는 성부 "아바"와 그 성부를 모시고 있는 성자 "아드님" 그리고 그 사이를 운행하는 성령 "숨님"이 언급된다. 이와 같은 삼위일체론적인 진술의 중심에는 바로 '독생자' 예수 그리스도의 희생이 자리하고 있는데, 이 시의 제목인 '양언선 양아의'가 희생양(羊)의 은유를 통해 예수 그리스도의 대속적 죽음을 가리킨다는 사실에서 그 근거를 찾아볼 수 있다. 다석은 한자 善과 義를 파자하여 양(羊)의 말(言) 곧 양언이 선(善)이고, 양(羊)의 나(我) 곧 양아가 의(義)라는 의미를 담아 양언선 양아의라는 용어로 그리스도의 대속과 죽음의 의미를 구성한다.[29] 이러한 양언선 양아의의 구성은 이사야 53장 7절에서 도살장에 끌려가는 어린 양처럼 말 '없음'과 나 '없음'의 자기 비움을 통해 선과 의를 이룬 예수의 케노시스적 십자가 사건과 대속적 죽음[30]을 암시하면서, 인간이 그 캄캄한 생애에 자기 비움의 독생자의 사역으로 인해 신앙의 길이 열리고 독생자의 영광의 빛이 비춘다는 것을 그

---

28 김흥호, 『다석일지 공부』 6, 121.

29 박재순, 『다석 유영모』, 297.

30 몰트만에 따르면, 일반적으로 하나님의 케노시스는 아들의 성육신으로 이해된다. 성육신을 통해 하나님은 제한되고, 유한한 상황에 놓이기 때문이다. 하나님이 인간들 안에 거하시고 이들의 운명에 동참한다. 그러나 하나님의 자기 비하 곧 케노시스는 "아들 예수의 수난과 죽음에서 완성된다." 따라서 필자는 예수의 십자가 수난과 죽음을 케노시스적 사건으로 이해한다. 몰트만, 『삼위일체와 하나님의 나라』, 193 참조.

내용으로 삼는다. 따라서 우리는 이 시의 중심이 예수 그리스도이고, 더 나아가 다석이 삼위일체의 중심을 십자가 대속의 그리스도로 보았다는 추측을 할 수 있다.

다석이 1969년 11월 29일에 기록한 '양언선 양아의' 시는 1년 후인 1970년 12월 5일에 동일하게 재진술되는데, 이 시의 바로 다음에 다석이 로마서 4장 17절과 25절을 옮겨 적은 글[31]이 등장한다. 이로 미루어 볼 때, 다석은 '양언선 양아의'의 삼위일체론적 신앙고백과 함께 그리스도의 십자가 대속의 죽음을 부연 설명하려 했던 것으로 보인다. 결국 다석에게 삼위일체론은 자기 자신을 비우는 케노시스적 사랑을 그 기초로 함을 알 수 있다.

삼위일체 하나님의 본성이 자기 비움의 사랑에 기초한다는 것은 발터 카스퍼의 주장으로 뒷받침된다. 발터 카스퍼에 따르면, 성부 하나님을 사랑이라 진술하는 그 내용은 하나님의 "자기 양여"(Selbstmitteilung),[32] 곧 하나님이 사랑을 줄 수도 있고, 받을 수도 있음을 전제로 한다. 이러한 자기 양여로서 사랑의 가능성의 여부가 이 세상을 향한 하나님의 자유로운 선물로서의 통교를 설명하는 근거가 된다. 이로써 "오로지 삼위일체로 구성된 하나님만이 세상에 얽매이지 않고 세상을 자유롭게 주재하시는 주님"[33]이 될 수 있으며, "삼위일체론이야말로 가장 투명하고 구체적인 유일신 사상"[34]이라 말할 수 있게 된다.

---

31 류영모, 『多夕日誌』 2, 837 참조. 다석이 옮겨 적은 로마서 4장 17절과 25절의 성경 본문은 이러하다. "없는 것을 있는 것 같이 부르시는 이시니라"(로마서 4:17, 개혁한글판); "예수는 우리 범죄함을 위하여 내어줌이 되고 또한 우리를 의롭다 하심을 위하여 살아나셨느니라"(로마서 4:25, 개역한글판).
32 카스퍼, 『예수 그리스도의 하느님』, 40.
33 카스퍼, 『예수 그리스도의 하느님』, 41.

무엇보다 삼위일체 안에서 하나님의 통교를 설명하는 핵심 개념은 바로 비움이다. 비움은 삼위일체 하나님의 내면적 정체성 곧 내재적 삼위일체를 설명한다. 더 나아가 삼위일체론은 고통을 설명함에 있어 도움을 주는데, 삼위일체는 사랑과 고통의 양립성을 설명하는 개념으로서 내재적 삼위일체 안에서도 하나가 다른 하나를 위한 자리를 내어주는 비움의 고통이 있어야 사랑을 이룰 수 있다는 것이다. 다시 말해 하나님의 위격들도 서로를 위해 스스로를 비우지 않으면 사랑을 이룰 수 없다. 따라서 "삼위일체적인 사랑은 본성상 비우는(kenotisch) 것이요, 이런 의미에서 하나님은 사랑인 것이다."[35]

이런 맥락에서 볼 때, 다석의 삼위일체론에서 나타난 '양언선 양아의'는 비움의 케노시스적 사랑을 가리킨다. 다석의 삼위일체론 안에서 성부는 무와 공의 하나님으로서 남김없이 자신을 비워 이 세상을 창조한 하나님이다. 성자는 자신을 철저하게 비워 성부를 모시는데, 십자가에서 인류를 위해 양처럼 말없이 자신을 버리기까지 모신다. 그리고 세상은 이러한 '독생자'를 통해 그 비움의 영인 성령을 받고 영원한 숨을 내쉰다. 여기서 비움의 영인 성령은 동양적 관점에서 이해할 때 세계에서 운행하는 혹은 돌고 도는 포괄적 영으로서 하나님의 창조적 생명력인 기(氣)라 할 수 있다. 만물은 기의 현실화다. 기로서의 성령은 만물을 통해서 비움의 영으로서 자신을 현실화한다. 이것이 경륜적 삼위일체 안에서 기로서의 성령의 역할이다. 따라서 비움은 온 우주를 통해서 드러나는 하나님의 사랑이며, 비움의 영으로서 "돌고 도시는

---

34 카스퍼, 『예수 그리스도의 하느님』, 41.
35 카스퍼, 『예수 그리스도의 하느님』, 42.

숨님"을 믿는 것이 곧 신앙이다.

다석의 양언선 양아의의 비움의 삼위일체론은 하나님의 내면성과 하나님의 구속 사역이 비움의 측면에서 서로 일치함을 보여주고, 자신을 비움으로 세상을 창조하고 구원하는 삼위일체 하나님의 케노시스적 사랑을 확인시켜 준다. 무엇보다, 이러한 구원의 체험적 진리를 현실화하기 위해서는 인간에게 자기 비움의 수행적 삶이 요청된다.

4. 성언: 사랑의 삼위일체

넷째, 인간 본성이자 우주적 원리로서 유교적 인(仁)을 "성언"으로 전유하여 초월적이면서 동시에 내재적인 구원적 사랑으로 발전시킨 사랑의 삼위일체론이다. 다석에게 성언은 성부의 본질이면서 동시에 인간의 본질이며, 초월적 내재로 성자 안에서 가장 완전하게 현시된다. 다석은 자신이 직접 번역한 주기도문[36]을 동광원에서 강의하면서 성부와 성자의 하나 됨의 사랑인 성언에 관한 내용을 제시한다.

아버지와 임께서 하나이 되사 늘 삶에 계신 것처럼 우리도 모두 하나이

---

36 다석이 1971년 동광원에서 자신이 순우리말로 직접 번안한 주기도문을 강의한다. 그 출처가 되는 『다석 마지막 강의』에 나온 주기도문을 정리해 보자면 다음과 같다. "하늘에 계신 아바께 이름만 거룩 길 참 말씀입니다. 이에 숨 쉬는 우리 밝는 속알에 더욱 나라 찾음이여지이다. 우리의 삶이 힘씀으로 새 힘 솟는 샘이 되옵고 진 짐에 짓눌림은 되지 말아지이다. 사람이 서로 바꿔 생각을 깊게 할 수 있게 하시고 고루 사랑을 널리 할 줄 알게 하여 주시옵소서. 아버지와 임께서 하나이 되사 늘 삶에 계신 것처럼 우리도 모두 하나이 될 수 있는 성언을 가지고 참 늘 삶에 들어갈 수 있게 하여 주시고 거룩하신 뜻이 위에서 이룬 것과 같이 땅에서도 이루어지이다. 아멘." 류영모, 『다석 마지막 강의』, 143-153.

될 수 있는 성언을 가지고.37

다석은 원래 이 진술의 출처가 되는 강의에서 성언을 사랑으로 바꾸어 표기하려 하였으나, 다시 성언으로 바꾸어서 표기하였다고 밝힌다. 다석은 성부와 성자를 하나 되게 하고 온 인류를 하나 되게 하는 사랑의 본래적 의미를 가리킴에 있어서 사랑 애(愛)보다 어질 인(仁)이 그 뜻에 더욱 부합한다고 여겼다. 그러나 어질 인(仁)이 가진 착함의 의미조차 그 사랑의 의미를 온전히 담아낼 수 없다고 보았고, 그 인(仁)을 어질 인이 아닌 성하다는 의미의 '성언' 인(仁)으로 재구성한다. 다석은 성언이란 성하다는 뜻의 '성'과 언니라는 뜻의 '언', 이 두 가지 문자가 합쳐진 낱말임을 밝힌다. 요컨대 다석은 삼위일체적 사랑을 의미하는 성언이 한자로는 仁이라 보았고, 그 仁을 우리말로 표현한 것이 바로 성언이었다.38 따라서 다석은 유교적 인 개념을 가진 성언이라는 용어를 통해서 성부와 성자 사이에서 하나 됨으로 이루어진 내재적 삼위일체의 사랑과 인간이 서로 하나가 되어 구원을 경험할 수 있는 경륜적 삼위일체의 사랑을 표현한 것으로 볼 수 있다.

유교적 인을 뜻하는 성언의 개념을 더욱 구체적으로 규명하기 위해서 유교의 인 개념과 그리스도교 사랑의 관계를 살펴봄이 필요하다. 우선 풍우란은 "인이란 우리 마음의 진실되고도 예에 맞는 발로로서, 동정심을 바탕으로 자기 마음을 미루어 남을 헤아리는(推己及人) 것"39으로 정의한다. 즉, 진실함과 동정심을 근본으로 하는 타인에 대한

---

37 류영모, 『다석 마지막 강의』, 150.
38 류영모, 『다석 마지막 강의』, 149-153 참조.
39 풍우란, 『중국철학사』 상, 117.

사랑이 인(仁)을 구성하고 있는 것이다.[40] 따라서 인이란 인간 본성의 이타성에 근거한 수평적이고 관계적인 차원을 가진 보편적 개념임을 알 수 있다.

다른 한편, 줄리아 칭(Julia Ching)은 완전한 인간을 이루고자 하는 우주적인 덕목으로서 유교적 인(仁) 개념이 그리스도교의 사랑과 자비, 그리고 은총의 개념과도 상응함을 주장한다. 인 그리고 그리스도교적 사랑, 둘 다 우주적 덕성이라는 점에서 공통점이 있지만 그리스도교의 덕목으로서 사랑은 예수 그리스도를 통해서 나타난 하나님의 사랑에 그 존재 목적이 있는 반면에 유교의 덕목인 인은 그 근거를 인간 본성에 둔다.[41] 수평적이고 윤리적 차원의 유교적 인 개념이 그리스도교의 사랑이 상응할 수 있는 이유는, 유교적 인 개념이 그 역사적 과정에서 초월적 차원으로의 전환되었기 때문이다. 줄리아 칭에 따르면, 인에 대한 일반적인 해석은 주로 『논어』에 근거하여 극기복례(克己復禮), 곧 자아의 극복을 통해서 유교의 사회적 이상인 예(禮)를 회복하는 우주적 덕성으로서의 인을 보여준다.[42] 그러나 인의 의미는 송(宋)대에 이르면서 우주적 덕으로서의 내재적 인이 창조성, 생명, 의식, 무엇보다 궁극적인 실재로까지 그 의미가 확장되어 초월적 인으로 전환된다. 그 예로, 주희(朱熹)는 인을 하늘과 땅에서 비롯되어 인간과 사물, 우주에 생명을 부여하는 삶의 원동력으로 주장하기도 하였고, 장재(張載)는 인을 성인(聖人)의 모습으로 설명하기도 하였다. 줄리아 칭은 하늘과 땅에서 시작하여 인간에게 주어지고 다시 하늘과 땅으로 돌아가는

---

40 풍우란, 『중국철학사』 상, 118 참조.
41 줄리아 칭/변선환 옮김, 『儒敎와 基督敎』 (왜관: 분도출판사, 1994), 135 참조.
42 칭, 『儒敎와 基督敎』, 80 참조.

인에 대한 설명은 신에 대한 언급만 없을 뿐이지 그리스도교의 삶에 대한 신비적인 신적 사랑과 은총을 연상시키기에 충분하다고 보았다. 한 가지 더 주목해야 할 점은 인과 인을 완성한 사람인 성인(聖人) 개념의 확장이 천인합일(天人合一)에 대한 이해의 가능성을 보여준다는 것이다. 하늘과 인간이 연합하고 교제하는 장소는 인간의 내면이 되고 그 안에서 궁극적 실재와 인간이 서로 교제하는 것이 가능한 것이다.[43]

비록 인은 수평적 차원의 덕목으로 시작되었지만, 시간이 흐르면서 수직적 차원으로 발전하여 인간의 관계 안에서의 사랑의 의미를 통해 사랑을 우주적 창조성의 근거로, 더 나아가 인간과 세계 안에서의 생명이라는 점도 발견하게 된 것이다. 이뿐만 아니라, 인을 통해 절대자 내지는 하늘이라 명칭하는 것 역시 발견하게 된다. 이렇게 하늘과 인간이 인간 내면 안에서 만나는 인(仁) 개념이 그리스도교의 사랑 개념과 연관되어서 가리키는 바는 유교적 인에 담긴 내재적이면서 초월적이고 합리적이면서 애정 어린 사랑과 자비, 창조력과 생명에 관한 고유한 내용들이 그리스도교적 사랑과 하나님에 관하여 더 나은 이해와 통찰에 기여할 수 있다는 점이다.[44]

종합해 본다면, 유교적 관점에서 인이란 타인에 대한 동정심과 극기의 개념을 그 핵심으로 삼고 있으면서 그 내용이 우주적 범주를 넘어 초월적 범주로까지 확장되었음을 확인해 볼 수 있다. 다석 역시 사랑을 인이라 규정하면서, 자칫 감정적이고 낭만적으로 흐르기 쉬운 사랑의 개념을 초월성을 통해서 이타적이고 수신적인 사랑이라는 본래

---

43 칭, 『儒敎와 基督敎』, 138-139 참조.
44 칭, 『儒敎와 基督敎』, 184-185 참조.

개념으로 다시 완성시키려 하였다. 무엇보다, 다석은 이와 같은 인(仁) 곧 사랑 개념을 '언' 그리스도론으로 발전시킨다.

다석이 제시한 성언이라는 용어에서 '언'은 그리스도론적 의미를 함축하고 있다. 다석은 1966년 11월 11일에 고린도전서 13장에서 사랑은 '언'으로 읽어야만 옳다고 말하면서, 고린도전서 13장 4절[45]에 관하여서 "언은 오래 진달내오 언은 힘드려 오를랩니다"[46]라고 적었다. 며칠 뒤, 11월 17일에 다석은 '그리스도 언'이라는 제목으로 다시 고린도전서 14장 4절에 관해 적으면서 이렇게 기록했다. "언이란 오래진달냄! 힘을들여 으를랠!"[47] 위 진술들이 함의하고 있는 바는, 다석이 유교적 인의 보편적인 사랑을 그리스도론적 사랑으로 재해석하여 사랑의 본질을 되찾으려 했다는 것이다. 요컨대 다석은 그리스도의 성부와 세계를 향한 자기 비움적 인내와 희생을 표현함으로써 사랑의 의미를 더욱 구체화한 것이다. 따라서 다석에게 있어 사랑이란 성부를 향한 사랑과 인류를 위한 사랑으로써 자기를 비운 그리스도의 십자가 고난과 인내, 그리고 희생으로 설명되는 그런 온전한 사랑이라 말할 수 있다. 이러한 의미에서 다석은 사랑의 그리스도를 '언니'라 부른다. 김흥호는 다음과 같이 진술한다. "언니란 영원히 짐을 지겠다는 십자가를 지고 매달리신 진달래요, 힘을 들여 위로 오를 위를 우러러 쳐다보는, 언제나 애통하고 울려고 하는 그리스도이다."[48]

---

45 사랑은 오래 참고, 친절합니다. 사랑은 시기하지 않으며, 뽐내지 않으며, 교만하지 않습니다(고린도전서 13장 4절, 새번역).

46 류영모, 『多夕日誌』 2, 460.

47 류영모, 『多夕日誌』 2, 460.

48 김흥호, 『다석일지 공부』 5, 295.

한편, 그리스도의 십자가 사랑은 성부에 대해서는 효(孝)이자 세상에 대해서는 인(仁)이었다. 효의 신학자 윤성범은 효를 인간됨의 윤리적 근거이자 규범 그리고 존재론적 의미로 규정한다. 말하자면 "효는 인의 실현의 존재근거(ratio cognoscendi)"[49]이고, 인(仁)은 "인간의 인간됨의 현실"[50]이라는 것이다. 요컨대 그리스도의 인은 성부에 대한 효를 근거로 하고 있으며 효의 구체적 현실화이다. 따라서 내재적 삼위일체의 측면에서 사랑은 성부에 대한 성자의 효이며, 경륜적 삼위일체의 측면에 있어서 효는 이 세상의 구원을 위한 인으로 세계 안에서 현실화된다. 이제 사랑은 삼위일체 안에서 성부에 대한 성자의 사랑인 효이면서 동시에 이 세상을 구원하는 초월적이면서 내재적인 거룩한(聖) 사랑(仁) 곧 성언이라 말할 수 있는 것이다.

거룩한 사랑인 성언은 인간의 본성이자 동시에 성부의 본질이다. 내재적이면서도 초월적이다. 이 사랑은 인간됨의 현실이기에 마땅히 따라야 하는 모범으로 제시된다. 다음 '우리들'이라는 다석의 시는 언성이라는 용어로 그리스도를 선비와 성인으로 제시하면서 인간이 따라야 할 모범임을 보여준다.

우리들   <面前一絲長時無間>

언: 언니, 성: 언니! 우리들에겐: 가장성큼: 언.
우린: 울어 솟근치고! 우린: 살아 거듭살리!

---

49 윤성범/편집위원회 편, 『효와 종교』, 윤성범 전집 3 (서울: 감신, 1998), 56.
50 윤성범, 『효와 종교』, 56.

이 시에서 다석은 '언니'인 그리스도를 '언'(彦)과 '성'(聖)으로 표현한다. 선비를 뜻하는 언(彦)과 성인을 뜻하는 성(聖)이 언니라는 용어를 설명해 준다. 다석은 언니로서 그리스도를 선비이자 성인으로 보았다. 김흥호는 이 구절을 "언(彦), 언니(元), 성(聖), 언니(仁), 철든 하나님을 머리 위에 이고 거룩하신 사랑이신 형님 우리들에겐 가장 높으신 성큼(乾) 하늘의 어른 되시는 그리스도"52로 해석했다. 또한 다석이 1969년 7월 14일에 일지에 기록한 '성언 一', '성언 二'라는 한글시에 대한 김흥호의 해석에 따르면, "성은 건乾이요 언은 원元이다. 강건중정剛健中正하고 순수정직純粹精直한 것이 성언이다"53라는 의미이다. 또한 인간은 본래 성령의 김 속에서 살아가게 되어있으며, 이러한 이유로 인간 본성은 거룩한 언니인 그리스도를 찾는다. 성으로서의 건(乾)은 하늘이자 성큼이고, 언으로서의 원(元)은 태초이자 큰 사람을 말한다. 인간은 이러한 건원의 본질을 지니고 있으며, 이는 성부 하나님의 본질이기도 하다.54

결국 유교의 인이 인간 본성이자 우주적 원리임과 동시에 절대자로부터 인간에게 주어진 것처럼, 그리스도교의 사랑 역시 인간의 본성이자 성부의 본질이라 할 수 있다. 소우주의 절대자를 통해 대우주의 절대자를 추측해 볼 수 있는 것처럼, 사람 본성을 통해서 드러나는 하나님의

51 류영모, 『多夕日誌』 2, 488.
52 김흥호, 『다석일지 공부』 5, 331.
53 김흥호, 『다석일지 공부』 6, 73.
54 김흥호, 『다석일지 공부』 6, 73 참조.

모상은 사랑 곧 인(仁)[55]이다. 사랑은 인간 존재의 근거이자 실현이다. 이러한 내용을 다석은 다음과 같이 말한다.

이 조그마한 사람에게도 신령(얼나)한 게 있는데 이 우주에는 더 큰 신령한 게 있을 것이라고 생각하는 게 유교의 하느님 사상이다. 사랑(仁)이라는 것은 영원한 것이다. 성경에 하느님의 형상대로 사람을 만들었다고 했는데 하느님께서 무슨 꼴(형상)이 있을 리 없다. 그 꼴(image)이란 사랑(仁)인 것이다.[56]

무엇보다 중요한 것은 다석의 성언 삼위일체론은 유교적 인(仁)이 가진 관계성과 공존성을 통해서 그리스도교 삼위일체론 교리가 가진 공동체적이고 관계적인 함의를 설명한다는 것이다. 그와 더불어 성언 삼위일체론은 성부, 성자, 성령의 내재적 삼위일체의 관계성이 하나님의 모상인 인간들 안에서, 더 나아가 우주로까지 확장되어 구현되는 온전한 관계에 대한 모형을 제시한다.[57] 이 관계성을 설명하는 개념이

---

55 공자는 번지와의 대화에서 인(仁)이 곧 사랑(愛)이라고 말한다. 樊遲問仁(번지문인) 子曰愛人(자왈애인). 『논어』 12:22. "번지가 인仁을 묻자, 공자께서 말씀하셨다. 사람을 사랑하는 것이다." 이기동, 『논어강설』, 470-471 참조.

56 박영호, 『多夕 柳永模 어록』, 254.

57 김흡영은 자기 초월성의 내적 가능성에 초점을 맞춘 왕양명(王陽明)의 심즉리(心卽理), 곧 "심이라는 것이 인간에게 있어서 천리(天理)의 체현이 발생하는 현장"이라는 주장을 통해서 인간의 본성과 능력을 내재적 초월성을 통한 "구원론적 도약"으로까지 연결시킨다. 따라서 유교 최상의 덕목인 인(仁)은 인간들 사이의 공존성(together-ness)을 함의하고 있으며, 인(仁)을 구현할 수 있는 인간성이란 "어진 공동적 인간성"으로서 일상 생활 속에서 이러한 내재적이고 초월적인 인간 자아는 오늘날 자기충족적이고 개인중심적인 에고(ego)가 아닌 "공동적 자아 또는 관계성의 중심(a center of relationship)인 자아의 공존성"을 뜻하게 된다. 이러한 인(仁)의 공존성은 인간들 사이의 관계 내지 사회 정치적 영역에만 제한되지 않고 우주 그리고 만물과의 유기체적 통일을 지향하며, 영적 감

성언이고, 성령의 역할은 성부와 성자의 사랑의 관계에서 발출되는 것으로 이해된다. 이에 관해 숨과 기로서의 성령 이해는 성령이 사물을 안에서 그리고 사물을 통해서 관계를 형성하고 온전하게 하는 사랑 곧 성언의 역할을 한다는 것을 함의한다. 따라서 성언의 삼위일체론에서 구원은 이 세계 안에서 성령이 주도하는 삼위일체적 사랑의 관계적 현실화로 설명된다.

한편, 성언은 유교의 인(仁)이 가진 사랑의 구체적인 덕목들을 삼위일체 하나님의 계시로 이해할 수 있도록 한다. 예를 들어 정직함과 동정심에서 발로하는 사랑으로서 인이란 삼위일체 하나님으로부터 시작된 성언의 사랑이며, 이것이 인간과 세계와 심지어 우주에까지 이르는 관계적 구원으로 구현되는 것이다. 이런 맥락에서 볼 때, 삼위일체 하나님은 계시의 보편적 구조를 통해서 이 세계를 형성하고 온전하게 하는 자신의 구원 방법을 제시하였는데 그것이 바로 성언이다. 따라서, 삼위일체의 관계적 사랑이 인간의 보편적 계시 구조를 통해 동아시아의 문화 안에서 인으로 나타났다면, 다석은 성언이라는 개념을 통해서 구체적이지 않은 인의 계시적 내용을 삼위일체론적으로 구성한 것이라 말할 수 있다.

수성과 자애심을 바탕으로 한 우주적 영성으로까지 나아가는 근거가 된다. 김흡영, 『道의 신학』, 195-198 참조. 다른 한편, 김흡영은 유교의 이와 같은 인간에 관한 관계론적 공존적 통찰은 그리스도교의 신관인 삼위일체론의 관계론적 설명과 공명하고 수렴되어 유교의 강력한 영향력 하에 있던 한국의 그리스도교에 있어서 괄목할만한 성장을 가져온 한 요소가 되었다고 주장한다. 김흡영, 『道의 신학 II』, 43 참조.

5. 통전적 구원의 삼재론적 삼위일체론

다섯째, 신적 실체 중심의 삼위일체론을 넘어서 인간 안에서 신과 세계가 통합되어 신·우주·인간이 유기적으로 연결됨으로 완성되는 통전적 구원의 삼재론적 삼위일체론이다. 다석신학의 형식과 내용에서 나타나는 중요한 특징은 그것이 천·지·인의 삼재론적 틀로 구성되고 진술된다는 사실이다.[58] 주지하다시피, 다석 사상의 중요한 근간은 바로 하늘(신)과 땅(우주)과 사람(인간)의 소통과 합일과 조화를 강조하는 천지인 삼재론이며, 이러한 초월과 내재의 소통과 합일의 역동이 일어나는 장소(locus)는 바로 사람이다. 덧붙여서 다석신학과 관련하여 삼재론이 가진 중요한 의의는 천지인 삼재론이 "한국문화의 시원 사상이며, 기층문화 및 표층 문화를 통해 면면히 전승되어 한국문화의 구성 원리"[59]

---

58 조남호는 『천부경』에 대한 그리스도교적 해석과 불교적 해석을 살펴보면서, 그리스도교적 해석에서 천지인의 해석을 삼위일체에 적용하는 것에 문제가 있다고 지적한다. 그 이유는 천지인 사상에서 인(人)은 매개 내지는 주체적 역할을 하지만, 그리스도교 신학에서는 영(靈)이 그 매개적인 역할을 하기 때문이다. 또한 『천부경』에서는 즉, 조남호의 주장은 전통적 그리스도교의 삼위일체론에서는 '내가' 하나님이 될 수 없기 때문이라고 주장한다. 조남호, "천부경의 연구사 정리(2) —기독교와 불교적 해석," 「仙道文化」 2 (2007) 참조. 그러나 다석의 입장은 신적 실체 중심의 삼위일체론이 아닌 인간의 참된 주체를 '얼'로 이해하면서 신인 합일의 논리를 주장하기에 다석의 삼재론적 사유와 삼위일체의 사유는 양립하는 것으로 볼 수 있다.

59 허호익, 『천지인신학 —한국 신학의 새로운 모색』, 77. 허호익은 윤성범의 성(誠)과 효(孝), 유동식의 풍류, 서남동의 한(恨)과 더불어 또 다른 한국 신학의 새로운 해석학적 원리로 천지인 조화론을 제시하면서, 앞서 제시한 한국 신학의 모형들보다 더욱 한국적인 고유성을 가지고 있음을 주장한다. 그리스도교 신학과 관련하여서 천지인 조화론과 천지인신학에 대한 연구는 허호익의 다음의 책들을 참조하라. 허호익, 『한국문화와 천지인 조화론』(서울: 동연, 2020); 『천지인신학 — 한국 신학의 새로운 모색』(서울: 동연, 2020). 우실하는 한국 전통 문화의 구성 원리를 "삼재론 중심의 음양 오행론"으로 제시한다. 더욱 자세한 설명은 다음을 참조하라. 우실하, 『전통 문화의 구성 원리』(서울: 소나무, 1998).

가 되었다는 사실이다. 따라서 삼재론적 원리로 표현되는 다석신학은 한국적 신학의 고유한 특징을 보여줌으로써 서구 그리스도교의 진술과의 비교와 대화를 통하여 더욱 통전적인 그리스도교 신학 진술로 나아갈 수 있는 것이다.

다석의 삼위일체론은 하늘과 땅과 사람의 유기적 통일성과 조화를 핵으로 삼는 천지인 삼재론에 가장 잘 부합하는 유형이면서도 동시에 서구 그리스도교 전통의 삼위일체론과 뚜렷한 차이를 보여준다. 그 뚜렷한 차이란 다석의 삼위일체론은 신론의 범주를 넘어 신·우주·인간의 통전적 범주로 삼위일체를 설명한다는 점이다. 몰트만의 지적처럼 "테르툴리아누스 이후의 그리스도교의 삼위일체는 언제나 신적 실체라는 보편적 개념으로 표상"[60]되어 성부, 성자, 성령의 삼위일체를 신론이라는 범주 안에서 다룬다. 하지만 한국 신학의 한 유형으로서 다석의 삼위일체론은 신론의 범주를 넘어 신·우주·인간이라는 삼재론적 세계관에 의해 신뿐 아니라 우주와 인간까지 포함하는 더욱 확장된 통전적 범주로 구성된다는 점이다. 예를 들면, 앞서 다석의 지성적 삼위일체론에서 표현되었던 다음과 같은 다석의 진술이 이러한 사실을 잘 보여준다. "참은 한웋님, 빛은 聖神, 나는 아들! 셋은 곧 하나."[61] 다석의 삼재론적 삼위일체론은 서구의 전통적 삼위일체론과 비교했을 때 나타나는 세 가지 중요한 차이점이 있는데, 우선 서구의 전통적 삼위일체론과 천지인 삼재론, 그리고 다석의 삼위일체론을 비교하자면 다음과 같다.

---

60 몰트만, 『삼위일체와 하나님의 나라』, 38.
61 류영모, 『多夕日誌』 1, 395.

〈표3: 삼위일체론 비교〉

전통적 신론 중심 삼위일체론	천지인 삼재론	다석의 삼재론적 삼위일체론
성부	天(신)	한웋님
성령	地(우주)	성신(聖神)
성자	人(인간)	나

위의 구도를 통해서 보면, 다석의 삼재론적 삼위일체론은 전통적 삼위일체론과 비교했을 때 다음과 같이 세 가지 중요한 차이점을 보여준다. 첫째는 앞서 논한 것처럼 다석의 삼재론적 삼위일체론은 신론 범주에서 삼위일체를 말하는 것이 아니라 하나님·우주·인간의 천지인 범주로 삼위일체를 논한다는 것이다. 둘째는 다석의 삼재론적 삼위일체론에서는 성자가 '나' 곧 인간으로 대체된다는 것이다. 이것은 인간의 얼을 그리스도로 보는 다석의 얼 그리스도론이 가진 독특함에 기인하면서도, 이와 동시에 하늘과 땅 곧 신과 우주가 인간 안에서 합일하고 조화하는 천지인의 삼재론적 이해에도 부합된다. 셋째는 천지인의 삼재론적 구도에서 성령이 우주론적으로 이해될 수 있다는 점이다.

이 세 가지 특징을 포괄하는 다석의 삼재론적 삼위일체론의 특징은 신·우주·인간을 아우르는 통전적 구성이다. 특히 성령론을 중심으로 보자면, 전통적인 신적 실체 중심의 삼위일체론에서 성령은 신론의 범주에서 다루어진다. 하지만 천지인 삼재론을 근간으로 삼는 다석의 삼재론적 삼위일체론에서는 성령이 인격적 신론의 범주(天)와 더불어 우주론적 범주(地)에서도 다루어진다. 앞서 성령론에서 논한 것처럼, 다석의 김(氣) 성령론은 동아시아의 비인격적인 기(氣) 개념과 인격적인 기 개념을 양립시켜 성령론을 진술한다. 하지만 천지인 삼재론의 삼위일체 구도에서는 성령이 천-지-인에서 '지'(地)의 차원 곧 우주론적 차원이 더욱 부각된다. 앞서 설명한 바처럼 다석은 성령을 땅 즉 "터에 예됨(造化님"[62]으로 진술하기도 했다.

전통적인 신적 실체 중심의 삼위일체론에서 제시하는 성령론과 삼재론적 삼위일체론에서 성령을 우주(地)로 해석하는 것 사이의 차이는 음(陰)과 양(陽)의 관계를 통해 설명되는 변화와 생성의 역(易)[63]이라는 동양적 "존재우주론"(ontocosmology)[64]을 통해서도 설명된다. 변화를 가리키는 역의 관점에서 볼 때, 하나님의 숨과 바람으로 표현될 수 있는 전통적 그리스도교 성령론의 "영은 변화의 힘이다."[65] 우주 안에서 나타나는 생성과 소멸, 움직임과 쉼, 팽창과 수축 등 변화의 원리는

---

62 류영모, 『多夕日誌』1, 741.

63 동양의 존재우주론인 역(易)을 통해 새로운 동양적 신학의 패러다임으로서 '역(易)의 신학'을 주장한 신학자는 이정용이다. 이정용은 불변의 존재신학으로부터 과정신학을 거쳐 존재와 생성을 모두 포괄하는 역(易)의 신학으로의 전환을 제시한다. 이정용이 제시한 易의 신학은 음(陰)과 양(陽)의 관계로 요약되는 동아시아의 형이상학 체계인 『周易』의 형이상학에 기초하여 우주의 변화를 일으키는 궁극적 실재로서의 易을 핵심적인 신학적 메타포로 삼는 신학이다. 이정용은 陰을 존재, 수용성, 절대신학, 쉼의 범주로, 陽을 생성, 창조성, 과정신학, 운동의 범주로 구분하고, 이 둘을 포함하는 동시에 근원이 되는 易을 통해서 "이것이냐 저것이냐"(either-or)의 논리로 표현될 수 없는 실재를 "이것도 저것도 모두의"(both-and) 논리로 표현할 수 있는 보편타당한 신학으로서의 易의 신학을 제시한다. 이정용/이세형 옮김, 『易의 신학: 동양의 관점에서 본 하나님에 대한 기독교적 개념』(서울: 대한기독교서회, 1998) 참조.

64 존재우주론(ontocosmology)은 데카르트 이후 지배적이었던 배타적 인간론(exclusive humanism)과 대조되는 포괄적 인간론(inclusive humanism)으로서 인간을 정적인 본체로 이해하기보다 늘 변화하는 그런 易의 관계들의 망으로 보는 시각으로 청중잉(成中英, Cheng Chung-ying)이 제시한 개념이다. Cheng Chung-ying, "The Trinity of Cosmology, Ecology, and Ethics in the Confucian Personhood," in *Confucianism and Ecology: The Interrelation of Heaven, Earth, and Humans*, eds. Mary Evelyn Tucker and John Berthrong (Cambridge, MA: Harvard University Press, 1988), 213-215 참조. 김흡영, 『道의 신학 II』, 201-202에서 재인용.

65 이정용, 『易의 신학』, 165.

이 영의 힘에 속해 있다. 그러나 이러한 "易의 힘은 모든 실존의 본질"66이
자 보이지 않는 내적 본질로서 인간이 직접 파악할 수 없고, 그것이
드러내는 명시적인 변화의 현상만을 인식할 뿐이다. 다시 말해 인간은
우주 변화의 저변에서 활동하는 영의 역사인 역의 힘은 보지 못하고,
그것이 물질을 통해 현상적으로 드러내는 성장과 쇠퇴만을 본다는
것이다. 그러나 영과 물질의 관계를 살펴볼 때, "영은 명시되지 않은
물질이고, 물질은 명시된 영이다."67 이 둘은 본질적으로 분리되지
않으나 실존으로는 분리되고 구분되는 것이다.68 이와 같은 역의 관점에
서 볼 때, 다석이 성령을 우주 만물의 변화와 조화라고 표현한 것은
생성과 소멸, 팽창과 수축의 음과 양의 우주적이고 보편적인 변화
안에서 작용하는 힘으로서 그 근원과 본질을 이루고 있는 영에 대한
설명이라 말할 수 있다.

이러한 동아시아의 존재우주론은 음과 양 그리고 변화의 역(易)이라
는 구도 하에서 성령론적이고 삼위일체론적인 해석을 가능하게 하고,
이와 동시에 하나가 셋이고, 셋이 하나가 되는 동일성과 차이성을
설명해 준다. 다석은 이러한 내용을 1955년 9월 25일에 '일이삼사'(壹異
參事)라는 한시로 표현했다.

壹異參事

受身爲子兩親一. 所以得父子有親之理實也.

---

66 이정용, 『易의 신학』, 165.
67 이정용, 『易의 신학』, 165.
68 이정용, 『易의 신학』, 165 참조.

果親有子一異參. 所以知男女(夫婦)有別之事情也.[69]

위 시의 제목인 "壹異參事"(일이삼사)는 "하나가 달라 셋이 되는 일"을 뜻하는 것으로, 다석의 삼위일체론적 사유를 보여준다. 이 시에서 다석은 몸을 물려받고 아들이 됨은 두 부모가 아들의 몸으로 하나가 됨(受身爲子兩親一)을 말하고, 이로써 부자유친의 이치가 현실화되었다 말한다(所以得父子有親之理實也). 또한 다석은 부모가 자식을 얻음은 하나가 달라 셋이 된 것(果親有子一異參)으로, 이로써 남녀(혹은 부부)가 다르다는 것을 알게 된다고(所以知男女有別之事情也) 말한다.

위 내용은 하나가 둘이 되고 둘이 셋이 되는 삼재론적 삼위일체론을 불이적(不二的) 관점에서 설명하는 것이다. 이는 음(陰)과 양(陽)의 상호 보완적 관계로 우주의 변화를 설명하는 역(易)의 관점과 더불어 실체의 유비가 아닌 관계의 유비를 통해 이해해 볼 수 있다. 우선, "천지인이라는 우주적 삼위일체의 가족 유비[Family Analogy]"[70]의 틀 안에서 보면, 하늘의 아버지로서 성부는 만물을 낳는 창조자로서 역(易)에 해당하고, 땅의

---

69 류영모, 『多夕日誌』 1, 67. 김흥호는 이 시를 다음과 같이 풀이한다. "하나가 달라 셋이 되는 일. 몸을 받고 아들이 되었으니 두 부모가 아들의 몸으로 하나를 이루게 되었다. 그래서 부자유친이라는 이치가 사실로 구체화한 것을 알 수가 있다. 부모가 아들을 얻게 된 것은 한 가지가 달라 셋이 된 것이다. 한 가지 남녀의 성별이 달라서 자식을 낳을 수 있다. 이리하여 남녀가 유별하다는 사정을 알 수 있다." 김흥호, 『다석일지 공부』 1, 177-178 참조.

70 김흡영, 『道의 신학 II』, 208. 김흡영에 따르면, 易의 신학자 이정용이 제시한 우주적 삼위일체의 가족 유비에서는 성부를 천상에 있는 아버지로, 성령을 땅의 지탱자로서의 어머니로 그리고 성자를 천상의 아버지와 땅의 어머니 사이의 출산한 자녀로 이해한다. 하지만 이것은 어디까지나 천지인의 우주적 삼위일체의 가족 유비에 따른 것이지, 하나님은 음과 양, 남성과 여성을 포함하면서도 초월하는 창조성의 근원인 易이자 그 원리인 道로서 인격적이면서 비인격적이며, 남성이면서 여성이라 말할 수 있는 것처럼 이 모든 범주를 초월한다. 김흡영, 『道의 신학 II』, 208-209 참조.

어머니로서 영(靈)은 신의 계시적이고 구속적인 활동에 응답하기에 창조의 힘으로서 음(陰)에 해당하며, 성자인 그리스도는 창조의 힘인 말씀으로서 양(陽)에 해당한다고 말할 수 있다.[71] 여기서 그리스도가 가진 독특성은 인성과 신성의 조화와 결합인데, 그리스도가 "신성의 완전한 상징"[72]이자 그와 동시에 "완전한 인성의 상징"[73]이 되어 "神의 창조성과 인간의 그에 대한 응답에 대한 실재의 완전한 상징으로 인간에게 나타난다"[74]는 사실이다. 이것을 역의 관점에서 표현하자면, 성육신한 "그리스도는 인간의 陰에 대해 陽이며 창조자의 陽에 대해 陰이다."[75] 추측해 보건대, 다석은 이러한 삼위일체의 원리를 부모와 자식의 관계를 통해서 설명하려 했던 것이다. 여기서 그리스도는 삼위일체의 다양성이 성자 안에서 연합하고 일치함에서 그 핵심적 내용이 된다.

또한 부모와 자식의 관계를 통한 유비와 더불어 역의 관점에서 창조와 구속을 살펴보면, "창조자로서의 神은 구원자로의 神에 우선한다."[76] 이는 성자의 구원 사역이 성부의 창조 사역의 확대이며 창조의 사역과 구원의 사역이 연속성을 가지고 있음을 가리킨다.[77] 그러나 성자의 구원사역은 성부의 창조사역의 완성을 위한 것이 되며, 성부의 창조는 성자의 구원 사역을 종속시키지만, 창조의 중재자로서 그리스도의 사역은 성부의 창조 사역과는 구별된다.[78] 삼위일체 안에서 창조

---

71 이정용, 『易의 신학』, 178 참조.
72 이정용, 『易의 신학』, 156.
73 이정용, 『易의 신학』, 157.
74 이정용, 『易의 신학』, 157.
75 이정용, 『易의 신학』, 157.
76 이정용, 『易의 신학』, 138.
77 이정용, 『易의 신학』, 138-139 참조.

사역과 구원 사역을 분리시키는 것은 성부와 성자의 관계와 사역 안에서 연합이라는 삼위일체적 기반을 약화시킨다. 하지만 창조와 구속의 연속성에 관한 이해는 이러한 창조와 구원의 단절에서 오는 약점을 보완한다. 또한 이와 같은 연속적 이해는 성부, 성자, 성령의 삼위일체적 관계성에 대한 인식을 강화하며 창조에 있어서 성부의 창조성과 구원에 있어서 성자의 구속 활동을 통전적으로 연결시켜 이해하도록 안내한다.

무엇보다 다석의 천·지·인 삼재론적 삼위일체론은 구원과 구원의 연속성을 가리키면서, 그 중심점이 얼의 그리스도를 품부한 인간으로 향한다. 이는 창조 세계에 있어 인간이 가진 독특한 위치를 주목하도록 한다. 천·지·인 삼재론의 관점에서 보면, 인간 안에서 하늘과 땅이 회통하고, 음과 양의 우주를 움직이는 본성을 담지하며, 이(理)와 기(氣)가 연합한다. 다석의 삼재론적 삼위일체론은 신과 세계가 이분법적으로 분리되지 않고, 인간 안에서 통합됨을 보여준다. 특히 생태 신학의 관점에서 볼 때, 이러한 삼재론적 삼위일체론은 인간을 하늘과 땅이 인간 안에서 합일하도록 부름 받은 창조적이고 구속적인 책임을 가진 존재로 규정한다. 인간 안에서 하늘과 땅이 합일하듯, "인간은 하느님한테 받아 자신 안에 간직하는 신적 역동성과 일치해 창조에 대해 활동하는 자로서 항상 창조와 함께, 창조의 가운데에 있도록 창조되었다."[79] 창조 세계에 대한 책임과 구속으로의 부르심을 받은 인간 안에서 삼위일체의 창조와 구속은 하나가 되어야 하는 것이다. 이와 같은 삼재론적 삼위일체론은 신·우주·인간을 유기적인 관계로 이해함으로써 삼위일체

---

78 이정용, 『易의 신학』, 140-141 참조.
79 레오나르도 보프/김항섭 옮김, 『생태 신학』(서울: 가톨릭출판사, 2013), 72-72.

의 창조와 구속의 활동을 인간의 구원은 물론, 온 피조 세계를 아우르는 우주적 차원의 생태적 구원으로까지 확장시키며, 하늘과 땅이 합일하는 장소로서 인간이 가진 창조와 구속을 위한 독특한 지위를 상기시킨다.

6장

다석의 수행-미학적 인간론

I. 다석 인간론의 수행-미학적 구성

그리스도교적 의미에서 수행이란 "하나님을 향하여 몸과 마음을 닦고 살아가는 수련이고 훈련"[1]이다. 그리스도교 수행의 목적을 "하나님을 모시고, 하나님과 함께 살아가며, 하나님을 향해 우리의 영성과 삶이 자라온 세계가 하나님 누리가 되는 것"[2]이라 정의한다면, 다석은 신종추원(愼終追遠), 보본반시(報本反始), 바탈, 응무소주이생기심(應無所住 而生其心), 삼독(三毒), 존심양성(存心養性) 등 전통적 동아시아 종교의 맥락에서 하나님과의 만남을 추구는 수행적 삶을 살았고, 그 만남의 삶이 그의 수행론을 구성한다.

특히 다석에게 있어서 인간의 가장 원초적인 욕구인 식욕과 성욕 곧 식색(食色)을 초월하고자 한 수행은 그의 삶과 신학을 이해함에 있어서 매우 중요한데, 이러한 다석의 수행론은 하나님을 만나는 인간이 누구인지를 밝히는 인간론을 기초로 하여 구체화한다. 김흡영은 다석의 인간론을 다루면서 다석의 신학을 "참나를 찾아(가온찍기) 말씀을 이루고(誠) 나의 도를 성취하고자 하는 도의 신학"[3]으로, 무엇보다 "다석의 인간론은 몸과 숨의 영성이 그 열쇠이고, 인간론은 성화론, 수신론, 수행론, 수도론, 수양론을 수반"[4]한다고 주장한다.

이처럼 다석의 신학은 몸과 숨을 통해 하나님을 만나는 인간에 관한 설명을 기초하여 인간이 참'나'를 찾아 하나님과 만나는 삶의

---

1 홍순원, "수행 그리스도교," 「신학연구」 45 (2004), 284.

2 홍순원, "수행 그리스도교," 285.

3 김흡영, 『가온찍기』, 115.

4 김흡영, 『가온찍기』, 116.

방식을 설명하는 수행론이 전개된다. 다석의 수행론은 하나님과 만나는 인간은 누구이며, 반대로 인간이 만나는 하나님이 누구인지 그리고 인간이 어떻게 하나님을 만나는지를 설명하는 신학적 인간론과도 밀접하게 관계하는 것이다.

　　따라서 필자는 다석의 인간 이해를 수행론과 인간론이 결합된 '수행적 인간론'으로 규정하고, 다석의 수행적 인간론을 초월, 성례, 금욕, 생각, 씨알 등 다섯 가지 용어로 구체화하고자 한다. 그러나 필자는 여기서 더 나아가 다석의 수행적 인간론을 구성하는 위의 다섯 가지 내용들을 영(靈)의 예술이자 아름다움의 구현으로 보고, 이를 '신학적 미학'5의 관점에서 고찰하여 다시 '수행-미학적 인간론'(修行-美學的 人間論, performative-aesthetical anthropology)으로 재구성하고자 한다. 현재까지 다석의 수행에 관한 연구는 종교적 프락시스(praxis)에만 초점이 맞추어져 있었다. 그러나 필자는 다석의 수행적 인간론이 종교적이고 신앙적인 수행의 차원을 넘어서서 하나님의 아름다움과 그러한 하나님의 모상을 가진 인간을 통해서 드러나는, 즉 "성령 하나님과 참여자 인간이 함께 연출하는 행위예술"6로 이해함이 다석의 수행론과 인간론을 이해하는 데 더욱 적합함을 제시하고자 한다. 왜냐하면, "인생이란

---

5 아름다움에 접근하는 신학적 기획에 있어서 미학적 신학(aesthetic theology)과 신학적 미학(theological aesthetics)으로 구분할 수 있다. 미학적 신학은 "미학에서 출발해서 신학을 향해 움직이는 방향성, 미학의 안경을 통해 신학을 보는 것"을 의미하며, 신학적 미학은 "신학에서 출발하여 미학을 향해 움직여나가는 방향성, 신학의 안경을 통해 미학을 보는 것"을 말한다. 손호현, 『아름다움과 악 ―제1권 신학적 미학 서설』(서울: 한들출판사, 2009), 25 참조. 이 논문에서는 다석의 수행을 신학적 관점에서 해석하여 그것이 보여주는 아름다움의 내용을 파악하기에 신학적 미학의 관점에서 다석의 수행론을 이해하여 이를 수행-미학적 인간론으로 구성하고자 한다.

6 손호현, 『아름다움과 악 ―제1권 신학적 미학 서설』, 210.

성령이 그린 존재의 깊은 풍경화"7로 이해할 수 있으며, 다석의 수행 역시 이와 같은 영의 예술 활동으로 이해할 수 있기 때문이다. 따라서 이 장에서는 다석의 수행적 인간론의 요소들을 분석하고, 이러한 요소들을 다시 신학적 미학의 관점에서 해석하여 다석의 수행-미학적 인간론으로 구성해 보도록 하겠다.

---

7 손호현, 『아름다움과 악 ─제1권 신학적 미학 서설』, 211.

II. 다석의 수행적 인간론의 토대: 참나

1. 초월적 만남의 주체로서 참나

다석의 수행적 인간론을 분석하기에 앞서 그 토대라 할 수 있는 참나에 대해 살펴보도록 한다. 다석에게 참 인간의 주체는 '참나', 박영호의 표현으로는 '얼나'[1]이다. 다석은 1963년 4월 13일 일지에 '참나'라는 제목으로 글을 남겼다. 참나는 '부처'와 '아들'로 표현된 궁극적 실재인 하나님을 만나는 초월적 만남의 주체 내지는 초월적 만남의 자리로 이해된다. 빈탕한대의 '나'의 자리에서 다석은 초월적 사랑을 경험한다.

> 참나
>
> 우리 믿는 내 님은 : 빛ㄴ탕을 내며, 제속에 듬.
> 빛ㄴ탕내여 품는 사랑! 속에 드려 깨여있듕!
> 부첸가? 아들이신가? 큰동그람 한나라!²

참나의 개념을 이해하기 위해서는 다석의 인간 이해를 먼저 살펴보아야 한다. 우선 다석은 인간을 물질적 생명인 제나(몸나와 맘나)와 정신적 생명인 참나(박영호의 용어로는 얼나)로 구분한다. 제나와 참나는 얼핏

---

1 앞서 제기하였듯이 다석의 1차 자료인 『다석일지』에서는 '얼나'라는 용어가 나오지 않는다. 다만, 박영호의 자료에서만 얼나라는 용어가 빈번하게 등장한다. 이 장에서는 인용 편의와 내용 구성상 참나와 얼나를 같이 사용하도록 한다.
2 류영모, 『多夕日誌』 2, 106.

보기에 인간에 대한 이분법적 구분처럼 보이는데, 뒤에서 상술하겠지만 다석의 인간 이해는 인간의 참 자아를 참나로 보는 불이적(不二的) 입장을 견지한다. 다석에게 인간은 "몸나와 맘나와 얼나로 되어" 있고, "몸나와 맘나를 제나(自我)라 하는데, 이는 땅의 어버이로부터 받은 죽을 생명"3을 말한다. 반대로 "얼나는 제나를 다스리는 하느님의 아들로 영원한 생명"4이라 말할 수 있다. 다석은 참나의 생명이 자연스럽게 제나의 죽음을 가져온다고 말한다. 이 영원한 생명의 참나가 바로 인간의 진정한 자아이자 구원의 주체이다.

> 이 땅 위에 몸 사람으로 사는 이는 하느님 말씀을 모른다. 식·색(食色)의 제나가 임자가 되면 하느님의 말씀은 모른다. 얼나로 진리 정신이 풍부해지면 식·색은 자연히 끊게 된다. 진리 정신을 일으키는 얼나가 참나이다.5

다석은 참나를 깨달음과 참나의 온전해짐이야말로 구원이고, 하나님을 섬기는 일이며, 하나님 나라에 들어가는 것이라고 말한다. "얼나를 믿음(깨달음)으로 얼나로는 멸망하지 않고 영생에 들어갑니다."6 구원론에 있어 다석은 다음과 같이 말한다. "구원이라는 건 내 얼 생명을 온전히 이룬다는 것입니다. 그래서 세상에서 하느님 아버지의 아들 노릇을 한다는 그것뿐입니다. 다른 방법이 없습니다."7 따라서 다석에게

---

3 박영호, 『多夕 柳永模 어록』, 108.
4 박영호, 『多夕 柳永模 어록』, 108.
5 박영호, 『多夕 柳永模 어록』, 105.
6 류영모, 『다석 마지막 강의』, 126.
7 류영모, 『다석 마지막 강의』, 127.

있어 구원이란 참나를 깨달음이라 말할 수 있다. 다석은 "성경에 아버지 뜻대로 하라는 것을 그대로 하자"[8]는 것이 아버지 하나님을 섬기는 것이고, 그 섬기는 일로 참나가 점점 온전해진다고 주장한다. 그렇게 참나가 온전해짐이 영생이고 하나님 나라에 들어가는 것이다.[9] 그러나 참나를 깨달음도, 참나가 온전해짐도 과정이 필요한데 그것은 바로 제나의 죽음이다.

다석은 제나의 죽음이 선행되어야 참나의 생명이 '다시' 살아난다는 사실을 '종시'(終始)라는 단어를 통해서 설명한다. 참나는 "비롯 없고 마침도 없는 맨 처음 으뜸님"이다. 하지만 제나는 "비롯 있고 마침"이 있다. 제나의 끝(終) 맺음에서 참나의 생명이 '다시' 시작(始)된다. 이러한 원리를 다석은 1956년 10월 20일 『多夕日誌』에 마침과 비롯이라는 '종시'(終始)[10]라는 한시로 표현한다. 이 시를 박영호는 다음과 같이 옮기고 풀이했다.

배꼽 막고 숨 열리듯 참나는 제나 죽어야 비롯封臍通鼻誠終始

잘못 본며 (생긴) 고달프고 역겨운 거짓 나는 나서 죽어效嚬疲厭妄始終

비롯 없고 마침도 없는 맨 처음 으뜸님無始無終元始初

비롯 있고 마침 있는 제나는 이내 죽어有時有終自乃終[11]

---

8 류영모, 『다석 마지막 강의』, 176.

9 류영모, 『다석 마지막 강의』, 177 참조.

10 종시(終始)라는 단어는 『대학』에 나오는 말인데, 박영호는 이를 "몬(물질)에는 밑동과 끝이 있고 일에는 마침과 비롯이 있으니 먼저 하고 뒤에 할 바를 알면 곧 참에 가까울 것이다"(物有本末 事有終始 知所先後 則近道矣)로 풀이한다. 박영호 옮기고 풀이, 『多夕 柳永模 명상록』(서울: 두레, 2000), 91 참조.

11 박영호, 『多夕 柳永模 명상록』, 91.

이 시를 수행적 관점에서 해석해 본다면 다음과 같다. 가장 중요한 것은 제나의 마침(終)이 곧 참나의 비롯(始)이라는 점이다. 그래서 제나는 비롯(태어남)도 있고 마침(죽음)도 있다. 하지만 참나는 비롯도 없고 마침도 없이 비시원적으로 영원하다. 굳이 표현하자면, 시작과 끝이 없는 수평선과 같은 참나의 한 가운데 제나의 시작과 끝이 자리한다. 그리고 제나의 끝이 참나의 '다시' 시작이다. 영원한 참나 생명의 궁극적 완성은 제나의 마침 곧 육체의 죽음에서 시작한다. 하지만 상대 세계를 부정하는 수행은 간헐적으로 제나의 죽음을 가져오고, 결국 제나의 죽음만큼 참나를 경험하며 살게 된다. 따라서 다석의 '종시'를 통해 두 가지를 알 수 있는데, 하나는 제나가 죽어야 참나가 사는 제나와 참나의 반비례적 관계이며, 다른 하나는 제나의 완전한 마침(육체의 죽음) 이전에 제나를 죽이는 수행을 통해 간헐적으로 참나의 생명이 주어지는 참나의 수행론적 가능성이다.

다석에 따르면, 참나의 생명을 가져오는 것은 세 가지 길이 있다. 첫째는 앞서 설명한 제나의 죽음이다. 제나의 죽음은 구체적으로는 불교에서 말하는 탐, 진, 치의 '삼독'(三毒)을 제거하는 것이다. 다석은 제나를 '아(我)' 곧 자아로 설명하는데, "아(我)는 탐·진·치(貪嗔痴) 수성(獸性)을 지닌 제나(自我)"[12]를 말하며, "거짓나인 제나가 없어질 때 참나가 드러난다."[13] 둘째는 "옛날부터 내려오는 말씀이다."[14] 다석은 예로부터 이어 내려온 경전인 '경'(經)을 참나를 비추는 거울 즉 '경'(鏡)이라 부른다. "이 거울 속에 참나(얼나)가 있다. 말씀이 바로

---

12 박영호, 『多夕 柳永模 어록』, 107.
13 박영호, 『多夕 柳永模 어록』, 107.
14 박영호, 『多夕 柳永模 어록』, 96.

참나(얼나)이다."15 인간은 말씀을 풀어보면서 진리와 참나를 포착하고 붙잡는다. 셋째로 "참을 생각하는 정신에서 제나(自我)가 없는 얼나가 된다."16 다석은 자연과 인생의 "발전과 변화의 대법칙을 따라 세상에 나타난 하나의 현실이 된 것이 나"17라고 말하며 이를 통해 제나는 죽고 참나가 된다고 했다.

다석의 참나 개념이 가진 독특한 점은 참나를 그리스도론과 연결시켜 참나를 그리스도와 동일시하여 구원의 주체로 매듭짓는 부분이다. 다석은 독생자 곧 '한 나신 아들'인 그리스도를 참나라 부른다. 하나님을 우러르며 올라가는 삶이 참나를 믿음(깨달음)이고, 참나를 믿음이 예수를 믿음이며, 그 깨달음이 구원받는 것이라 할 수 있다. 이에 대해 다석은 다음과 같이 설명한다.

> 한 나신 아들이 나타나셨어요. 이 얼나는 영원히 있을 하느님의 아드님이에요. 이것은 지극히 높으신 생명의 근원이 되는 아버지의 아들입니다. 하느님 아버지의 '한 나신 아들'이 오셨어요. … 멸망하게 될 것까지도 모두 튼튼한 생명을 가지고 머리를 들고 하늘을 우러러 저 지극히 높은 데 계신 우리 아버지에게로 갑니다. 나중엔 그 아버지의 낯을 직접 우러러본 듯이 되어 하느님께로 올라가고 마는 거예요. 그러면 영원한 생명으로 사는 것입니다. … 오르고 또 올라서 영원한 생명을 붙잡자. 그것이 믿는 거예요. 우리 그거 믿읍시다. 여기 있다 멸망하지 말고 영원한 생명인 얼나를 믿읍시다. 깨달읍시다. 그것이 예수의 가르침대로 믿고 구원받는

---

15 박영호, 『多夕 柳永模 어록』, 96.
16 박영호, 『多夕 柳永模 어록』, 97.
17 박영호, 『多夕 柳永模 어록』, 97.

것입니다.[18]

이렇게 참나와 그리스도가 동일시되는 구도에서, 구원이 흔히 "값싼 은혜"[19]로 표현되는 그리스도의 대상화는 불가능하다. 왜냐하면 참나의 생명을 붙잡고 하늘로 오르는 신앙적 수행이 믿음이며 구원이기 때문이다. 다석의 구원론은 수행을 통해 지금 여기서 참나를 깨닫는 현재적 구원을 강조한다. 다석에게 있어 구원은 피안(彼岸)의 영역으로 혹은 추상적 개념의 영역으로 내던져지지 않는다. 구원은 지금 여기서 몸과 숨으로 경험되는 얼 생명의 충만함이어야 한다. 이 얼 생명은 인간 자유에 기초한 신앙적 참여를 요청한다. 그 참여의 구체화가 바로 수행이라 말할 수 있다. 이 신앙적 수행을 통해 참나인 그리스도를 만날 수 있고 깨달을 수 있다.

2. 유교 수행 맥락에서의 참나

다석의 참나는 유교의 수행적 특징을 갖는다. 다석은 동광원에서 『맹자』를 강의하는 가운데 유교적 의미의 인간 본성(性)을 가리키면서 참나라는 용어를 사용한다.

---

18 류영모, 『다석 마지막 강의』, 467-468.
19 디트리히 본회퍼/손규태·이신건, 『나를 따르라 —그리스도의 제자직』(서울: 대한기독교서회, 2013), 33. 본회퍼는 "값싼 은혜"에 대해 다음과 같이 주장한다. "값싼 은혜란 참회가 없는 사죄요, 교회의 치리가 없는 세례요, 죄의 고백이 없는 성만찬이요, 개인적인 참회가 없는 사죄다. 값싼 은혜란 뒤따름이 없는 은혜요, 십자가가 없는 은혜요, 인간이 되시고 살아 계시는 예수 그리스도가 없는 은혜다."

하느님 섬기기는 간단하게 하는 겁니다. 그게 존심입니다. 마음을 보존하는 것, 마음이 생존하는 것, 그리고 마음에서 쏟아져 나오는 바탈, 천성, 그걸 길러야 해요. 바탈은 속알이라고 할 수 있는데 얼나가 속알이에요. 이 속알을 길러야 합니다. 존심양성(存心養性)이라는 하느님께 받아서 나온 바탈을 길러야 해요.[20]

앞서 다석이 말한 존심양성(存心養性)의 전거인 『맹자』의 맥락은 이러하다.

맹자께서 말씀하셨다. "그 마음을 다하는 자는 그 성性을 아니, 그 성性을 알면 하늘을 알게 된다. 그 마음을 보존하여 그 성性을 기르면 하늘을 섬길 수 있다. 요절하는 것과 장수하는 것을 다르게 여기지 않고 몸을 닦아서 천명天命을 기다리면 천명을 확립할 수 있다.[21]

다석은 맹자의 가르침 중 중요한 것이 "사람의 마음은 사람에게 신명(神明)이다"[22]라는 가르침이라 주장하며, 신명 곧 인간의 천성(天性)을 '바탈', '속알' 그리고 참나(얼나)라고 표현했다. 다석은 『맹자』를 풀이하면서 "사람의 마음을 다하면 천성을 안다. 천성을 다 알면 하늘을 안다"[23]고 설명하면서 인간은 짐승의 성질만 받아서 나온 것이 아니라

---

20 류영모, 『다석 마지막 강의』, 48.
21 이기동 譯解, 『맹자강설』(서울: 성균관대학교 출판부, 2020), 612. 원문은 다음과 같다. 孟子曰盡其心者는 知其性也니 知其性則知天矣니라 存其心하여 養其性은 所以事天 也요 殀壽를 不貳하여 修身以俟之는 所以立命也니라. 『孟子』 「盡心章句上」 1장.
22 류영모, 『다석 마지막 강의』, 31.
23 류영모, 『다석 마지막 강의』, 37.

속알을 받고 나왔으며, 이 속알(천성)을 길러야 한다고 말한다.[24] 따라서 다석에게 있어 참나는 인간이 하늘로부터 부여받은 천성이자 마음을 다하는 수양을 통해 길러야 할 사명과 같다.

3. 불교 수행 맥락에서의 참나

다석의 참나 개념은 불교의 무아 사상과도 연관되어 있다. 다석의 인간론은 인간 주체를 오직 하나의 '나' 곧 참나로만 파악한다. 비록 다석이 인간을 제나와 참나로 구분하더라도, 제나는 탐, 진, 치에서 비롯된 거짓된 허상의 '나'이고 참된 실제의 '나'인 참나는 얼 생명의 '나'뿐이다. 다석은 제나가 거짓되고 참나(얼나)가 참이라는 사실을 강조했다. 따라서 참나가 살려면 제나가 죽어야 한다. 이 제나를 죽이고 참나를 발견하는 수행의 길이 바로 탐, 진, 치의 삼독을 뿌리 뽑는 것이었다. 이런 과정 끝에 마음은 결국 '빈탕한 데(太空)'에 이르러 하느님 나라 곧 "니르바나 나라"가 가득 채워진다.

> 류영모는 "제나가 죽어야 얼나가 삽니다."라고 하였다. "석가의 말이나 예수의 말은 내 마음을 죽이는 것입니다. 살아 있어도 죽은 것입니다. 나가 한번 죽어야 마음이 텅 빕니다. 한번 죽은 마음이 빈탕한 데(太空)의 마음입니다. 빈 마음에 하느님 나라, 니르바나 나라를 그득 채우면 더 부족함이 없습니다."라고 하였다.[25]

---

24 류영모, 『다석 마지막 강의』, 38 참조.
25 박영호, 『다석 전기』, 341.

다석이 말한 참나의 실체는 '텅 빈 마음', 곧 '빈탕한 데'의 마음이다. 이러한 다석의 '빈 마음'으로서의 주체 이해는 불교의 무아(無我)사상과 상응한다. 또한 다석의 인간론에 있어서 참나를 인간의 유일한 주체로 이해함을 설명하는 논리 역시 불교의 무아사상에서 찾을 수 있다. 최현민에 따르면, 불교를 다른 종교와 구별 짓는 가르침으로서 존재의 실상을 바라보는 방식 중 하나가 바로 무아설이다. 불교는 존재의 실상을 제행무상(諸行無常), 제법무아(諸法無我), 일체개고(一切皆苦), 열반적정(涅槃寂靜)의 사법인(四法印)으로 설명26하는데, 그중에 제법 무아는 "만물이 변하기에 무상하며 따라서 자아나 실체라고 할 수 있는 건 없다는 것"27을 의미한다. 따라서 중생의 고통은 영원하지 않은 것에 집착함에서 발생하고, 그 고통에서 벗어나기 위해서는 존재의 실상을 깨달아야 하는데, 그 존재의 실상이란 바로 '무아'라는 것이다. 이를 더 자세히 설명하자면, 불교에서는 모든 존재가 색 · 수 · 상 · 행 · 식의 "오온(五蘊─물질(色) · 느낌(受) · 개념(想) · 다양한 심리현상들(行) · 분별과 판단(識)─으로 구성"28되어 있는데 세상의 모든 존재는 "이 다섯 요소의 집합일 뿐이지 자기동일성을 지닌 상주불변한 실재"29는 아니다. 결국 '나'(我)란 이 오온이 잠시 결합된 하나의 집합일 뿐인데,

---

26 최현민에 따르면, 사법인이란 1) 인간의 삶에 존재하는 모든 것은 영원하지 않고 끊임없이 변한다는 제행무상, 2) 모든 존재는 무상하며 그러기에 무아라는 제법무아, 3) 모든 고통은 영원하지 않은 실체에 집착함에서 발생하고, 이러한 실존적 상태에 놓인 중생의 모습을 칭한 일체개고 그리고 4) 이러한 무상과 무아의 실상을 깨닫고 고통에서 벗어나는 방법을 알아 실천함으로 도달할 수 있다는 가르침인 열반적정을 말한다. 최현민, 『불교와 그리스도교, 영성으로 만나다』(서울: 운주사, 2013), 114-115 참조.

27 최현민, 『불교와 그리스도교』, 114.

28 최현민, 『불교와 그리스도교』, 115.

29 최현민, 『불교와 그리스도교』, 115.

인간이 이에 집착함으로써 고통이 발생한다는 것이다. 결국 '나'(我)가 존재한다는 생각에서 욕망이 발생하고 그 욕망으로 인해 고통이 생긴다. 불교는 고통과 욕망의 원인이 되는 것을 아(我)에 대한 집착이라 보고, 그 집착의 근원인 '아'(我)라는 실체가 있다는 착각에서 해방시켜야 고통에서 벗어난다고 말한다. 달리 말해, 집착하고 있는 그 대상이 실제로는 존재하지 않는 대상임을 자각할 때 참된 해방을 얻을 수 있는 것이다. 바로 이것이 불교에서 붓다가 전한 가르침인 제법무아의 진리이다. 이 깨달음을 얻지 못한 중생들은 윤회하게 되고 윤회하게 되면 고통은 되풀이된다. 따라서 이 윤회에서 벗어나려면 수행을 통해 '나'에 대한 집착에서 벗어나야 하며, 결국 '무아'의 진리가 나에 대한 집착에서 벗어나게 한다는 것이다.[30]

'나'의 존재를 완전히 부정하는 불교의 무아 사상과 허상 위에서 작동하는 제나를 죽임으로써 참나를 찾자는 다석의 참나 개념은 비움, 곧 '없음'(無)과 빔(空)을 통해 인간 해방(해탈)을 추구한다는 점에서 상통한다. 다음은 다석의 수행론을 분석함으로써 다석이 인간을 어떻게 이해하고, 또 어떤 수행으로 하나님을 만났는지 알아보도록 하겠다. 더 나아가 다석의 수행과 관련된 진술을 근거로 이 장에서는 다석의 수행론의 특징을 다섯 가지 개념들, 이를테면 초월적 내재, 성례, 금욕, 생각, 씨알로 제시하고 이것이 가진 신앙적 그리고 신학적 함의를 각각 살펴보도록 할 것이다.

---

30 최현민, 『불교와 그리스도교』, 116 참조.

III. 다석의 수행적 인간론의 특징

1. 초월적 내재

첫째, 다석의 수행적 인간론은 인간의 몸을 부정하지 않고 오히려 몸을 통해 —혹은 몸으로부터— 참나를 깨닫는, 즉 몸을 초월의 장소로 이해하는 초월적 내재의 특징을 제시한다. 다석의 수행적 인간론에서 우리가 주목해야 할 부분은 다석이 인간의 욕구(식욕, 성욕)를 부정하여 제나를 죽이는 금욕적 수행론을 주장하지만, 결코 몸 자체를 부정하지 않는다는 점이다. 오히려 다석은 인간의 몸을 통해 참나를 만나고 깨닫는 초월적 수행을 주장한다. 이러한 몸의 초월적 긍정을 위해서는 몸과 참나가 인간 안에서 양립할 수 있음을 보여주어야 한다.

다석은 소멸해 버릴 육체와 탐·진·치의 삼독(三毒)의 육체적 욕망 때문에 왜곡되고 부패한 제나를 거짓된 '나'로, 인간의 진정한 자아를 얼 생명의 참나로 보았다. 하지만 다석의 참나를 이해하기 위해서는 제나와 참나의 이분법적 구도 안에 자리한 제나의 '상대화'를 파악하는 것이 중요하다. 이 상대화를 파악하지 못하면 다석의 수행론은 단순히 인간의 몸과 영혼을 뚜렷하게 구분하고 육체 자체를 거부하고 부정하는 영지주의적 금욕주의로 규정되고 만다.

이처럼 다석의 수행을 영지주의적 금욕주의로 이해하는 논리적 귀결에 맞서는 개념은 몸의 상대화다. 최인식은 다석의 몸 신학을 설명하는 데 있어 몸의 나를 부정하는 것과 몸 자체를 부정하는 것이 근본적으로 다른 차원임을 밝힌다. 최인식은 다석이 몸을 부정했던 것이 아니라 '몸나'를 부정했다고 주장한다. 다시 말해 다석의 진술

중에서 몸을 부정하는 듯한 진술들은 몸을 '나' 자신으로 생각하는 '몸나'를 부정했던 것이지 몸 자체를 문제시한 것은 아니라는 것이다. 오히려 몸나에 대한 부정은 몸 자체에 대한 철저한 긍정에 기초한다. 몸은 그 본성상 "인격이 드러나는 신비"[1]이기에, 몸을 성하게 보존하는 것이 얼로 솟구치는 것이라 말할 수 있다. 중요한 것은 몸이 얼을 위해 존재하기에 얼을 위해서 '상대적으로' 몸이 죽어야 한다는 것이다. 이러한 몸과 얼의 역동성이 가리키는 핵심은 진정한 '나'는 몸의 나가 아니라 얼의 '나'라는 것을 깨닫는 것이다. 최인식은 다석이 몸에 대해 무가치하고 부정적인 것으로 이야기하는 이유는 몸나가 거짓되다는 것을 지적하기 위함이라 말한다. 따라서 다석의 수행론에서 몸을 죽이고 얼을 살리는 일은 몸을 상대화하는 것으로 설명할 수 있는 것이지 몸에 대한 일방적인 부정으로 볼 수 없는 것이다.[2]

몸의 상대화를 통해서 다석이 몸 자체가 아니라 몸을 나로 생각하는 몸나를 부정했음을 이해했다면, 이제 어떻게 몸나의 죽음이 얼 생명의 시작임을 깨달을 수 있는 것인가 하는 문제가 제기된다. 이에 대해 최인식은 "진정한 참나의 출현을 봄으로써 몸나의 삶이 참생명의 삶이 아님을 깨닫는 카이로스"[3]가 있으며, "그 카이로스의 순간은 참나인 '성령', '말씀', '그리스도'가 보내지는 때"[4]라 주장한다. 다석은 그리스도와 참 생명 곧 영원한 생명을 동일시한다. 그리스도가 곧 영원한 생명이다. 따라서 참나를 깨달으려면 몸의 죽음으로부터 시작해서 얼 생명으로

---

1 최인식, "다석 류영모의 영과 몸의 신학," 「신학과 선교」 30 (2004), 441.

2 최인식, "다석 류영모의 영과 몸의 신학," 441-443 참조.

3 최인식, "다석 류영모의 영과 몸의 신학," 446.

4 최인식, "다석 류영모의 영과 몸의 신학," 446.

살기 위해 그리스도가 찾아와야 하는 것이다. 중요한 것은 죽을 몸을 나 자신으로 착각하지 말아야 한다는 것과 위에서 거듭남 즉 독생자를 아는 것이다. 이렇게 얼을 참나로 깨닫는 것은 선생 되신 예수가 있기 때문이다. 다석에게 유일한 스승은 바로 예수였다. 다석은 얼의 차원에서 예수와 자신은 하나라고 보았다. 그리고 예수와 자신이 죽음에 이른다는 것도 같았다. 하지만 차이가 있다면 "예수는 얼나를 참나로 알고 얼에 충만하여 일생을 몸나가 아닌 참나로"[5] 살았다는 것이고, 다석 자신은 몸나를 참나로 알고 몸의 요구를 좇아 산다는 것이다. 이렇게 "참나를 따라 몸나를 부정함으로써 참 생명의 길을 보여"[6]준 선생 되신 예수의 삶이야말로 참나를 좇아 몸을 드리는 참 생명의 길을 깨달을 수 있게 한다.

다석의 몸과 몸나, 참나에 대한 최인식의 설명은 다석의 자료들에서 나타난 육체와 영혼의 이분법적이고 대립적인 진술들, 특히 육체를 부정하는 듯한 영지주의적 표현들이 어떻게 해석되어야 하는지를 알려준다. 다석의 몸에 대한 부정적인 강조를 몸의 상대화, 곧 왜곡된 몸의 욕망인 탐, 진, 치의 몸나가 진정한 '나'가 아니라 얼 생명이 참나임을 깨닫게 하려는 것으로 해석함으로써 다석의 수행론 안에서 몸과 영혼의 대립을 극복한다. 이러한 몸과 참나의 관계에서 종종 몸은 상대적으로 부정적으로 표현되고 몸을 통한 금욕적 수행을 촉구하지만, 오히려 몸은 몸나의 거짓됨과 얼나의 진정한 '나'됨을 깨닫기 위한 수행적 도구가 된다. 더 나아가 그리스도를 몸나가 아닌 참나로 살아간 얼

---

5 최인식, "다석 류영모의 영과 몸의 신학," 448.
6 최인식, "다석 류영모의 영과 몸의 신학," 448.

스승으로 제시하면서 신앙적 수행으로 나아간다.

제나와 참나의 이분법적인 다석의 인간론에서 주목할 또 다른 부분은 다석의 주체가 근대적 의미의 자율성과 단독성으로만 특징지어져서 결국에는 초월과 분리되어 버리고 마는 소외된 세속적 인간 주체와 달리 절대자를 만나는, 더 나아가 인성과 천성이 양립하는 초월적 내재 곧 초월의 자리로서 이해할 수 있다는 것이다.

박재순은 다석의 신앙과 사상 속 '주체'에 대해 다음과 같이 주장한다: 우선, 다석은 "주체인 '나'의 깊이에서 '전체 하나'인 절대자를 만나려 했다."7 다석에게 있어서 인간 삶의 목적이란 집착과 두려움, 탐욕에서 벗어난 참된 '나'인 '참나'에 도달하는 것이다. 이러한 참된 '나'를 보도록 비추는 거울이 있는데, 그것이 바로 종교 경전이다. 그리고 경전을 통해서 각성된 참된 '나'에 존재론적으로 도달하는 방법은 탐욕과 지식, 두려움에 막혀 있는 '나'의 속을, '생각'을 통해 비우고 뚫음으로써 '나'의 차원에서 '없음'과 '빔'에 이르는 것이다. 바로 이 '없음'과 '빔'이야말로 참 주체이자 절대자를 만나는 자리이며, 참나를 발견하는 장소이다. 이렇게 생각을 통해 '없음'과 빔에 도달하여 절대자를 만나고 절대자와의 만남을 통해 참나를 발견한다는 생각, 곧 "절대자를 참된 주체 '나'와 절대의 '하나'로 파악"8하는 다석의 사유는 인간을 하나님의 형상으로 이해하는 기독교 신학 그리고 '인성과 천성을 동일한 것으로 보는' 동양 종교 사상의 회통과 융합에서 나온 것이다. 다석은 인간 안에서 하나님을 찾았다. 다석에게 있어 하나님과 만나고 소통하는 자리는 바로 사람의

---

7 박재순, 『다석 유영모의 철학과 사상』, 268.
8 박재순, 『다석 유영모의 철학과 사상』, 269.

본성인 속알이었다. 따라서 인간은 자신과 세계를 초월하기 위해 다른 곳이 아니라 바로 자기(사람) 속으로 파고 들어가야 하는 것이다. 요컨대 "유영모에게는 솟아오르는 초월이 제 속으로 파고들어 가는 것이다."[9]

다석에게 '없음'과 '빔'을 통해 만나는 초월의 대상인 절대자 곧 하나님 은 없이 계신 하나님이다. 박재순에 따르면, 다석에게 하나님은 "'빔'과 '없음'의 차원을 가지면서 '있음의 세계'를 아우르는 전체"[10]다. 다시 말해 "없이 계신 하느님은 유와 무를 종합한 전체로서의 하나"[11]라 할 수 있다. 따라서 절대 하나인 하나님을 만나서 통하면 유와 무, 옳고 그름, 앎과 모름을 초월하여 그 모든 것이 하나로 통하게 된다. 바로 여기에 인간과 세계의 자유와 완성이 있다.[12]

그렇다면 어떻게 절대 하나에 닿아 통할 수 있는지를 살펴볼 수 있다. 박재순에 따르면, 다석에게서 크게 세 가지를 볼 수 있다. 첫째는 모름의 차원을 존중하고 지키는 것이다. 다석은 인간 이성의 한계를 인정하고 이성과 지식을 넘어서는 모름의 차원을 존중하고 지켰다. 이성의 밝음이 아닌 모름을 존중하고 지킬 때 인간은 절대자 안에 머물 수 있고, 인간 자신 그리고 세계의 자유와 해방을 완성한다. 이러한 다석의 모름의 차원은 아시아의 선불교 전통과 상통한다. 둘째, 가온찍 기[13]를 추구하는 삶이다. 다석은 '이제 여기 나'에 집중하는 '가운데'의

---

9 박재순, 『다석 유영모의 철학과 사상』, 269.
10 박재순, 『다석 유영모의 철학과 사상』, 270.
11 박재순, 『다석 유영모의 철학과 사상』, 270.
12 박재순, 『다석 유영모의 철학과 사상』, 271 참조.
13 가온찍기(군)란 하늘을 상징하는 'ㄱ'과 땅을 상징하는 'ㄴ' 사이에 인간을 상징하는 '·' 태극점으로 천지인(天地人)이 합일하는 '나'의 자리라는 의미를 형상화한 다석의 표현 으로 "유영모의 핵심적인 관계론적 실존사상"으로 "우주 속에서 내 자리를 찾아서, 나의

삶을 추구했다. 이러한 삶은 절대자와의 소통과 사귐을 가져온다. 가운데란 지금 여기 나의 삶 속에서 열리는 새로운 존재의 지평으로서 하늘과 땅과 인간이 서로 통하고 공존하며 상생하는 자리가 된다. 이 가운데에 이르는 것이 바로 가온찍기(ㄹ)이다. 가온 찍기의 삶은 자신을 하나의 점으로 만들어 우주와 시간의 한가운데 도달하는 길이 된다. 이 한 점에서 절대자와 만나고 모든 것과 상통한다. 셋째, 생각이다. 다석은 데카르트처럼 인간을 생각하는 존재로 이해했다. 하지만 데카르트의 생각과 다석의 생각은 차이가 크다. 데카르트의 생각이 자신의 존재를 확인하고 이를 통해 그 대상이 되는 자연 세계에 대한 확실성으로 나아갔다면, 다석의 생각은 자신의 존재를 확인하지만 대상이 되는 물질적 세계가 아닌 자기 속으로 파고들어 절대자를 탐구한다. 또한 다석에게 생각은 말씀을 불사르고 자기 자신을 태워 새롭게 하기에 생각은 생명이고 내 존재를 생성하는 행위라 할 수 있다. 이러한 생각은 하나님과 소통하는 길이며, 나의 바탈 즉 속알을 살리는 길이다.[14] 다석의 생각론을 박재순은 다음과 같이 정리한다.

> 유영모에게 생각은 개념과 논리를 따르는 단순한 추리가 아니라 우주의 궁극적인 주체이고 영원한 타자인 신에 대한 그리움과 사랑에서 타오르는 것이며 자신을 새롭게 형성하고 넘어서서 신에게로 솟아오르는 행위다. 이런 생각에 인간과 신이 함께 생각의 주체로 참여해 신의 존재를 확인하고 경험한다.[15]

궁극적 주체를 실현하는 것"을 뜻한다. 김흡영,『가온찍기』, 35 참조.
14 박재순,『다석 유영모의 철학과 사상』, 271-276 참조.
15 박재순,『다석 유영모의 철학과 사상』, 276.

초월의 자리, 초월의 대상, 초월의 방법이라는 틀로 다석이 보여준 참된 주체에 이르는 길에 대해 살펴보았다. 생각을 통해 나를 비우고 뚫음으로써 어둠과 빔에 이르러 절대자를 만나는 자리인 참나야말로 진정한 자기이자 참된 주체라 할 수 있다. 이 참된 나인 참나를 발견하고 깨달음으로써 만나는 초월의 대상은 바로 무와 공의 없이 계신 하나님이며, 그 절대자는 모든 것이 하나로 통하는 전체로서의 하나다. 바로 여기에서 자신과 세계가 해방되고 완성된다. 이러한 참된 주체에 이르는 초월의 방법은 모름의 차원을 존중함, 자신을 하나의 점으로 만들어 지금 여기 나에 집중하는 가온찍기의 삶, 그리고 말씀과 자기를 불태워 하나님께 드리는 제사인 생각이라 말할 수 있다.

이러한 다석의 '참나' 개념이 새로운 영성을 요청하는 오늘날 제시할 수 있는 통찰이란 바로 초월의 장소로서의 인간 주체이다. 오늘날 우리에게 필요한 영성의 장소성은 바로 참된 '나' 즉 참나이다. 다른 곳이 아닌 초월과 내재가 만나는 인간 안에 있다. 이 초월적 장소성이 소외되고 파편화된 인간 주체에 대한 대안적 주체가 될 수 있다. 다석은 참된 주체를 찾는 방법으로 욕망을 다룬다. 다석은 이기적이고 무절제한 욕망 추구인 탐욕, 폭력적인 권력 추구에서 비롯된 파괴적 불안정성이 자아내는 분노와 미움 그리고 유한한 것을 무한한 것으로 인식하는 무지와 어리석음, 이 탐, 진, 치 삼독(三毒)에서 벗어남을 통해 참된 '나'를 깨닫고자 했다. 그리고 그 깨달음에 이르는 과정은 모름지기와 가온찍기(ㄹ) 그리고 생각을 통한 비움의 수행이다. 몸이라는 매개를 통해 인간의 인식과 감각의 경험 그 자체가 억압되어 자신의 욕망과 타자의 욕망이 뒤엉켜 버린 뒤틀린 인간 주체는 다시 몸의 수행을 통해 비움이라는 인간 주체를 되찾는다. 비움이라는 인간 주체의 되찾음은 초월과 만나는 '장소' 그 자체가 된다. 사실, 다석에게 있어 초월과 인간 주체는 다르지 않다. 다석은 초월과의 만남을 외부에서 찾지 않는다. 없이 계신 하나님이란 비움이라는 인간 주체의 완성과 다름없다. 초월적 장소로서 인간 주체란 바로 이것을 의미한다. 따라서, 다석이 제시하는 수행적 인간론은 인간 주체의 온전함을 초월로 이해한다. 무엇보다 인간 주체의 온전함, 곧 참나를 깨닫기 위한 비움의 수행은 그 매개라 할 몸을 통해 억압된 인간 인식과 감각의 해방을 가져온다. 이러한 측면에서, 다석의 수행론은 인간 해방의 영성으로 이해할 수 있다. 따라서, 절대자를 만나는 초월의 자리인 참나는 인간 주체의 완성과 해방이 된다.

2. 성례

둘째, 다석의 수행적 인간론은 '그리움'을 통해 일상에서 참된 인간성을 구현하는 성례전적 수행을 보여준다. 심일섭에 따르면, 다석 사상의 핵심은 '일이관지'(一以貫之)[16]이다. 다석의 일이관지란 "일식(一食)·일언(一言)·일좌(一坐)·일인(一仁) '하나'로 꿰뚫는 것"[17]을 의미한다. 일식이란 하루 한 끼만 먹는 것이고, 일언은 남녀 관계를 끊는 것, 일좌는 정좌(正坐)하는 것, 일인은 언제나 걸어 다니는 것이다. 우선

---

16 『논어(論語)』, 「이인(理仁) 15」에 나오는 말로, 공자가 증자에게 "나의 도는 하나로 모든 것을 꿰었다"라 했던 '오도 일이관지'(吾道 一以貫之)에서 나온 말이다. 여기서 증자는 공자가 말한 도란 바로 충(忠)과 서(恕)라고 풀이한다. 이한우, 『논어로 논어를 풀다』(서울: 해냄출판사, 2015), 278 참조.

17 심일섭, "다석 유영모의 '일이관지'一以貫之' 신앙과 삶의 철학," 김흥호·이정배, 『다석 유영모의 동양사상과 신학』, 118.

일이관지의 대표적인 예로 일식을 들 수 있다. 우선 일식은 하루 한 끼만을 먹는 것을 의미한다. 다석은 1941년 2월 17일 51세 되던 해 일식을 시작하고, 부부간의 일체 성관계를 끊는 해혼을 선언한다. 그리고 40년간 이를 지켰다. 이런 이유로 다석은 고행의 금욕주의자로 알려진다. 다석은 하루에 한 끼 먹는 일식을 하나님께 드리는 몸의 산 제사로 보았는데, 그 이유는 다석이 식욕을 모든 죄와 욕심의 근원으로 보았기 때문이다. 그래서 일식을 통해 이를 끊어내어 자신을 깨끗이 하면 산 제사가 된다고 믿었던 것이다.[18]

김흥호에 따르면, 다석에게 있어서 모든 욕심의 근원은 식욕이고, 죄의 근원은 성욕이었다. 이런 이유로 일식의 '일'(一)은 끊는다는 것 즉 금욕을 의미한다. 일식으로 식욕을, 일언으로 성욕을, 일인으로 명예욕을 끊는 것이다. 이렇게 욕심과 죄의 근원을 끊어버림을 통해 무욕을 이루고, 이 무(無)의 상태가 되어야 진리의 세계에 도달한다. 이러한 진리의 세계를 사는 것이 바로 도덕이다. 다석에게 있어서 그리스도인이란 이러한 진리의 세계를 '사는' 사람이다. 아침과 점심과 저녁을 저녁 한 끼로 함께 먹는다는 다석(多夕)이라는 호는 다석의 금욕주의적인 수행을 잘 드러내는 단어다. 하지만 이러한 금욕주의적 수행이 단순히 금욕적 행위만 뜻하는 것은 아니다. 다석의 일식 안에는 다석이 하나님을 향해 가진 '부자유친'(父子有親)의 신앙이 담겨있다. 이 부자유친의 믿음이 있을 때, 일식은 저절로 이루어지고 성만찬이 된다. 세상의 집착, 식(食), 색(色), 지(知), 명(名)을 끊는 일식, 일언, 일좌, 일인의 삶은 마치 하나의 천체처럼 궤도를 갖는데 이 궤도가

---

18 심일섭, "다석 유영모의 '일이관지'(一以貫之) 신앙과 삶의 철학," 118-121 참조.

천명(天命)이고 도(道)이다. 부자유친의 믿음으로 땅의 죄성이 사라지고 집착이 소멸되어 일식 일언 일좌 일인의 일체 하나로 꿰뚫는 궤도를 갖는 것이 일이관지이고 그렇게 사는 것이 바로 '도'이다.[19]

일식, 일언, 일인과 더불어 일좌 역시 주목할 만하다. 다석은 참을 찾는다는 의지로 언제나 꿇어앉았다. '1'(일)자의 모습이어서 일좌라 하며, 위태로워 보인다고 해서 위좌(危坐)라고도 했다. 다석의 정좌는 단순하게 꿇어앉는 것이 아니라 바르지 못한 간사한 마음(邪心)을 비우는 것을 말한다. 무엇보다 식욕, 색욕, 명욕을 끊어야 마음을 비울 수 있다. 이 비운 마음에 참 나인 '영'이 들어와 차게 된다. 다석에게 금욕주의적 수행은 이 세상의 모든 것과 육체의 욕망을 끊고 끊는다는 뜻이며, 다석은 이를 '단단'(斷斷)이라는 말로 표현되는데, 무릎을 꿇는 정좌는 바로 이 '단단'의 자세라 말할 수 있다. 자신을 바로하고 마음을 비움으로 하늘을 향하는 일좌는 하나님 아버지와의 부자유친이면서 기도라 할 수 있다.[20]

종합해 보면, 다석의 수행에서 '일이관지'가 의미하는 바는 일식, 일언, 일인, 일좌의 일상적 수행이 부자유친의 신앙으로 꿰뚫려 하나의 도가 되는 것이다. 다석에게 이러한 수행은 가장 일상적인 삶의 행위를 신앙의 신비로 승화시키고 자신의 몸을 하느님께 제물로 드리는 성례이자 제사가 된다. 따라서 다석에게 있어 수행적 실천이 없이는 그리스도교 신앙이란 성립될 수 없는 것이었다. 반대로 신앙이 없어도 수행이 불가능하다. 다석에게 신앙은 바로 '그리움' 곧 자식이 아버지 하나님을

---

19 김흥호, "유영모, 기독교의 동양적 이해," 김흥호·이정배, 『다석 유영모의 동양사상과 신학』, 13-16 참조.
20 심일섭, "다석 유영모의 '일이관지'(一以貫之) 신앙과 삶의 철학," 118-120 참조.

그리워하는 부자유친이다. 다석은 이렇게 말한다.

아들(얼나)이 아버지(하느님)를 밤낮으로 그려보아야 제 얼굴을 그리는 것이다. 아버지는 참고 참고 곧잘 기다린다. 아들은 찾고 아버지는 기다리고 그리하여 마침내 아버지와 아들의 만남이 인(仁)이다. 부자유친이 인이다.[21]

다석은 이러한 부자유친의 신앙을 인간의 본성으로 보았다. 그리고 부자유친 신앙의 한가운데 그리움이 자리한다. 인간은 본래적으로 하나님을 그리워하고 기다린다. 그리움은 영원한 아버지인 하나님으로부터 존재를 분유 받아 자녀가 된 인간의 초월적 특성이면서, 이와 동시에 '아버지'를 상실하여 이 땅으로 떨어져 나온 자녀 된 인간의 존재론적 '빈 공간'이 만들어 내는 결핍된 욕망이다. 이러한 그리움으로 인해 인간은 자신을 초월함은 물론 만물을 초월하고 다스린다. 하나님을 그리워함이 인간의 초월적 근거이자 결핍이며 동시에 이 세계 안에서의 가능성이다.

사람은 하느님으로부터 왔기 때문에 언제나 우(하늘)로 머리를 두고 언제나 하느님을 사모하며 곧이곧장 일어서서 하느님을 그리워하는 것이다. 사람이 하느님을 찾아가는 궁신(窮神)은 식물의 향일성(向日性)과 같이 사람의 가장 깊은 곳에 숨겨져 있는 사람의 본성이라고 생각된다. 초목의 향일성과 같은 궁신하려는 사람의 본성 때문에 사람은 풀이 땅을

---

21 박영호, 『多夕 柳永模 어록』, 43.

뚫고 돋아나듯이 만물을 초월하여 무한한 발전을 가능케 할 수 있으며, 나무가 높이 자라 땅을 덮듯이 사람은 만물을 이기고 다스리며 살아갈 수 있다.[22]

하나님을 그리워하는 부자유친의 신앙은 인간의 내적 본성으로 인간을 외적 행위인 '신앙적' 수행의 길로 이끈다. 그리고 그 수행은 인간의 기본적인 욕망으로 작동하는 일상을 거룩한 예배와 성례가 되도록 한다. 그리고 이러한 일상의 수행적 삶은 어떤 "궤도"[23]처럼 인간의 참 본성에 의해 움직여진다. 우리는 이러한 다석의 일이관지에서 하느님을 그리워하고 기다리는 부자유친 신앙의 내적 동력을 통해 평범한 일상이 성례가 되고, 신앙이 일상의 삶으로 구현되는 성례전적 수행의 길을 발견할 수 있다. 그렇다면 인간의 욕망으로 작동하는 일상이 어떻게 거룩한 성례가 될 수 있을 것인지 그리고 이와 같은 성례전적 수행이 갖는 신학적 함의가 무엇인지를 살펴보고자 한다. 최인식은 다석의 몸 수련을 다음과 같이 정리하여 설명한다.

다석이 거부하는 것은 얼나가 아닌 몸나를 참나로 여기며 사는 것이다. 얼나가 참나다. 참나로 사는 것은 얼로서는 성령을 숨쉬며 사는 삶이며, 이는 동시에 몸을 닦는 수신(修身)의 삶이다. 몸나와 얼나가 몸을 대하는 길은 전혀 다르다. 몸나는 몸의 요구 자체에 최고의 가치를 둔다. 그러나

---

22 박영호, 『多夕 柳永模 어록』, 39.
23 김흥호는 다석의 일이관지의 삶을 천체의 궤도로 비유했다. 자연 법칙에 의해 천체의 행성이 운행하는 것이 하나의 궤도가 되듯, 부자유친이 되어 땅의 집착이 끊어지고 일식, 일인이 절로 이루어졌다고 보았다. 김흥호, "유영모, 기독교의 동양적 이해," 14-15 참조.

얼나는 몸의 요구를 상대화시킨다. 몸의 식욕과 색욕을 부정하는 것이 아니라, 몸을 다스리는 차원에서 단식(斷食)·단색(斷色)의 수신을 통해 상대화한다. 더 나아가 기도를 통해 참나의 말씀을 따라 몸을 제(祭)로 드림으로 몸나를 죽이고 참생명의 얼나로 살고자 하는 것이 몸 수련(修身)의 도(道)다.[24]

이와 같은 다석의 몸 수련을 통한 몸의 상대화는 인간 본능을 참나를 깨닫기 위한 욕구로 전환하는 과정으로 이해된다. 인간의 생존 본능인 식욕은 단식 혹은 일식을 통해 얼의 양식을 구하기 위한 욕구로 전환된다. 성욕 역시 색(色)을 끊는 일좌(一坐)의 수행을 통해서 하나님과 하나가 되는 욕구로 바뀐다. 따라서 다석의 수행은 몸의 상대화와 몸나에서 참나로의 전환을 통해 인간의 기본적인 욕구로 작동하는 일상을 거룩한 욕구의 성례로 바꾼다.

좀 더 자세히 살펴보자면, 그리스도교의 성례전은 가장 일상적이고 원초적인 욕구에 기초한 상징과 매개─이를테면, 빵과 포도주, 향기와 시각적 청각적 메시지, 행위 등─를 통해서 삼위일체 하나님을 만나게 한다. 하지만 무엇보다 성례전은 삼위일체 하나님과의 교제의 궤도에서 일탈한 인간의 욕망을 재정위 함으로써 인간을 그리스도인으로 형성하는 역할도 한다.[25] 마찬가지로, 일식과 일좌, 일언과 일인이 하나로

---

24 최인식, "다석 류영모의 영과 몸의 신학," 452.

25 성례전과 욕망의 재정위 그리고 그리스도교적 인간 형성에 관한 연구는 다음 책들을 참조하라. 제임스 스미스/박세혁 옮김,『하나님 나라를 욕망하라』(서울: 한국기독학생회 출판부, 2017); 제임스 K. A. 스미스/ 박세혁 옮김,『습관이 영성이다』(파주: 비아토르, 2018).

뚫려 실천의 궤도가 되는 일이관지의 수행적 신앙은 인간의 가장 기본적인 욕망이 담긴 일상에서 신앙의 내적 동력으로 육체에 대한 자기 비움과 자기 절제를 통한 일상적 성례전을 추구한다. 결국 다석의 수행 안에 있는 자기 비움과 자기 절제는 몸을 상대화함으로 육체성의 축소나 왜곡이 아니라 인간 욕망을 정화하고 재정위 함으로써 참 인간 본성의 완성을 향한다. 이처럼 신앙적 사유를 넘어 실천적 신앙으로 승화하는 다석의 신앙은 욕망의 극대화로 자신은 물론 타자와 세계를 파괴하는 시대에 자기 비움과 자기 절제의 핵을 담은 인간과 세계의 완성을 향한 '형성적(formative) 신앙'을 그 대안으로 제시한다.

3. 금욕

셋째, 다석의 수행적 인간론은 금욕을 특징으로 한다. 류영모의 YMCA 강의 속기록인 「버들푸름」을 보면, 다석은 "몸성히, 맘놓이, 뜻태우"[26]라는 순우리말로 그의 영성 수련의 핵심을 표현한다. 다석은 "참을 꼭 잡아야 한다는 진리파지(眞理把持)"[27]를 말하며, 체(體), 정(貞), 지(志), 세 가지로 구분하여 수행을 설명한다.

조(操)라는 글자는 무조건 고집으로 단단히 잡지 않으면 안 된다는 글자가 아니다. 자신이 잘하려고 단단히 잡는 것을 말한다. 정조(貞操)란 <곧이>를 단단히 잡는 것을 뜻한다. … 체조(體操)라는 것은 몸을 반듯하게

---

26 류영모, 『多夕日誌』 4, 409.
27 류영모, 『多夕日誌』 4, 409.

가지는 것을 말한다. 뜻을 바로 갖는다는 지조(志操)도 마찬가지로 우리에게 긴한 것이다. 체(體), 정(貞), 지(志) 그 어느 것도 갖추지 못하거나, 치우치면 균형하다고 할 수 없다. 체조하려면 지조하지 않으면 안 되고, 지조하려면 정조하지 않으면 안 된다. 정조하려면 지조하고 체조하여야 한다. 이처럼 하나의 조(操)를 지키려면, 여러 가지 것이 참여해야 한다.[28]

다석은 몸을 뜻하는 체, 마음을 뜻하는 정, 뜻을 의미하는 지를 유기적이며 상호의존적인 수행요소로 제시하면서 진리파지의 수행을 주장한다. 다석에게 있어서 수행이란 몸을 닦는 것만도 아니고, 마음만 수양하는 것도 아니고, 뜻을 가지는 것만도 아니라 몸과 마음과 뜻이 서로 균형을 유지하면서 상호 유기적으로 작동하는 통전적인 참여이다. 하지만 체, 정, 지에서 수행의 시작과 중심은 바로 몸 곧 '체'에 있다.

지(志)는 도덕적인 것을, 정(情)은 감정적 예술적인 것을 말하는데, 몸(體)에는—과학에는— 이 지·정이 다 들어가야 한다. … 몸짓을 잘 가져야 마음 놓임을 얻는데 마음 놓임을 얻어야 뜻을 얻을 수 있고, 할 바를 단단히 가질 수 있다. 건강해야 진선미를 알려 하고 캘려 한다. 뜻만 가지고서는 안된다. 증자는 이후입지(而後立志)라는 말을 하는데, 무엇무엇을 한 뒤 뜻을 세운다고 할 때 이 <무엇무엇>은 방금 말한 체조, 정조를 가리킨다고 할 수 있다.[29]

28 류영모, 『多夕日誌』 4, 409-410.
29 류영모, 『多夕日誌』 4, 410.

뜻을 세우기 이전에 선행되어야 할 것은 바로 체조와 정조인데, '마음 놓임'을 뜻하는 정조는 바로 '몸짓을 잘 가져야'하는 체조에서 비롯되는 것이다. 다석의 수행은 바로 몸에서 시작되어 뜻으로 귀결된다. 마찬가지로 신앙 역시 몸에서 출발해야 한다. "몸을 가지고 정조·지조 하겠다는 사람"[30]이 바로 신앙인이다. 이러한 체조, 정조, 지조를 다석은 순우리말로 '몸성히, 맘놓이, 뜻태우'라 표현한다. 그렇다면 이 세 가지의 수행이 구체적으로 무엇을 의미하는지에 관해 다석은 이렇게 설명한다.

> 몸성히는 체조를 통해서 마음 놓이는 정조를 통해서 뜻태우는 지조를 통해서 그래서 체조와 정조와 지조가 필요하다. … 몸성히를 위해서는 탐욕을 버려야 한다. 자꾸 먹고 싶은 욕심을 경계하고 많이 먹지 않도록 하는 것이다. 이것을 점심이라고 하는데 석가는 대낮에 한번만 먹었다고 해서 일중심 혹은 24시간에 한번 먹는다고 해서 점심이라고도 하고… 몸성히의 비결은 점심에 있다. … 맘놓이를 가질려면 치정을 끊는 것이다. 정조라고 하지만 진짜 정조를 지키는 것은 아주 치정을 끊어 버리는 것이다. … 세상에 마음을 가장 움직이는 것은 남녀관계다. 남녀관계를 끊으면 마음은 저절로 가라 앉는 법이다. 이것이 치정을 끊어야 될 수 있는 것이다. 마음이 가라 앉으면 그때 나타나는 것이 지혜의 광명이다.[31]

이처럼 몸성히란 하루 한 끼 먹는 점심을 통해 식욕을 절제하여

---

30 류영모, 『多夕日誌』 4, 410.
31 류영모, 『多夕日誌』 4, 411-412

건강을 유지함을 말한다. 맘놓이는 남녀관계를 끊음을 통해 그 마음이 흔들림 없이 진리와 하나 됨을 뜻한다. 그리고 뜻태우는 마음이 가라앉은 맘놓이의 상태에서 나타나는 "정신의 광명"32을 말하는데, "마치 등잔불을 계속 태워 만물을 비추듯이 뜻을 태워 지혜의 광명으로 만물을 비추게 되는 것"33을 뜻한다. 이 몸성히, 맘놓이, 뜻태우의 수행은 다석이 일생 추구했던 일이관지의 삶과 일치함은 물론 다석 수행론의 핵심을 함축하고 있다. 이를 토대로 인간 욕망을 재정향시키는 다석의 금욕 수행의 세부적인 내용들을 다음과 같이 점심 수행, 빈탕 수행, 뜻태우 수행으로 구성해 볼 수 있다.

첫째, 욕심을 줄여 점으로 만드는 점심(點心) 수행이다. 다석이 하루 한 끼 먹는 일중식과 금식에 힘썼던 것은 참된 건강함이 욕심의 줄임에서 온다는 믿음 때문이었다. "사람은 안 먹으면 병이 없다. 욕심을 줄여서 한 점을 만드는 것이 점심이다."34 사실 다석의 입장에서 '금욕'은 참된 욕구를 되찾는 길이자, 자연의 이치에 순응하는 길이다. 다석은 "밥은 살려고만 먹게 되어야 하고 성(性)은 자녀를 낳으려고만 만나야 한다"35고 말했다. 다석에게 있어 기본적인 식욕과 성욕을 넘어가는 것은 타락이었다. 박재순에 따르면, 다석이 일일 일식과 해혼을 한 이유도 "자연생명의 본능과 인간의 본성을 부정하고 극복하기 위해서가 아니라 생명의 자연적 본능과 인간의 본성을 회복하고, 실현하고, 완성하기 위한 것이었다."36 이런 이유로 다석은 이렇게 말한다. "사람은 소와

---

32 류영모, 『多夕日誌』 4, 412.

33 류영모, 『多夕日誌』 4, 412.

34 류영모, 『多夕日誌』 4, 412.

35 박영호, 『多夕 柳永模 어록』, 475.

말에게 배워야 하고 짐승에게 배워야 한다. 그들은 본능대로 사는 것이다. 생식은 본능이다. 그러나 음란은 본능이 아니다."[37] 따라서 욕구를 점으로 만드는 점심 수행이야말로 참된 인간성을 제시하여 이를 완성하는 길이자 왜곡되고 오염된 타락한 인간성을 치유하는 길이 된다.

둘째, 초탈과 무념의 '떠남'으로 인간 본성을 허공과 무로 재정향하여 자유와 생명에 이르는 과정인 빈탕 수행이다. 다석은 남녀관계의 치정을 끊어 참된 정조에 이르고자 했다. 남녀관계를 끊음으로 '마음을 가라앉혀'야 뜻을 태워 세상을 밝힐 참된 지혜의 광명이 찾아오기 때문이다. 이렇게 마음을 가라앉힘은 마음의 빈탕 곧 마음의 허공을 지향하는 수행으로 표현할 수 있다. 다석은 허공을 '빈탕한데'라는 순우리말로 표현했다. 그리고 그 빈탕한 데가 바로 우리가 살아야 할 하나님의 품이다. "우리가 알아야 할 것은 빈탕한데(허공)이다. — 그래서 빈탕한 데인 하느님 아버지의 품에서 살아야 하는 것이다."[38] 다석은 빈탕을 통해서 하나님의 말씀이 흘러나온다고 말했다. 빈탕 즉 비움이야말로 사람의 본질이고, 빈탕이어야 하나님의 생명이 흐른다. 빈탕의 사람은 하나님의 가락이 흘러나오는 피리이다.

> 사람은 피리와 같다. 마음속이 비어야 하느님의 가락이 흘러나온다. 피리 소리의 가락이 하느님 뜻이다. 빈 마음에 하느님의 얼이 비친다. … 나는 피리요, 피리를 부는 이는 하느님이시다. 피리에서 아름다운 가락이 흘러 나온다. 그것이 하느님의 말씀이다. 마음이 비어야 한다. 허공이 피리의

---

36 박재순, 『다석 유영모』, 138.
37 류영모, 『多夕日誌』 4, 482.
38 박영호, 『多夕 柳永模 어록』, 212.

본질이요, 가락이 피리의 생명이다. 예수는 마음속에 영원한 생명의 생수가 한없이 솟아 흐른다고 했다.[39]

다석은 정조를 지킴으로 마음을 가라앉히는 빈탕 수행을 통한 비움을 추구했다. 다석에게 있어 빈탕이야말로 인간의 본질이며, 그 빈탕을 통해 하나님을 만난다. 이러한 다석의 빈탕 수행을 구현하는 방식은 바로 불교식 수행이었다. 박재순은 몸성히, 맘놓이, 뜻태우의 수행이 불교의 금욕사상과 인간 본성과 사명을 결합하는 한국 전통 사상, 그리고 기독교의 은총 사상과 결합되어 있다고 보았다.[40] 그렇다면 불교 전통의 수행과 기독교 전통의 수행이 공명하는 것에 비추어 다석의 수행 방법을 설명할 수 있는 길이 있음을 추측해 볼 수 있다. 수행적 측면에서 불교와 기독교가 상응하는 예가 있는데, 바로 마이스터 에크하르트의 초탈과 선불교의 무념이다.

길희성은 에크하르트의 초탈사상과 선불교의 무념 사상을 토대로 동양과 서양의 영성이 서로 공명하는 부분을 설명한다. 길희성에 의하면, 에크하르트는 "영혼의 벌거벗은 본질이자 근저인 지성"[41]에 도달하기 위해 이를 덮고 있는 "정신적 상(像, Bild)과 욕망을 제거"[42]해야 한다고 주장한다. 심지어 하나님에 대한 상과 생각도 비우고 자유로워져야 한다. 이렇게 '떠나는' 행위가 바로 "초탈(Abgeschiedenheit)이고 초연

---

39 박영호,『多夕 柳永模 어록』, 213.

40 박재순,『다석 유영모』, 156 참조.

41 길희성, "마이스터 엑카르트," 김승혜 외,『불교와 그리스도교의 수행』(서울: 바오로딸, 2005), 125.

42 길희성, "마이스터 엑카르트," 125.

(Gelassenheit)"[43]인데, 초탈은 영혼이 가진 관념을 비우고 욕망을 비우는 것을 뜻한다. 에크하르트의 초탈은 "사물이든 생각이든 지식이든 행동이든 욕심과 집착에서 떠나는 것"[44]을 말한다. 그리고 초탈에 이르는 길은 자기 사랑을 떠나는 것이다. 이렇게 초탈의 경지에 이르면 자기중심적 욕망에서 비롯된 왜곡된 시각에서 벗어나 마음을 비워 순수한 지성에 근거하여 모든 사물을 있는 그대로 볼 수 있게 된다. 이로써 참다운 그리고 자유로운 성품의 삶을 산다.[45]

초탈의 과정과 상응하는 예로 선불교에서 이야기하는 무념(無念)과 무상을 들 수 있다. 무념은 정신적 진공이 아니라 생각에 집착하지 않는다는 의미의 무념을 가리킨다. 곧, 응무소주 이생기심(應無所住 而生其心)[46]의 경지에 이르는 것으로서 상에 있되 상을 떠나는 무상(無相), 생각은 있되 생각을 떠나는 무념(無念) 그리고 모든 사물을 대할 때 메이지 않는 무주(無住)를 뜻한다.

종합해 본다면, 에크하르트의 초탈과 상응하는 다석의 수행 개념은 '응무소주이생기심'의 '떠남'이다. '응무소주이생기심'의 초탈과 무념의 수행이야말로 에크하르트와 선불교 그리고 다석이 서로 교차하는 지점이다. 다석은 '응무소주이생기심'의 내용을 통해서 해탈과 구원의 길을

---

43 길희성, "마이스터 엑카르트," 125.

44 길희성, "마이스터 엑카르트," 126.

45 길희성, "마이스터 엑카르트," 127 참조.

46 응무소주 이생기심(應無所住 而生其心)이란 마땅히 머무는 바가 없이 마음(생각)을 내어야 한다는 뜻으로서 다석은 물건을 보면 마음이 동하는 것이 인간이라 보고 견물생심을 경계한다는 뜻에서 응무소주 이생기심을 다음과 같이 말한다. "응무소주(應無所住)로써 색심(色心)이나 소리나 향기나 맛이나 보들보들한 촉감은 물론이고 심지어는 법(法)에도 마음이 살아나면 안 됩니다. 법에 생심(生心)하면 안 된다는 것은 진리에도 생심하면 안 된다는 말입니다." 류영모,『다석 강의』, 485.

제시한다. 그 길은 머무름 없이 떠남이다.

얼(나)밖에 정신이 만족할 만한 것이라고는 상대세계에는 없다. 그러므로 상대세계에 한눈팔 겨를이 없다. 그래서 응무소주이생기심(應無所住而生其心)이다. 이 상대세계에는 맘 붙일 데가 없다는 참 좋은 말이다. 그리하여 이 상대세계에 머무르지 않는 참나인 얼나에 맘을 내라는 것이다. '응무소주이생기심'(應無所住而生其心) 이 말 한마디만 잘 알면 해탈할 수 있고 구원받을 지경에 갈 수 있다.[47]

에크하르트의 초탈에 비추어 다석의 수행을 살펴보면, 깨끗함과 더러움은 외부의 물질에서 비롯되는 것이 아니라 내면의 마음에서 비롯된다. 자기중심적 욕망에 사로잡힌 자기 사랑이 물질로부터 탐(탐욕), 진(분노), 치(치정)를 만들어 내는 것이다. 따라서 다석의 금욕 수행은 자기중심성의 인간 본성을 온전한 인간성 곧 허공으로 재정향하여 하나님의 생명이 흘러가게 만드는 과정이듯, 빈탕이야말로 인간 본성이며 초탈과 초연의 수행은 참 인간 본성으로 재정향하는 과정이다.
더 나아가 부정신학과 관련하여 다석의 빈탕 수행은 체성극명야귀탁(禘誠克明夜歸託)으로 설명할 수 있다.

하느님에 대한 추원을 옳게 하는 것이 체(禘)요, 이에 바로 들어가면 성(誠)입니다. 체성(禘誠)은 치성(致誠)입니다. 이 '체'를 늘 밝혀야 '성'을 이룰 수 있습니다. 극(克)은 늘 하자는 것입니다. 철저하게 '체성'을 하자

---

47 박영호, 『多夕 柳永模 어록』, 126.

는 것입니다. 이렇게 하여야 늘 하느님을 알게 됩니다. 늘 '체성'을 밝히면 밤, 곧 신탁(神託)에 들어갑니다. ··· 영원한 밤에 들어갑니다.[48]

조상을 기리며 봉양하듯 정성껏 하나님을 봉양하여 '성'에 이른 '체성'의 수행을 통해 하나님을 '알게' 되는 영원한 밤에 이른다는 것이다. 일찍부터 다석은 저녁 찬송을 주장한다. 다석에게 밤은 중요하다. 왜냐 하면 "밤중에 보이지 않는 빛이 아닌 얼빛으로 태양 광선을 거치지 않고 나타나는 우리의 삶에 가장 중요한 우주의 얼(하느님)과의 통신"[49] 이 있기 때문이다. 오히려 "한낮의 밝음은 우주의 신비와 영혼의 속삭임 을 방해하는 것이다."[50] 그래서 다석은 자신의 호를 처음 공식적으로 지면에 올리면서 이렇게 기록했다. "저녁은 영원하다. 낮이란 만년(萬年) 을 깜박거려도 하루살이의 빛이다. 이 영원한 저녁이 그립도소이다."[51]
여기서 다석이 의미했던 저녁은 빛의 밝음이 가리키는 물질과 감각 과 의식의 세계, 불교의 관점에서 표현하자면 색(色)의 세계와 대립되는 얼과 '무'감각과 '무'의식의 세계인 공(空)의 세계를 의미함을 알 수 있다. 잠드는 밤 무의식의 어두움이야말로 얼의 빛으로 연결되는 하나님 과의 교통이 있다. 따라서 다석이 말한 영원한 밤은 인간의 의식과 물질의 빛이 꺼진 하느님과 소통하는 무의식과 얼의 세계를 말한다. 그래서 다석은 대낮이 아닌 밤중에 숨길이 들린다고 한다.

---

48 류영모, 『다석 강의』, 378.
49 박영호, 『다석 전기』, 416. 1940년 8월 「성서조선」 139호 재인용.
50 박영호, 『다석 전기』, 416-417. 1940년 8월 「성서조선」 139호 재인용.
51 박영호, 『다석 전기』, 417. 1940년 8월 「성서조선」 139호 재인용.

그런데 '햇빛이 들었다'는 것, 즉 '빛드러간(비뚤어 간)' 한낮 대명천지 밝은 날이 오히려 우주의 신비와 영원한 영혼을 증명하는 것을 점점 막습니다. 그러니 대낮에 사는 것이 허영(虛榮)임을 알아야 합니다. … 숨길은 밤중에 들립니다. 밤중처럼 숨길이 잘 들리는 대는 없다고 생각합니다. 피곤하여 잠잘 때는 몰랐던 숨길이 들립니다. 생리적으로 보아도 밝은 낮에는 알 수 없는 것을 밤에 알 때가 있습니다. … 그래서 '빛드러 숨길 막지 말고' 숨길로 숨는 길로 들어가야 합니다.[52]

셋째, 다석의 수행적 인간론은 개인적 수행을 통해 보편적 인류 가치로까지 나아가는 뜻태우 수행을 특징으로 한다. 내면에 집중하는 다석의 동양적 수행론은 자칫 이웃과 세계와의 관계, 곧 대사회적인 공공성이 미흡하다는 비판을 받을 여지가 있다. 하지만 다석의 수행론은 수행의 개인적 특징은 물론 사회적이고 관계적인 수행으로까지 나아간다. 이런 의미에서 다석은 몸성히, 맘놓이와 함께 뜻태우를 설명한다. 뜻태우는 "정신의 빛을 비추는 것"[53]으로 "마치 등잔불을 계속 태워 만물을 비추듯이 뜻을 태워 지혜의 광명으로 만물을 비추게 되는 것이다."[54] 결국 탐욕을 버리고(몸성히) 치정을 가라앉히는(맘놓이) 수행은 "일체를 살리는 성현의 불"[55](뜻태우)로 세상을 살리는 보편적 인류 가치로까지 확장된다. 이러한 뜻태우 수행을 보여주는 한 예가 유교적 개념인 경친애친이다. 인류 보편적 가치로 확장되는 다석의 수행은

---

52 류영모, 『다석 강의』, 172.
53 류영모, 『多夕日誌』 4, 412.
54 류영모, 『多夕日誌』 4, 412.
55 류영모, 『多夕日誌』 4, 412.

경친애친으로 달리 표현할 수 있다. 다석의 수행론은 효(孝)라는 부모와 자식의 관계에 적용되는 혈연적인 윤리 가치를 인류 전체의 보편적 윤리 가치로 확장한다. 다석은 이를 경친애친(敬親愛親)으로 설명한다.

> 애친자불감오어인(愛親者不敢惡於人), 어버이를 아끼는 사람은 감히 남을 모함하지 않습니다. 내가 감히 남에게 악(惡)하게 하면 부모가 걱정을 하기 때문에 그렇게 할 수 없습니다. 남을 미워하는 마음이 도대체 생길 수가 없습니다. 경친자불감만어인(敬親者不敢慢於人), 어버이를 중히 여기는 사람은 감히 남에게 거만할 수 없습니다. 이 말은 부모를 참 아끼고 중히 여기는 것을 다하면, 곧 할 일을 다하면 뒤에 백성이 그 덕(德)을 쫓아 받든다는 것입니다. 천자(天子)의 효(孝)를 가리키는 말입니다. … 모두 경친애친(敬親愛親)을 할 줄 알아야 합니다. 애경(愛敬)의 정신은 부모에게 효를 해야만 터득할 수 있습니다.[56]

타인을 증오하고 미워하는 것은 인간 본성이 아니다. 왜냐하면 인간은 자신을 낳아준 부모를 사랑하고 아끼는데, 그 부모는 자식이 남에게 악을 행하는 것을 근심하기 때문이다. 따라서 부모를 아낀다면 부모가 근심할 일 곧 남을 미워하는 일을 하지 않는다. 이처럼 효의 윤리적 가치는 단순히 가족주의에 머물지 않고, 타자를 대하는 방식에 변화를 불러온다. 효의 윤리적 가치는 타자를 대하는 윤리적 가치와 통치자의 정치적 가치로 확장된다. 다석과 동양 유교 사상에서 타자에 대한 윤리는 자신을 낳고 길러준 부모를 친(親)하고 애(愛)하는 공경과

---

56 류영모, 『다석 강의』, 921-922.

사랑의 마음인 인간 본성에서 비롯된다. 이 마음에서 갈고 닦음으로 나오는 삶의 길이 바로 덕(德)이다. 불교의 수행이 내면을 닦아 세상에 지혜의 광명을 비추는 것이라면, 유교의 수행은 인간의 본성을 닦아 그 덕(德)으로 천하를 다스린다. 이것이 다석이 앞서 말한 "천자(天子)의 효(孝)"이다. 뜻태우에 담긴 의미는 다석의 수행론이 가진 인류 보편적인 영적이고 도덕적 가치를 나타낸다.

지금까지 인간 욕망을 재정향시키는 다석의 금욕 수행론이 가진 세 가지 구성 내용들, 곧 점심 수행, 빈탕 수행, 뜻태우 수행을 살펴보았다. 다석의 금욕 수행은 인간의 내면적이고 정신적인 차원을 넘어 타자를 대하는 방식과 세계와 관계하는 방식으로까지 확장된다. 오늘날처럼 자기만족과 자기이익이 삶의 절대적 기준으로 작동하는 시대에 욕망을 한계 짓는 금욕적 삶의 방식은 낯설게 다가올 수도 있다. 하지만, 무한한 자기욕망과 그 욕망 충족의 가능성과 당위에 근거하여 타자는 물론 자기 자신을 착취하는 폭력적 자본주의와 이와 맞물려 있는 생태적 위기를 통해 드러나는 전 지구적인 위기 상황 속에서 다석의 금욕 수행은 대항-문화적(counter-cultural) 삶의 방식이 될 수 있다.

무와 공의 비움에 기초한 다석의 금욕 수행은 불교적 관점에서 볼 때, 왜곡되고 뒤틀린 인간 욕망의 허위를 폭로하여 이를 '초탈'하는 인식적 각성을 가져오지만, 그리스도교적 관점에서 볼 때, 하나님이 부여한 은총의 '충만함'을 역설적으로 드러내는 삶을 구현한다. 금욕이란 아무런 근거 없이 자기 욕망을 제거하는 가학적 행위가 아니다. 이런 도착적 금욕은 현 상황을 수용한다는 미명하에 현 상태(status quo)를 합리화함으로써 그 억압적 구조를 변혁시킬 역동성을 상실하게 한다. 그러나 금욕은 바울이 말한 것처럼 그리스도 예수 안에서 나타난 하나님

의 풍성하심에 근거하여 풍족과 궁핍, "그 어떤 경우에도 적응할 수 있는 비결"이다.[57]

이처럼 금욕 수행의 지향점은 어떤 것에도 매이지 않는 자유함에 있다. 금욕은 무한하고 경계 없는 욕망의 추구가 결국 자신은 물론 타자를 구속하고 억압하는 실상에 대한 깨달음에서 출발한다. 욕망의 왜곡된 추구는 자신의 존재가 결핍되어 있다는 허위에 근거하지만, 진정한 욕망이란 존재의 충만함에 근거하며, 그 욕망의 구현은 결핍으로 인한 소유가 아닌 존재의 충만함으로 인한 자기-내어줌이 된다.

따라서 금욕 수행은 자기 비움이 곧 존재의 충만이 되는 역설적 신비에 대한 실존적 경험이자 예수 그리스도의 자기 비움과 승귀(昇貴, Exaltation)에 근거하여 스스로와 타자를 얽매는 모든 억압으로부터 벗어나 자유함을 얻는 삶을 향해 실천으로 내딛는 신앙적 고백이라 말할 수 있다.

4. 생각

넷째, 다석의 수행론은 존재론적이고 생명론적인 '생각'을 통해 인간을 하나님의 현존 장소로 제시한다. 다석은 1955년 5월 22일 자신이 지은 한시에서 '생각'[58]을 이렇게 표현한다.

---

57 내가 궁핍해서 이렇게 말하는 것이 아닙니다. 나는 어떤 처지에서도 스스로 만족하는 법을 배웠습니다. 나는 비천하게 살 줄도 알고, 풍족하게 살 줄도 압니다. 배부르거나, 굶주리거나, 풍족하거나, 궁핍하거나, 그 어떤 경우에도 적응할 수 있는 비결을 배웠습니다. 나에게 능력을 주시는 분 안에서, 나는 모든 것을 할 수 있습니다(빌립보서 4장 11-13절, 새번역).

58 류영모, 『多夕日誌』1, 20.

〈그림7: 1955년 5월 22일 다석일지〉

다석의 이 글을 김흥호는 이렇게 풀이하고 해석한다.

이끗이

올 끈이로

온 끝에까지

말씀 사르므로

생각이오니

맨 첨부터

함께 계심

몬있은 근끗으로^{物存在中心}

숨있은 웋끗으로^{命存在上元}

이끗인 나는 영원한 생명인 이의 영원한 생명의 한 끝이다. 올(理) 끈(斷)
이(續)로, 이치를 생각하고 단행하고 온 세계의 끝까지 말씀을 전함으로
사명을 삼으니, 생각하는 나는 태초부터 하나님과 함께 계시는 나라.[59]

김흥호의 해석에 의하면, 다석은 생각하는 '나'를 영원한 생명의 한 끄트머리이자 하느님과 함께 태초부터 함께 한 영원한 존재로 이해했다. 올끈이, 곧 이치(올)를 계속(끈이) 이어가는 것이야말로 영원한 존재인 인간의 참 '나'이다. 이치를 계속 이어 나가는 그리고 말씀을 사르는 '생각'은 영원한 인간의 마땅한 사명이다. 다석의 생각론은 인식론적 차원을 넘어 존재론적인 그리고 생명론적인 차원으로까지 이어진다. 생각이 가진 인식론적 차원과 존재론적이고 생명론적인 차원이라는 맥락에서, 생각에 대한 다석의 사유는 데카르트(René Descartes)의 생각에 대한 사유와 비교해 볼 필요가 있다.

박재순은 데카르트와 류영모의 생각을 비교하고 그 공통점과 차이점을 설명한다. 우선, 데카르트의 생각은 인식론적 원리로서 인간을 인식론적 존재로 규정한다. 데카르트의 명제인 코기토(Cogito, ergo sum, "나는 생각한다. 그러므로 나는 존재한다")는 인간 주체를 생각하는 이성 내지는 생각하는 존재로 보았다. 생각의 주체로서 '나'는 자신의 존재함을 위해 자기 자신 밖에 어떤 것도 요구하지 않는 실체로 규정된다. 또한 데카르트의 생각은 마음 내부에서 발생하는 것으로, 마음과 마음 외부에 있는 것을 격리하여 나눈다. 이러한 논리는 인간과 인간 밖에 있는 것을 단절시켜서 자연에 대한 이해에 있어서 인간과 자연을 분리시키고 자연을 대상화하기에 자연 정복의 기틀을 마련하게 된다. 결국 데카르트는 생각을 인식과 추론의 논리적이고 이성적인 인식론적 행위로 규정하고, 이러한 인식론적 행위를 통해 인식의 주체인 '나'를 추론한다고 보았던 것이다.[60] 이와 같은 데카르트식의 생각은 인식론적인 차원에

---

59 김흥호, 『다석일지 공부』 1, 49-50.

머물 뿐 존재론적이고 생명론적인 차원으로까지 나아가지 못한다는 한계를 지닌다.

하지만 다석은 데카르트의 '나는 생각한다. 그러므로 나는 존재한다'는 명제를 받아들이지만, 그 명제는 다석 안에서 "존재론적·생명론적 명제"[61]로, 그 원리는 "삶과 믿음의 원리이자 존재의 원리"[62]로 전환된다. 우선 데카르트가 코기토의 명제로 외부의 자연과학적 존재에 대한 확실성에 이르렀다면, 다석은 오히려 외부의 자연과학적 존재는 없는 것이고 오로지 생각만 존재하는 것이 된다. 다석의 눈에 보이는 물질세계는 본래 빔이고 어둠이기에 보이지 않는 생각과 생각하는 '나'가 확실히 존재하는 것이고, 그 생각과 생각하는 '나'의 안에 밝음이 있는 것이다. 이 밝음 곧 창조적 지성이야말로 "솟구쳐 올라가는 인간 생명의 속알맹이 본성"[63]이라 할 수 있다. 다석은 이러한 인간 본성에 대한 통찰을 가지고 인간 안에서 하나님을 만나는 수행적 생각론으로 나아간다. 인간은 생각을 통해 다른 대상이 아니라 바로 인간 자신으로 파고들어 이 세계의 근원적 생명이자 목적이 되는 하나님을 만나는 것이다.[64]

여기서 필자는 다석의 생각론이 인간을 하나님이 현존하는 장소로 이해할 수 있는 신학적 인간론으로까지 확장됨을 제시하고자 한다. 다석은 데카르트의 명제를 인용하면서 이를 적용하여 "생각이 있는 곳에 곧 신이 있다"[65]는 '염재신재'(念在神在)의 신관을 내세운다. '염재

---

60 박재순, 『다석 유영모의 철학과 사상』, 49-50 참조.
61 박재순, 『다석 유영모의 철학과 사상』, 50.
62 박재순, 『다석 유영모의 철학과 사상』, 51.
63 박재순, 『다석 유영모의 철학과 사상』, 51.
64 박재순, 『다석 유영모의 철학과 사상』, 51 참조.
65 류영모, 『다석 강의』, 99.

신재'의 생각론에서 참된 생각은 하나님으로부터 온다.

> 사람이 참된 생각을 하게 되는 것은 하느님이 계시어 이루어진다. 하느님
> 께서 내게 건네 주는 얼(성령)이 참된 거룩한 생각이다. 하느님께서 건네
> 주는 얼이 없으면 참된 생각을 얻을 수 없다. … 생각하는 곳에 하느님이
> 계신다고 염재신재(念在神在)라 한다.[66]

또한 다석에게 생각하는 것은 존재하는 것이며, 무엇보다 신적
본성이다. 신적 본성이 생각이고 생각하는 곳에 하나님이 있다면, 생각
하는 인간이 곧 하나님이 현존하는 장소가 된다.

> 데카르트는 내가 생각하니까 있다고 하였습니다. '나'는 생각하는 것이
> 사는 것입니다. 생각은 내가 합니다. 그런데 생각은 적어도 나만 하는 것
> 은 아닙니다. 하늘에 계신 하느님도 생각합니다. 이 사람도 생각을 하기
> 위해 있습니다.[67]

다석은 생각을 신적 본성으로 보았다. 신적 본성으로서 생각이
가진 특성들을 살펴보자면, 생각은 존재를 끊임없이 앞으로 나오게
하는 불과 불꽃으로 표현된다. "생각은 불입니다. 생각은 불꽃입니다.
— 생각에 불이 붙어서 개개인의 나가 나옵니다."[68] 다석은 생각이
'나'를 존재하게 하지만, 그 존재함이란 불꽃처럼 강렬한 변화의 존재로,

---

66 박영호, 『多夕 柳永模 어록』, 76.
67 류영모, 『다석 강의』, 105.
68 류영모, 『다석 강의』, 227.

불처럼 끊임없이 역동적으로 더 나은 존재를 향해 나아가는 초월적인 그 무엇으로 보았다. 이 생각의 불을 통한 변화를 거쳐 참된 주체가 나온다. 생각이 가진 존재를 바꾸는 변화의 속성, 다시 말해 더 높은 차원으로 탈바꿈하는 승화 내지는 초월적 속성을 표현하기 위해 다석은 불과 불꽃으로 표현한 것이다.

또한 다석에게 생각이 불 혹은 불꽃이 되는 또 다른 이유는 생각이 바로 하나님을 사랑하는 정신이기 때문이다. 생각은 단순한 인식론적 활동이 아니다. 생각은 곧 사랑이다. 이 지점에서 생각은 인식에서 사랑의 대상을 향한 자유 안에서의 참여인 신앙으로 전환된다. 다석은 이렇게 말한다.

> 사람이 정말 모른다고 하는 하느님의 영원성과 이어져 하느님을 사랑하는 생각이 나와야 합니다. 하늘이 무엇인지 모르는 일을 종단(終斷)하여야 합니다. 하느님과 연애를 하여야 하지 않겠습니까? 이 사랑의 정신이 나와야 참불꽃이 살아나오는 것입니다. 정신입니다. "나는 생각한다. 고로 존재한다." 나를 생각한다는 것은 사랑한다는 말입니다.[69]

이처럼 다석에게 생각은 인식적인 차원을 넘는 신앙적 차원을 갖는다. 생각은 곧 하나님에 대한 사랑이기 때문이다. 하나님을 향한 사랑으로써 생각은 하나님을 향한 신앙적 참여다. 사랑은 사랑의 대상을 조건으로 성립하는 관계적인 개념이다. 하나님을 사랑한다는 것은 그 사랑의 대상이라 할 하나님이 존재함을 가리킨다. 하나님은 인간에게

---

69 류영모, 『다석 강의』, 229.

자신을 개방함으로써 우리가 하나님을 지향하고 자유함으로 사랑하도록 이끈다. 인간은 이러한 하나님의 자기 개방을 통해서 자유함 가운데 하나님에게 참여하며 하나님을 사랑한다. 이 과정에서 사랑의 대상이 되는 하나님 그리고 자신과 하나가 된 하나님에 대한 참여의 형식이라 할 생각을 통해 하나님이 존재함을 깨닫게 된다. 다석은 이를 생각하는 곳에 하느님이 계신다는 뜻에서 염재신재(念在神在)라 하였다. 이로써 하나님을 생각하는 인간은 하나님이 현전하는 초월의 장소가 된다.

이제 하나님을 지향하고 사랑하는 생각은 말씀과 연결된다. "내 맘속에 생각의 불꽃을 태우는 것이 하느님에게 말씀 사뢰는 것"[70]으로 "우리를 가리켜 사람이라고 하는 것은 말씀을 사뢰는 중심이라는 뜻"[71]이다. 사람은 그 마음의 중심에서 말씀을 태워 불사른다. 그 사룀이 곧 사람의 본성이자 하나님의 현존의 장소이다. 한 마디로, "생각은 우리의 바탈(性)이다. 생각을 통해서 깨달음이라는 하늘에 다다른다."[72]

그렇다면 수행적 차원에서 생각이 어떻게 적용되고 구체화 되는지를 무엇인지를 물을 수 있다. 다석은 생각을 인간의 '바탈'(性)로 보았기 때문에 생각의 불꽃을 태우는 것이 바로 바탈을 태우는 것이라 보았다. 따라서 인간의 모든 활동에 바탈을 태우는 생각의 활동이 자리한다. 인간 활동으로서 생각을 다음과 같이 정리할 수 있다.

첫째로, 다석은 바탈을 태움 곧 생각을 학문, 예술, 종교, 과학, 기술 등 광범위한 인간의 문화적 차원에서 이를 설명한다. 그림을 그리는 일, 노래를 부르는 일, 사물을 통해 하나님의 섭리를 깨닫는

---

70 박영호, 『多夕 柳永模 어록』, 78.
71 박영호, 『多夕 柳永模 어록』, 78.
72 박영호, 『多夕 柳永模 어록』, 80 참조.

영성, 과학과 기술의 연마를 통해 바탈을 살릴 수 있다고 주장한다.[73]

둘째로, 다석에게 생각은 단순히 몸과 분리된 정신적 활동이 아니라 몸과 긴밀하게 연결된 통전적 활동이다. 박재순은 다석의 사상에서 몸과 맘과 얼의 통합적 차원을 설명한다. 즉, "인간의 생명은 몸, 맘, 얼이 통합된 것이고 하늘, 땅, 사람이 하나로 만난 것"[74]인데, 맘은 몸과 얼 사이에 이 둘을 연결해 주는 자리이다. 따라서 "몸은 맘을 품고 맘을 하늘을 품고 있다."[75] 이처럼 다석의 생각 수행은 마치 체득(體得)이라 말할 수 있는, 몸을 통해 그리고 몸으로부터 생각을 '캐내는' 활동이다. 따라서 생각은 몸을 통해서 오는 체험 그리고 그 체험을 해석하고 의미로 전환해 존재를 형성하는 과정과 결과인 깨달음이라 할 수 있다. 이러한 맥락에서 다석은 '몸성히, 맘놓이, 바탈태우'의 수행을 이야기했다. 그리고 그 수행의 순서에서 언제나 시작은 바로 몸이었다.

셋째로, 다석의 생각은 바르게 생각함 곧 바르게 수행함이고, 바르게 수행함이 곧 바르게 생각함이라는 불교의 팔정도(八正道)에 기초한다. 다석은 신앙이란 참나를 깨닫는 이치를 붙들고 그 자리까지 가는 것이라 말하면서, 그 영원한 참나를 깨닫는 길은 바르게 생각하는 길밖에 없다고 주장한다. 그리고 다석은 석가의 가르침인 팔정도를 예를 들며 이렇게 말한다. "영원한 생명인 얼나를 깨닫는 데는 바르게 생각하는 길뿐이다. 석가의 팔정도(八正道)는 곧 바르게 생각해야 한다는 가르침이다."[76] 여기서 바르게 생각함이란 바르게 수행함과 불가분적으로

---

73 박영호, 『多夕 柳永模 어록』, 80 참조.
74 박재순, 『다석 유영모의 철학과 사상』, 61.
75 박재순, 『다석 유영모의 철학과 사상』, 61.

맞물려 있다. 따라서 바르게 수행함이 곧 바르게 생각함인 것이다. 바른 수행과 바른 깨달음을 이야기하는 팔정도의 수행은 일반적으로 계(戒)·정(定)·혜(慧) 삼학(三學)과 비견된다. 여기서 "계戒는 자신의 행을 제어하는 계율을 말하고, 정定은 명상 수행에 해당되며, 혜慧는 계와 정을 통해 얻어지는 지혜를 의미"[77]한다. 팔정도 중에서 가장 먼저 계에 해당하는 것은 바르게 말하는 정어(正語), 바른 행위를 하며 사는 정업(正業), 바른 생계수단을 갖고 사는 정명(正命)이다. 다음 정에 해당하는 것은 수행의 결실을 위해 꾸준히 노력하는 정근(正勤), 호흡을 마음이 집중하는 대상으로 삼는 호흡 명상인 정정(正定), 몸과 마음을 현재에 머물도록 마음을 집중하는 정념(正念)이다. 마지막으로 혜에 해당하는 것이 올바른 견해를 뜻하는 정견(正見)과 바른 견해를 위해 바르게 사유하는 정사유(正思惟)이다. 무엇보다, 팔정도는 서로가 영향을 주고받는 "상즉상입相卽相入 관계"[78]에 있기에 하나의 수행은 다른 7개의 수행과 서로 영향을 주고받는다. 이러한 관계를 "팔정도의 상즉성相卽性"[79]이라 부른다. 상즉성의 관계가 의미하는 것은 바른 생각과 바른 행동이 서로 그 영향을 주고받음으로 불가분적이고 순환적인 특징을 보여준다는 것이다. 결국 팔정도는 수행을 통한 깨달음에만 머물지 않고, 계율을 계속해서 지켜나감으로 그 깨달음을 몸으로 체득해야 함을 말한다.

종합하자면, 불교의 팔정도 수행과 다석의 생각 수행이 가리키는

---

76 박영호,『多夕 柳永模 어록』, 83 참조.

77 최현민,『불교와 그리스도교』, 196.

78 최현민,『불교와 그리스도교』, 198.

79 최현민,『불교와 그리스도교』, 198.

바는 참나의 깨달음 그리고 바른 생각을 가져오는 일상적 삶의 수행 사이의 관계이다. 참나의 깨달음인 '이치'와 바른 생각을 가져오는 길인 일상적인 수행은 상호 연관되어 있어 순환적으로 서로 영향을 주고받는 다는 것이다.

5. 씨알

다섯째, 다석의 수행적 인간론은 고난받는 타자를 직면하고 이들과의 연대를 통해 참 인간성 곧 참나를 되찾을 수 있는 구원의 가능성을 제시한다. 이러한 주장이 함축적으로 드러나는 개념은 바로 씨알이다. 제나라는 거짓 자아를 버리고 참나를 되찾는 수행적 깨달음은 고난받는 타자와의 연대를 통해서도 이루어진다.

이러한 내용을 담은 예는 톨스토이(Leo Tolstoy)가 이기적 자아를 버리고 하나님을 믿는 신앙 안에서 새로운 삶의 방식을 찾는 과정을 묘사한 도로테 죌레(Dorothee Soelle)의 설명에서 찾을 수 있다. 톨스토이는 성공한 명망이 있는 작가이자 귀족임에도 불구하고 잔인하고 어리석은 자신의 자화상에서 벗어나지 못한다. 세상에 대한 혐오에 빠져 있던 톨스토이가 새로운 삶의 방식을 찾게 된 계기는 바로 민중의 이야기를 집필하면서였다. 이미 정교회 신앙에서 떠난 그는 교육받지 못하고, 가난하며, 지배자에 의해 착취당하는 것이 당연하게 여겨졌던 옛 시대 러시아 농부들의 세계를 접한다. 이후 톨스토이는 이웃을 향한 봉사라는 새로운 삶의 방식을 발견한다. 말하자면, 톨스토이가 참된 자아를 되찾는 결정적 계기가 되었던 것은 바로 가난하고 힘없는 고난 받는 타자라 할 민중을 대면함에 있었다는 것이다. 도로테 죌레는 톨스토이가 비정통 신앙으로 개종하면서 자아를 버리고 참 자아를 찾는 과정을 그의 작품 중 하나인 『주인과 하인』[80]의 이야기를 묘사함으로 설명하는데, 요점은 이기적 자아를 버리고 새로운 자아를 찾는 진실한 회개는 고난받는 타자를 만나면서 시작된다는 것이다.[81]

고난받는 타자를 통해 참된 자신을 되찾는다는 내용과 관련하여 톨스토이의 러시아 농부들과 비견될 수 있는 것으로는 다석의 '씨알' 개념과 민중신학의 민중 개념이 결합한 '씨알 민중'이라는 개념을 들 수 있다.[82] 박재순에 따르면, 다석은 1956년 12월 연경반 강의에서 『대학』에 나오는 친민(親民)을 씨알 어뵘으로 풀이했는데,[83] 그 의미는 백성인 씨울을 어뵘 즉 어버이 뵙듯 하라는 것이다. 다석은 백성을

---

80 톨스토이의 소설, 『주인과 하인』(1895)은 톨스토이의 대표적 작품 중 하나로, 재산을 불리기 위해 하인들을 착취하는 신흥 상인이자 주인인 바실리와 묵묵히 착취당하며 주어진 대로 인내하며 사는 하인 니키타가 겨울 눈보라 속에서 죽음을 눈앞에 두고 일어난 극적인 변화의 사건을 묘사한다. 자신의 욕망과 이익을 좇는 바실리가 이기적이고 탐욕스런 자아를 잃어버리게 된 결정적인 계기는 자신의 눈앞에서 얼어 죽어가던 하인 니키타를 보게 되면서다. 니키타를 본 주인 바실리는 "그가 니키타이고 니키타가 자신"임을 깨닫는다. 그리고 하인 니키타에게 와서 그의 털외투로 하인 니키타를 감싸주어 그의 생명을 구하고, 결국 자신은 얼어 죽는다.

81 도로테 죌레/정미현 옮김, 『신비와 저항』(서울: 이화여자대학교출판부, 2007), 331-334 참조.

82 다석 자료 안에서 '씨알 민중'이라는 용어는 발견되지 않는다. 다석은 다만 씨알을 언급했다. 하지만 종종 등장하는 씨알 민중이라는 용어를 필자는 다석과 교분이 있었던 안병무가 민중신학을 주창함에 착안하여 민중의 존재론적 측면에서 다석의 씨알 개념이, 씨알의 사회정치적 측면에서 민중신학의 민중 개념이 서로 상보적인 관계로 결합되어 '씨알 민중'이라는 개념으로 표현되었다고 이해한다.

83 박재순, 『다석 유영모의 철학과 사상』, 304 미주 참조. 박재순은 비록 연경반 강의 속기록에서 다석이 '친민'을 '씨올 어뵘'으로 풀이했다는 직접적인 언급이 없었음을 밝힌다. 그러나 함석헌이 '씨올'을 풀이할 때 다석이 '친민'을 '씨올 어뵘'으로 풀이했다고 말한 것과, 1954년부터 연경반 강의를 들었던 김용준의 증언을 근거로 다석이 '친민'을 '씨올 어뵘'으로 풀이한 것이 확실하다고 밝힌다.

가리키는 말로 씨알이라는 용어를 사용했고, 어뵘이라는 말로 백성을 어버이처럼 대하라는 주장을 편다. 하지만 이와 같은 다석의 표현은 당시 전통적 유교가 백성들을 돌봐주어야 할 어리석고 약한 어린이 정도로 바라보는 태도와는 큰 차이가 있었다. 백성을 민중 곧 씨알로 본 다석의 민중 이해는 민중을 돌봄과 배려의 대상으로 본 유교적 민중관과 다르고, 민중을 깨우치고 가르쳐야 할 계몽 대상으로 보았던 서구의 계몽주의적 민중관과도 다르다.

이와 다른 관점에서 민중을 이해하고 설명하는 개념이 바로 씨알이다. 박재순에 의하면, 다석이 백성을 씨올이라 명칭한 것은 백성 속에 영원한 신적 생명의 씨앗을 품부하고 있음을 의미한다. 마치 씨앗 안에 그보다 더 큰 생명의 가능성이 숨겨져 있듯이 씨올 민중은 그 안에 인간 생명뿐 아니라 자연 생명과 신적 생명을 모두 품부하고 있음으로써 역사와 자연, 인간과 신적 생명이 소통하는 자리가 된다. 씨앗 자체가 완성된 생명이 아니라 가능성의 생명이듯, 씨알 민중은 도덕적으로 지적으로 신적으로 완벽하지 않으나 자연 생명과 신적 생명 전체를 품고 있는 씨앗이다. 다석은 비록 힘없고 가난한 때로는 무지할 수 있는 민중을 어버이처럼 섬겨야 할 주체로 보았던 것이다.[84]

씨알의 정체성은 인간이 하나님의 신적 생명을 가진 가능성의 존재라는 사실에 있다. 이를 설명하는 개념은 불교의 불성 사상이다. 다석이 민중을 '씨알'로 표현하면서 사용한 씨앗 메타포는 불교의 불성 사상과 연관 지어 이해할 수 있다. 최현민은 불교의 '불성'(佛性) 사상을 설명하면서 『열반경』의 '일체중생 실유불성'(一切衆生 悉有佛性), 곧 모든 중생이

---

84 박재순, 『다석 유영모의 철학과 사상』, 94-95 참조.

불성을 가지고 있다는 해석을 통해 모든 중생이 부처가 될 수 있다는 가능성으로서의 불성 사상을 설명한다. 특히 불교에서는 '실유불성'의 의미를 통해서 볼 때, 모든 인간 안이 부처가 될 수 있는 잠재력으로서의 '종자'를 가지고 있는 것으로 해석한다.[85]

다석의 씨알과 불교의 불성이 종자(種子) 곧 씨앗이라는 은유를 사용한다는 점을 통해서 인간이 담지하고 있는 신적 본성의 특징과 동양 전통 종교가 보는 인간론에 대해 살펴볼 수 있다. 우선, '모든' 인간은 신적 본성을 담지하고 신적 생명의 가능성을 실현할 잠재적 가능성의 존재이다. 불교에선 이것을 불성이라 했고, 다석은 씨알이라 했다. 그리고 다석에게 씨알은 얼 곧 참나에 다름 아니다. 앞서 다석의 그리스도론에서 살펴보았듯이, '얼'로서 그리스도는 믿는 자들의 정체를 알려준다. 모든 인간이 그리스도가 될 신적 생명의 가능성으로서의 얼을 가지고 있는 것이다. 이 신적 생명의 가능성은 몸을 갈고 닦는 수행을 통해서 발전하고 실현된다.

하지만 다석의 씨알 개념이 가진 또 다른 중요한 차원은 보편적 인간 이해다. 모든 인간이 신적 생명의 본성인 씨알, 얼나, 불성을 가지고 있으며, 이는 신적 생명 안에서 모든 인간이 보편적이고 평등하다는 것을 말해준다. 씨알이야말로 모든 인간이 신적 존엄성을 가진 존재임을 말해준다. 씨알로 인해 모든 인간은 존재론적으로 평등하다. 다석은 이렇게 말했다.

아무래도 크신 하느님이 계시는데 그게 내 마음에서부터 나오는 것 같다.

---

85 최현민, 『불교와 그리스도교』, 137-139 참조.

이것을 가지고 하느님의 아들 될 씨(얼나), 붓다(Buddha)가 될 씨(얼나)라고 한다. 이것은 예수·석가 그리고 나나 바보나 다 똑같다. 이 얼나(씨)를 쫓으면 하느님 아버지에게로 간다. 얼나를 깨달아 하느님께로 나아가는 이거야말로 만민에게 평등한 진리이다.[86]

박재순은 이러한 다석의 민중 이해가 서구 전통 그리스도교 신학과 큰 차이를 보임을 주장하는데, 그 지점은 다석이 "민중과 신의 일치를 강조"[87]하는 부분이다. 일반적으로 서구 그리스도교 전통은 신과 인간의 절대적인 차이를 강조한다. 하지만 다석은 자주 인간을 가리켜서 하나님이라고 표현한다. 박재순은 이러한 차이를 가져온 이유를 동학에서 찾는다. "유영모의 민중 이해는 동학의 시천주(侍天主)와 인내천(人乃天)과 사인여천(事人如天)의 가르침을 포함"[88]하고 있기에 하나님과 인간의 존재론적 동일성을 주장한다. 사람마다 신을 모시고 있고, 신이 되고, 또 신처럼 섬김을 받아야 한다는 동학의 인간이해를 가졌기에 다석이 자유롭게 인간을 하느님이라고 말한다는 것이다. 하지만 동시에 다석은 인간이 절대자가 아니며 그렇게 되려 해서도 안 된다는 것 역시 강조한다.[89] 이러한 하나님과 인간의 동일성은 무차별적 일치가 아니라 하나님과 인간 사이에 놓인 공통적 존재 근거에 대한 의미로 이해해야 한다. 에크하르트의 주장처럼 하나님의 근저와 인간의 근저가 같기에 그 존재론적 동일성을 주장할 수 있는 것이다.

---

86 박영호, 『多夕 柳永模 어록』, 92.
87 박재순, 『다석 유영모의 철학과 사상』, 97.
88 박재순, 『다석 유영모의 철학과 사상』, 98.
89 박재순, 『다석 유영모의 철학과 사상』, 98 참조.

결국 다석의 씨알 개념은 인간이란 하나님의 신적 생명과 본성을 품부한 가능성의 존재이기에, 신적 본성에 참여하는 수행을 통해 도덕적으로 자신과 세계를 초월하여 하나님의 뜻을 '오늘 여기'에서 펼쳐나갈 책임과 사명 그리고 이를 구현할 잠재력이 있는 존재임을 시사한다. 그리고 그 가능성과 잠재력을 구현할 길은 참나를 찾는 수행이라 말할 수 있다. 씨알을 품은 인간은 자기 수행을 통해 그 신적 생명을 이 땅에서 구현한다. 다석은 이러한 인간의 길을 이렇게 말한다. "刑端表正 흐는 것이 人道의 極致니." 김흥호는 다석의 이 글을 이렇게 풀이한다. "사람은 하나님의 말씀이 터져 나오는 샘터다. 이 말씀으로 많은 사람을 살려낸다. 형단표정이 인도의 극치다. 사람은 하나님의 말씀이 지나가는 길이다."[90]

다음으로, 씨알인 민중의 가장 중요한 특징은 이들이 고난받는 하나님의 종이라는데 있다. 다석은 민중을 이렇게 설명한다.

이름 없고 무식한 동포, 가난한 동포, 밥 못 먹고 고생하는 동포, 그 가운데 하느님의 종이 많은 것입니다. 행세 못 하고 이름 없고 모두에게 무시당하고 촌놈이라고 놀림당하고 서울 구경도 한 번 못한 이들, 대접받지 못한 이들 중에 하느님의 종은 많습니다. 가난하고 남에게 무시당하지만 끝에 가서는 다른 사람의 질고(疾苦)와 괴로움을 대신해줍니다. ··· 못나서가 아닙니다. 우리의 어려움과 가난함과 괴로움을 대신 짊어진 것입니다.[91]

90 김흥호,『다석 일지 공부』1, 643-644 참조.
91 류영모,『다석 강의』, 580.

다석은 이사야 53장을 풀이하면서 이름 없고 가난하고 무시당하는 민중을 가리켜 '하나님의 종'이라 부른다. 김명수에 따르면, 다석은 "씨알민중의 삶 속에서 그리스도의 현존現存을 보았다."[92] 안병무의 민중신학과 민중구원론은 바로 다석의 이러한 씨알사상과 밀접하게 연결되어 있다고 볼 수 있다. 하지만 안병무 이전에 함석헌은 류영모로부터 이 씨알사상을 물려받아 그것을 사회적이고 역사적인 차원으로까지 확장하고 적용했다. 그래서 함석헌은 씨알사상을 민중이 겪는 고난의 역사로 발전시킨다. 함석헌에게 있어 씨알은 "대우주를 품고 있는 소우주이다."[93] 그리고 "씨알에서 영원과 역사가 하나로 합류되고, 하느님과 인간이 만난다."[94] 이제 함석헌은 씨알을 고난과 평화 사상과 연결한다. "조선민족이 겪은 고난의 역사를 예수의 십자가 고난의 지평에서 재해석"[95]한다. 따라서 씨알 민중과 예수는 고난이라는 지평 안에서 동일시된다. 예수가 세상 죄를 지고 가는 하나님의 어린 양이듯, 조선민족 역시 자신이 진 고난의 짐으로 인류 전체를 구원한다. 고난당하는 자가 구원하는 자이다. 결국 씨알사상과 한민족의 고난의 역사 그리고 세계의 평화는 구원사의 연속성을 갖는다.

류영모 · 함석헌 · 안병무로 이어지는 씨알사상의 흐름은 씨알의 고난과 세상의 구원으로 읽힌다. 다석의 고난 받는 구원의 주체로서 씨알은 고난당하는 민중, 그리고 고통받는 타자에 대한 연대를 제시한다. 앞서 다석의 그리스도론에서 살펴보았듯이 타자의 고난, 민중의

---

92 김명수, 『씨알사상과 민중신학』(파주: 한국학술정보, 2012), 16.
93 김명수, 『씨알사상과 민중신학』, 17.
94 김명수, 『씨알사상과 민중신학』, 17.
95 김명수, 『씨알사상과 민중신학』, 18.

고난은 바로 나를 위해 대신 지는 짐이다. 그들의 고난은 나의 고난이 된다. 그들의 자리가 나의 자리가 된다. 그렇게 대속이 이루어진다. 고난당하는 하나님의 종으로서의 씨알 민중은 타자를 위한 대속과 연대의 사회정치적이고 윤리적인 수행을 요청한다. 고난당하는 나는 타자의 구원 사역을 위한 하나님의 종이다. 나의 고난당함은 다른 이들의 구원을 위함이 된다. 반대로, 고난당하는 타자는 나의 구원 사역을 위한 하나님의 종이다. 타자의 고난은 나의 구원을 위함이다. 이 두 가지 경우에서 인간은 고난에 대한 인내, 도덕적인 승화, 구원의 희망, 그리고 타자의 고난에 대한 참여적인 연대를 요청한다. 이것이 다석의 씨알 민중의 인간론이 가진 수행의 사회정치적 역동성이라 할 수 있다.

IV. 비움과 영의 아름다움

지금까지 다석의 인간 주체라 할 수 있는 참나를 깨닫기 위한 수행을 통해 초월적 내재, 성례, 금욕, 생각, 씨알 등 다섯 가지로 다석 수행론의 요소를 살펴보았다. 절대이자 초월인 하나님은 인간 안에서 참나를 통해 스스로를 계시하고 영향을 주고받는다. 이 참나의 발견과 드러냄이 바로 수행이다. 하지만 필자는 다석의 이와 같은 초월적 내재, 성례, 금욕, 생각, 씨알 등은 단순한 종교적 수행이 아닌 삼위일체 하나님의 내면성 내지는 정체성이라 할 아름다움이 인간을 통해서 드러나는 영(靈)의 거룩한 '행위예술'1로도 볼 수 있음을 주장하고자 한다. 인간은 삼위일체 하나님의 아름다움을 드러내는 예술작품이고, 신앙적 행위의 삶인 수행은 성령의 예술행위다. 다시 말해 인간은 하나님의 '피리'이고 하나님은 인간을 통해서 그의 소리를 내는 예술가라 할 수 있다.

수행의 측면에서 다석이 이해한 하나님의 아름다움은 허공과 빈탕이다. 이를 살펴본다면, 우선 다석의 신앙적 수행의 목적은 허공과 빈탕이었고, 사람의 본질 곧 참나의 본질이 여기에 있었다. 허공과 빈탕을 만남이 곧 하나님과의 만남이고 아름다움은 바로 그곳에서 드러난다. 아름다움은 허공이고 이것이 천계시(天啓示) 곧 하나님의 자기계시이다. 이러한 내용을 다석은 1957년 2월 17일 일지에 '시편 51편'이라는 한시와 구약성서 시편 구절들로 이렇게 기록했다.

---

1 유동식은 그리스도교 성례전 전통을 "성령의 행위예술"(行爲藝術, performance art)로 독창적으로 해석한다. 세례와 성찬은 "성령 하나님과 참여자 인간이 함께 연출하는 행위예술"이라 주장한다. 손호현, 『아름다움과 악 ―제1권 신학적 미학 서설』, 209-210 참조. 이 책에서는 성례전의 의미를 세례와 성찬에 국한시키지 않고, 인간이 성령의 '바람'을 통해서 수행하는 모든 일상적 활동으로까지 확장시킨다.

詩篇 五十一篇

花容空郭天啓示
花語虛風人妄佞

一六　主는 祭祀를 깃버 안 ᄒ시ᄂᆞ니 …… …
一七　한읗님의 祭祀는 傷ᄒᆞᆫ 心靈이라.
　　　한읗님이어 傷ᄒᆞ고 痛悔ᄒᆞ는 ᄆᆞᆷ을
　　　主께서 蔑視치 아니 ᄒᆞ시리이다.2

　　위의 일지 내용을 살펴본다면, 꽃의 용모(花容), 곧 꽃의 아름다움은
허공과의 경계(空郭)에 있으며, 이것이 하나님의 계시(天啓示)이다. 꽃말
(花語), 곧 꽃에 관한 말은 공허한 바람(虛風)이고, 이것은 사람들의
망령됨에 지나지 않는다. 여기서 다석이 생각한 아름다움이 무엇인지를
알 수 있다. 그것은 어떤 대상이나 사물 자체가 아니라 대상이나 사물의
배후에 있는 허공이다. 모양과 허공의 경계에서 아름다움이 드러난다.
이것이 곧 하나님의 계시 곧 없이 계신 하나님의 아름다움의 드러남이며,
다석은 '있음'과 '없음' 사이의 아름다움을 "잇업틈시 아름듭음"3이라
말했다. 다석은 아름다움의 대상 배후에 있는 허공인 없이 계신 하나님
을 볼 수 있어야 아름다움이 드러나며, 허공을 보지 않고는 진정한
아름다움을 알 수 없다고 보았다.

2 류영모, 『多夕日誌』 1, 338.
3 류영모, 『多夕日誌』 2, 775.

모양과 허공의 경계에서 아름다움이 발현되는 것처럼, 아름다움과 아름다움의 대상이 되는 사물의 관계를 풍류신학자 유동식은 '전경과 후경'의 구조로 설명했다.

작품은 예술가의 의도를 담은 내용과 그 표현형식의 통합체이다. 따라서 작품은 그 자체로서 존재하는 전경(前景)과 그것이 담고 있는 이념적 세계 곧 후경(後景)으로 구성되어 있다. 사람이 아름다운 것은 눈에 보이는 전경 때문이 아니라, 그가 지닌 후경 곧 하나님의 형상 때문이다.[4]

따라서 아름다움은 보이는 사물 자체가 아닌 사물의 배경이 되는 보이지 않는 허공과의 접경에서 드러난다. 이와 같은 의미에서 아름다움으로 드러나는 하나님은 '없이 계신' 하나님이다. '없음'은 '있음'을 '있음' 그 자체로 존재하게 해주는 바탕이다. 이런 맥락에서 다석이 생각한 아름다움은 모든 것을 포함하면서도 초월하는 '없음'에서 나오며, '없음'으로 향하는 수행으로 인간은 '깨끗' 그 자체로 하나님의 아름다움을 드러낸다. 이런 내용을 다석은 1971년 10월 5일 일지에 적었다. 김흥호가 옮겨 적은 내용으로는 다음과 같다.

아름답 아름답은 깰걸 깨끄티 깬대로만
아직도 덜없다 아조다 업서야지 깨끗티
올아반 거룩칸 빛월 우리고디로만 뵙

---

4 유동식,『한국문화와 풍류신학』, 84. 손호현,『아름다움과 악 —제1권 신학적 미학 서설』, 31에서 재인용.

아름답, 알 속에 있다는 것을 아는 것이 아름답이요, 정말 아름답은 계란 껍질을 깨고 깨달을 것을 깨끗이 깨닫고 깬 병아리가 되어야만 아름답다. … 덜업다는 없다가 아직 덜하다, 불완전하다는 뜻이 아닐까. 아조다, 완전히 없어져야 물질을 벗어나서 영靈이 되어야, 유有를 버리고 무無가 되어야 깨끗하고 그것이 깨달은 것이다. … 우리 아버지는 거룩한 영광의 빛월 문장이요 영광이다. 그것은 우리 정신으로만 알 수가 있다.⁵

아름다움은 '고디'와 '깨끗'을 향하는 수행을 통해서 깨어나고, 깨달음을 통해 드러난다. 따라서 다석의 고디와 깨끗의 수행은 성령의 '바람'을 따라 자신의 몸으로 하나님의 아름다움을 일깨우고 드러내는 영(靈)의 예술적 행위이다. 필자는 이처럼 종교적 수행을 하나님의 아름다움이 드러나는 영의 '예술 행위'로 이해하는 관점을 수행-미학적 관점이라 정의하고, 이와 같은 수행-미학적 관점에서 앞서 살펴본 다석의 다섯 가지 수행론—초월적 내재, 성례, 금욕, 생각, 씨알—을 종합해서 다음과 같이 수행-미학적 인간론으로 재구성해 보고자 한다.

첫째로 다석이 생각한 인간 주체는 우선 초월적 내재의 미적 존재라 말할 수 있다. 제나를 죽이고 참나를 얻는 다석의 금욕적 수행은 흔히 몸 자체를 부정하는 금욕적 육체부정의 영지주의로 오해되기도 한다. 그러나 다석은 몸을 부정하지 않고 몸을 상대화함으로 몸과 영혼의 상극성을 극복한다. 따라서 몸이야말로 초월이 내재하는 인성과 천성이 초월적 장소이며, 동시에 수행을 위한 통로가 된다. 또한 다석의 일일일식과 성적 금욕, 칠성판의 널빤지 위에서 잠을 자는 것과 같은 수행은

---

5 김흥호, 『다석일지 공부』 6, 509-510.

육체는 악하고 영혼은 선하다는, 그리고 특별한 대상에게만 주어지는 영적 지식을 추구하는 엘리트주의적 영지주의가 아니라, 오히려 인간의 보편적 몸을 참나에 이르는 가온찍기의 장소(locus)이자 아름다움이 현존하는 초월적 내재의 장소로 이해한다. 이로써 인간은 아름다움이라는 초월적 내재의 참나의 가능성을 가진 존재로 그 존엄성의 근거를 찾을 수 있다. 그와 동시에, 다석의 수행-미학적 인간론은 포스트휴머니즘과 트랜스휴머니즘, '호모 데우스'(Homo Deus)[6]와 같이 오늘날 인간을 새롭게 재정의하고자 하는 현대의 인간학적 담론 속에서 초월과 내재가 분리되지 않고, 오히려 내재를 초월에 근거시키고 초월을 내재로 뒷받침함으로써 인간을 초월과 내재가 만나 아름다움이 재현되는 장소인 수행-미학적 인간이라는 측면에서 고찰할 수 있도록 한다.

둘째로 다석은 인간의 왜곡된 욕망을 아름다움으로 재정위하는 성례전적 금욕 수행의 존재로 보았다. 점심 수행, 빈탕 수행, 경친 애친 수행 등의 다석의 금욕적 삶은 그 근거를 하나님과의 일치를 향한 신앙에 둠으로써 인간의 몸과 그 몸으로 행하는 수행적 삶의 일상적 행위를 새로운 '금욕'으로 성례전화시킨다. 성례전이 일상의 감각과 욕망에 기초하듯, 성례전화 된 금욕적 수행은 왜곡된 인간의 원초적 욕망을 재정위한다. 여기서 신인합일의 동력인 '그리움'은 하나님의 아름다움을 향한 인간의 미적 '욕망'으로 해석할 수 있다. 따라서

---

6 유발 하라리는 인류 진화의 다음 단계를 호모 데우스의 개념을 통해서 전망한다. 유전공학, 인공지능, 나노기술 등의 급격한 기술발전을 통해서 불멸과 창조라는 신의 영역에 근접한 인류는 호모 사피엔스에서 신적 인간인 호모 데우스, 곧 '신이 된 인간'이 되려 하는데 세상을 유토피아로 혹은 디스토피아로 만드는 것은 이제 전적으로 인간의 몫으로 남겨진다는 것이 대략적 내용이다. 유발 하라리/김경주 옮김, 『호모 데우스 ―미래의 역사』(파주: 김영사, 2017) 참조.

다석의 금욕 수행은 육체를 부정하지 않고, 오히려 신적 아름다움에 이끌려 존재의 완성을 추구하는 금욕 아닌 '금욕'이고, 뒤틀린 욕망으로 중독된 인간을 치유하는 해독이며, 무엇보다 몸을 통해 왜곡된 아름다움을 폭로하고 참 아름다움을 드러내는 신학적 대결이다. 이러한 금욕을 통한 일상의 성례전화는 음식, 섹스, 노동, 수면 등의 일상생활을 추동하는 인간의 기본적인 욕망은 물론 아름다움에 대한 개념 역시 재정위시킨다. 지금껏 비움과 어둠의 '성스러움'을 배제한 채, 소유와 빛의 존재자적 아름다움을 추구한 눈먼 인간 욕망과 그것의 대상이 되는 우상숭배적인 '영광스런' 아름다움은 이제 성례전이 가리키는 그리스도 예수의 '비움'과 '어둠'의 '부서진' 아름다움에 의해 정면으로 도전받는다. 바로 이 아름다움을 보여주는 것이 성례전적 수행이고 세상의 미적 체계에 대한 전복이며, 인간 본유의 아름다움이다. 손호현에 의하면, 결국 이 부서진 아름다움은 인간에게 미학적 회심을 가져다준다.

> 신학은 보는 것에서 시작한다. 예수의 성육신에 드러나는 하나님의 미학적 영광을 먼저 보는 것에서 신학은 시작한다. 가시관을 쓴 채 십자가에서 산산이 부서진 신성한 아름다움을 볼 줄 아는 미학적 회심이 먼저 일어나야 하는 것이다. 부서진 아름다움의 호소를 들을 수 있어야 한다. 오직 그러한 역설적 아름다움을 체험한 후에야, 우리는 윤리적 삶을 시도할 용기를 가질 수 있다.[7]

---

7 손호현, 『아름다움과 악 —제1권 신학적 미학 서설』, 16-17.

무엇보다 아름다움의 경험은 성례전적이다. 패트릭 셰리는 거룩한 매개를 통해서 "성자를 만나는 경험"[8]이라는 측면에서 그리고 인간 존재를 형성한다는 점에서 성례전적이라 주장한다. 성례전적인 아름다움의 경험은 단순히 미학적 차원에 그치지 않는다. 이 아름다움은 신앙적 아름다움이며, 다석의 수행적 인간은 "하나님의 현존과 활동의 표시, 영적인 것의 감각적 계시 그리고 경이와 경외의 기회가 된다는 의미에서 성례전적"[9]이라 말할 수 있을 것이다.

셋째로 다석은 인간을 몸의 수행적 해체를 통해 아름다움을 드러내는 자기 부정의 존재로 보았다. 다석의 중요한 신학방법론 중 하나는 바로 "글자를 파자(破字)해서 신비를 추리"[10]하는 파자적 해석방법론이다. 이는 글자를 파자함 곧 해체함으로써 '생각'의 추리를 통해 참된 앎이라 할 말씀에 다다르는 것이다. 하지만 경전 해석에 있어서 다석의 파자적 방법론은 몸을 캐는 생각이라는 더욱 실존적인 차원의 해체로까지 나아간다. 다석은 사람의 본질을 "맨춤이 그리워 차짐"[11] 곧 진리를 그리워함에 있다고 보았으며, "모름 무롬 므름"[12]의 과정이야말로 생각을 통해서 진리에 도달하는 과정이었다. 이러한 생각이야말로 말씀을 불사르는 해체의 과정이었고, 존재론적 '생각'을 통해서야만 앎은 인식론의 차원을 넘어서서 존재론적 차원까지 이른다.

하지만 여기서 중요한 것은 그 '앎'의 끝이 무지(無知)의 '신비'로

---

8 패트릭 셰리/손호현 옮김, 『성령과 아름다움』(서울: 동연, 2019), 21.
9 셰리, 『성령과 아름다움』, 21.
10 류영모, 『다석 강의』, 372.
11 류영모, 『多夕日誌』 1, 184.
12 류영모, 『多夕日誌』 1, 184.

향하는 순서로서, 일반적인 모름에서 앎으로 향하는 인식의 과정과는 달리 이를 앎에서 모름으로 역행한다는 것이다. 김흥호는 "모름", "무름", "므름"에 대해 이렇게 설명한다.

> 모름은 무지고, 무름은 허무로 나옴이고, 므름은 질문이다. 므름은 무름
> 을 지나 모름에 간다고도 할 수 있다. 종당終當은 모름에서 안심이 되고
> 입명立命이 되기에 모름직이(不知守直)가 되고, 모름직이가 꼭이 되고 절
> 대가 된다.13

다석에게 있어 인간은 므름 곧 질문에서 출발하여 아름다움을 발견함으로써 그 존재를 형성한다. 인간은 실존적 질문을 제기함으로써, 실존적 무(無)에 도달하고, 결국 자신이 떨어져 나온 맨춤 곧 모름을 찾게 된다. 하지만 이 모름은 영원히 알 수 없는 무지의 신비이다. 인간은 처음부터 이 신비를 찾아 질문하는 존재라는 점에서 그리고 이 신비를 그리워한다는 점에서 맨춤이 발산하는 신비는 인간을 끌어당기는 아름다움이다. 다석의 해체적 생각 수행은 이 모름의 아름다움에 도달하기 위해 인간으로 하여금 상징의 극한 부정으로 그 의미를 드러내기 위해 파자(破字)하듯이, 자기 부정의 수행을 통해 역설적으로 존재를 형성하기 위해 극한의 자기 부정으로 '파신'(破身)할 것을 요청한다. 다석의 생각은 머리에서 이루어지는 것이 아니라 몸에서 이루어지는 생각, 곧 "몸에서 깨, 캐내는 생각"14이었다. 다석은 몸에서 깨어나기

---

13 김흥호,『다석일지 공부』1, 527.
14 류영모,『多夕日誌』1, 242.

위해 자신을 깨뜨리는 자기 부정과 자기 비움의 몸 수행으로 나아갔다. 그리고 거기서 드러나는 신비의 아름다움은 '모름지기'로 지켰다. 다석은 생각 수행은 인간이 '몸'을 '해체'할수록, 오히려 참나의 생명이 '형성'된다는 아름다움의 신비를 역설적으로 보여준다.

마지막으로 다석은 고난의 역사 안에서 하나님의 구원의 아름다움을 완성하는 주체인 씨알로서의 인간론을 제시한다. 다석은 씨알 개념을 통해 힘없고 가난한 민중 안에서 신적 생명이 있음을 주장했다. 씨알은 작지만 그 안에 우주 전체의 생명이 담겨있다. 더 나아가 다석에게 씨알 민중은 역사 안에서 세상을 구원할, 그러나 흠모할 것이 없는 고난 받는 '하나님의 종'이었다. 비극을 선호했던 헤겔의 주장처럼, "신적인 희극이 존재한다면, 그것은 비희극(tragicomedy), 곧 역사적 실존을 비극적으로 만드는 고통과 투쟁을 겪고 십자가에 못 박힌 신의 이야기"[15]가 구원의 드라마로 펼쳐지는 장소가 역사라면, 신이 겪은 고통은 긍정되고 고통과 인내와 부정의 고된 노동이야말로 신과 인간 사이의 사랑에 있어서 없어서는 안 될 필수적인 요소가 된다. 결국 죽음조차 신적인 사랑과 동일시되고 전통적인 선과 악, 아름다움과 추함의 고전적 형이상학의 구조가 전복된다.[16]

이제 전복된 아름다움을 가진 씨알 민중은 역사에서 하나님의 아름다움을 완성하는 주체로 선다. 그런데 씨알 민중이 가진 중요한 신학적 함의는 바로 하나님의 성육신의 구체화된 보편적 실현이다. 개별화된 세계와 존재들은 하나님의 구체화된 실현이자 성육신이다. 씨알 민중

---

15 하지슨, 『헤겔의 종교철학』, 379.
16 하지슨, 『헤겔의 종교철학』, 379 참조.

안에서 보편적으로 구체화된 하나님을 만날 수 있는 것이다. 손호현은 이렇게 설명한다.

기독교가 절대적 위안의 종교인 것은 천국과 역사의 도구적인 분리와 그 소외의 상처가 하나님의 세계 안으로의 성육화를 통해 치유되기 때문이다. 하나님은 성육화를 통해 세계와 그 속의 개별적 존재들을 자신의 신성한 존재의 한 구체적 단계로서 삼으신다. 다시 말해 이러한 하나님의 신성의 구체화와 개체화를 통해 우리 인간의 개체성은 어떤 일종의 보편성을 획득하게 되는 것이다. 기독교의 진리는 그가 주인이든 노예이든 인간 속에서 하나님의 형상의 존재를 발견한 것이다.[17]

따라서 하나님의 아름다움은 보편적이다. 보편적이기에 다석은 보편적 개체인 씨알 민중 안에서 하나님의 아름다움을 발견할 수 있고, 이 아름다움으로 하나님의 구원이 역사 안에서 이루어짐을 볼 수 있었던 것이다. 다석은 1960년 2월 11일 일지에 한웋님의 아름다움과 십자가 그리고 씨알을 통해서 인간의 본질을 이렇게 말했다.

우리님

님을 니고 뷤 치키티 피울럼 몇잘히 돌제,
김을 쉬고 긴밤 자라 꽃답 보름 설은날·달,
한웋님 아름답잔가? 밧게 뭣뭣 깨칠 깨칠 꿈.

---

17 손호현, 『아름다움과 악 ―제4권 헤겔의 미학과 신정론』(서울: 동연, 2009), 82.

한웋에 님 맨꼭대기 골잘 씨알의 등걸을,
하늘 흔·열자 둥글 땅 받쳐 ㅡ·누리 ㅜ
이 말 슴 씨알에 맞혀 바탈마틈 뷥과져.[18]

이 글을 필자의 풀이로 이해해 보면 다음과 같다.

씨알은 우리 님 되신 하나님을 머리에 이고, 비움과 치오름과 키움과 틔움
으로 피어나는 꽃이다. 몇 만 년 태양이 돌고 도는 장구한 역사의 시간
속에서, 씨알은 하나님의 생명의 숨인 '김'을 내쉬면서 어두운 '긴밤' 동안
에 고난의 시간을 지나 꽃처럼 만개한다. 한웋님의 아름다우심. 이것 외
에 바랄 꿈이 또 무엇이 있는가? 하늘에 계신 님이 맨 꼭대기에 계시고
씨알의 근원이 되셔서, 하늘을 크게 열고 둥근 땅을 받쳐주고 계신다. 그
렇게 한웋님은 땅(ㅡ)과 하늘(·), 그리고 세상(ㅜ)을 짊어지고 계신다.
이것이 씨알에게 주어진 말씀이니, 이 말씀으로 우리의 바탈을 완성해
보고자 한다.[19]

씨알 민중은 역사의 '긴밤'이라는 고난 끝에서 새벽 찬 이슬을 머금은
꽃처럼 초연히 새 시대의 여명을 맞이하는 생명의 아름다움을 보여준다.
이 씨알 민중이 머리에 짊어진 한웋님은 하늘과 땅, 온 누리를 짊어지고

---

18 류영모, 『多夕日誌』 2, 670.
19 이 해석은 필자가 다석의 글과 김흥호, 『다석일지 공부』 3, 542-543의 풀이를 참고하여
　다시 재구성한 것이다. 안규식, "비움과 어둠의 아름다움을 추구한 통전적 그리스도교
　사상가 ─다석 유영모," 김동규 외, 『우리 시대의 그리스도교 사상가들 II』(고양: 도서출
　판100, 2022), 49에서 재인용.

다시 씨알 민중을 싹틔움으로 세상을 구원하는 하나님이다. 하나님은 씨알의 고난을 통해서 역사를 짊어지고 씨알을 꽃처럼 피워 역사를 완성한다. 다석은 바로 이런 보편적 개체인 씨알 민중 안에서 하나님의 아름다움과 그 아름다움이 이루는 구원을 보았던 것이다.

7장
후기-그리스도교 시대의
다석신학

I. 세속화와 탈서구화 시대

마지막으로 이 책은 다석신학에 대한 포괄적 연구와 더불어 다석신학이 가진 동시대적 적합성을 살피고자 한다. 이를 위해 필자는 다석신학을 위치시킬 동시대적 범주로서 후기-그리스도교 시대(post-Christian era)라는 범주를 상정하고 다석신학의 동시대적 적합성을 조명해 보고자 한다.

후기-그리스도교 시대를 논하기 앞서 '그리스도교 시대'에 대한 정의를 내려 본다면, 그리스도교 시대를 시간적·공간적·문화적 맥락에서 주도적인 그리스도교의 영향력이라 보는 이른바 '크리스텐덤'(Christendom)이라는 용어로 바꾸어 명칭할 수 있다. 간략히 말해, 크리스텐덤은 "기독교가 지배하는 국가나 사회"[1]로 정의할 수 있으며, "단순히 국가와 종교의 관계만을 말하는 것이 아니라 크리스텐덤 나라들의 사회 제도 전반 그리고 그 안에 살고 있는 사람들의 문화 및 의식 구조까지 지배하고 있는 거대한 틀을 의미한다."[2] 따라서 일반적인 의미에서 후기-그리스도교 시대란 포스트크리스텐덤, 곧 제도적이고 내면적인 그리스도교의 주도적 영향력을 경험하고 이후 그 영향력의 쇠퇴 현상이 나타나는 시기를 일컫는 용어라 할 수 있다.

자끄 엘륄(Jacques Ellul)이 정의한 것처럼 크리스텐덤이 "구체적이고 제도적이며 체험된 형태로 기독교 교리를 표현하기 위한 시도"[3]라면,

---

1 장동민, 『포스트크리스텐덤 시대의 한국 기독교』(서울: 새물결플러스, 2019), 67.

2 장동민, 『포스트크리스텐덤 시대의 한국 기독교』, 69.

3 쟈끄 엘륄/박동열, 『새로운 신화에 사로잡힌 사람들 —현대 사회의 새로운 악령들』(논산: 대장간, 2021), 36.

한국은 그리스도교가 집단의 공통적 전제가 되는 서구 중심적 맥락의 크리스텐덤을 경험한 적이 없다. 하지만 한국은 그리스도교의 영향력의 급격한 쇠퇴로 나타나는 중요한 현상이라 할 세속화와 탈서구화를 경험함으로써, 세속화와 탈서구화로 특징지을 수 있는 포스트크리스텐덤(post-Christendom)[4] 곧 후기-그리스도교 시대의 범주에 위치시킬 수 있을 것이다. 따라서 이 장에서는 후기-그리스도교 시대의 주요한 특징으로 세속화와 탈서구화의 맥락을 먼저 살펴보고 후기-그리스도교 신학으로서 다석신학이 가진 함의와 방향성을 고찰해 볼 것이다.

우선, 후기-그리스도교 시대는 근대 세속 이성의 출현 이후에 진행된 세속화의 귀결로 특징지을 수 있다. 크리스텐덤이 그리스도교가 인간 삶의 제도와 문화 전반에 영향을 끼치는 사회이자 시대였던 것과 반대로 포스트크리스텐덤 곧 후기-그리스도교 시대는 "삶의 모든 분야에서 기독교가 후퇴하는 세속화의 과정"[5]이자 무엇보다 "탈脫기독교화 과정의 결과"[6]이다. 현대 사회의 만연한 세속적이고 탈종교적(더 나아가 반종교적)인 분위기는 그리스도교가 우세했던 서구와 비서구 국가들 중 일부 국가들에 있어서 그리스도교의 급격한 쇠퇴라는 현상으로 나타난다. 그리스도교의 쇠퇴는 세속화(secularization)와 세속주의(secularism)라는 두 가지 맥락에서 발생하는데, 일반적으로 세속화는 "사회와 문화의 영역들이 종교의 관장에서 벗어나 독자적인 길을 걷게 되는 과정을

---

4 자끄 엘륄은 자신이 '후기 크리스텐덤'이라는 용어를 1937년 처음 사용했음을 밝힌다. 자끄 엘륄에 따르면 칼 바르트와의 대화에서 바르트는 엘륄의 후기-크리스텐덤 용어에서 예수 그리스도의 지속적인 현존을 주장하면서 '후기'라는 용어가 부적절하다고 주장했다. 자끄 엘륄, 『새로운 신화에 사로잡힌 사람들』, 66 참조.

5 장동민, 『포스트크리스텐덤 시대의 한국 기독교』, 110.

6 엘륄, 『새로운 신화에 사로잡힌 사람들』, 64.

가리키는 학계의 전문용어"7이고, 세속주의는 "어떠한 형태든 눈에 보이지 않는 초월적 실재를 인간의 무지나 환상의 산물로 비판하고 배척하는 적극적인, 때로는 매우 경직된, 사상적 입장"8이다. 세속주의와 세속화는 초월과 내재를 선명하게 분리해 내는 근대 세속 이성의 결과라는 점에서 유사하지만, 세속화는 이론적 입장, 세속주의는 정서적인 입장에서 초월과 내재를 분리하고 대립시키는 일련의 과정과 결과라 말할 수 있다. 그러나 세속주의와 세속화는 서로 분리될 수 없는 관계에 있으며, 초월과 내재의 분리와 대립 그리고 종교 부정 현상의 심층적 원인이라는 점에서 이 둘은 동일한 실체의 두 가지 양상이다.

따라서 후기-그리스도교 시대의 신학은 세속화와 세속주의의 현상 저변에 깔린 초월과 내재의 분리라는 형이상학적이고 신학적인 문제에 관여하게 됨과 동시에 이러한 분리에서 오는 인간과 세계의 부정적인 경험에 대응하여 그리스도교 복음의 빛 가운데 이를 조명하고자 하는 변증적인 성격 역시 지니게 된다. 초월과 내재의 분리와 대립적 이해는 존재 의미 상실로 인한 허무주의를 가져옴은 물론, 자기 존재의 근거를 자기 자신에게만 두는 자기충족적인 주체 이해만을 강조한 나머지 타자에 대한 윤리적 책임과 타자와 함께하는 연대를 약화시키는 결과를 가져온다. 인간 주체를 초월을 배제한 채 자기충족적인 존재로 이해함은 인간의 목적과 방향성을 각자도생의 자기 생존과 무한한 자기 욕망 추구로 상정하고 만다. 이렇게 파편화된 인간 주체들로 구성된 사회는

---

7 길희성, 『영적 휴머니즘 ―종교적 인간에서 영적 인간으로』 (파주: 아카넷, 2021), 34-35.
8 길희성, 『영적 휴머니즘』, 34.

공정과 자유, 선과 행복 등 보편적인 인간 번영을 설명하는 개념들을 극단적 개인주의 범주로만 적용되는 개념들로 환원시키고, 더 나아가 사회적 약자와 타자를 공동체에서 배제하는 잔혹한 능력주의와 공동선을 상실한 집단적 이기주의를 강화한다. 하지만 인간 주체의 초월적 근거를 보편적으로 설명하는 종교가 긍정적으로 작동할 때, 그것이 인간 사회의 공동선 증진과 합리적인 의사소통을 통한 사회 통합에 기여할 수 있음을 예상할 수 있다. 초월적 근거를 상정하는 내재는 극단적 허무주의로 귀결되지 않고, 자기 이익과 생존을 위한 타자와의 대립만을 존재 목적으로 삼지 않는다. 초월의 보편적 토대 위에서 내재는 자기 근원과 귀결의 대상을 갖게 되며, 경쟁과 대립이 아닌 창조적 다양성의 인정과 조화를 추구한다. 결론적으로, 인간의 초월적 근거를 상정하는 종교가 없이는 인간 사회와 공동체의 보편적 번영과 공동선을 위한 도덕적 원리와 규범을 설명할 수 없다. 따라서 후기-그리스도교 신학은 초월과 내재의 분리에 맞서 이 둘의 합일을 주장하는 변증적 내용을 갖는다.

다음으로 후기-그리스도교 시대는 탈서구화 내지 탈식민주의화라는 특징을 지닌다. 크리스텐덤을 경험한 국가들 혹은 그리스도교의 영향력이 강했던 지역에서 나타나는 그리스도교의 급격한 쇠퇴 현상은 단순히 종교로서 그리스도교의 쇠퇴만을 의미하지 않는다. 그것은 그리스도교와 동일시되었던 서구 중심적 담론으로부터의 이탈 곧 탈서구화와 맞물려 있다. 지금껏 그리스도교 선교의 역사에서 비서구권에 대한 서구 그리스도교의 선교는 주로 서구화와 동일시되었다. 그리스도교 선교는 선교지에 미친 수많은 긍정적 영향에도 불구하고, 적지 않은 경우 식민주의와 결탁하여 식민지 지배를 정당화하고, 경제적

약탈은 물론 선교지의 종교적 문화적 유산들을 폄하하고 왜곡하도록 만들었다. 무엇보다 서구중심주의에 기반한 그리스도교 선교는 '그 땅'에 현존해 온 궁극적 실재의 모습에 대해 그리스도교가 아니기에 문명이 아닌 것으로 철저히 배제하였으며, 심지어 '그 땅'에 심겨진 복음의 시도와 결실이라 할 토착적인 그리스도교 역시 비서구적인 것으로, 따라서 그리스도교가 아닌 것으로 폄하하였다.

하지만 후기-그리스도교 시대의 서구 그리스도교의 쇠퇴 내지는 그리스도교의 탈서구적 중심 이동은 서구 중심적 담론—이성 중심, 남성 중심, 백인 중심적 정체성 담론—의 해체와 함께 새로운 담론을 요청하는 계기가 된다. 이처럼 새로운 담론을 향한 움직임 중 하나는 바로 탈식민주의(postcolonialism)[9]이다. 그리스도교 신학에 있어서 탈식민주의를 기초로 한 토착화 신학과 탈식민주의 성서해석도 그러한 움직임의 지류로 볼 수 있다. 그런데 탈식민지화는 서구적인 것을 무조건 배제하는 것이 아니다. 탈식민지화는 다른 지역의 문화적 자원들과 상호작용함을 추구한다. 수기르타라자(R. S. Sugirtharajah)는 탈식민주의 담론을 제기하며 이러한 지향성을 담은 정신적 탈식민지화를 주장한다.

정신을 탈식민지화하는 문제는 모두가 토착주의로 되돌아가야 한다는 말이 결코 아니다. 토착적 지식에 무조건적인 특권을 주어야 한다는 말도 아니다. 내가 생각하는 정신의 탈식민지화란, 곧 이 정신의 탈식민화를 위해서 우리가 발전시켜야 하는 문화적 과정은, 민중적이고 토착적인 지

---

9 일반적으로 탈식민주의의 시작으로 간주되는 텍스트는 탈식민주의와 식민 담론에 관한 분석을 담아낸 에드워드 사이드(Edward W. Said)의 『오리엔탈리즘』(Orientalism)이다. 에 드워드 W. 사이드/박홍규 옮김, 『오리엔탈리즘』(서울: 교보문고, 2015) 참조.

적·문화적 자원들이 국제적인 자원들과 건강하게 비판적으로 상호작용
하는 항상적 과정을 만들어 내는 일이라고 생각한다. 나는 이것을 지역적
세계시민주의(vernacular cosmopolitanism)라고 말하고 싶다.[10]

탈서구화 내지 탈식민주의적 담론 구성은 신학에 있어서도 탈식민주
의적 성서해석과 같은 토착적이고 민중적인 그러나 주변 신학과의
비판적 상호작용을 통한 세계시민주의적 신학 구성을 추구한다. 지금껏
서구 그리스도교 신학이 주목하지 않았던 변방의 사유들—부정신학과
신비주의 신학처럼 서구 그리스도교 신학에서 '비정통'으로 규정된
신학적 흐름들—은 무(無)와 공(空)과 같은 동양 종교 전통의 빛 아래서
다시 부각되고, 서구 신학자들의 목소리에 묻혔던 변방의 목소리들—'비
서구'지역의 신학과 서구 중심적 거대 담론에 부합하지 않는 것으로
규정된 토착민, 여성, 비서구인과 같은 '비주류'의 담론들—은 그 땅의
목소리인 토착화신학 혹은 민중신학과 같은 목소리로 되살아난다.
하지만 이러한 목소리들은 그리스도교 복음의 빛 아래서 비판적 상호작
용을 거쳐 신학 구성의 필수적 요소라 할 전통성, 가해성, 삶의 권능을
추구하며 지속적으로 재구성되어야 한다.

결론적으로 후기-그리스도교 시대의 신학은 세속화의 근원적 문제
를 파고들고, 탈서구화 내지 탈식민주의화를 지향하면서 그동안 배제되
어왔던 변방의 사유와 목소리들을 되찾기를 시도한다. 하지만 이와
같은 토착적 움직임은 서구적인 것에 대한 막연한 거부감이나 비서구적
인 것에 대한 우월성을 주장하지 않는다. 주지하다시피, 그것은 비판적

---

10 R. S. 수기르타라자/양권석 · 이해청 옮김, 『탈식민주의 성서비평』 (서울: 분도출판사,
   2019), 9.

상호작용을 추구한다. 후기-그리스도교 신학은 탈서구화의 맥락에서 배제되어 온 신학적 사유들과 다양한 목소리들을 되찾고 이로써 궁극적 실재에 관한 더욱 통전적인 신학 진술에 다다르고자 한다. 결국 후기-그리스도교 시대의 신학적 과제는 탈종교적 세속화의 도전에 대한 변증적 응전, 탈서구화 혹은 탈식민주의화 지향 그리고 신학적 담론에 있어 주체적이면서 비판적인 상호작용의 결과물인 통전성을 후기-그리스도교 신학의 윤곽으로 제시된다. 따라서 필자는 후기-그리스도교 신학의 윤곽을 통해서 한국적이고, 변증적이며, 통전적 특징들을 보여줌으로써 다석신학을 후기-그리스도교 신학의 가장 적합한 예로 제시하고자 한다.

II. 후기-그리스도교 신학으로서의 다석신학
: 한국 신학, 변증 신학, 통전 신학

앞선 논의처럼 후기-그리스도교의 특징은 크게 세속화와 탈식민주의로 특징지어진다. 여기서 세속화는 후기-그리스도교 신학이 대결해야 할 문제의식으로, 그리고 탈식민주의는 주체적이고 비판적인 상호작용의 신학 구성을 통해 더욱 통전적인 궁극적 실재에 대한 신학적 진술이라는 가능성으로 인식된다. 이와 같은 문제의식과 가능성은 후기-그리스도교 신학의 요건으로서 탈서구화 시대에 부합하는 신학적 주체성과 세속화 이후의 인간 실존과 피조 세계의 부정적 경험들을 문제 삼는 신학적 변증성 그리고 다원주의적 맥락에서 주어지는 창조적 가능성인 신학적 통전성을 요청한다.

이런 맥락에서 이 장에서는 다석신학을 후기-그리스도교 신학의 내용과 특징을 통해 다음과 같이 세 가지 범주로 구성하고자 한다. 그것은 자기 '땅'을 신학의 근원으로 이해하는 주체성에 근거한 한국 신학, 역사의 우발성에 의해 발생하는 인간 실존과 피조 세계의 부정적 경험들에 대해 신학적 진술로 대답하고자 하는 변증 신학, 무엇보다 다양성 속의 일치와 신과 우주 그리고 인간을 모두 포괄하고 무와 공 등 그동안 서구의 실체중심주의적인 이원론적 신학에서 배제되어 온 신학의 대상들을 포함하는 더욱 새롭고 온전하며 전체적인 궁극적 실재에 대한 신학적 진술을 꾀하는 통전 신학이다.

1. 한국 신학으로서 다석신학

필자는 한국적인 것의 성격을 규명하면서 다석신학이 가진 한국 신학적 요소들을 다음 세 가지로 제시하고자 한다. 그것은 다양성의 창조적 융합을 통한 신인합일, 자기 비움의 고난으로서의 수행 그리고 주체적 한국 신학의 구성 자료로서 한글이다.

첫째, 한국 신학으로서 다석신학은 다양성 속에서 창조적 융합을 이루는 심층적 생명력을 통해 신과 세계의 합일을 추구하는 신학이다. 우선, 한국적 정신을 어떤 고정불변의 실체로 보는 것을 지양하고 "유사 이래 다른 것을 수용하고 창조적으로 종합해 온 원초적 능력"[1]으로 나타나는 것으로 이해할 수 있다. 따라서 한국적 정신이란 다양한 요소들을 수용하는 능력과 이를 창조적으로 융합하는 능력에 기초해서 "이질성과 다양성을 흡수하고 소화하며 새로운 문화를 창조"[2]하면서 형성되어 온 것이라 주장한다. 다시 말해 한국인의 정체성을 가리키는 겨레얼이란 처음부터 고정되어 이어져 내려온 것이 아니라 오랜 과정에서 생성되는 것으로서, 그리고 생성되게 하는 힘으로서 "한국인이 유사 이래 난관을 헤쳐 오고 다양성을 수용하면서 새로운 문화를 창조해 온 심층적 생명력에 붙여진 다른 이름"[3]이라 정의 내릴 수 있는 것이다.

요약하자면, 한국적 정신 혹은 겨레얼이란 바로 창조적 융합의 심층적 생명력이다. 특히 이러한 심층적 생명력은 여러 이질적인 다양한 문화를 종합해서 새로운 문화를 창출해 온 한국 역사를 통해서 드러난다.

---

1 이찬수 외, 『한국을 다시 묻다』(서울: 모시는사람들, 2018), 52.
2 이찬수 외, 『한국을 다시 묻다』, 52.
3 이찬수 외, 『한국을 다시 묻다』, 53.

예를 들어 하늘과 땅, 인간의 조화와 합일을 함의하고 있는 천지인의 삼재론적 세계관이나, 무교를 바탕으로 유·불·도의 포함삼교(包含三敎)를 말하는 풍류도(風流道) 그리고 한국의 서구 그리스도교 수용사를 통해서도 알 수 있듯 다양한 종교와 사상들을 흡수하고 융합하여 더욱 새로운 창조로 발전시키는 능력이 그러하다. 결국 한국의 고유하고 독특한 문화적 정체성과 불변의 실체적 요소를 확인하고자 하지만 정작 한국의 문화 안에서 발견하게 되는 사실은 역설적이게도 한국의 정신문화를 형성하고 있는 문화적 다양성과 끝없는 변화의 양상들이다. 다만, 변하지 않는 것은 이런 다양성 속에서 융합과 변화를 통해 끊임없이 새로움을 형성해 나가는 '얼'의 자유이자 생명력이다.

이러한 창조적 융합의 심층적 생명력이 지향하는 바는 궁극적 실재와의 합일이다. 우리 겨레의 얼이자 창조적 융합의 심층적 생명력을 한국적인 것으로 이해한다면, 한국 신학은 한국 역사를 통해서 다양한 종교적 요소들이 발생하거나 유입되어 서로 조우하고 대립하며 조화하다가 결국에는 모두 융합되어 궁극적 실재와의 새로운 만남을 가져오고 그 만남에 관한 진술을 구성한다. 이러한 창조적 융합의 심층적 생명력이 궁극적 실재와의 만남 가운데서 가져오는 내용은 신과 세계의 합일이다. 이러한 신인합일의 내용이 한국 신학의 핵심에 자리하고 있으며, 이는 비시원론적이고 비실체론적이며 비이원론적인 '한'사상과 천지인 삼재론과 같은 한국 전통 사상을 통해서 잘 드러난다.

위와 같은 한국 신학의 특징을 가장 분명하게 보여주는 모델이 있다면 바로 다석 류영모의 신학이다. 다석신학을 살펴보면 유교, 불교, 도교, 대종교, 그리스도교가 서로 융합되어 궁극적 실재에 관한 신앙적 진술을 구성한다. 예컨대, 다석의 신론에서 무(無)나 공(空)과 같은 동양 전통 종교의 핵심적 개념들은 다석이 가진 그리스도교 신앙과 융합하여 해체적인 개방성과 무규정성, 과정철학적인 생성과 비시원성의 없이 계신 님 같은 독특하고 새로운 신론을 형성한다. 여기서 무와 공은 신의 절대성, 전체성, 초월성, 무한성에 대한 동양적 표현이기도 하지만, 주체와 객체, 주관과 객관의 이분법적 분별과 구별의 논리를 뛰어넘는 무차별과 무분별의 경지에서 드러나는 끊임없이 개방적이고 규정 불가능한 궁극적 실재의 의미를 담고 있다. 다석의 없이 계신 하나님이라는 신 명칭에서 '없음'은 이러한 궁극적 실재에 대한 진술이며, '계심'은 무분별과 무차별의 차원에서 신과 세계의 구분조차 사라져 신과 세계가 합일적 경험의 진술로 이해할 수 있다. 따라서 다석의 신론에서 궁극적 실재는 이원론에 기초한 실체론적 '있음'의 신이 아니라 주-객 구도를 초극함으로써 무와 공으로 현존하여 세계와 합일하는 없이 계신 하나님이라 볼 수 있다.

한국 신학으로서 다석신학이 서구 그리스도교와의 관계에서 갖는 신학적 함의 중 하나는, 언어와 사유로 신을 포착하려는 대상화의 불가능성이다. 신은 언어와 사유로 완전히 대상화될 수 없다. 이는 부정신학의 입장처럼 신에 관한 언어와 사유의 끊임없는 철저한 부정만이 신에 대한 참된 지식으로 이어지고 이것이 역설적으로 신에 대한 절대 긍정으로 나아간다는 것과, 인간이 인식하거나 경험했던 신에 관한 어떤 진술도 절대적인 것으로 남지 않기에 부정되고 초극되어야 함을 말해준다. 따라서 없이 계신 하나님은 끊임없이 주-객 구도로 대상화하고자 하는 인간의 모든 판단과 시도를 초월하여 인간에 의해 결코 포착될 수 없는 '없음'의 신론이지만, 동시에 그 '없음'이 역설적으로 신의 절대적 '있음'을 말하는 신론이라 말할 수 있다. 더 나아가 이와 같은 부정신학적 '없음'은 언어적 은유로 신론에 깊이 배어 있는 이데올로기적 요소들—남성중심, 이성중심, 서구중심의 신적 이미지들로 정당화되는 기득권적인 이데올로기—을 해체하는 역할을 한다. 따라서 다석신학은 다석이 가진 그리스도교 신앙 정체성을 바탕으로 다양한 종교 전통과 신앙의 창조적 융합을 이루고 끊임없는 해체를 통해서 궁극적 실재에 대한 진술을 구성하는 한국 신학인 것이다.

둘째, 한국 신학으로서 다석신학은 자기 비움의 고난을 매개로 신과 세계의 합일적 구원을 제시하는 신학이다. 예컨대, 정한(情恨)과 그리움 같은 한국적 정서들은 고난이라는 한국인의 심층적 서사를 보여준다. 한국 민족의 특유한 정서로 손꼽히는 정한은 "우리 겨레가 자신의 힘으로는 어쩔 수 없는 고난과 시련을 당하게 되었을 때, 그것을 정신적으로 견뎌 내게 하는 내적 동력으로 작용"[4]하고, 시련과 고난 앞에서 용납하고, 힘을 주고, 구원함으로써 이를 극복해 내는 한국인의 심층적 정서를 보여준다. 또한 박일준에 의하면, 정(情)은 가해자와 피해자, 억압하는 자와 억압받는 자의 "이분법적 대립구조 자체를 '탈주함으로써' 전복하는 힘"[5]으로 이해할 수 있다. 정이 가진 힘은 양자택일의 논리에 갇힌 원한과 복수의 힘이 아닌, 그렇다고 억압당하는 현실을 묵인하고 외면하는 힘도 아닌, 불의한 구조에서 오는 아픔을 깊이 공감하면서 그 공감의 힘으로 용납과 용서로까지 나아갈 수 있는 가능성의 힘이다.[6]

---

4 이찬수 외, 『한국을 다시 묻다』, 107.

5 박일준, "언택 시대의 감정의 신학: 기호자본주의와 정의 신학," 「한국조직신학논총」 60 (2020), 128.

6 박일준, "언택 시대의 감정의 신학," 129 참조.

이러한 정한의 정서가 신학적으로 함의하는 바가 있다면 그것은 고난의 극복과 승화다. 고대 한국의 신화들에서 공통적으로 발견되는 고난의 승화, 예를 들어 '천신-지모신-인간과 공동체'라는 천지인 삼재론의 구조를 통해서 볼 때, 곰이 쑥과 마늘을 먹는 자기 부정의 수행을 통해서 여자가 되어 환웅과 혼인—혹은 '합일'—하여 단군이 태어나는 신화 이야기는 자기 부정의 고난이야말로 참 사람됨에 이르는 길이며 신인합일의 길이라는 신학적 함의를 갖는다. 이처럼 고난은 자기 부정이라는 신적 성품의 내재화된 형식이며, 신앙적 승화 곧 신인합일을 지향하는 창조적 영성을 위한 수행적 과정이다.

고난을 통한 신인합일은 다석의 그리스도론에서도 잘 드러난다. 자기 비움의 고난은 성부와 성자의 관계를 관통하는 합일적 사랑의 구체적 형태로 나타난다. 예컨대, 다석에게 예수는 자기 비움의 고난을 통해서 군자의 살신성인을 이루고 효도의 의무를 다한 효자로 제시되며, 십자가의 고난은 이런 살신성인과 부자유친의 합일적 관계의 극치를 말해준다. 고난은 한국 신학에서 매우 핵심적인 개념으로 자리한다. 다석의 제자 함석헌은 한민족 역사와 심층에 흐르는 정한의 정서가 가리키는 고난이라는 맥을 정확히 짚어냈다. 그의 주장처럼 "한국의 역사는 고난의 역사다. 고난의 역사! 한국역사의 밑에 숨어 흐르는 바닥 가락은 고난이다. 이 땅도 이 사람도 큰일도 작은 일도 정치도 종교도 예술도 사상도 무엇도 무엇도 다 고난을 드러내는 것이다."7

인류의 근본적인 길이 고난임을 깨달을 때야 그 고난은 신인합일의 영광으로 승화된다. 고난은 신이 들어설 자리로 마련된 비움의 공간이

---

7 함석헌, 『뜻으로 본 한국역사』 (파주: 한길사. 2010), 94.

다. 그래서 고난은 '타자'를 위한 자기 비움이다. 마찬가지로, 다석에게 고난과 비움이야말로 초월적 신이 내재하고 현존하는 길이자 장소가 된다. 자기 비움의 고난은 신과 인간의 관계에서 모두에게 요청되며 상호적이고 서로 영향을 주고받는다. 그 예가 다석의 '하나'로서의 신론에서 나타난 참나, 귀일(歸一), 가온찍기(군)이다. 다석의 신론에서 설명한 것과 같이 절대적이고 최대치의 '하나'는 자기 비움, 곧 케노시스적 수축을 통해 다아(多我)가 되어 인간과 세계에 내재한다. 자신을 세계와 일치시킬 정도로 비워진 '하나'는 인간 안에서 '참나'로 경험된다. 이와 같은 비움의 자기 부정을 통해서 신은 인간과 하나가 된다. 다석은 예수의 십자가에서 이런 자기 부정의 극치를 발견했다. 반대로, 인간 쪽에서도 자기 비움의 고난이 신인합일의 과정에서 요구된다. 그 예가 자기 자신을 하나의 점(·)으로 축소시키는 몸의 수행적 개념인 가온찍기 (군)다. 다석은 탐, 진, 치의 삼독(三毒)을 제거하는 자기 비움의 고난이야 말로 신과 인간이 합일하는 '귀일'(歸一)의 길임을 수행적 삶으로 보여주 었다. 더 나아가 고난을 통한 자기 비움은 신과의 수직적 관계와 세계와 의 수평적 관계 모두에 있어 구원의 원리로 제시된다. 유동식은 이러한 자기 부정을 구원을 위한 매개로 보고, 이를 하나님과 인간이 하나가 된 사실 곧 "성속을 꿰뚫는 복음의 진리"로 설명한다.

그러면 성속을 꿰뚫는 복음의 진리란 무엇이겠는가? … 복음은 그리스도 안에서 하나님이 우리와 하나가 되셨다는 사실이다. 그것은 곧 사귐 (koinonia)의 회복이며 인간의 회복이요 구원인 것이다. … 그러므로 구 원의 원리는 분명하다. 즉 존재 근거로 되돌아가는 것이며, 하나님과 하 나가 되는 것이다. 자기 주장에서 분열을 초래하였기 때문에 이제는 자기 부정에서 화합하지 않으면 안 된다. 자기 부정을 매개로 하나님과 이웃과 자기 자신과의 사귐을 회복하지 않으면 안 된다. 여기 인간의 회복과 구원이 있고 이것을 불러 새로운 피조물이라 한다.[8]

마지막으로 다석신학은 한글을 통해 주체적 신학구성을 추구한 한글신학이다. 이기상에 따르면, 이 땅에서 철학하기에 필요한 네 가지 축으로 주체성, 공간성, 역사성, 보편성을 제시할 수 있는데, 그 첫째 축인 주체성에서 가장 중요한 요소가 바로 말 곧 언어다. 바로 언어에 의해서 그 땅의 사유와 문화가 모두 밝혀지기 때문이다.[9] 신학에서 언어에 대한 더욱 중요한 통찰은 고든 카우프만에 의해서 제기된다. 카우프만은 "신학은 본질적으로 종교 경험의 해석"[10]으로 이해해야 한다고 주장한다. 여기서 카우프만은 언어의 중요성을 강조하면서 "초월의 순수한 언어이전적(pre-lingustic) 경험 따위는 없다"[11]라고까지 과감히 선언한다. 말하자면 종교적 경험이 종교 진술의 언어를 만들어 내는 것이 아니라 오히려 그 반대로 우리가 가진 언어가 우리가 가진 종교적 경험의 토대를 제공하고 있으며, "신학은 경험을 형성하는 언어와 전통 속에 그 근본 근거"[12]를 갖는다고 해야 할 것이다. 따라서 신학 작업은 신학의 사실적인 토대를 제공하는 전통과 언어에 중점을 두어야 한다.

이러한 주장들을 통해서 볼 때, 다른 신학들과 마찬가지로 한국

---

8 유동식, 『한국 종교와 기독교』, 153.
9 이기상, 『이 땅에서 우리말로 철학하기』 (파주: 살림출판사, 2013), 40.
10 고든 카우프만/기독교통합학문연구소 옮김, 『신학방법론』 (서울: 한들, 1999), 32.
11 카우프만, 『신학방법론』, 33.
12 카우프만, 『신학방법론』, 35.

신학은 자신의 종교적 경험을 형성하고 제한하고 표현하는 자신의 언어를 통해서 궁극적 실재를 발견할 수 있는 신학이어야 한다. 이런 의미에서 우리말 곧 한글[13]로 자신의 신앙과 영성 그리고 사유를 담아내고 풀어낸 다석이야말로 우리 민족정서를 가지고 그리스도교 신학을 구성한 이 '땅'의 신학자이다. 또한 다석은 한국 신학 연구의 중요한 신학적 자원이며, 한국 신학 연구의 가장 적합한 출발점이라 볼 수 있다. 다석의 훈민정음(訓民正音)을 통한 신학적 해석과 진술이야말로 한국의 언어로 궁극적 실재를 만나고 표현하려 했던 주체적 한국 신학의 구성으로서 가장 뚜렷한 예이다. 다석은 한글을 하나님의 뜻이 계시된 복음으로 이해했다. 다석에게는 정음(正音)이 곧 복음(福音)이었다.

이렇게 다석은 우리 민족의 언어인 한글 안에서 복음의 내용을 발견하려 함과 동시에 언어를 재창조함으로써 복음의 의미를 더욱 확장한다. 한국인이 한글로 신학함이 갖는 의미는 그 주체적인 신학적 진술이 온 세상과 온 인류를 향한 궁극적 실재에 관한 더욱 통전적인 진술에 기여한다는 데 있다. 다시 말해 그동안 서구 그리스도교 중심의 신학적 진술에 의해 가려졌던 아시아 특히 한국의 역사 가운데 현존해 온 궁극적 실재에 관한 내용을 발견함으로써, 온 세상을 향한 하나님의 크고 영원한 사랑에 대한 진술로 발전하는 것이다. 이러한 진술이야말로 하나님의 사랑을 더욱 보편적으로 확장하는 기반이 된다.

---

13 다석의 제자 박영호에 의하면, 다석이 직접 말을 찾아내거나 만들어 낸 우리말은 다음과 같다. "하이금(使命), 맨첨(순수), 글월(文章), 알맞이(철학), 마침보람(졸업), 알짬(精), 짓수(예술), 빈탕(허공), — 환빛(榮光), 제계(天國), 힘입(은혜), 그이(군자), 바탈(天性), — 잘몬(萬物), 싶뜻(욕심), — 올(理)" 등. 박영호, 『다석전기』, 487-488 참조.

2. 변증 신학으로서 다석신학

후기-그리스도교 신학으로서 다석신학에 있어서 제기되어야 할 중요한 질문은 오늘날 그리스도교의 맥락 안에서 다석신학이 가진 적합성 내지는 적절성 그리고 공헌에 관한 질문이다. 다시 말해 다석신학은 인간이 보편적으로 혹은 동시대적으로 직면하는 실존적 한계와 문제와 대결하여 무엇을 대답할 수 있는가에 관한 질문이다. 이 질문은 다석신학이 후기-그리스도교 신학 구성에 있어서 갖추어야 요소 중 하나인 변증적 특성에 대한 내용을 함의한다.

따라서 필자는 특히 오늘날 후기-그리스도교 신학이 대결해야 하는 문제를 세 가지로 제시하고자 한다. 그것은 세속화와 세속주의의 중심인 실체중심적인 이원론적 사유에서 기인한 초월과 내재의 분리, 타자를 위한 윤리의 상실, 그리고 인간론의 존재론적 토대 붕괴이다. 이러한 문제들에 맞서 후기-그리스도교 신학으로서 변증적인 다석신학은 다음과 같은 대안을 제시한다. 그것은 주-객 구도의 이원성을 철저히 부정하는 무분별의 초월적 내재, 보편적 대속을 통해서 타자의 고난에 동참하는 새로운 인간 주체성 그리고 아름다움에 정초한 수행-미학적 인간론이다.

첫째, 다석신학은 무와 공을 통해 초월적 내재 혹은 내재적 초월을 제시함으로써 근대 세속 이성의 실체중심적 이원론을 극복하는 신학이다. 근대 이후 그리스도교 신학은 세속 이성에 근거하여 주체와 객체, 주관과 객관의 이분법적(혹은 이원론적) 주-객 구도로 신을 대상화하여 파악하려 했다. 이러한 이분법적 대상화는 초월과 내재를 명시적으로 혹은 은연중에 분리시킨다. 이 같은 분리는 데카르트 이후 혹은 그

이전에 중세 후기 유명론적 신학에서 시작된 세속적 근대성[14]에 기인한 것으로, 그리스도교 신학은 이에 대해 두 가지 방향으로 이에 대응한다.

우선, 거시적으로 볼 때 한편으로는 세속적 근대성을 중립적인 것으로 보고 이를 적극적으로 수용하여 발전시킨 신학적 자유주의가 있으며, 다른 한편으로는 신의 초월성을 강조하여 신과 인간의 무한한 질적 차이를 강조하는 신정통주의(혹은 변증법적) 신학이 있다. 이 두 가지 모두 초월과 내재, 신앙과 이성, 은총과 자연과 같은 이분법적 구도에서 한 요소를 초월과 내재 중 어느 한 편으로 환원시키는 논리를 가지고 있는 것으로 파악된다. 세속적 근대성이 가져온 이원론적 혹은 이분법적 분리에서 신은 이 세계와 단절된 채로 인간 인식이 도달할 수 없는 말 그대로 '초월적' 대상으로 남겨져 거룩한 가르침은 도덕으로 환원되고, 세계는 자신의 존재론적 근거와 목적 그리고 의미를 상실한

---

14 세속적 근대성의 발흥과 기원에 대한 신학적 분석과 대응에 관한 연구는 1990년대 영국에서 존 밀뱅크, 케서린 픽스톡, 그래함 워드 —이들은 케임브리지 대학의 신학적 기풍을 이어받아 캠브리지 학파로도 불린다— 등을 중심으로 시작된 '급진 정통주의'(Radical Orthodoxy)에서 활발하게 이루어졌다. 메타 담론으로서 신학의 가능성을 구축하고자 했던 급진 정통주의는 초월적이고 신적인 것을 배제하는, 순수하게 인간적인 것을 뜻하는 '세속'(secular)이라는 개념의 기원을 그로티우스(Grotius), 홉스(Hobbes), 스피노자(Spinoza)의 사상, 특히 정치이론이 신학과 관련하여 고도로 모호한 자율성(autonomous)을 획득하는 과정에서 발생한 것으로 설명한다. 이와 같은 고도의 자율성을 향한 세속의 자기 구성은 세속의 영역을 욕망과 자존성의 영역으로 가정하게 되고, 이러한 세속의 자기 구성은 '폭력의 존재론'에 근거한 것으로 세속적 근대성은 초월과 내재의 분리로 인해서 그 존재론적 근거를 상실하여 결국에는 허무주의로 귀결되었다고 주장한다. 하지만 세속적 근대성의 기원에는 그리스도교 신학의 변질이 자리하고 있다는 것이 급진 정통주의의 핵심적 비판이다. 신학, 정치, 문화, 예술 등에 전반에 걸친 급진 정통주의의 신학적 주장들을 살펴보기 위해서는 다음을 참조하라. John Milbank, *Theology and Social Theory: beyond secular reason.* 2nd ed. (Oxford: Blackwell Publishing, 2006); John Milbank, Catherine Pickstock, Graham Ward, eds., Radical Orthodoxy (London: Routledge, 2002); John Milbank, Simon Oliver, ed., The Radical Orthodoxy Reader (Abingdon: Routledge, 2009).

채 자기 보존과 이익을 위한 폭력과 허무로 빠져든다.

이와 같은 상황 속에서, 다석신학은 초월과 내재의 분리를 극복하는 신학으로 제시된다. 그 예 중 하나가 바로 무극이태극(無極以太極) 신론이다. 이분법적이고 실체론적인 신론 곧 '있음'의 신론에서 신은 존재하거나 아니면 부재할 뿐이다. 그러나 다석의 없이 계신 하나님은 무극이태극으로서 절대유가 곧 절대무(絶代無)이며, 절대무가 절대유가 되는 역설적 신론이다. 앞서 살펴보았듯이, '없이 계신'이란 진술은 실체론적 '있음'을 부정할 뿐 아니라 '있음'의 반대인 실체론적 '없음' 또한 부정하는 해체를 통해서 실체론적 '있음'과 '없음'의 구분조차 뛰어넘는 비실체론적인, 개방적이고 무규정적이며 생성적이고 비시원적인 공(空)과 무(無) 곧 무한한 신비를 뜻한다. 다석은 이렇게 절대공 곧 "한없이 큰 것"으로 드러나는 신을 없이 계신 님이라 불렀고, 모든 구분이 철폐되듯이 신과 세계의 구분도 사라져서 '하나'로 이해되기에, 공으로 드러나는 신과의 만남은 신인합일로 표현된다.

인간은 이러한 신인합일 안에서 초월과 내재, 신앙과 이성, 은총과 자연의 구별이 사라지고 모든 것을 부정하고 초극하는 무상함이 그 실체로 드러나는 절대무를 발견하게 된다. 인간은 끊임없이 무엇을 실체화함으로써 집착하게 되지만, 절대무 곧 '없음'의 자리에서는 모든 실체화가 부정되기에 사물에 대한 집착에서 벗어나 해방과 자유의 해탈을 경험하고, 오히려 이로써 사물과 합일하며, 더 나아가 제한적인 사랑인 차별에서 무차별적 공평의 사랑과 자비로 확장되어 나가는 것이다. 다석은 바로 이 절대무에서 참된 '있음'을 발견한다. 이런 무차별적인 물아일체의 경험이 바로 없이 계신 하나님과의 만남이었던 것이다.

다음, 다석의 무, 공, 허의 신론은 초월과 내재를 분리하는 세속화

시대에 존재의 근거와 이유를 위협하는 또 다른 '무'인 니힐리즘(nihilism)을 극복한다. 니힐리즘을 극복하는 다석신학이 가진 변증적 성격을 규명하기 위해서 선불교가 가진 무와 공의 개념이 니힐리즘의 종교 부정을 극복할 수 있음을 제시한 일본의 교토학파(京都学派)의 설명을 예로 제시할 수 있다. 여기서는 교토학파가 설명한 무와 공의 관념 그리고 절대부정의 변증법적 사유를 살펴보고, 이들의 무와 공이 그리스도교 신학과 공명하는 지점으로서 케노시스 이론에 대한 이들의 주장을 참고하여 다석의 신론을 조명한다. 동시에 변증 신학으로서 다석의 무·공·허 신론이 오늘날의 또 다른 '무'인 니힐리즘에 어떤 대안이 되는지를 살펴보고자 한다.

삶에 대한 무의미성과 무가치성을 주장하는 이론으로서의 허무주의는 "존재론적 허무주의와 실존론적 허무주의"[15]로 구별될 수 있다. 존재론적 허무주의가 실재론적인 무성(無性, Nothingness)과 관련된 주장이라면, 실존론적 허무주의는 인간 실존이 경험하는 의미의 결여와 관련된 주장이라 할 수 있다.[16] 이런 맥락에서 존재론적 허무주의를 다석이 없이 계신 하나님을 설명하는 데 전유한 동양적 무(無)와 관련된 것으로 규정할 수 있다면, 실존론적 허무주의는 또 다른 '무'인 니힐리즘으로 규정될 수 있을 것이다. 여기서 필자는 다석의 없이 계신 하나님에서 전유된 동양적 사유인 무 개념과 하나님의 철저한 자기 비움을 말하는 케노시스 개념이 마치 동전의 양면처럼 '비인격적' 자기 비움의 가장 '인격적' 사랑을 가리킴을 확인할 것이다. 그리고 이러한 케노시스

---

15 켈리 제임스 클락 외/김지호 옮김, 『신학 공부를 위해 필요한 101가지 철학 개념』(일산: 도서출판100, 2018), 213.
16 클락 외, 『신학 공부를 위해 필요한 101가지 철학 개념』, 213 참조.

적 무가 오늘날 종교 부정의 핵심적 원리로 자리한 또 다른 무인 니힐리즘과 대결하여 극복할 수 있음을 제시하고자 한다.

아베 마사오(阿部正雄)는 인간성 상실과 인간성 자체에 대한 불신 그리고 이로써 찾아오는 허무감으로 팽배한 오늘날 불교와 그리스도교가 대면한 심각한 도전은 종교 자체의 존재 이유를 부정하는 종교 부정의 입장이라 주장하고, 이러한 도전들을 대표하는 세 가지 구체적 예로 과학주의(Scientism), 마르크스주의(Marxism) 그리고 니힐리즘(Nihilism)을 제시한다.[17] 특히 그 가운데 니힐리즘은 "종교를 그 내면적인 깊이에서 원리적으로 부정하는 입장으로서, 불교나 기독교의 심장을 도려내려는 예리한 칼"[18]로 가장 치명적인 것이라 말할 수 있다. 이 니힐리즘에 대응하여, 아베 마사오는 그리스도교의 '무로부터의 창조'(creatio ex Nihilo) 교리를 언급하면서 이 교리가 가진 두 가지 핵심을 제시한다. 첫째로 이 세계의 창조는 하나님의 자유로운 의지를 통해 이루어졌다는 것이고, 둘째로 피조 세계와 인간은 그 전 존재가 하나님에게 빚지고 있다는 것이다. 이런 이유로 인간을 포함한 피조 세계는 본래적으로 실존적 허무를 지닌다. 따라서 '무로부터의 창조'는 인간 존재의 인과론적 설명이 아니라 인간의 인격적이고 실존적인 근거를 하나님에게 둘 수밖에 없음을 말하는 실존적이고 신앙적인 진술임을

---

17 아베 마사오/변선환 엮음, 『선과 현대신학 ―종교 부정의 이데올로기를 극복하는 길』 (서울: 대원정사, 1996), 28-29 참조. 아베 마사오가 활동하던 당시인 '오늘날'은 1990년대로 당시 종교에 대한 심각한 도전을 니힐리즘으로 보았다는 것은 2021년 종교가 '귀환'하는 오늘날의 입장에서 보았을 때, 반론의 여지가 있다. 그러나 인간이 보편적으로 경험하는 실존적 상황으로서의 모든 객관적인 가치와 실재에 대한 부인, 특히 도덕적 실재와 지적 실재의 근거가 되는 신에 대한 부인과 이로써 찾아오는 의미 없음의 차원에서 니힐리즘은 어느 시대에나 유효하다고 볼 수 있다.

18 아베, 『선과 현대신학』, 33.

알 수 있다. 그리스도교의 '무로부터의 창조'는 본래적으로 허무를 짊어진 피조물로서의 현실과 무를 초월하는 절대적인 창조주 하나님의 현실, 그리고 이 현실성 안에서 허무함을 짊어진 인간은 하나님을 신앙할 수밖에 없음을 말해준다.[19] 이로써 무로부터의 창조에서 그리스도교적 무의 의미는 존재론적 범주가 아닌 실존적인 범주로 드러난다.

> '무로부터의 창조'라고 할 때의 '무'도 존재론적 범주로서의 유에 대한 무가 아니라 피조물에게 그 피조성, 유한성, 가사성(可死性, mortality)을 각인(刻印)시키는 허무(non being)이다. 그리고 이 같은 의미에서, 죽음으로서의, 내지는 허무로서의 '무'는 하나님에 의하여 전적으로 초월되는 바의 허무이다.[20]

그렇다면 동양적 사유의 무와 공은 그리스도교의 무로부터의 창조가 말하는 실존론적 허무와 어떤 연관점을 갖는 것이며 이 허무를 어떻게 극복하는 것인지 물을 수 있다. 우선, 불교에서 말하는 무는 "부정·긍정의 대립을 그 근원에서 초월하면서 부정·긍정의 하나하나를 그 자체로서 성립시키는 절대 긍정의 원리(the absolutely affirmative principle)이다."[21] 다시 말해 무는 "일체를 제각기 그 고유성에서 참되게 살아가게 하는 궁극적인 원리(the ultimate principle)"[22]로 제시된다. 불교는 살아서 '있음'에서 업(業)을 보고 여기서 해탈하는 것을 지향하기에, 생사의

---

19 아베, 『선과 현대신학』, 44-47 참조.
20 아베, 『선과 현대신학』, 53.
21 아베, 『선과 현대신학』, 53.
22 아베, 『선과 현대신학』, 53.

문제도 유와 무의 문제로 환원시켜서 파악하며 인간을 비롯하여 모든 존재물의 무상성을 보여주고 이 모든 것이 공(空)한 이유를 밝히고자 한다. 따라서 불교는 모든 것의 구별을 허용하지 않는다. 불교에서 유와 무의 문제는 "유와 무의 대립과 차별을 내세우는 분별(分別)의 문제로서, 다시 말하자면 이 같은 대립과 차별에 매이는 분별심(分別心, cittavikalpa)의 문제"[23]이며, 이러한 분별심을 벗어나 분별심의 근원이라 할 수 있는 무명(無名)을 깨치는 "무분별지로서의 참된 지혜의 입장"[24]에 이르는 것이 불교의 궁극적 해탈이 의미하는 바이다. 다시 말해 분별심에서 나오는 대립과 차별을 철저히 벗어나 자신의 삶과 죽음의 경계 역시 허물어지는 열반이나 해탈을 불교에서는 공(空) 혹은 진여실상(眞如實相)으로 부른다.[25]

또한 아베 마사오는 무분별심에 근거한 불교의 근본적인 가르침이 무차별의 경지에서 멈추지 않고, 이런 무차별의 입장까지도 철저하게 부정하여 "참으로 살아가게 하도록 하게 하는 절대무의 열려진 장(the open topos of the absolute Nothingness)"[26]을 열어가야 함을 주장한다. 그리고 이러한 "스스로 그렇게 있음(自然性, naturalness)"[27] 역시 무분별지(無分別智)의 영역으로서 대자비(大慈悲)의 영역이라 할 수 있으며, 바로 이 영역 즉 절대무의 영역은 허무주의의 허무마저 포함하면서 초월한다고 말한다.[28]

---

23 아베, 『선과 현대신학』, 54.
24 아베, 『선과 현대신학』, 55.
25 아베, 『선과 현대신학』, 56 참조.
26 아베, 『선과 현대신학』, 67.
27 아베, 『선과 현대신학』, 67.
28 아베, 『선과 현대신학』, 67 참조.

앞서 진술한 것처럼, 불교는 절대무의 영역이면서도 동시에 대자비의 영역으로서의 무분별지에서 모든 것의 무상함을 드러내면서 이를 극복한다. 다석 역시 무, 공, 허를 통해서 이러한 무분별지를 깨닫고 이를 다음과 같이 표현한다.

> 하늘 만유를 둘러싸고 있는 허공 빈탕한대가 사랑 아닌가. 오직 하나 드나듦도 없는 일음일양一陰一陽이게 하는 그만이 무극이태극無極而太極의 주님 이시니 아들은 아버지 계신 그곳에, 제 집 고향에 돌아갈 뿐 하나님 그분만 믿는다. 뿌리가 그만이다.29

위 진술을 통해 보면 다석에게서 나타난 무는 '허무'라는 피조물의 소멸로 드러나지 않고 모든 피조물을 포함하기에 그 피조물이 돌아갈 귀결로 나타난다. 다석은 빈탕한대를 사랑이라고 말함으로써 허공의 빈탕한대에서 무한한 사랑의 충만을 볼 수 있음을 주장한다. 만유를 포함하면서도 초월하는 그 허공 곧 빈탕한대는 '있음'과 '없음'의 구분마저 사라진 일음일양의 경지이자 무극이태극의 하나님이다. 요컨대 다석의 무, 곧 빈탕한대는 단순히 삶에서 죽음으로 존재에서 비존재로의 이행의 결말이 아니라 삶과 죽음, 존재와 비존재의 구분 자체의 사라짐이며, 빈탕한대 곧 만유를 포월하는 커다란 사랑으로 향하는 피조물의 귀결이다. 다석은 바로 이러한 '없음'이 곧 '있음'이라는 무극이태극의 불이적(不二的) 신 관념을 가지고 있었기에 허무의 또 다른 이름이라 할 죽음을 삶과 무차별적으로 동일시할 수 있었다. 그러나 이러한

---

29 김흥호, 『다석일지 공부』 4, 355.

동일시가 죽음으로의 환원이 아니라 사랑과 자비의 신으로 귀일이라는 점에서 죽음 자체를 극복한다.

또한 다석은 아무 것도 가지지 않는 '없음' 곧 무의 경지야말로 역설적으로 일체를 갖고서 허무를 넘어 모든 것을 갖는 절대 긍정임을 주장한다. 이로써 내가 사라지고 모든 것을 버리는 '없음'이야말로 역설적으로 참된 내가 되고 모든 것을 가진 것이 된다. 다시 말해 아무것도 가지지 않음은 허무가 아니라 사물과 나의 경계가 사라져 내가 모든 것이 되어 사물과 내가 일치하는 것 곧 물아일체(物我一體)로서 진정으로 모든 것을 소유하는 것이다. 다석은 아래와 같이 말한다.

> 다시 없이 크면 없는 데 들어간다. 없는 것은 내가 되는 것이다. 없는 데 가면 없는 게 없다. 무일물무진장(無一物無盡藏)이다. 아무것도 가지지 않으면 일체(一切)를 가지는 것이다. 다시 없이 큰 것, 이것만은 우리가 할 일이다.[30]

요컨대 다석에게 있어서 근본적인 '없음'인 본무 곧 "본래 없는(本無) 이것"이야말로 참으로 '있음'이다. 이 같은 무(無)야말로 또 다른 '무'(니힐리즘)를 극복하는 참 '있음' 곧 하나님이다. 이 내용을 다석은 다음과 같이 진술한다.

> 본래 없는(本無) 이것을 있다고 하고 싶다. 본래 없는 것만이 참 있는 것이라고 생각된다. 본래 없는 것이 계시는 하느님이다.[31]

---

30 박영호, 『多夕 柳永模 어록』, 220.

분별의 대립과 차별의 경지를 극복하는 다석의 무와 공, 무극이태극은 절대부정인 무분별의 경지, 곧 선불교에서 말하는 것처럼 "무분별의 분별이며, 분별의 무분별"[32]에서 무한한 사랑이라는 인격적 요소뿐 아니라 허무를 극복하는 참 '있음'을 발견한다. 다석에게 무와 공은 형이상학적인 개념에서 멈추는 것이 아니라 빈탕한데의 사랑이라는 실존적이고 인격적인 의미와 피조물의 실존적인 존재 근거로까지 나간다. 그렇다면, 다석은 어떻게 이 비움과 '없음'에서 하나님의 사랑과 실존적 존재 근거를 발견할 수 있었을까?

피조물의 실존적 허무에 관한 존재론적 설명을 시도하는 그리스도교 전통의 '무로부터의 창조'를 통해서 추측해 본다면, 그것은 하나님의 자기 비움 곧 케노시스적(kenotic) 창조로 설명할 수 있다. 몰트만은 창조를 선행하는 무한하고 무소부재(無所不在)한 하나님의 자기 제한을 주장한다. 하나님 자신의 '밖에' 있는 창조는 무한한 하나님 자신 '안에서' 그 유한성을 위한 공간을 만들어 둠에서 비롯되었다는 것이다.[33] 중요한 것은 하나님 '안에서'의 자기 비움을 통한 공간이 곧 하나님 '외부의' 창조라는 것이다. 세계의 창조는 하나님의 자기 비움에 기초하고 있다. 몰트만은 이러한 내용을 다음과 같이 설명한다.

하나님이 자기 자신 속으로 들어가실 때에야 비로소 nihil은 하나님이 그 속에서 창조적으로 활동할 수 있는 자유로운 영역을 얻게 된다. 그렇다면 창조는 정말 하나님의 "외부에" 실존하는 한 존재자이며, 한 타자인가?

---

31 박영호, 『多夕 柳永模 어록』, 216.
32 스즈키 다이세츠/김용환·김현희 옮김, 『불교의 대의』 (서울: 정우서적, 2017), 28.
33 몰트만, 『삼위일체와 하나님의 나라』, 179 참조.

"하나님의 외부에 존재하는 이 창조"는 동시에 하나님 안에 다시 말하여 우리는 하나님이 무소부재하심 가운데에서 그에게 마련하여 주신 영역 속에 있다고 말해야 하지 않겠는가? 하나님은 세계를 "그 자신 안에서" 창조하시지 않았는가? 그는 세계에서 그의 영원 안에 있는 시간을 주었으며, 그의 무한 안에 있는 유한을 주었으며, 그의 무소부재 하심 안에 있는 공간을 주었으며, 그의 무아적 사랑 안에 있는 자유를 주지 않았는가?[34]

더 나아가 하나님의 케노시스는 세계의 실존적 존재 근거인 창조와 인격적 사랑의 구속이 서로 맞물린다는 것을 의미한다. 창조의 능력은 구속의 사랑과 함께 하는 것이다. 존 폴킹혼(John Polkinghorne)은 이러한 하나님의 케노시스적 창조가 니힐리즘적 무를 극복하고 존재 자체의 가치를 세운다는 점을 다음과 같이 주장한다. 무엇보다 창조 세계의 근거는 하나님이며, 창조 세계의 가치는 바로 하나님이 부여하기에 창조 세계가 존재한다.

신학적 담론에서 오직 하나님만이 "왜 무가 아닌 어떤 것이 존재하는가?" 라는 위대한 질문에 답할 수 있다. 그러나 그 질문은 무에서부터 근원적 창조를 이루신 하나님의 능력을 인용한다고 해서 간단히 해결될 문제가 아니다. 만약 우리가 그런 언어를 사용해도 좋다면, 이 위대한 행동 뒤에 놓여 있는 하나님의 동기가 무엇인지를 고려하는 것 또한 필수적이다. 그 점을 살피려면, 하나님의 사랑이 참으로 타자의 존재를 원하셨으며, 따라서 창조를 통해 이 사랑이 거룩한 삼위일체의 위격들 사이에서 일어

---

34 몰트만, 『삼위일체와 하나님의 나라』, 179.

나는 상호침투적(perichoretic) 교류의 외부에서도 주어진다는 사실을 반드시 포함해야 한다. 창조 세계는 하나님이 창조 세계에 생명과 창조 세계 자체의 가치를 부여하시기 때문에 존재한다.[35]

다석 역시 하나님의 자기 비움을 통한 세계의 창조를 설명한 적이 있다. 앞서 다석의 신론에서 살펴보았듯이 '본친'(本親)에서 '다아'(多我)로 진행되는 과정은 하나님의 '수축'으로서의 자기 비움의 대표적인 예다. 세계는 하나님의 자기 비움에 근거한다. 이런 맥락에서 다석은 창조 세계(상대계)가 없이 계신 하나님(절대계)에게 참여함으로 존재하고, 창조 세계가 가진 모든 가치는 하나님으로부터 온다는 것을 다음과 같이 주장한다.

절대계가 상대계에 참여하면 다른 것은 우리가 알 수 없다 하더라도 이곳이 참여하였다는 것만큼은 알 수 있습니다. … 절대계에서 우리를 끌어올리는 것입니다. 참여할 때 어떻게 참여하느냐 하면, 절대자가 참여할 것을 만들어줍니다. 상대계에 사는 사람은 차마 사랑이라는 것에 대해 말을 하지 못합니다. 누가 말하게 되느냐 하면 바로 절대자가 말하게 됩니다. 그 절대자가 조물주입니다. 창조된 만물이 있는 것은 절대자 덕분입니다.[36]

그리스도교 전통의 케노시스적 창조는 피조 세계의 존재적 근거와

---

35 존 폴킹혼 엮음/박동식 옮김, 『케노시스 창조이론 —신은 어떻게 사랑으로 세상을 만드셨는가?』 (서울: 새물결플러스, 2015), 165.
36 류영모, 『다석 강의』, 364.

가치를 보존한다. 마찬가지로 무극이태극(無極而太極)의 원리 역시 이러한 하나님의 자기 비움의 창조와 사랑에 상응할 수 있다. 말하자면, 하나님의 '무극'이 곧 온 우주의 기초인 '태극'이 되고, 무극이란 바로 하나님의 자기 비움의 케노시스적 사랑에 근거한 창조성인 것이다. 이러한 케노시스적 사랑의 창조성에서 창조 세계가 나왔다. 다석은 이렇게 말한다.

> 하느님의 사랑에서 터져 나온 것이 하늘과 땅이다. 말할 수 없는 하느님의 사랑이 밑에 깔려서 이 우주가 생겨났다.[37]

이로써 다석의 무는 종교 부정의 이데올로기 중 하나인 니힐리즘에 대한 대결을 가능하게 하는 단초를 제공한다. 그렇다면, 존재의 근거 없음, 그 근거 없음으로 인한 실존적 허무와 도덕적 영적 진공 상황에 대해 다석의 무, 공, 허 신론이 이에 적절한 대결 상대가 될 수 있는 이유는 무엇인지를 묻게 된다. 또한 이 질문이 향하는 또 다른 질문은 다석의 무, 공, 허의 하나님은 어떻게 허무를 포함하면서 이를 초월하여 피조물의 존재론적 근거를 제시할 수 있는가 하는 것이다.

아베 마사오는 니힐리즘을 "'종교 이전의(before) 니힐리즘'과 '종교 이상의(beyond) 니힐리즘'"[38]으로 구분하면서, 신 죽음의 니힐리즘인 종교 이상의 니힐리즘이야말로 종교가 정면 대결해야 하는 상대임을 제시한다. 아베 마사오는 그리스도교의 케노시스론을 통해서 이러한

---

37 박영호, 『多夕 柳永模 어록』, 41.
38 아베, 『선과 현대신학』, 82.

종교 이상의 니힐리즘 극복의 길을 증명하고자 한다. 그러나 케노시스론의 핵심은 하나님의 아들이 자기 비움을 통해서 인간이 되었음(become)에 머무는 것이 아니라, 하나님의 아들은 철저하고 총체적인 자기 부정의 비움을 통하여 사람이면서 동시에 하나님'이다'(is)로까지 나아가야 함을 주장한다.39

이에 비해서, 전통적 그리스도교에서 말하는 로고스의 선재는 니힐리즘을 극복하는 데 아무런 역할을 하지 못한다. 완전한 신성과 완전한 인성의 '동일 본질'은 신과 인간의 실체적 동일성이 아니라 "'하나님의 아들이 '아니기' 때문에 참으로 하나님의 아들 '이다'"40라는 자기 비움을 통한 "'동일 작용'(one function) 혹은 '비이원적 작용'(nondual function)"41으로 동일성이다. 따라서 자기 비움이 인간 현존의 깊이에서 실현될 때 인성과 신성의 동질성이 이해된다. 다시 말해 "그리스도의 케노시스 혹은 자기 비움의 개념은 우리 자신의 죄성과 우리 자신의 실존론적 자기 부정을 통해서만 적절히 이해될 수 있다"42는 것이다. 또한 그리스도의 자기 부정은 부분적인 부정이 아닌 '총체적'이고 '철저한' 부정임을 분명하게 해야 한다. 바로 여기에 니힐리즘의 극복이 있는 것이다.43

하지만 아베 마사오에 따르면, 그보다 앞서 그리스도의 케노시스는 하나님의 철저한 케노시스에 기원을 둔다. 하나님의 자기 비움 없이 하나님 아들의 자기 비움은 성립되지 않는다. "하나님의 경우에 케노시

39 아베, 『선과 현대신학』, 87 참조.
40 아베, 『선과 현대신학』, 88.
41 아베, 『선과 현대신학』, 88.
42 아베, 『선과 현대신학』, 88-89.
43 아베, 『선과 현대신학』, 89 참조.

스는 하나님의 원초적인 '본성', 즉 사랑 안에 함축되어 있다."[44] 이로써 하나님은 자신이 하나님 됨을 바로 사랑의 케노시스로 증명한다. 무엇보다 그 사랑의 자기 비움은 철저하고 총체적이어야 하는데, 그 무조건적 사랑의 범위가 모든 죄인을 예외 없이 포함하고 있으며, 구원을 위해 자신을 철저히 비운다는 점에서 깊이 인격적이면서 동시에 '비인격적'이다. 따라서 "완전한 케노시스적 하나님 안에서 인격성과 비인격성은 역설적으로 동일하다."[45] 이러한 하나님의 케노시스는 그리스도의 십자가에서 절정에 도달한다. 십자가에 달린 그리스도는 곧 하나님 자신인 것이다. 이처럼 철저하고 총체적인 자기 비움의 하나님은 절대무로서의 하나님이 아니고서는 설명되지 않는다.

여기서 나타난 십자가에 달린 그리스도와 하나님의 동일성은 무차별의 경지 곧 절대무의 경지를 통해서 가능해진다. 아베 마사오는 앞서 제시한 주체와 객체, 주관과 객관의 구별이 모두 무너지는 '무분별지로서의 영역'에서 하나님을 파악한다. 삼위일체 안에서도 내부이면서 외부이며, 주어도 술어도 아니어서 하나님은 자신에게 등을 돌린 인간을 여전히 만날 수 있고, 인간이 말을 걸 수 있는 그리고 십자가에서 아들과 함께 버림받는 일은 바로 모든 구별이 무너져 차별이 없는 무로서의 하나님이 아니고서는 설명되지 않는다고 보는 것이다. 이러한 무로서의 하나님만이 니힐리즘의 도전에 노출된 일방적으로 주어가 되는 하나님을 극복하고, 현대의 자율이성과 합리적 주체성을 포함하면서 극복하는 것이다.[46]

---

44 아베, 『선과 현대신학』, 95.
45 아베, 『선과 현대신학』, 102.
46 아베, 『선과 현대신학』, 116-119 참조.

동일한 맥락에서 다석은 '있음'과 '없음'을 초월한 빔(空)의 비인격적 절대 경지에서 역설적이게 참으로 인격적일 수 있는 하나님에 대해 다음과 같이 말한다.

빔(空)은 맨 처음이 됨으로 모든 생명의 근원이요, 일체 만물의 근원이다. 곧 하느님이시다. 나도 인격적인 하느님을 생각한다. 하느님은 인격적이지만 사람 같은 인격은 아니라 신격이다. 내가 말하는 인격적이란 '있·없' (유무, 有無)을 초월한 신격으로 전체인 맨 처음이란 뜻이다.[47]

위 진술을 보면 앞서 케노시스의 하나님처럼, 자신을 철저히 비워(空) 내는 하나님이어야 모든 생명의 근원이 된다. 빔(空)이야말로 창조는 물론 신과 세계의 동일성에 대한 설명을 가능하게 하는 개념이다. 이렇게 빔을 통해 '있음'과 '없음'을 초월하는 하나님이어야 인간과 합일하여 참 인간이 되는, 다시 말해 진정으로 인격적인 하나님인 것이다. 이처럼 공(空)의 합일은 신을 주체와 객체로 구분하여 타자로 남겨두지 않는다. 따라서 공의 합일은 십자가의 성자와 성부가 일치하여 함께 고통받았던 것을 설명함은 물론 이제 신이 피조 세계와도 하나가 되어 함께 고통받는 하나님이 된다는 것을 설명하는 근거가 된다. 공을 통해 성부와 성자가 하나 됨은 피조 세계와 합일하는 하나님에 관한 삼위일체적 원리이다. 다석은 이렇게 말한다. "아버지와 아들은 나눌래야 나눌 수가 없고 쪼갤래야 쪼갤 수가 없다. 차별이 있는 것 같으나 떨어지지 않는다."[48]

---

47 박영호,『多夕 柳永模 어록』, 72.

결론적으로 니힐리즘과 대결하는 다석신학이 가진 무와 공의 개념은 신과 피조 세계의 구분을 무효화하여 신과 세계의 일치를 설명해 줄 가능성을 보여준다. 이와 동시에 무와 공은 세계와 합일하는 하나님을 설명함으로써 피조 세계의 존재론적 근거는 물론 그 목적론적 근거도 제시하여 다석신학이 오늘날 실존론적 허무주의와 대결하는 신학이 될 수 있음을 보여준다.

둘째, 변증적인 후기-그리스도교 신학으로서 다석신학은 보편적 대속을 통해 타자의 고난에 연대하는 신학이다. 다석신학이 가진 이러한 변증적 측면은 민중신학으로서 다석신학이 가진 발전가능성을 보여준다. 그 뚜렷한 예를 다석의 대속론에서 찾을 수 있다. 다석의 그리스도론에서 대속은 고난을 짊어진 '모든' 사람을 통해서 이루어진다. 불의한 세상에서 예수처럼 고디와 천직의 수행을 실천함으로써 자발적으로 고난을 받는 사람뿐 아니라, 가난과 억압, 절망과 소외로 인해 비자발적으로 고통 받는 사람들 모두 이 세상을 구원하는 독생자이자 대속하는 그리스도로 이해되는 것이다. 이러한 방식으로 다석은 이들 모두가 예수의 대속 못지않은 대속을 하고 죽어가는 사람들로 보았다. 다석의 대속론은 고난 자체를 대속으로 이해함으로써 나의 고난은 타인의 구원을 위한 대속이며, 타인의 고난은 나의 구원을 위한 대속으로 볼 수 있게 만든다. 결국 보편적 대속 안에서 씨알 민중은 고난받는 '그리스도'로서 고난을 통해서 서로 연대한다. 이러한 보편적 대속은 고난 그 자체를 통해서 자신은 물론 타자의 구원을 위해 대속하는 윤리적 책임을 가진 새로운 인간 주체성을 상정한다.

---

48 박영호, 『多夕 柳永模 어록』, 52.

더 나아가 보편적 대속을 말하는 변증 신학으로서 다석신학은 민중신학으로 이어지며, 그 미래적 발전가능성에도 기여한다. 다석이 보편적 대속을 제시할 수 있었던 근거는 고난이었다. 다석은 고난받은 씨알에게서 우리 대신 죄를 짊어지는 그리스도의 현존을 보았다. 세상을 구원하는 대속적 주체의 정체성의 핵은 고난이며, 민중신학에서는 이를 민중의 메시아성으로 규정한다. 민중의 고난 그 자체가 메시아적인 역할을 한다는 것이다. 아픔과 고통은 구원을 가로막는 장애물이 아니라 오히려 참 구원을 드러내는 시금석으로 민중의 고난 앞에선 인간의 응답을 요청한다. 죽재 서남동(竹齋 徐南同, 1918~1984)은 이를 다음과 같이 설명한다.

> 우리가 민중에게서 메시아역을 보고 있는 것은 물에 빠진 사람을 건져주듯 어떤 정치적 권세(權勢)를 가지고 군림하는 주권자와 같은 전통적 이미지에서 말하는 것이 아니고 본회퍼에서 싹텄듯이, 예수의 고난과 그 경험을 통해서 새 인간성이 동틀 가능성을 약속받았다는 입장에서 하는 말입니다. 아픔의 경험을 통해서 눈이 밝아지고 거기에 응답하게 함으로써 하느님은 '새 인간'이 되게 하는 것입니다. 민중이 메시아의 역할을 한다는 것은 민중이 겪고 있는 고난 자체가 바로 그러한 역할을 하기 때문입니다. 민중의 고난에 동참하면 그게 사람되는 길이고, 그게 바로 구원의 길인 것이죠. 이렇게 이해한다면 고난받은 민중이 메시아이고, 그래서 민중은 새 시대의 주인이 되는 것입니다.[49]

---

49 서남동/죽재서남동기념사업회 엮음,『민중신학의 탐구』(서울: 동연, 2018), 232.

다석의 대속적 고난 개념은 민중신학과 상응하여 고난받는 씨알 민중의 메시아성으로 전환되는 것을 확인해 볼 수 있다. 이 지점에서 다석의 씨알은 '씨알 민중'이 된다. 서남동이 주장하듯, 여기서 민중의 메시아성이란 민중이 겪는 고난이 새 인간성을 일깨운다는 것과 고난에 동참함으로써 새 시대의 길이 열린다는 것을 의미한다. 다시 말해 "민중의 고난에 동참하면 그게 사람되는 길이고, 그게 바로 구원의 길인 것"[50]이다. 이런 맥락에서 고난받는 민중은 메시아다. 민중의 메시아성은 서남동이 민중의 정체성에서 가장 핵심적인 것으로 보았던 역사의 주체성이라 말할 수 있다. 민중이 백성과 구별될 수 있는 지점이 바로 역사의 주체성이다.[51] 결국 고난받는 민중은 예수와 동일시되어 예수의 역할을 하기에 역사를 담당하는 메시아가 된다. 다석의 보편적 대속 개념과 민중신학의 민중의 메시아성은 고난이라는 지점에서 서로 '합류'한다.

그렇다면, 다석신학은 민중신학의 발전에 어떤 기여를 할 수 있는지에 대한 질문이 주어진다. 필자는 그것을 이 책에서 제시한 다석신학이 가진 '수행-미학적 인간 주체성'으로 답하고자 한다. 김희헌은 오늘날 민중신학은 민중의 고난에 대한 정치신학적 대처의 한계를 경험하고 있음을 말하면서, 이러한 한계를 극복하기 위해 다석신학의 실천성에 주목하며 "한국적 범재신론이라는 민중신학 초기의 사상적 유산과 실천적 수행종교로서의 길을 확보한 민중신학 자체의 가능성을 키워가야 할 신학적 의무"[52]를 상기시킨다. 서남동 역시 다석의 제자 함석헌의

---

50 서남동, 『민중신학의 탐구』, 232.
51 서남동, 『민중신학의 탐구』, 224-225 참조.
52 김희헌, "유영모와 민중신학," 150 참조.

씨알 개념과 민중신학의 민중 개념의 차이점에 대해 설명하면서, 씨알 개념이 가진 인간의 존재론적 측면과 민중 개념이 가진 사회 역사적 측면이 상호보완적으로 이해되어야 함을 주장한다.[53]

이 두 가지 관점을 종합해 본다면, 오늘날 민중신학에 있어서 다석신학이 보완할 수 있는 신학적 통찰은 민중의 고난을 더 깊은 존재론적 차원에서 설명해 내는 인간론적 토대와 이를 구체화하는 프락시스를 설명하는 수행론의 필요성이다. 역사의 주체가 되어 세상을 구원하는 메시아성을 가진 씨알 민중의 고난에 대한 이해뿐 아니라 고난받는 인간과 고난의 신학적 의미를 설명하는 것이 다석의 인간론과 수행론 곧 수행-미학적 인간론이다. 앞서 수행-미학적 인간론에서 설명한 것처럼 다석의 수행은 단순한 종교적 프락시스가 아닌 인간 존재에 대한 이해에 기초하고 아픔과 고통, 곧 십자가의 '부서진 아름다움'에 정초하고 있음을 알 수 있다. 필자는 이러한 내용을 다음에 서술할 변증 신학으로서 다석신학이 가진 수행-미학적 인간론으로 제시하고자 한다.

셋째, 후기-그리스도교 신학으로서 변증적인 다석신학은 '왜곡된' 아름다움을 극복하는 전복적 아름다움에 정초한 수행-미학적 신학을 제시한다. 필자는 오늘날 그리스도교 신학이 가진 결정적인 문제 중 하나는 신앙적 윤리나 도덕의 부재라기보다 이러한 프락시스의 목적이자 원동력이 되는 아름다움의 부재로 이해한다. 인공지능과 사이보그의 출현, 생명복제 등 나날이 새로워지는 과학기술적 담론 앞에 요청되는 새로운 인간론의 토대는 더 이상 도구적 이성이나 무한한 생명 혹은

---

53 서남동, 『민중신학의 탐구』, 234 참조.

전능함이 될 수 없다. 이 세 가지 인간론의 토대는 모두 신론과 관계된 것으로 신의 전지, 전능, 생명과도 불가피하게 연관되어 인간론의 부재는 신론의 토대 역시 침식한다.

그렇다면 오늘 우리 시대에 적합한 인간 주체성을 제공해 줄 수 있는 새로운 인간론에 대해 다석은 무엇을 제시할 수 있는지를 묻게 된다. 다석은 인간 비극의 근원이 되는 원죄를 탐, 진, 치로 보았다. 따라서 무제한적 욕망을 추구하는 탐욕, 유한성에 사로잡혀 자기 보존만을 생존의 유일한 길로 간주함에서 오는 자신과 타자를 향한 폭력, 유한한 존재자들을 실체적 존재 그 자체로 아는 어리석음, 이 세 가지를 좇는 제나를 금욕적 수행으로 죽임으로써만 얼 생명의 참나를 되찾을 수 있다고 믿었다. 이 같은 다석의 수행은 빛을 끄고 어둠을 찾는 신앙적 프락시스로 이해할 수 있다. 그런데 다석이 주장하는 수행적 의미에서의 빛과 어둠은 일반적 의미의 빛과 어둠의 내용과는 정반대다. "다석에게 빛은 물질세계와 이성을, 어둠은 정신세계와 신비를 의미했다. 따라서 빛이 꺼지면 '어둠'과 '빔'과 '없음'이 찾아온다. 그 빔과 어둠 속에서 절대자가 드러나는 것이다. 그래서 다석에게 하나님은 '없이-계신 이'였다."[54]

또한 다석의 수행은 기존의 욕망과 사유를 전복시키는 예술적 퍼포먼스의 성격을 갖는다. 다석이 하루에 저녁 한 끼를 먹었던 수행은 탐심으로 이끌리는 인간의 생존 본능에 대한 대결이었고, 해혼을 선언함으로써 일체 성관계를 거부한 것은 스스로를 경계 지을 줄 몰라 자신은

---

54 안규식, "저녁夕의 그리스도교 사상가, 다석多夕 유영모," 뉴스앤조이 홈페이지, 2021년 9월 11일 최종 접속, https://www.newsnjoy.or.kr/news/articleView.html?idxno=301612.

물론 피조 세계의 질서를 무너뜨리는 인간의 원초적 욕망에 대한 저항이었다. 결국 다석의 참나를 찾기 위한 수행은 왜곡된 인간의 근원적 욕망을 역전시키고 재정위함으로써 참 인간은 누구이며, 참 인간의 모습은 어떠해야 하는지를 보여주는 영의 '퍼포먼스'였다고 말할 수 있다.

이처럼 인간 욕망을 역전시키고 재정위하는 다석의 수행은 육체를 부정하는 영지주의적 금욕 수행으로 보여질 수 있지만, 다석은 결코 몸을 부정하지 않았다. 오히려 다석에게 있어 참나를 발견하는 빈탕 수행의 출발점은 바로 몸이었다. 마치 피리처럼 안이 비워진 인간이야말로 하나님의 숨을 통해서 하나님의 소리를 낸다. 이처럼 다석의 수행은 왜곡된 아름다움에 도전하여 비움의 참 아름다움을 계시하는 하나님의 예술 활동이다. 다석은 탐, 진, 치의 아름다움에 도전하여 비움과 '없음'과 어둠의 아름다움을 제시함으로써 없이 계신 하나님의 아름다움을 드러냈다. 이 아름다움을 향한 각성이 바로 참나를 깨달음이며, 다석은 이 아름다움이 세상을 구원할 것이라 믿었던 것이다. 바로 이 아름다움이 오늘날을 위한 대안적 인간론의 본질이라 필자는 주장한다.

3. 통전 신학으로서 다석신학

마지막으로 후기-그리스도교 신학으로서 다석신학은 그 동안 서구 그리스도교의 주장들에 의해 묻혀져 왔던 '변방의 목소리'들을 되찾고 재구성하여 더욱 개방적이고 계시적인 궁극적 실재에 관한 통전적인 신학적 진술에 기여한다. 아베 마사오의 지적처럼, 서구 그리스도교 신학 전통은 비존재를 존재의 결핍으로 이해하고, 비존재에 대한 존재의 우선성에 따라서 존재의 비존재에 대한 우월성과 궁극성을 주장해왔다. 하지만 지금껏 당연히 여겨졌던 이와 같은 기본 전제, 곧 비존재에 대한 존재의 우선성, 우월성, 궁극성에 대해 그리고 이러한 존재론적 범주가 발생시키는 여러 문제 ―예를 들어, 선과 악, 삶과 죽음 등의 양극성―에 대해 과연 존재가 비존재에 앞서는 것이 당연한 것인가 하는 질문이 던져진다.[55]

이러한 질문 앞에서 다석신학은 서구 그리스도교 신학이 배제해 온 무와 공의 관념을 가지고 더욱 통전적인 신학적 진술을 제시한다. 다석의 무와 공으로서의 하나님은 절대부정을 통한 절대무라는 끊임없이 개방적이고, 동시에 불가능의 가능성으로 경험되는 절대적 신비로서의 하나님을 말한다. 그 예가 바로 '없음'을 향한 끊임없는 자기 부정을 통해 존재(being)와 비존재(non-being)의 분별을 넘어서는 절대무의 자리에서 드러나는 '없이 계신 님'이다. 서구 그리스도론이 존재의 비존재에 대한 존재론적 우위에서 신론을 설명했다면, 다석의 신론은 존재와 비존재 둘 사이의 존재론적 구분과 대립조차 극복하는 통전적인 신론이라 말할 수 있다. 서구의 존재 우위의 신학이 변하지 않는, 언어와 사유로 포획되는 실체론적 본성에 근거해 왔다면, 다석신학은 실체론적 본성을 거부하고 모든 것의 무상함과 변화함을 받아들이기 때문에 세속적 집착에서 벗어나 이로부터 오는 번뇌와 고통으로부터의 해탈은 물론 삶과 죽음의 분별 자체를 부정함으로써 오는 해방의 길을 제시한다.

무엇보다 동양적 무와 공의 관념은 무인격성을 그 특징으로 하지만, 다석신학은 무를 서구 그리스도교의 케노시스와 융합하여 비움의 인격

---

55 아베, 『선과 현대신학』, 186-188 참조.

성을 더해 무와 공의 인격성과 비인격성을 넘어서는 더욱 통전적인 신학적 진술로 안내한다. 우선, 하나님의 케노시스는 하나님의 자기 비움을 이 세계의 창조 근거로 설명한다. 마찬가지로 다석이 밝힌 본친(本親)에서 다아(多我)로 진행되는 과정은 하나님의 수축으로서의 자기 비움이라 말할 수 있으며, 이는 하나님이 자기 비움을 통한 절대무의 자리에서 자신과 피조 세계가 구분되지 않음을 알려준다. 여기서 신과 피조 세계의 합일적 관계는 인격성을 결여한 피조 세계와 하나님의 단일성을 말하는 것이 아니다. 하나님의 케노시스는 "하나님의 완전한 자기 거절 내지는 자기 비움을 통한 하나님의 개체이자 전체됨"[56]이다. 이것이 함의하는 바는 하나님과 피조 세계의 관계는 단순한 신적 내재가 아닌 자기 비움의 사랑과 자비에 기초한 관계라는 사실이다.

다석은 바로 이 관계에 기초하여 신과 우주와 인간을 통전적으로 인식한다. 오늘날 기후변화와 환경의 위기 가운데 후기-그리스도교 신학으로서 통전성을 가진 다석신학은 존재를 개별자로 이해하는 분리적인 —더 나아가 대립적인— 세계관이 아니라 "'만물의 관계적 얽힘'과 그로 인해 목격하게 되는 '존재의 두터움'"[57]을 드러낼 수 있는 신학이다. 다석은 무분별지에서 나와 너, 신과 인간, 자연과 인간이 '하나'로 합일할 수 있음을 보여준 신학자였다. 이 지점이 다석이 가진 불교적 무와 공의 관념이 서구 그리스도교 신학을 보완해 줄 수 있는 통찰이자 통전적 신학의 한 측면이라 하겠다.

요약하자면, 후기-그리스도교 신학으로서 다석신학은 다음과 같은

---

56 아베, 『선과 현대신학』, 102.
57 박일준, "테크노-영지주의 시대의 종교성 비판 —사물의 관계적 얽힘의 종교성을 향하여," 「한국조직신학논총」 57 (2019), 130.

한국 신학의 특징을 지닌다. 다석신학은 '창조적 융합의 심층적 생명력'을 가지고 궁극적 실재에 관한 다양한 종교 전통들을 흡수 내지 융합하여 궁극적 실재와의 새로운 합일적 만남과 진술을 일구어내는 '얼'의 자유와 생명을 보여준다. 또한 다석신학은 자기 비움의 고난을 그 핵으로 삼는 수신과 수행을 통해 이를 궁극적 실재와의 만남으로 승화시키는 신인합일을 추구한다. 그리고 다석신학은 우리말과 글로 복음의 의미와 표현을 새롭게 하여 궁극적 실재가 가진 보편성을 설명함으로써 더욱 통전적인 진술에 기여하는 주체적 구성신학이다.

동시에, 후기-그리스도교 신학으로서 변증적 다석신학은 세속적 근대성에 기인한 초월과 내재의 분리를 극복하는 초월적 내재(혹은 내재적 초월)의 신학이다. 또한 다석신학은 보편적 대속으로 민중의 고난에 연대하고 동참하는 새로운 인간 주체성을 제시함으로써 민중신학과도 상응한다. 더 나아가 다석신학은 왜곡된 세속적 아름다움에 도전하고 이를 전복시키는 영의 아름다움에 정초한 수행을 통해서 대안적인 존재론적 인간론을 제시함으로써 민중신학의 새로운 가능성을 보여주는 변증적 신학이다.

마지막으로 후기-그리스도교 신학으로서 통전적인 다석신학은 동양 종교 전통의 무와 공이 가진 언어와 사유를 통한 절대적 신비인 신의 포착 불가능성을 주장한다. 이와 동시에 다석신학은 절대 부정을 통한 절대무를 통해 영속적인 개방성과 불가능의 가능성으로 경험되는 궁극적 실재의 부정신학적(theologia negativa) 요소와 서구 그리스도교 전통이 가진 자기 비움의 사랑을 담지하는 케노시스 개념을 통해 신의 인격성을 제시하는 긍정신학적(theologia positiva) 요소를 양립시키켜 신-우주-인간의 관계를 유기적으로 이해하는 통전적 신학이라 말할 수 있다.

8장

결론: 다석신학 연구에 대한
평가와 전망

다석신학, 한국적 영성에 나타난 하나님의 얼굴

한국적 영성을 담은 후기-그리스도교 신학으로서 다석신학을 구성하고 제시하고자 한 이 책은 다음 세 가지 측면에서 다석신학 연구에 기여하고자 했다. 그것은 크게 세 가지로 다석의 신학적 자료에 대한 면밀한 해석학적 작업, 다석신학에 대한 포괄적 구성 시도, 다양한 사상들과의 비교와 융합을 통한 다석신학의 입체적 구성이다.

첫째, 이 책은 다석의 신학적 자료에 대한 면밀한 분석을 통해서 다석의 신학적 사유를 다석 당시의 맥락에 더욱 가깝게 해석하여 그 내용을 구체화하는 작업을 수행했다. 다석 자료의 특성상 다석신학의 내용을 파악하기 위해서는 일종의 해석학적 과정을 요구했다. 이는 다석의 신학적 진술을 문자적으로 받아들이기보다 그 진술과 개념들이 처한 동양적 사유의 맥락에 중점을 두는 것이었다. 그 예가 다석의 없이 계신 하나님 신론에 대한 분석이었다. 다석은 궁극적 실재를 표현할 때, 절대와 참, 크심과 같은 용어를 사용하여 수식했다. 이와 같은 용어들은 일반적으로 서구에서 실체론적 관점으로 신을 묘사할 때 사용되는데, 문제는 다석이 신을 표현할 때 사용하는 '없음'에 관한 진술에서도 서구의 실체론적인 이해로 접근하게 된다는 것이다. 말하자면, 없이 계신 하나님 신론에서 동양적 사유의 맥락이 제거된 다석의 궁극적 실재에 관한 이해는 다석의 사유에 적합한 동양적 사유의 비실체론적인 '없음'이 아니라 서구적 관점의 실체론적인 '더 큰 있음'으로 이해하게 만든다는 점이다. 따라서 다석의 없이 계신 하나님이 서구의 실체론적 개념처럼 무한, 절대, 영원의 실체론적 존재로 이해되어 신과 세계 사이에 분리 내지는 존재론적 간극을 상정하는 결과를 가져온다.

하지만 다석이 보았던 '없음'은 '있음' 보다 '더 큰 있음'이 아니라 존재론적 경계가 해체되어 무차별적으로 '하나'가 되어가는 생성과 과정의 '한없이 큰 것'이었다. 따라서 이 책에서 해석한 다석의 없이 계신 하나님은 자기 비움의 해체를 통해 '있음'을 포함하면서 이를 끊임없이 초월하여 '하나'가 되는 빈탕의 신이다. 빈탕의 신은 세계 안에 있으나 세계 밖에 있고, 분리되고 대상화하여 규정하는 것 이전에 분리되지 않은 무규정적인 것이어서 존재와 비존재를 넘어서는 '하나'의 신비로 남겨진다. 이러한 없이 계신 하나님이 맺는 신과 세계의 관계는 합일적이며 불이적 관계이지 이원론적인 혹은 일원론적인 실체론적 관계가 아니다.

따라서 다석을 이해하는 데 동양적 사유의 '없음'을 통해 다석이 가진 신에 대한 이해에 더 가깝게 접근해야 함이 요구된다. 결국 동양적 관점에서 하나님의 절대적 신비는 무한이나 절대와 같이 신과 세계의 무한한 거리를 낳는 서구적인 실체론적 사유에 기초한 의미보다, 세계의 유기체적 관계를 설명하는 과정철학적인 생성, 비시원성, 개방성과 무규정성이 하나님의 절대적 신비를 가리키면서 신과 세계의 합일을 담아내는 더욱 적합한 용어가 됨을 확인할 수 있는 것이다. 신의 절대적 신비를 강조함과 동시에 신과 세계의 합일적 관계를 상실시키지 말아야 하는 미묘한 해석적 차이가 다석의 없이 계신 하나님 신론에 자리하고 있다.

둘째, 이 책은 다석신학에 대한 포괄적인 구성을 시도했다. 기존의 다석에 관한 연구들은 주로 서구 철학자들 혹은 서구 신학자들과의 비교 연구가 다수를 이루었다. 하지만 이 책이 시도했던 바는 다석 자체의 신학적 사유를 포괄적으로 드러내려는 다석신학에 대한 전체적 구성 작업이라 할 수 있다. 이는 다석신학을 신론, 그리스도론, 성령론,

삼위일체론, 수행-미학적 인간론 그리고 후기-그리스도교 신학으로 구성하는 과정에서 다석 사상 및 신학을 형성하는 다양한 요소들을 분석하여 다석의 진술에 담긴 구체적인 내용들을 최대한 종합적으로 제시하려 했음을 뜻한다. 곧 다석신학 자체에 대한, 그리고 전체에 대한 구성 내지는 조망하려 했다는 것이다.

이러한 다석신학에 관한 포괄적 연구가 가져오는 결과는 다석신학이 가진 각 개념 간의 상호보완적인 이해를 통한 통전적인 구성이다. 예컨대 다석의 없이 계신 하나님에 대한 이해는 다석의 비움의 수행 곧 빈탕 수행과 깊이 연관되어 있다. 반대로, 다석의 수행론은 다석의 신론에 기초하여 그 특징이 주체가 신적 진리를 선별적으로 수용하는 과정이 아니라 신적 진리에 주체를 변형시키는 과정으로 나타난다. 따라서 다석의 빈탕 수행은 없이 계신 하나님에 대한 그의 신적 진리를 방증한다. 이처럼 다석신학의 포괄적 구성은 다석신학의 각 구성요소의 상호보완적 이해를 통해서 더욱 정합한 통전적 이해를 향해 나아간다.

셋째, 이 책은 다양한 사상들과의 비교와 융합을 통해 다석신학의 입체적 구성을 시도했다. 예를 들어 이 책에서 언급된 폴 틸리히, 플로티노스, 니콜라우스 쿠자누스, 아리스토텔레스, 토마스 아퀴나스, 아우구스티누스, 마이스터 에크하르트 등 여러 사상가는 다석 사상과의 비교와 융합을 통해서 다석신학의 내용을 더욱 입체적으로 드러내는 대화 상대자들이다. 이와 같은 사상가들과의 비교와 융합을 통한 입체적 구성으로 기대한 효과는 다석의 신학적 사유와 개념들에 대한 다각적이고 역동적인 해석과 이해다.

이러한 비교와 융합을 통한 다석신학에 대한 역동적 이해의 한 예는 다석의 얼 그리스도론에 대한 해석이다. 다석의 얼 그리스도론에 대한 지금까지의 해석은 주로 인간에게 보편적으로 주어진 신적 생명의 얼이라는 내용에 중점을 두어왔다. 하지만 이러한 보편적 신적 생명으로서 얼에 대한 이해는 얼의 보편성에 집중한 나머지 얼이 가진 역동과 가능성에는 주목하지 못하는 한계를 보였다. 하지만 다석의 얼 개념에 있어서 얼이 가진 역동과 가능성을 생각하지 못한다면 다석이 탐, 진, 치의 삼독(三毒)과 싸웠던 치열한 수행이 설명되지 않는다. 마치, 그리스도교 신학의 성화론과 칭의론의 긴장처럼, 이미 신적 생명이 주어져 있는 상황에서 신앙적 수행의 필요성에 대한 설명은 설득력이 약해진다. 하지만 이 책에서는 아리스토텔레스의 질료형상설을 전유하여 다석의 얼 그리스도론을 얼의 가능태와 그리스도의 현실태 사이의 역동과 가능성의 관계로 설명하였다. 그 결과 얼은 그리스도로 이해해야 한다는 것과 모든 인간이 얼을 품부한다는 사실은 바로 수행적 과정을 통해 얼에서 그리스도로 이행할 가능성을 가리키고 있다고 이해하게 된다. 또한 얼에서 그리스도로 이행하는 가능성이 보편적으로 주어졌다는 것은 자기 부정의 수행을 통해 얼에서 그리스도가 됨이 바로 믿는 자들의 정체성임을 가리킴을 보여준다. 이와 같은 해석은 인간과 그리스도의 신비적 합일의 관계를 주목하게 함으로써 동양사상의 인간 존재론과 그리스도론 그리고 신비적 합일이라는 주제를 통전적으로 구성하여 다석신학이 가진 역동성을 드러내는 결과를 온다.

또한 이 책은 다석의 하나(一)의 신론이 플로티노스와 니콜라우스 쿠자누스의 사상과 공명함을 보여주었다. 특히 플로티노스의 유출과 니콜라우스 쿠자누스의 수축을 통해서 다석의 귀일(歸一)과 가온찍기(ㄹ) 개념을 설명함은 물론 인간이 신으로 향하도록 추동하는 힘인 '그리움'―플로티노스에게는 에로스―을 신과 세계의 존재론적 차이에서 기인하는 합일의 원동력으로 설명할 수 있었다. 다른 한 예로, 샐리 맥페이그의 은유신학의 범주로 다석의 어머니 신론을 설명함으로써, 향후 다석신학이 가진 다양한 신학적 은유들을 통해서 고착화되고 왜곡된 신학적 은유들에 대한 해체작업의 가능성을 제시하였다. 이 모든 시도는 이 책이 설명하고자 했던 한국적 영성의 모습들을 어렴풋이나마 보여준다.

이제 향후 다석신학 연구에 관한 나의 전망을 다음 세 가지로 제시하고자 한다. 그것은 다석 자체에 대한, 그리고 전체에 대한 기초 연구, '다석학파'의 신학적 기획을 통한 동서양 종교와 사상 간의 본격적인 대화 시도, 그리고 다석신학 사상에 대한 비판적 연구이다.

첫째, 현재 다석 연구에 있어서 가장 시급한 것은 다석 자체에 대한, 그리고 전체에 대한 기초 연구다. 특히 지금까지도 『多夕日誌』에 대한 면밀한 분석과 통찰력 있는 해석이 거의 부재한 상태에서, 김흥호나 박영호 등 다석 연구의 권위적인 2차 자료가 다석의 본래적 사유인 것처럼 연구되는 실정이다. 이러한 현상은 다석에 대한 가장 중요하면서도 기초적인 연구가 이루어져야 할 필요성을 절감하게 한다. 가장 먼저, 특정 신학적 입장에서 다석을 조명하는 작업 이전에, 시와 그림, 도형과 숫자 등으로 다석 자신의 사상을 드러낸 다석의 가장 중요한 1차 자료인 『多夕日誌』에 대한 텍스트 분석적 연구와 해석학적 연구의 필요성 그리고 간학문적 연구를 주장하는 바이다. 또한 다석의 생애를 시기별로 구분해 다석의 사상이 가진 특징들과 변화에 주목하는 신학적 연구도 필요하며, 더 나아가 다석 사상의 학문적 확장성을 위해 다석 사상의 내용과 용어가 영어로 번역도 되어야 한다. 그러나 내가 보기에 다석신학 연구에 있어 가장 큰 결점은 견실한 기초 연구가 부재한 상태에서 이루어지는 다석에 대한 해석이다. 다석신학에 관한 연구에 있어서는 탁월한 천재들보다 성실한 연구자들이 더 필요한 상황이다.

둘째, 다석 사상과 신학에 관한 다양한 관점들을 갖춘 '다석학파'의 신학적 기획을 통한 동서양 종교와 사상 간의 본격적인 대화 시도이다. 나는 다석 연구 집단이 모델로 삼을 만한 신학적 기획의 가장 대표적인 예로서 일본의 교토학파(京都学派)를 제시하고 싶다.

교토학파는 "서양의 존재(Being) 혹은 실체(essence/substance) 중심 논리의 한계 내지 불철저성을 비판하면서, 불교적 공(空, Emptiness) 혹은 절대무(絕對無, Absolute Nothingness)의 입장에서, 존재하는 모든 것들을 있는 그대로 긍정하는 논리"[1]를 주장한 학파이다. 교토학파는 1913년 니시다 기타로(西田幾多郞, 1870~1945)를 시작으로 일본 선불교를 입각점으로 두고 그리스도교는 물론 서양의 다양한 사상들과 대화와 대결을 시도했다. 교토학파의 논리는 다석의 무와 공의 관념과 많은 부분에서 유사하다. 따라서 이와 같은 교토학파를 향후 더욱 발전된 다석 연구를 위한 다석 학파의 모델로 삼는다면, 앞으로 다석신학에 대한 더욱 체계적인 연구로 다양한 입각점을 만들고, 이러한 입각점에 서서 기타 서양 신학과 철학과의 대화는 물론 더 나아가 대결까지 나가는 전망을 제시해 본다.

마지막으로 다석에 대한 '비판적' 연구의 필요성이다. 기존 다석에 대한 주요한 연구 내지 저술의 특징은 매우 실존적이고 신앙적인 관점에

---

1 이찬수, "왜 교토학파인가 —한국의 교토학파 연구 현황: 종교계 연구를 중심으로," 에큐메니안 홈페이지 참조. http://www.ecumenian.com/news/articleView.html?idxno=18613.

서 혹은 자신의 신학적 기획의 관점에서 다석을 대화 상대자로서 상정하고 해석해왔다는 점이다. 이런 이유로 다석에 대한 공정하고 비판적인 연구가 부실할 수밖에 없는 상황에 놓여있다.

종종 특정한 신학적 입장에서—주로 전통적 그리스도교 신학의 입장[2] 혹은 개혁신학적 입장에서— 다석의 신학을 비판하는 시도가 있었는데, 특정한 신학적 입장에서 다석신학을 비판하는 이와 같은 시도는 자의적 기준으로 상대방의 '다름'을 '틀림'으로 주장하는 태도로서 다석에 대한 공정하고 적합한 평가가 아니다. 무엇보다 자신의 신학적 입장에서 다른 신학을 비판함은 비판의 준거점이 지극히 자의적일 수밖에 없다는 점에서 문제가 발생한다.

이와 반대로 다석을 신학적, 사상적 진공 상태에서 가장 독창적인 사유를 창조한 사상가로 이해하거나 혹은 서구 신학과 사상이 가진 '모든' 한계와 문제점을 극복하는 사상가로 간주하는 것 역시 공정하지 않다. 이러한 태도는 오히려 스스로를 완성되지 않은 미정고(未定稿)라 주장했던 다석에 대한 우상화 작업과 같다. 다석 역시 한국 근현대를 살아가며 서구 철학과 신학의 영향을 두루 받았으며, 그의 독창성 역시 비교와 융합에 기초하고 있음을 염두에 두어야 한다.

마지막으로 이 책을 마무리하며 다석 류영모가 새로운 신학적 지평을 열어줄 뿐 아니라 한국 신학 위에 나타난 하나님의 얼굴인 한국적 영성을 위한 소중한 자료라는 것을 밝히고자 한다. 다석이 보여준 신앙적 삶과 신학적 사유 중 '있음'과 '없음' 또는 존재와 비존재 사이의

---

2 전통적 그리스도교 입장에서 다석을 비판적으로 연구의 대표적 예는 다음과 같다. 배요한, "다석 유영모의 예수 그리스도 이해에 대한 신학적 비판," 「신학논단」 73 (2013).

관계에 주목하게 하는 그의 신학적 사유와 자기 부정의 해체를 통한 합일이라는 신학적 주제는 여전히 나에게 유의미한 신학적 숙제로 자리하고 있다. 그 외에 다석이 가진 사유의 단초들은 오늘날 경직되고 편협한 사고의 틀을 깨서 더 넓고 트인 신비로 나아가도록 하는 신학적 상상력을 불러일으키기에 충분하다. 그 내용은 이미 이 책 이전의 연구 성과들과 이 책의 내용들을 통해서 나름 개진되었다고 본다.

무엇보다 나는 다석 류영모를 연구하면서 지금까지 한국인을 살리고, 힘을 돋우고, 구원한 하나님의 얼굴인 한국적 영성을 바라볼 눈을 뜰 수 있었다. 이것이 가능했던 이유는 난해한 다석의 자료를 붙잡고 씨름했던 여러 연구자의 수고와 노력이 있었고, 이러한 연구자들의 어깨 위에 앉아 다석을 연구할 수 있었기 때문이었다. 나 역시 한국적 영성 곧 한국 신학 위에 나타난 하나님의 얼굴을 보고자 하는 사람들을 위해 기여하길 바라는 마음으로 이 책을 내놓는다.

참 고 문 헌

경전 및 고전

『論語』(논어)

『大學』(대학)

『道德經』(도덕경)

『東經大全』(동경대전)

『孟子』(맹자)

『三一神誥』(삼일신고)

『성경』(대한성서공회, 새번역)

『周易』(주역)

『中庸』(중용)』

『天符經』(천부경)

『太極圖說』(태극도설)

『花潭集』(화담집)

다석 유영모 자료

류영모. "믿음에 드러간이의 노래." 「성서조선」 157 (1942).

_____. "부르신지 三十八年만에 믿음에 드러감." 「성서조선」 157 (1942).

_____. "우리가 뉘게로 가오리까." 「성서조선」 158 (1942).

_____. 『多夕日誌』 1권. 서울: 홍익재, 1990.

_____. 『多夕日誌』 2권. 서울: 홍익재, 1990.

_____. 『多夕日誌』 3권. 서울: 홍익재, 1990.

_____. 『多夕日誌』 4권. 서울: 홍익재, 1990.

류영모 강의/박영호 풀이. 『다석 마지막 강의』. 서울: 교양인, 2011.

류영모 번역/박영호 풀이. 『노자와 다석 ―다석사상으로 다시 읽는 도덕경』. 서울: 교양인, 2013.

류영모 강의/주규식 기록·박영호 풀이. 『다석 씨알 강의 ―1959~1961년 강의록 45편』.

서울: 교양인, 2015.

류영모 번역·강의/박영호 풀이.『다석 중용 강의』. 서울: 교양인, 2015.

다석 류영모 강의/다석학회 엮음.『다석 강의』. 서울: 교양인, 2017.

한글 자료

강영안. "레비나스 철학에서 주체성과 타자."「현상학과 현대철학」 4 (1990).

고려대 민족문화연구원 한국사상연구소 편.『자료와 해설, 한국의 철학사상』, 서울: 예문서원, 2010.

그리핀, 데이빗/장왕식·이경호 옮김.『화이트헤드 철학과 자연주의적 종교론 ―초자연주의를 넘어서는 종교를 지향하여』. 고양: 동과서, 2004.

기조, 오구라/이신철 옮김.『조선사상사: 단군신화로부터 21세기 거리의 철학까지』. 서울: 길, 2022.

길희성. "종교다원주의 ―역사적 배경, 이론, 실천."「종교연구」 28 (2002).

_____.『마이스터 엑카르트의 영성 사상』. 서울: 분도출판사, 2019.

_____.『영적 휴머니즘 ―종교적 인간에서 영적 인간으로』. 파주: 아카넷, 2021.

김동건.『그리스도론의 미래: 글로벌 시대의 예수 그리스도』. 서울: 대한기독교서회, 2020.

김명수.『씨알사상과 민중신학』. 파주: 한국학술정보, 2012.

김병환.『김병환 교수의 신유학 강의』. 서울: 휴먼북스, 2018.

김상일.『화이트헤드와 동양철학』. 서울: 서광사, 1993.

_____.『오래된 미래의 흔철학』. 대전: 상생출판, 2014.

김석완. "선진시대(先晉時代) '수신(修身)' 관념의 형성사(形成史) 연구."「한국교육사학」39 (2017).

김수영. "다석 류영모와 마이스터 에크하르트의 대화: 존재(存在)로서의 신론(神論)과 무(無)로서의 신론을 중심으로." 연세대학교 석사학위논문, 2020

김승혜 외.『불교와 그리스도교의 수행』. 서울: 바오로딸, 2005.

김우영. "『多夕日誌』의 훈민정음체에 대한 언어 철학적 연구." 강원대학교 철학박사학위논문, 2021.

김재홍. "『천부경』의 운삼사(運三四) 성환오칠(成環五七)에 관한 소고"「한국사상과 문화」 100 (2019).

김진.『다석 류영모의 종교사상』. 울산: 울산대학교출판부, 2012.

김찬홍. "범재신론으로서의 유영모의 하나님 이해." 「한국조직신학논총」 44 (2016).

김학철. "육에 깃든 신성과 그 발현의 동태(動態) ─서중석 교수의 요한복음 해석." 「신학논단」 78 (2014).

김흡영. 『道의 신학』. 서울: 다산글방, 2001.

_____. "동아시아적 삼위일체론 서설." 「종교연구」 65 (2011).

_____. 『道의 신학 II』. 서울: 동연, 2012.

_____. 『가온찍기: 다석 유영모의 글로벌 한국 신학 서설』. 서울: 동연, 2016.

_____. "동아시아신학의 미래와 한국신학의 과제." 「기독교사상」 696 (2016).

김흥호. 『다석일지 공부』 1권. 서울: 솔출판사, 2001.

_____. 『다석일지 공부』 2권. 서울: 솔출판사, 2001.

_____. 『다석일지 공부』 3권. 서울: 솔출판사, 2001.

_____. 『다석일지 공부』 4권. 서울: 솔출판사, 2001.

_____. 『다석일지 공부』 5권. 서울: 솔출판사, 2001.

_____. 『다석일지 공부』 6권. 서울: 솔출판사, 2001.

_____. 『다석일지 공부』 7권. 서울: 솔출판사, 2001.

_____. 『제소리 ─다석 유영모 강의록』. 서울: 솔출판사, 2001.

김흥호·이정배 편. 『다석 유영모의 동양사상과 신학』. 서울: 솔출판사, 2002.

김희헌. "유영모와 민중신학 ─한국적 범재신론과 실천적 수행종교." 「신학연구」 67 (2012).

노자(老子)/김학목 옮김. 『노자 도덕경과 왕필의 주注』. 서울: 홍익출판사, 2014.

데이비스, 레오 도널드/이기영 옮김. 『초기 그리스도교 에큐메니컬 7대 공의회 ─그 역사와 신학』. 서울: 대한기독교서회, 2018.

데카르트, 르네/이현복 옮김. 『방법서설』. 서울: 문예출판사, 2019.

라너, 칼/이봉우 옮김. 『그리스도교 신앙 입문 ─현대 가톨릭 신학 기초론』. 서울: 분도출판사, 2021.

_____. 『그리스도교 신앙 입문』. 서울: 분도출판사, 2021.

레비나스, 에마뉘엘/김동규 옮김·해설. 『윤리와 무한: 필립 네모와의 대화』. 고양: 도서출판 100, 2020.

류재신. "다석 유영모의 그리스도 이해." 한신대학교 석사학위논문, 1997.

마사오, 아베·신이찌, 히사마쯔/변선환 엮음. 『선과 현대철학 ─선의 철학적 자리매김은 가능한가?』. 서울: 대원정사, 1996.

마사오, 아베/변선환 엮음.『선과 현대신학 —종교 부정의 이데올로기를 극복하는 길』. 서울: 대원정사, 1996.

맥그래스, 알리스터/박종현 옮김.『신학이란 무엇인가』. 서울: 복있는사람, 2021.

맥컬웨이, A. J./황재범·김재현 옮김.『폴 틸리히《조직신학》요약과 분석』. 서울: 한들출판사, 2020.

맥페이그, 샐리/정애성 옮김.『은유신학 —종교 언어와 하느님 모델』. 서울: 다산글방, 2001.

_____.『어머니·연인·친구』. 서울: 뜰밖, 2006.

몬딘, 바티스타/강윤희·이재룡 옮김.『토마스 아퀴나스의 철학 체계』. 서울: 가톨릭출판사, 2012.

몰트만, 위르겐/김균진 옮김.『삼위일체와 하나님의 나라 —삼위일체론적 신론을 위하여』. 서울: 대한기독교서회, 2017.

_____.『생명의 영 —총체적 성령론』. 서울: 대한기독교서회, 2017.

묄러, 한스-게오르크/김경희 옮김.『도덕경의 철학』. 서울: 이학사, 2021.

미트, 디트마르 풀어 엮음/김순현 옮김.『하느님과 하나 되어 —마이스터 엑카르트의 논고·설교·강의 선집』. 왜관: 분도출판사, 2014.

바디우, 알랭.『사도 바울 —'제국'에 맞서는 보편주의 윤리를 찾아서』. 서울: 새물결, 2008.

박만. "속죄론적 십자가 죽음 이해에 대한 비판적 논고"「한국조직신학논총」 39 (2014).

박수인. "플라톤적 철학적 주체성에 대한 푸코 식 고찰: 플라톤적 자기 배려와 '플라톤주의의 역설'."「한국정치학회보」 54 (2020).

박영호 옮기고 풀이.『多夕 柳永模 명상록』. 서울: 두레, 2000.

_____.『多夕 柳永模 어록』. 서울: 도두레, 2002.

_____.『진리의 사람 다석 류영모·상』. 서울: 두레, 2001.

_____.『다석전기 —류영모와 그의 시대』. 서울: 교양인, 2012.

박일준.『인공지능 시대, 인간을 묻다: 인간과 기계의 공생을 위한 포스트휴먼적 존재론』. 서울: 동연, 2018.

_____. "테크노-영지주의 시대의 종교성 비판 —사물의 관계적 얽힘의 종교성을 향하여."「한국조직신학논총」 57 (2019).

_____. "언택 시대의 감정의 신학: 기호자본주의와 정의 신학."「한국조직신학논총」 60 (2020).

박재순. "다석학파가 본 얼 기독론, 스승 기독론."「기독교사상」 (2012).

_____.『다석 유영모의 철학과 사상』. 파주: 한울, 2013.

_____. 『다석 유영모』. 서울: 홍성사, 2017.

_____. "다석 유영모의 평화사상." 「통일과 평화」 10집 1호 (2018).

_____. 『도산철학과 씨울철학』. 서울: 동연, 2021.

박정환. "윌리엄 제임스의 회심이론을 통해 본 다석 류영모 연구." 서강대학교 박사학위논
　　　문, 2014.

박종천. "효 그리스도론에 대한 연구." 「신학과 세계」 88 (2016).

박준양. 『성령론 ―생명을 주시는 주님』. 서울: 가톨릭대학교출판부, 2019.

박진규. "삼일신고의 수행론: 중국 도교와 비교하여." 「인문학연구」 42 (2011).

박혁순. "현대 삼위일체론 재구성을 위한 모색 ―아시아 형이상학들과 대화를 통하여."
　　　「한국기독교신학논총」 98 (2015).

박홍기. "에크하르트 설교 71에 나타난 무(無)의 의미." 「신학전망」 180 (2013).

방연상. "현대 신학 담론에 대한 '트리컨티넨탈리즘의 도전." 「신학사상」 163 (2013).

배요한. "다석 유영모의 예수 그리스도 이해에 대한 신학적 비판." 「신학논단」 73 (2013).

백소영. "근대 전환기 식민 경험과 다석 류영모의 '탈(脫)의 정체성." 「한국기독교신학논총
　　　」 86 (2013).

밴후저, 케빈 J. "속죄." 켈리 M. 케이픽·브루스 L. 맥코맥 엮음. 『현대신학 지형도: 조직신학
　　　각 주제에 대한 현대적 개관』. 서울: 새물결플러스, 2016.

본회퍼, 디트리히/손규태·이신건. 『나를 따르라 ―그리스도의 제자직』. 서울: 대한기독교
　　　서회, 2013.

보프, 레오나르도/김항섭 옮김. 『생태 신학』. 서울: 가톨릭출판사, 2013.

볼프, 미로슬라브/황은영 옮김. 『삼위일체와 교회: 하나님의 형상으로서 교회에 대한 가톨
　　　릭·동방 정교회·개신교적 이해를 찾아서』. 서울: 새물결플러스, 2015.

빅토리아, 브라이언 다이젠/박광순 옮김. 『불교 파시즘 ―선(禪)은 어떻게 살육의 무기가
　　　되었나?』. 서울: 교양인, 2013.

사이드, 에드워드 W./박홍규 옮김. 『오리엔탈리즘』. 서울: 교보문고, 2015.

서남동·죽재서남동기념사업회 엮음. 『민중신학의 탐구』. 서울: 동연, 2018.

셰리, 패트릭/손호현 옮김. 『성령과 아름다움』. 서울: 동연, 2019.

손호현. 『아름다움과 악 ―제1권 신학적 미학 서설』. 서울: 한들출판사, 2009.

_____. 『아름다움과 악 ―제4권 헤겔의 미학과 신정론』. 서울: 동연, 2009.

_____. "다석의 신론 2: 에크하르트와 다석." 「연세대학교 대학원 세미나 강의록」 (2019).

_____. "다석의 神明 사용 용례." 「연세대학교 대학원 세미나 강의록」 (2020).

수기르타라자, R. S./양권석·이해청 옮김.『탈식민주의 성서비평』. 서울: 분도출판사, 2019.

슈라이터, 로버트/황애경 옮김.『신학의 토착화』. 서울: 가톨릭출판사, 1991.

스미스, 제임스/박세혁 옮김.『하나님 나라를 욕망하라』. 서울: 한국기독학생회출판부, 2017.

_____.『습관이 영성이다』. 파주: 비아토르, 2018.

스즈키 다이세츠/김용환·김현희 옮김.『불교의 대의』. 서울: 정우서적, 2017.

시르베크, 군나르·길리에, 닐스/윤형식 옮김.『서양철학사』 1. 서울: 이학사, 2017.

아우구스티누스/성염 역주.『삼위일체론』. 왜관: 분도출판사, 2015.

아퀴나스, 토마스/정의채 옮김,『신학대전』 12. 서울: 바오로딸, 2013.

_____.『신학대전』 1. 서울: 바오로딸, 2008.

안병무.『불티』. 서울: 한국신학연구소, 1998.

안규식 외.『우리 시대의 그리스도교 사상가들 II』. 고양: 도서출판100, 2022.

엘륄, 쟈끄/박동열.『새로운 신화에 사로잡힌 사람들 ―현대 사회의 새로운 악령들』. 논산: 대장간, 2021.

연규홍. "한국신학 100년의 성찰과 전망 ―토착화 신학 논쟁을 중심으로."「신학연구」 43 (2002).

영, 로버트 J. C./김택현 옮김.『포스트식민주의 또는 트리컨티넨탈리즘』. 고양: 박종철출판사, 2005.

우실하.『전통 문화의 구성 원리』. 서울: 조합공동체 소나무, 1998.

유동식.『한국 종교와 기독교』. 서울: 대한기독교서회, 2001.

_____.『풍류도와 예술신학』. 서울: 한들출판사, 2006.

_____.『풍류도와 한국의 종교사상』. 서울: 연세대학교 출판부, 2007.

_____. "한국신학의 광맥," 소금 유동식전집간행위원회 편집,『소금 유동식 전집 제4권: 신학사』. 서울: 한들출판사, 2009.

유협/황선열 옮김.『文心雕龍』. 부산: 신생, 2018.

윤건희. "多夕 유영모의 얼 그리스도론." 감리교신학대학교 석사학위논문, 2012.

윤남옥 엮음.『誠의 신학자 윤성범의 삶과 신학』. 서울: 한들출판사, 2017.

윤덕영. "多夕 柳永模와 Søren Kierkegaard의 기독교 사상 비교 연구 ―실존적 자아에 기초하여." 한국학중앙연구원 철학박사학위논문, 2009.

윤성범. "예수는 모름지기 효자다."「기독교사상」 7 (1976).

윤정현. "없이 계시는 하느님, 다석 유영모의 절대자 이해."「기독교사상」 52 (2008).

이기동 譯解.『논어강설』. 서울: 성균관대학교 출판부, 2019.

_____.『맹자강설』. 서울: 성균관대학교 출판부, 2020.

_____.『대학·중용강설』. 서울: 성균관대학교 출판부, 2020.

_____. "성스러움과 영성. 우리 시대 하나님과의 소통 방법."「현상학과 현대철학」 43 (2009).

이기상.『다석과 함께 여는 우리말 철학』. 파주: 지식산업사, 2008.

_____.『이 땅에서 우리말로 철학하기』. 파주: 살림출판사, 2013.

이상국.『저녁의 참사람 ―다석 류영모 평전』. 서울: 메디치미디어, 2021.

이성호. "판넨베르크와 레비나스: 무한과 주체성에 관하여."「신학논단」 91 (2018).

이세형. "성령론에 대한 기철학적 이해."「선교신학」 15 (2007).

이정배. "기독론의 한국적 이해 ―아래로부터의 기독론과 얼(생명) 기독론."「한국조직신학논총」 2 (1996).

_____.『없이 계신 하느님, 덜 없는 인간』. 서울: 모시는사람들, 2009.

_____.『빈탕한데 맞혀놀이 ―多夕으로 세상을 읽다』. 서울: 동연, 2011.

_____.『유영모의 귀일신학』. 서울: 신앙과지성사, 2020.

이정용/이세형 옮김.『易의 신학. 동양의 관점에서 본 하느님에 대한 기독교적 개념』. 서울: 대한기독교서회, 1998.

_____/임찬순 옮김.『삼위일체의 동양적 사유』. 서울: 동연, 2021.

이정우.『세계철학사 1 ―지중해세계의 철학』. 서울: 길, 2019.

_____.『세계철학사 2 ―아시아세계의 철학』. 서울: 길, 2020.

_____.『세계철학사 3 ―근대성의 카르토그라피』. 서울: 길, 2021.

이정호.『訓民正音의 構造原理: 그 易學的 研究』. 성남: 아세아문화사, 2017.

이차희. "<부르신 지 38年 만에> 믿음에 들어간 이의 노래>의 화용적 읽기 ―신학·종교학적 차원에서 다석 유영모에 관한 기존 연구의 지평을 넘는 실험적 텍스트 해석."「한국학(구 정신문화연구)」 39 (2016).

이찬석. "맥페이그의 하나님 모델에 대한 비판적 고찰 ―불이(不二)적 범재신론을 향하여."「장신논단」 38 (2010).

이찬수 외.『한국을 다시 묻다』. 서울: 모시는사람들, 2018.

_____.『유일신론의 종말, 이제는 범재신론이다』. 서울: 동연, 2018.

이창훈. "포괄적 신정론: 헤겔과 다석 유영모를 중심으로." 연세대학교 연합신학대학원 석사학위논문, 2021.

이한우.『논어로 논어를 풀다』. 서울: 해냄출판사, 2015.

잉에, 윌리엄 랄프/조규홍 옮김.『플로티노스의 신비철학』. 서울: 누멘, 2011.

장동민.『포스트크리스텐덤 시대의 한국 기독교』. 서울: 새물결플러스, 2019.

전성표. "성령과 기의 관계에 대한 신학적 고찰." 한신대학교 석사학위논문, 1996.

정병석 역주.『주역』상권. 서울: 을유문화사, 2018.

_____.『주역』하권. 서울: 을유문화사, 2018.

정승태.『찰스 하츠혼의 철학적 신학』. 대전: 침례신학대학교 출판부, 2013.

정양모.『나는 다석을 이렇게 본다』. 서울: 두레, 2010.

정용철. "다석 유영모의 그리스도론에 관한 연구." 강남대학교 석사학위논문, 1998.

정재현.『신학은 인간학이다』. 서울: 분도출판사, 2012.

조남호. "천부경의 연구사 정리(2) —기독교와 불교적 해석."「仙道文化」2 (2007).

조용일. "동학의 조화사상에 관한 연구." 동국대학교 박사학위논문, 1985.

종경종사 간행위원회.『三一哲學 (譯解倧經) 合編』. 서울: 대종교총본사, 1986.

죌레, 도로테/정미현 옮김.『신비와 저항』. 서울: 이화여자대학교출판부, 2007.

주영채. "이기론 해석과 수심정기(守心正氣) 수양론에 관한 연구."「동학학보」54 (2020).

최인식. "多夕 柳永模의 그리스도 이해."「종교연구」11 (1995).

_____. "다석 류영모의 영과 몸의 신학."「신학과 선교」30 (2004).

최현민.『불교와 그리스도교, 영성으로 만나다』. 서울: 운주사, 2013.

칭, 줄리아/변선환 옮김.『儒敎와 基督敎』. 경북: 분도출판사, 1994.

카스퍼, 발터/김관희 옮김.『예수 그리스도의 하느님 —신론과 삼위일체론』. 화성: 수원가
        톨릭대학교 출판부, 2015.

카우프만, 고든/기독교통합학문연구소 옮김.『신학방법론』. 서울: 한들출판사, 1999.

카푸토, 존 D. /김완종·박규철 옮김.『포스트모던 시대의 철학과 신학』. 서울: 기독교문서선
        교회, 2016.

칸트, 임마누엘/백종현 옮김.『이성의 한계 안에서의 종교』. 파주: 아카넷, 2020.

캅, 존(Cobb Jr., John B.)/이경호 옮김.『기독교와 불교의 대화와 대화를 넘어서 —기독교와
        불교의 상호 변혁을 지향하여』. 서울: 이문출판사, 2010.

캅, 존·데이빗 그리핀/이경호 옮김.『캅과 그리핀의 과정신학』. 서울: 이문출판사, 2012.

클락, 켈리 제임스 외/김지호 옮김.『신학 공부를 위해 필요한 101가지 철학 개념』. 일산:
        도서출판100, 2018.

쿠자누스, 니콜라우스 지음/조규홍 옮김.『박학한 무지』. 서울: 지식을만드는지식, 2013.

쿠퍼, 존/김재영 옮김.『철학자들의 신과 성서의 하나님 —신과 세계의 관계, 그 치열한 논쟁사』. 서울: 새물결플러스, 2016.

톨스토이/이동진 옮김.『톨스토이 복음서』. 서울: 해누리, 2020.

틸리히, 파울/남성민 옮김.『문화의 신학』. 서울: 한국기독학생회출판부, 2018.

_____/ 헤넬, 잉게베르크 C. 엮음/송기득 옮김.『파울 틸리히의 그리스도교 사상사 —원시 교단부터 종교개혁 직후까지』. 서울: 대한기독교서회, 2015.

판넨베르크, 볼프하르트/신준호·안희철 옮김.『판넨베르크 조직신학』 I. 서울: 새물결플러스, 2017.

편집위원회 편.『효와 종교』 윤성범 전집 3. 서울: 감신, 1998.

폴킹혼, 존 엮음/박동식 옮김.『케노시스 창조이론 —신은 어떻게 사랑으로 세상을 만드셨는가?』. 서울: 새물결플러스, 2015.

풍우란/박성규 옮김.『중국철학사』하 서울: 까치글방, 2019.

_____.『중국철학사』상. 서울: 까치글방, 2019.

하라리, 유발/김경주 옮김.『호모 데우스 —미래의 역사』. 파주: 김영사, 2017.

하이데거, 마르틴/신상희 옮김.『숲길』. 파주: 나남, 2010.

하지슨, 피터 C. /손원영·손호현·김영선 공역.『기독교 구성 신학』. 서울: 은성출판사, 2000.

_____/정진우 옮김,『헤겔의 종교철학』. 남양주: 누멘, 2017.

한문화멀티미디어 편집부.『천지인』. 서울: 한문화멀티미디어, 2016.

한병철/한충수 옮김.『선불교의 철학』. 서울: 이학사, 2021.

_____/김태환 옮김,『피로사회』. 서울: 문학과 지성사, 2021.

한인철. "오그덴의 다원주의적 포괄주의."「세계의신학」 22 (1994).

함석헌.『뜻으로 본 한국역사』. 파주: 한길사. 2010.

허성구. "류영모의 예수 그리스도 이해에 관한 연구." 강남대학교 석사학위논문, 2002.

허호익.『천지인신학 — 한국 신학의 새로운 모색』. 서울: 동연, 2020.

_____.『한국 문화와 천지인 조화론』. 서울: 동연, 2020.

헤이트, 로저/전현식·안규식 옮김.『신학의 역동성』. 서울: 대한기독교서회, 2019.

홍순원. "수행 그리스도교."「신학연구」 45 (2004).

홍준기.『라깡과 현대 철학』. 서울: 문학과 지성사, 1999.

홍창성.『연기와 공 그리고 무상과 무아 —현대철학의 관점으로 붓다의 가르침을 이해하다』. 서울: 운주사, 2020.

화이트헤드, 앨프리드 노스/오영환 옮김.『과정과 실재 —유기체적 세계관의 구상』. 서울:

민음사, 2021.

황경선. "삼일신고(三一神誥)와 수운의 동학." 「동학학보」 42 (2017).

황경훈. "예수의 아버[ABBA] 체험과 모심 그리스도론." 「우리신학」 2 (2003).

황승재. "다석 유영모의 얼-그리스도론." 한신대학교 석사학위논문, 2008.

후미오, 마스타니/이원섭 옮김. 『불교개론』. 서울: 현암사, 2019.

외국어 자료

Cheng, Chung-ying. "The Trinity of Cosmology, Ecology, and Ethics in the Confucian Personhood." In *Confucianism and Ecology: The Interrelation of Heaven, Earth, and Humans*, edited by Mary Evelyn Tucker and John Berthrong. Cambridge, MA: Harvard University Press, 1988.

Griffin, David Ray. *Panentheism and Scientific Naturalism: Rethinking Evil, Morality, Religious Experience, Religious Pluralism, and the Academic Study of Religion*. Claremont, CA: Process Century Press, 2014.

Griffin, Emilie., ed. & trans. Edmund Colledge and Bernard Mcginn. *Meister Eckarts: Selections from His Essential Writings*. NY: HarperOne, 2005.

Haight, Roger. *Jesus, symbol of God*. New york: Orbis Books, 1999.

Kim, Kyoung Jae. "Christianity and the encounter of Asian religions: Method of correlation, fusion of horizons, and paradigm shifts in the Korean grafting process." Ph. D. diss. Universiteit Utrecht, 1994.

Lee, Jung Young. *The Trinity in Asian Perspective*. Nashville, TN: Abingdon Press, 1996.

Milbank, John. *Theology and Social Theory: beyond secular reason*. 2nd ed. Oxford: Blackwell Publishing, 2006.

_____ & Simon Oliver. eds. *The Radical Orthodoxy Reader*. Abingdon: Routledge, 2009.

_____, Catherine Pickstock, & Graham Ward. eds. *Radical Orthodoxy*. London: Routledge, 2002.

Ogden, S. M. *Is There Only One True Religion or Are There Many?* Dallas: Southern Methodist University, 1992.

Park, Myung Woo. "Building a Local Christian Theology in the Context of Korean Religious Pluralism: A Critical Analysis of the Theology of Ryu Yongmo (1890-1981)." Ph. D. diss. University of Edinburgh, 2001.

Plotinus. *Ennead*, vol. V. trans. A. H. Armstrong, ed. Jeffrey Henderson. Massachusetts: Harvard University Press, 1984.

_____. *Ennead*, vol. VI. trans. A. H. Armstrong, ed. Jeffrey Henderson. Massachusetts: Harvard University Press, 1984.

Sprigge, T. L. S. "Pantheism." *The Monist* 80 (1997).

Tillich, Paul. *Systematic Theology*, vol. 1. Chicago: University of Chicago Press, 1951.

_____. *Systematic Theology*, vol. 2. Chicago: University of Chicago Press, 1957.

_____. *Systematic Theology*, vol. 3. Chicago: University of Chicago Press, 1963.

_____. *The Courage to Be*. New Haven: Yale University Press, 2014.

인터넷 자료

강성만. "유영모 선생은 노벨상 받은 타고르 같은 위대한 종교시인이죠." 한겨레신문 홈페이지. 2021년 9월 13일 최종 접속.
https://www.hani.co.kr/arti/culture/book/968248.html.

안규식. "저녁夕의 그리스도교 사상가. 다석多夕 유영모." 뉴스앤조이 홈페이지. 2021년 9월 11일 최종 접속.
https://www.newsnjoy.or.kr/news/articleView.html?idxno=301612.

이찬수. "왜 교토학파인가 —한국의 교토학파 연구 현황: 종교계 연구를 중심으로(1)." 에큐메니안 홈페이지. 2021년 9월 18일 최종 접속.
http://www.ecumenian.com/news/articleView.html?idxno=18613.

장충식. "수인(手印)." 한국민족문화대백과사전 홈페이지. 2022년 7월 8일 최종 접속.
http://encykorea.aks.ac.kr/Contents/Item/E0031647.

조현. "기독교 최고 영성가 다석의 마지막 강연 '가진 게 없다는 건 거짓'." 한겨레신문 홈페이지. 2022년 8월 26일 최종 접속.
https://www.hani.co.kr/arti/well/news/1053163.html.

찾아보기